Market in State
The Political Economy of Domination in China

制内市场

中国国家主导型政治经济学

郑永年　黄彦杰 ◎著

邱道隆 ◎译

浙江人民出版社

图书在版编目（CIP）数据

制内市场：中国国家主导型政治经济学 / 郑永年，黄彦杰著；邱道隆译 . — 杭州：浙江人民出版社，2021.1
（2022.3 重印）

ISBN 978-7-213-09872-7

Ⅰ. ①制… Ⅱ. ①郑… ②黄… ③邱… Ⅲ. ①中国特色社会主义-社会主义政治经济学-研究 Ⅳ. ①F120.2

中国版本图书馆 CIP 数据核字（2020）第 201571 号

浙江省版权局
著作权合同登记章
图字：11-2019-211号

Market in State：*The Political Economy of Domination in China*
was originally published by Cambridge University Press
© Cambridge University Press 2018

制内市场：中国国家主导型政治经济学

郑永年　黄彦杰　著　邱道隆　译

出版发行：浙江人民出版社（杭州市体育场路347号　邮编　310006）	
市场部电话：（0571）85061682　85176516	
选题策划：王利波	营销编辑：陈雯怡　陈芊如
责任编辑：吴玲霞　汪　芳	责任校对：陈　春
责任印务：程　琳	封面设计：张庆锋
电脑制版：杭州大漠照排印刷有限公司	
印　　刷：浙江新华数码印务有限公司	
开　　本：710毫米×1000毫米　1/16	印　张：32.75
字　　数：432千字	插　页：6
版　　次：2021年1月第1版	印　次：2022年3月第6次印刷
书　　号：ISBN 978-7-213-09872-7	
定　　价：118.00元	

如发现印装质量问题，影响阅读，请与市场部联系调换。

证明，其他章节的起草和"制内市场"的概念化，比预期更为困难。我们必须筛选大量的经验材料，并逐步扩大对财政制度、市场改革和国家与民营企业家之间关系的调研范围。与此同时，我们明确了理论部分，清楚地阐明了"制内市场"的观点。到2015年7月，初稿已经完成。当我们在2017年12月完成终稿时，我们已经对书稿进行了三轮修订，部分是为了完善我们的论点，部分是为了回应迅速发展的外部事件。

尽管我们做出了种种努力，但我们仍然无法完全解释中国经济的复杂性，因为中国经济进入了另一个不可预测的"新常态"阶段，即放缓的经济增长、日益增加的社会挑战以及艰难的结构性改革。如果不进行经济结构的调整和保卫社会，中国不仅将面临"中等收入陷阱"的风险，而且将面临重大的社会动荡。风险很高，结果仍是未知之数。值得注意的是，在这些令人忧虑的后危机时代里所诞生的任何制度性成果，如果能够持久，都必须与混合经济相结合，其特点是国家和市场之间的平衡，以及真正全面的社会保护计划。

在本书的研究和撰写的漫长过程中，我们受益于来自新加坡国立大学东亚研究所和其他教研机构的同事富有成果的讨论与建设性的反馈。著名的中国史学家和东亚研究所主席王赓武教授，为我们提供了不间断的智力和精神支持。他以富有洞察力的评论和见解，一直鼓励我们超越主流的关注点，从古老文明及其世界地位变化的角度去分析中国历史。已故的黄朝翰是东南亚地区研究中国现代经济的学者，他也毫无保留地与我们分享了他对中国现代政治经济学的许多观点。我们还要感谢东亚研究所的许多同事，陈建勋、陈刚、陈抗、郭良平、康端严、黎良福、祁冬涛、钱继伟、单伟、余虹和赵力涛，他们的观点和评论在不同阶段启发了我们。

我们也要感谢其他的一些朋友和同事。在新加坡或是其他地方的友好交流中，他们与我们分享了他们有关相似话题的兴趣和研究成果。这些知识交流尤其具有启发意义。我们特别要感谢贝淡宁（Daniel A.

目 录

导 论 / 001
    中国和市场经济 / 003
    中国和资本主义 / 007
    中国及其当代经济奇迹 / 012
    研究计划和主要观点 / 015
    本书的结构 / 022

第一部分 理论

第一章 市场、国家和资本主义：政治经济学理论与中国 / 029
    西方的国家与市场 / 033
    市场体制和资本主义 / 041
    市场体制和资本主义的历史性 / 044
    现代工业资本主义 / 049
    凯恩斯主义 / 053
    新制度经济学 / 058
    发展型国家理论与东亚新兴工业经济体 / 061
    结语 / 069

第二章　制内市场：一个中国的政治经济学理论 / 076

中国的国家和经济 / 078

帝制时期中国国家和经济的话语论述 / 085

"两种市场"概念 / 101

中国的市场和市场体制 / 105

结语 / 118

第二部分　历史

第三章　帝制中国的国家和市场 / 123

帝制国家、家庭和市场 / 125

帝制时期政治经济的常态与非常态 / 139

自治和统治 / 150

帝国经济秩序的再造 / 165

结语：帝制经济秩序的理想与现实 / 168

第四章　现代中国政治经济的起源：地缘政治、大众动员和国家构建 / 172

地缘政治、国家构建与现代中国政治经济 / 173

晚清的危机与地方改革：1840—1895 年 / 176

晚清"新政"的国家构建实验及其后继者：1895—1927 年 / 180

党国的崛起与南京政府的 10 年：1920—1937 年 / 186

全面抗日战争和动员经济的年代：1937—1953 年 / 193

冷战时期动员经济的转型：1953—1979 年 / 202

结语：当代"制内市场"经济体制的起源 / 215

第三部分　当代机制

第五章　基层资本和市场化：当代市场改革的动力 / 221

当代市场化 / 222

从边缘成长起来的市场：1978—1994 年 / 228

全面市场化：1994 年以来国家主导的市场改革 / 240

当代中国的市场化及其限度 / 260

第六章　中间地带：国家和私营企业之间的纽带 / 263

当代私营企业的来源 / 265

伙伴关系模式：作为先行者的私营企业 / 271

国家代理模式：国家作为主导行为者 / 281

国家吸纳与主导的机制 / 288

结语 / 296

第七章　货币体制：财政和货币改革及其限度 / 298

货币化：改革和结构变革 / 300

打造一个新的宏观经济结构 / 307

1994 年后的地方金融与现金纽带 / 314

结语：货币在"制内市场"体制和中国社会中的媒介作用 / 325

第八章　国有资本：央企和经济主导 / 328

"家庭自留地"理论和国有部门 / 330

国有企业改革 / 337

央企的扩张 / 342

作为财政体制的央企 / 345

作为政治行为者的央企 / 348

作为经济行为者的央企 / 351

央企的监管困境 / 357

结语：国有企业与国家主导的动力 / 361

总　结 / 368

"制内市场"的社会后果 / 371

"制内市场"与中国政治体制 / 377

全球背景下的"制内市场"体制 / 382

注　释 / 388

参考文献 / 454

索　引 / 483

译后记 / 498

导　论

本研究试图重新思考中国政治经济学的基本理论前提。我们认为，中国的政治经济学被西方严重误解，并且这种误解在中西方的学者和决策者当中造成了各种形式的困惑与冲突。因此，对一些概念进行彻底的重构，将有助于澄清对中国的看法和误解，从而促进我们对中国的认识和决策。

在本研究中，我们通过考察政治与经济之间的内在联系，将中国的政治经济体制概念化。虽然我们常常论及中国的历史经验，但主要关注的是当代中国。在方法论上，我们对问题的研究采取了实证的方法，即探讨中国的政治经济体制是什么，它是如何形成、如何演变的，现在又是如何运作的。

在中国研究领域，中国政治经济学的研究地位越来越重要。在欧洲和北美，学者们提出了诸多政治经济学的概念和理论，用来解释西方经济发展和增长的漫长历程。近代以来，中国开始接触西方列强，中国学者逐渐接受了诸如自由市场、资本主义等"标准"的西方政治经济学的概念和理论，并将其用于解释中国的经济发展和增长。[1]然而，他们的解释始终存在问题和误导。我们认为，要解释中国，必须基于由中国自身的经验提炼出来的科学概念和理论，就像西方学者基于西方经验提出他们的概念和理论那样。

虽然中国历史悠久，但中国学者并没有像西方学者那样，提出一套系统的政治经济学理论。[2]尽管如此，中国在不同的历史时期里，践行着不同形式的政治经济体系，在这一点上，中国有着丰富的历史经验。对于政治经济理论家和政策分析家而言，将中国政治经济的实践经验概念化，是一项重要的学术探索。而当代中国的转型历程已经超过 30 年，中国是社会科学各领域的最大实验场。有鉴于此，这一努力将整体上为政治经济学的各个重要研究领域提供新视角，特别是为中国国家和经济的研究提供新视角，进而提高和深化我们对中国的理解。考虑到有关中国崛起的不确定性越来越大，这对于政策界而言尤其如此。

在这个时代，所有有关中国崛起的理论问题，都是激烈辩论的话题。作为世界上第二大经济体，中国正在全球范围内发挥越来越大的影响力。然而，中国的政治经济体制仍然是个谜。中国是市场经济体吗？资本主义在中国的语境下意味着什么？中国是所谓的"国家资本主义"的一个例子吗？或许，最重要的问题是，中国的国家与市场之间的关系是什么？它是如何形成的？为什么这个在新自由主义经济学者眼中长期效率低下的模式，却能够如此有效地应对经济危机？毋庸置疑，这些问题对理论发展和政策分析都有着巨大的影响。诸如此类的问题，常常困扰着研究中国的学者们，因为他们发现，很难将经济学和政治学的主流理论应用于中国。由此，许多国家都不确定应该对中国采取什么样的政策。在没有足够的知识储备来回答"中国是什么"的问题之前，制定有效的中国政策的难度可想而知。

我们写这本书有着双重动机：其一是求知的欲望，其二是政策考量。多年来，我们一直困惑于有关中国发展的两个相关的长期争论，即市场经济和资本主义之间的长期争论。我们认为，理解中国近年来的经济奇迹及其可能的未来，关键在于从理论上分析中国过去和现在的思想与结构。由于这项任务的紧迫性，我们的这项研究展示了一种以中国的历史经验和当代演变为基础，对中国的政治经济进行理论分析的尝试。

中国和市场经济

中西之间的首要争执，事关中国的市场经济地位。改革开放以来，中国经济向市场经济体制转型，这一过程让人印象深刻。中国不仅成为全球贸易和金融投资的受益者，而且成为似乎拥有无限增长潜力的经济体。然而，中国经济融入全球体系，也引发了中国与西方的冲突。其中，中国的市场经济地位是一个主要的问题。

2001年中国加入世界贸易组织（WTO）时，同意在一定时期内被视为非市场经济体（NME），期限最长为15年，以期能在过渡期结束前发展成为市场经济体。中国领导层希望以此展示其推动中国成为市场经济体的决心。在世贸体系下，受到反倾销调查的国家被分为"市场经济体"（ME）或者"非市场经济体"。尽管俄罗斯在2002年就被美国认定为"市场经济体"，但中国与阿尔巴尼亚、柬埔寨、哈萨克斯坦、越南仍被留在了"非市场经济体"的阵营中。中国被归类为"非市场经济体"的后果是，在反倾销调查中，世贸组织不会使用中国制造的出厂价格来计算最终出口产品的公允市场价值，而通常会使用来自像印度这样的"替代国"的价格数据进行计算。这种运用"替代国"数据进行计算的做法，常常导致对中国出口企业不利的裁决和更高的反倾销税。在许多情况下，选择"替代国"是偏见的一个重要来源，它往往被各国当成一种便利的工具，以对付国内竞争对手施加的政治压力。

从中国的角度来看，自从加入世贸组织并改革其法律制度以来，中国放宽了经济体制，从而使得经济活动大幅增加，自由贸易出现空前的增长。对于中国而言，市场经济地位事关国际贸易争端中的反倾销案件，具有重要意义。不难理解，在加入世界贸易组织后的许多年里，中国领导人在与欧美领导人会面时，总会敦促他们承认中国的市场经济地位。

然而，从西方的角度看，由于中国还远未成为西方意义上的市场经济体，因此它还不应被赋予市场经济地位。[3] 在中国，国家仍然是经济决策的最终权威，市场在很多领域依然未能发挥调节经济的作用，这些领域包括界定不清或缺乏保护的产权、过时的劳工制度、对金融体系的持续控制、货币波动，以及宏观经济政策的其他方面。中国采取的所有这些形式的控制和监管都抑制了企业活动，阻滞了经济增长。

在所有这些问题领域中，中国的国有企业尤其引发了海外观察家之间的持久争论，并且成为中国政治经济体制的显著标志。的确，中国国有企业的庞大规模和覆盖范围，使得中国在世界主要经济体中独树一帜。也正是由于这一庞大部门的存在，而非其他因素，中国的政治经济体制才被贴上了"国家资本主义"的标签，即由国家开展商业经济活动，但却以资本主义的方式管理和组织生产资料。这种国家资本主义制度时常招致海外的审查和国内的批评。时任麦肯锡咨询公司上海办公室主任的华强森（Jonathan Woetzel）在 2008 年的一份麦肯锡报告中写道：

> 多年来，西方一直以非黑即白的眼光看待中国国有企业。有人持怀疑眼光看待这些渗透者。例如，中国铝业公司近期斥资数十亿美元购买力拓股份，这笔交易引发了人们对中国计划收购澳大利亚资源的担忧。还有人将国有企业视为头脑简单、四肢发达的打手：它没有私营企业的聪明才智，但有很多"肌肉"。这些人认为，国企虽然是失败的经济实验的遗物，但它仍然主导着国民经济，控制着自然资源、公用事业和许多其他重要的部门。国企的实力和影响力——尤其是其与执政的共产党和政府之间的关系，让其伙伴和竞争对手不得不停下脚步。[4]

尽管国内外许多人都积极敦促中国进行大规模且系统性的民营化举

措,从而大幅缩减国有部门,但在20世纪90年代末的改革中,中国的国有企业得到了加强而非削弱。在中国,许多人都认为,国有企业是国家的优势而非劣势。国有企业一直在履行私营企业无法承担的许多关键职能。例如,国家利用国有企业来建设大规模的基础设施,促进经济增长,平衡被视为贪婪的私营企业。而且更为重要的是,国家利用它们来应对严重的经济危机,如1997—1998年的亚洲金融危机和2008年的全球金融危机。与此同时,国有企业被指责在履行这些职能的同时,也存在着经济效率相对低下、过度扩张和政治利己主义的问题。

由于这些问题的存在,就中国是否应该获得市场经济地位,西方未能达成共识。欧美世界就这一问题辩论了多年,一直争论不休。从战略角度来看,有些人认为,虽然中国尚未成为"自由市场",但是通过承认中国的市场经济地位,西方能够对中国展现出一种欢迎的姿态,希望中国向更加自由和繁荣的正确方向迈进。西方需要推动中国实现经济自由化,强化全球范围内的竞争。

在中国内外,那些认为中国应当获得市场经济地位的人,提出了一些有说服力的观点。这些观点包括:第一,政府除了在少数战略经济部门(如银行、电信、交通和能源,这些部门的国有化在许多其他市场经济体里也是常态)中拥有主导权外,中国绝大多数其他行业都充满竞争,数百家企业参与其中且利润微薄。第二,中国的民营化是渐进式的。彻底的民营化政策不可能一蹴而就,西方应该承认中国在市场自由化方面的发展。第三,拒绝承认中国的市场经济地位,可能会阻碍西方与中国之间的贸易关系。中国促进了西方财富的增长,而中国的出口行业也由于自由贸易而欣欣向荣。换言之,自由贸易使社会变得更好,而保护主义则使其更加糟糕。第四,拒绝承认中国的市场经济地位,主要是出于政治考量。这不仅荒谬,而且在某种意义上具有歧视性。西方将中国视为非市场经济体,而愿意承认俄罗斯具有市场经济地位,这不能不说是双重标准。

在那些支持和反对承认中国市场经济地位的观点背后，不难发现相似的逻辑——用詹姆斯·法洛斯（James Fallows）的话来说，中国将变得"更像我们"。[5] 亲中派认为，更自由的中国政策将使中国变得更加自由；反中派则认为，更强硬的中国政策将迫使中国变得更加自由。事实上，中国一直都被视为一个后社会主义的转型经济体，或处于转型期的半市场经济体。

在加入 WTO 近 20 年后，中国已成为世界上最大的贸易国。中国已经从资本短缺状态转变为资本剩余状态，其资本力量已在全球范围内崛起。尽管对中国而言，市场经济地位已不再重要，但是西方国家，尤其是美国，继续对国家资本的性质提出质疑。例如，在奥巴马执政期间，美国试图说服 11 个太平洋国家加入"新一代"的贸易协定，即"跨太平洋伙伴关系协定"（TPP）。如果当时 TPP 成功缔结，这将是自 2001 年世界贸易组织多哈回合谈判破裂以来最为重要的贸易倡议，因为它将把最大经济体中的两员（美国和日本）捆绑在一起，组成一个国内生产总值占全球比重 40% 的阵营。TPP 排除了中国，但却包括了越南，这是一个刻意的举动。事实上，TPP 是美国对亚洲的"贸易再平衡"。外界预计，中国可能会被迫进行经济改革，以便在晚些时候加入 TPP。[6] 和之前一样，西方的目的是促进中国的经济自由化。人们可以预测，只要中国的经济制度不效仿西方，这样的博弈将来还会继续下去。

因此，对于学术界而言，中国是否会成为一个自由的市场经济体，这一问题仍然非常重要。中西方的学者和决策者的共识是，中国的经济转型过程是一个从计划经济转变为市场经济的过程，分歧在于这一转型将会有多彻底。毋庸置疑，改革开放以来，中国经济的市场化程度越来越高，而计划扮演的角色越来越弱。但我们可以提出两个概念上的问题：其一，中国国内外的学者和决策者理解市场经济的方式一样吗？其二，中国的市场是否正在变得与我们在西方所看到的类似？如果将这两个问题放入"大分流"的争论中，我们就能进一步质问：在市场经济的发展道路上,中国和西方最终是否会殊途同归?

从经验上讲,这个问题的答案是相当肯定的:中国不会变成我们在西方所看到的那种市场经济体。例如,尽管中国在向市场经济体转变,但国家一直强调,国有企业应当在国家经济结构中占据核心地位。2013年11月,中国共产党召开了第十八届三中全会,会上通过了近20年来最重要的经济改革文件,国有企业的这一地位再次在文件中得到印证。领导层坚持强调市场化是中国经济改革的方向,但也重申了公有制是中国独特的经济制度和"社会主义市场经济"的"支柱"和"基础"。因此,我们必须回到最根本的问题上来:什么是中国的政治经济体制?如果这个问题得不到答案,我们将继续误解中国。

中国和资本主义

中西方之间的第二个争论,也是与上述争论相关的一个争论,事关市场经济与资本主义之间的关系。在此,我们对经济增长和资本主义的发展都怀有智识上的好奇心和求知欲。

这场争论的主旨很好地体现在"大分流"这个概念中。正如历史学家彭慕兰(Kenneth Pomeranz)所阐释的那样,"大分流"聚焦于以下问题:"尽管18世纪和19世纪的欧洲和东亚的先进地区之间有着惊人的相似之处,但是为什么持续的工业增长只始于西北欧?"[7] 换言之:"为什么中国尽管有一段所谓的'资本主义萌芽'时期,但却未能发展出现代资本主义制度?"[8] 多年来,国内外的学者都在努力寻找他们所认为的导致中西方走向不同经济发展道路的重要原因,但收效有限。

按照历史学家伊恩·莫里斯(Ian Morris)提出的术语,这个问题有两种不同的答案,即"长期停滞理论"和"短期意外理论"。[9] 首先出现的是"长期停滞理论"。从孟德斯鸠开始到整个19世纪,西方看待中国的主流学术观点认为,中国是"东方专制主义"国家,缺乏自我进化的政治和经济动力。在卡尔·马克思的著作中，这种将中国视为"没有历史"的国家的观点达到了顶峰。[10]在马克思看来，亚细亚专制主义的特点是：土地缺乏私有权，农业领域存在大规模的国有灌溉系统，手工业与农业结合的自给自足的村落社区和土地的公共所有制，官僚治理下的城市，以及攫取了大部分经济盈余的专制国家机器。马克思认为，欧洲的政治经济制度经历了从奴隶制、农奴制、封建制到资本主义制度的过程，并最终将发展至共产主义制度；与欧洲不同，亚细亚模式只有王朝兴衰的循环，而不具备一部进化的历史。这导致马克思一方面对东方社会的历史遭遇报以同情的态度，另一方面又以积极的眼光看待西方殖民主义的暴力入侵，认为殖民者把亚洲人民从"东方专制主义"中解放出来。[11]

基于马克思主义关于亚细亚生产方式的概念，卡尔·魏特夫（Karl Wittfogel）在其里程碑式的著作《东方专制主义：对于极权力量的比较研究》中，对中国政治经济体制的本质进行了分析。[12]根据他的研究，在帝制时期，中国不仅发展出了私有产权制度，而且还发展出了相当规模的商业体系、货币体系和手工业体系；但是，由于中国地理生态的特殊性，国家需要在组织大型水利工程方面发挥特殊作用，这就要求国家发展出专业的专制官僚体系，而且即使在商业发展的情况下，这一体系也允许专制君主保持其政治统治地位。这种与治水密不可分的复杂政治经济体制高度稳定，只会随着王朝命运的兴衰而发生周期性的变化。

在西方老一辈汉学家当中，这种对中国政治经济体制的批判性观点不仅普遍存在，而且还占据着主导地位。例如，历史学家费正清（John Fairbank）和他的合著者们区分了两种基本的工业化模式：英国模式和中国模式。在英国模式中，现代化是内生的。根据费正清及其同事的研究：

前工业化时代的传统秩序本身为（工业革命的）孕育提供

了框架。重商主义时期的商业革命和随后的农业革命,是英格兰工业革命的必然前提。内生(即内部产生的)力量主导了以新发明、技术进步和创新为表现形式的非均衡力量的崛起。[13]

相比之下,这些学者认为中国符合工业化的第二种基本模式,即在现代化得以发生之前,需要通过外部力量来打破传统的均衡:

> 19世纪初的中国有一个循环流动的经济体系。在这个体系里,生产被消费吸收了,即使有净储蓄,也非常微薄。因此,经济仅仅是在没有进步的情况下的自我再生产。虽然存在一些商业化经济,但这并不是一个能够打破均衡的重要变化。[14]

多卷本巨著《中国的科学和文明》的编著者李约瑟(Joseph Needham)也倾向于这种观点。[15]李约瑟认识到,直至公元1500年左右,中国在全球技术进步中都占据着相当的主导地位。令他最为费解的是:既然中国所有的发明和工程解决方案对后文艺复兴时期欧洲技术的影响不言而喻,那么为什么它们未能在中国引发类似的工业化?李约瑟认为,对社会的分析能为这个问题提供答案。他指出,中国的"官僚封建主义"能够消化各种各样的发现和发明,而这些发现和发明在西方的社会结构中扮演了类似定时炸弹的作用。

为了回应"长期停滞理论",世界史领域的"加州学派"提出了"短期意外理论"。这一学派包括了历史学家王国斌和彭慕兰等人。这些学者认为,直到19世纪晚期,在我们能观察到的所有事物上,包括生态环境或家庭结构、技术和产业或是金融和机构、生活水平或消费者品位等,中西方之间(尤其是中国的江南地区和英国之间)的相似性远远超过两者之间的差异性。既然如此,为什么工业化和资本主义的发展发生在西方而非中国?彭慕兰认为,从根本上说,西欧(尤其是英国)只是运气好而已。西方的第一个幸运之处在于偶然发现了美洲，为廉价产品创造了市场，并制造出一个西方主导的贸易体系，而这又为工业化生产提供了动力。第二个重要的幸运之处在于，英国是当时世界上唯一拥有位置便利的煤矿以及快速机械化工业的国家。[16]

在中国内部，尤其是自 1949 年中华人民共和国成立以来，前现代时期的经济发展和资本主义即便不是一个政治话题，也一直是一个重大的研究课题。大量学者致力于研究明清时期中国的经济史，以寻找"资本主义的萌芽"。[17]除马克思主义学派外，具有自由主义思想的中国学者也撰写了许多关于帝制中国的国家和经济的作品，但这些作品都反映出"东方专制主义"的偏见。例如，王毅进一步完善了"东方专制主义"的命题，他在对晚明财政制度富有洞见的研究中指出，该制度的特点是不规范的税收和附加税、掠夺成性的官员和税收代理人，以及权贵对农民的无情剥削。这些都印证了皇权的专制本质。[18]

虽然在更具意识形态倾向的研究中，帝制时期中国政体的专制形象依旧盛行，但在许多方面，帝制时期中国的国家和经济的实证数据并不支持这一形象。例如，除了明朝早期（1368—1449）有过一段短暂的声势浩大的国家建设过渡期外，明清时期的中国国家机器非常弱小；与现代中国和近代西方国家的绝对主义风格相比，它对于其庞大社会只有有限的直接控制。[19]很难想象这样一个拥有专制权力的"小国家"，在不与超脱其直接控制的各种经济力量进行谈判的情况下，就能够制定一厢情愿的经济政策。事实上，正如我们将在本书中所讨论的那样，恰恰是帝国时期中国国家的弱小，而非其专制权力，才导致了帝制中国晚期资本主义制度发展的缺位。

中国的马克思主义者也受到了猛烈抨击。例如，经济学家克里斯·布拉莫尔（Chris Bramall）和彼得·诺兰已经观察到，由于受到正统的马克思主义的资本主义观和中国观的影响，中国学者在考察中国经济史时，将自身局限在马克思主义研究的三大目标上[20]：首先，评估早期近代中国在何种程度上采用了"资本主义"的生产方式；其次，审视"生产力"的性质；其三，分析"生产力"和"生产关系"的经济"基础"同"政治、法律和意识形态的上层建筑"之间的相互关系。因此毫不意外，他们的结论也往往符合马克思主义。例如，吴承明等人合著了一部关于1500年以后中国经济史的多卷本著作，根据其观点，尽管前现代的中国发展出了资本主义元素，但萌芽中的资本主义发展得极其缓慢，直到19世纪40年代，也只不过占据了国民经济很小的一部分。[21]尽管中国学者已经搜集了大量的史料和数据，但马克思主义的传统观点制约了他们对于中国经济史的解读，也使得他们的解读在理论上未能超越西方学者。

学者们在解释中国政治经济体制时，除了受到各种方法论问题的制约外，还经常受到其所处时代的意识形态和政治的影响。正如布拉莫尔和诺兰所观察到的那样：

> 关于中国早期现代经济的本质，人们提出了各种各样的看法。在中国外部，19世纪对传统中国经济相关证据的选择和解释，受到了欧洲自身动态演变过程的巨大影响。20世纪对于中国传统经济的分析，又受到反共斗争、对中文的无知、1949年以前中国的政治动荡，以及1949年后长期的文化孤立等因素的严重影响。在中国内部，相关观点则受到了民族主义情绪、1949年以前激烈的政治斗争、1949年后对学术活动的限制，以及20世纪80年代以前中国大陆和外国学者之间极为有限的互动等因素的影响。[22]

在比较中国和西方的学术尝试中，学者们通常指向那些存在于中国但不存在于西方的因素，或者那些存在于西方但不存在于中国的因素。[23]尽管这些比较研究有助于展示中西方之间的差异性或相似性，但有时这些努力并没有增进我们对中国政治经济体制的认识,在某些情况下,甚至导致了对其的曲解。此外,由于学者们的重心并不在于将中国的政治经济体制概念化,因此在中国政治经济理论方面成果有限。

当然,我们并不打算在本书中回答所有这些重大问题。但是,我们确实在尝试通过构建政治经济学的新路径来阐明这些问题。我们这样做不仅是希望满足自己的求知欲,还希望能激发读者对中国政治经济本质的兴趣。

中国及其当代经济奇迹

为了解决这些关于中国政治经济的古老而宏大的问题,我们将分析隐藏在中国经济奇迹和政治发展背后的当代中国政治经济体制的结构与机制。这两个相互关联的领域为我们的研究提供了核心问题。

首先,中国的经济奇迹给学术界带来了巨大的新的学术挑战。改革开放后,中国的国家和市场、资本和社会以及国家和社会之间形成了新型关系,这都需要我们去探索。尽管中国已经向西方敞开了大门,但由于我们无法在世界的其他地方找到极为相似的体制,因此对我们而言,中国的政治经济体制仍然是未知的。

学者们曾试图运用基于西方发展经验提出的各种概念和理论来解释中国的经济奇迹。[24]然而,他们发现,很难使用任何既有的西方经济学概念和理论,来圆满地解释这一奇迹。其中,林毅夫是一位受训于芝加哥大学的中国经济学家,他曾任教于北京大学,随后出任世界银行首席经济学家兼高级副行长,他已阐述了为何既有概念和理论无法为中国的经济奇迹提供令人信服的解释。多年来,他始终在呼吁中国经济学家勇于创新和创造,以寻找新的解释。[25]事实上,林毅夫和他的同事们一直在寻找他们认为能够更有力地解释中国发展经验的新概念和新理论。例如,他们试图将中国置于东亚奇迹的背景下进行研究。[26]尽管他们付出了巨大的努力,但这种解释并没有超越现有的西方分析框架。自中国开始经济改革以来,西方社会科学中发展出的概念和理论,已经被广泛而深入地应用于当代中国的发展案例中了。虽然在中国崛起之初,学者们就意识到了中国经济改革的政治制度背景,但他们通常认为,中国正在从计划经济向西方式的市场经济转型。[27]事实上,越来越多有关中国政治经济体制的文献,将中国视为"转型经济体",明确暗示中国将不可避免地发展成为一个西方式的市场经济体。

近年来,另有一批中国学者试图重振中国的马克思主义经济学。传统上,这批马克思主义政治经济学者占据着主导地位,但他们发现,他们的解释受到了新一代受过西方训练的经济学家的严重挑战。[28]但是,马克思主义经济学也未能有效解释中国的发展,其当代复兴主要是为了解释经济快速发展所带来的负面社会后果。马克思主义经济学派和其他学派之间的争论,仍然更多地停留在意识形态层面而非基于学术之上。中国的马克思主义经济学家将马克思主义经济学作为工具,要么用于意识形态上的辩护,要么用于反驳西方其他经济学流派,特别是反驳新自由主义经济学派。当然,这并不意味着马克思主义经济学与当代中国无关。从马克思主义政治经济学的角度来看,许多消极的社会后果乃是中国经济奇迹的有机组成部分。马克思的主要观点是,资本主义的发展会对社会产生破坏性的冲击。中国市场经济的发展以及对社会产生的影响正好证明了马克思是正确的。当然,可行的概念和理论必须不仅能够解释中国的经济奇迹是如何实现的,而且还能够解释快速的发展如何带来了各种形式的社会后果。马克思主义经济学仍然具有重要意义,因为它试图解释经济发展的过程及其社会后果。然而,它并没有为这些社会后果提供一个经济解决方案,其解决方案(即革命)还是过于政治化和意识形态化。事实上,马克思主义学说的革命性,也确实给中国的学术界带来了很大的学术和政治挑战。

大多数马克思主义和新自由主义经济学家主要关注的是中国国内的

经济发展，而很少考虑从全球和比较的视角来理解这一发展。在认识到现有文献的局限性之后，学者们开始将中国置于国际背景下，为中国的发展寻找新的解释。对中国市场经济和资本主义的研究，就是一个例子，它强调全球和比较的视角。改革开放以来，中国已经拥抱了市场经济，资本主义也不再那么敏感。然而，学者们发现，中国的市场经济不属于任何西方类型，而为中国所特有。有些学者因而称之为"有中国特色的资本主义"。在他们看来，这种形式的"资本主义"导致了巨大的经济和社会后果，这些后果被视为是不可取的。例如，黄亚生讲述了"两个中国"的故事：一个富有企业家精神的乡村中国和一个国家控制的城市中国。在20世纪80年代，乡村中国占据上风，其结果是迅速而普遍的增长；而到了90年代，以国家为中心的城市中国取得了胜利。在这10年中，国家逆转了许多富有成效的农村实验，对经济和社会造成了长期的损害。20世纪90年代及其之后的"有中国特色的资本主义"，导致金融部门衰弱、收入差距扩大、文盲率上升、生产率下降以及个人收入增长放缓。虽然在这两个10年里，中国的国内生产总值（GDP）都在迅速增长，但这种增长对财富的影响却差异极大。黄亚生认为，要纠正这些问题，中国必须将其"资本主义"转变为一种与西方类似的全方位的资本主义形态。在从"有中国特色的资本主义"到"西方式的资本主义"这一转型过程中，他特别强调民主的作用（类似在印度）和私有化的作用。[29]不难发现，与许多其他学者一样，黄亚生的解释深深根植于西方的发展经验，即资本主义意味着私有制和私营企业。根据这种解释，中国的发展似乎走上了歧途。虽然政府允许并鼓励私营部门的发展，但国有部门的大规模私有化并未实现；相反，中国发展出了日益庞大的国有部门，并且国家资本已成为市场的主导。

倘若忽视日益庞大的国有部门，任何概念或理论都不能解释中国的经济增长及其带来的问题。然而，"有中国特色的资本主义"这一概念，也未能解释中国的市场体制及其带来的所有社会政治后果。一方面，

"国家资本主义"的概念并没有捕捉到中国市场体制的全貌。国家资本只是当今中国存在的各种资本形式之一种。国家资本占据主导地位,并不意味着在促进中国经济快速增长和引发社会后果方面,其他类型的资本没有发挥作用。事实上,尽管黄亚生痛惜"国家资本主义"的崛起是以牺牲私营企业为代价的,但他同时也忽视了私营企业就业比例的提升。1995—2014年,私营部门的城市就业比例从3%上升到21%,城市中非国有部门的就业比例从15%提升到60%。[30]此外,尽管国有企业在理论上属于国家,但这并不意味着国家总是能够以国有企业的资产和经济力量的形式来支配资本。国家与其资本代理人之间存在着深层次的结构性矛盾或利益冲突。虽然国家试图控制其资本,但资本也希望通过引入市场力量来规避这种控制。在研究方法上,"有中国特色的资本主义"的构思主要是就政策层面,特别是就中央政府层面的政策而言。它关注的重点是政府政策和发展战略如何影响各种主体的经济行为。"有中国特色的资本主义"这一概念并未指向中国政治经济体制的结构性层面,这一结构性层面有时决定了中央政府的政策,而不是被中央政府的政策所决定。在文献中,学者们往往会告诉我们,政府政策如何塑造了不符合西方市场经济模式的中国经济。但是,仅仅关注政策层面的因素,并不能引导我们探索中国的政治经济体制是如何成型的,以及它事实上如何发挥作用,从而塑造了我们现在所看到的中国。

研究计划和主要观点

刚刚论及的所有学术努力,尽管都向我们展示了中国的发展如何走上了与其他国家不同的道路,但只是告诉我们中国不是什么,而非中国是什么,从这个意义上说,这些学术努力依然是有局限性的。更重要的是,通过比较中国与其他国家,尤其是西方发达国家,大多数学者认为中国是异常的,西方是正常的。对于许多学者而言,要让中国变得正常，就是要将其转变为西方式的政治经济体制。在他们的著作中，他们用西方已经存在和发展的事物来评估、评价和判断中国。在有关后社会主义转型的文献中，这些认识彰显无遗，它们将中国视为一种处于转型中的政治经济体制，即从中国特色转变为西方特色。这些带有文化偏见或隐含意识形态偏见的方法，往往会破坏我们对中国的理解，无意中呈现出一种"扭曲"的中国形象。

从科学研究的角度而言，我们认为，上述提及的学术困境，更多是机械地把基于西方经验，而非基于中国自身实践经验的概念和理论用于评价中国的结果。本研究的目的是基于中国自身的历史和当代经验，将中国的政治经济体制进行概念化和理论化。虽然这项研究对上述提及的所有重大问题都有意义，但我们更多地将本研究限制在对中国政治经济体制的探讨中。[31]

所有的政治经济学概念和理论，如古典主义、马克思主义、新古典主义、凯恩斯主义和新自由主义，都是基于不同历史时期的西方经验提出的，而且它们都已经被用于解释中国的政治经济体制。由于经济学研究供求、价格和理性等一般经济现象，因此人们假设这些经济概念和理论具有普适性。然而，研究者必须进行反思，至少在将这些概念和理论应用于不同历史时期的不同制度环境时，要进行足够的反思。即使是在西方，也不是所有的概念和理论都能够普遍适用于不同的历史时期，因为每个概念都是对特定时期经济状况的反映。事实上，我们可以更进一步质疑所有这些概念和理论的普遍适用性。当采用基于非中国经验的概念和理论的视角来审视中国时，人们肯定会认为中国是异常的。但是，如果有研究能够将中国自身的经验概念化或理论化，情况则可能相当不同，相应地，"异常的"也可能被证明是"正常的"。

因此，本研究最重要的动机，就是将中国政治经济的经验概念化。本书将从根本上有别于国内外的现有理论，致力于为中国的发展及其影响提供一个政治经济学的中国视角。我们认为，尽管学者们可以继续将西方经济概念和理论应用于中国，但他们必须反思性地应用，因为中国的政治经济体制是以典型的中国方式在运作。正如中国政府所正确宣扬的那样，它是一个具有"中国特色"的制度。但"有中国特色的社会主义"的官方概念在对外解释中国发展时不易为外界理解，因为其概念体系与西方社会科学体系之间存在一定差异。一个真正具有普适性的政治经济学概念或理论，如果能够将中国的因素纳入考虑，那么它将会拥有更大的解释力。中国政治经济学的研究领域充满了"进口"的概念和理论，它们无法解释中国政治经济实际的运作情况。本研究的目的，就是要将中国政治经济体制的运作概念化。

我们认为，要将中国的政治经济体制概念化，在研究方法上必须满足两个条件。第一，我们必须超越各种政策层面的因素，着眼于结构因素。这是因为结构因素比政策因素更加具有连贯性。第二，与第一点相关，我们还必须超越特定的历史时期。观察政府政策如何影响特定历史时期的中国经济表现，是比较容易的。例如，黄亚生的研究就表明，20世纪80年代和90年代不同的政府政策如何导致了这两个10年里不同的经济表现与分配后果。但是，仅仅聚焦于政府政策，很难将中国的政治经济体制概念化。国家政策确实会影响政治经济体制的表现，但并不必然会改变这一体制的性质。相反，体制在"长时段"存在的结构性力量，决定了政府可用和有利于政府的政策选择。因此，为了将中国的政治经济体制概念化，我们必须审视那些在更长的、不同历史时期内更具连贯性的特征和运作方式。

尽管本研究的重心是当代中国，但我们也考虑了中国过去的经济管理经验。我们认为，从早先的帝制时期到现代，中国的政治经济体制可以简单地定义为"两个市场"的概念：有国家干预的市场和没有国家干预的市场。这两个概念的形成，可以追溯到中国皇权制度形成初期的儒家和法家学派。在众多学派中，这两个学派代表了中国关于国家、经济、社会以及三者间关系的主流哲学。虽然这些思想的形成受到了当时中国自然与人文环境的影响，但是这些观念因素的存在影响了中国政治经济体制的架构。

在中国漫长的历史中，这两个概念代表了政治经济体制的两个极端，或者说两种理想类型。尽管在某些时期，法家或儒家学派提出的极端形式盛行一时，但在大多数时期，这两个概念相互融合、有效平衡，市场和国家这两个主体被置于大致均衡的状态。仅有市场或者仅有国家，都被视为非常态。常态则是市场和国家共存。但是，两者的均衡并不意味着国家和市场的力量是对称的。相反，两者间的关系是不对称的，国家对于市场的主导才是常态规则。从这个意义上说，我们将中国政治经济体制的核心理念和实践，概念化为"经济国家主义"。在治理大型国家、调动国防资源、开展大型公共项目，以及应对重要危机等方面，经济国家主义发挥了至关重要的作用。但经济国家主义的扩张往往导致国家与市场之间的不平衡。这通常最终又会导致如下后果：国家不得不退出经济生活和国家相对于市场和地方精英的弱化，国家众多公共职能的衰落，面临内外部威胁时国家的崩溃，以及经济的崩塌。无论两种情况中的哪一种发生，都会导致两者的不均衡成为不可避免的结果，需要不断调整以维系均衡。在这个意义上，我们称之为"不对称均衡"。虽然在不同的历史时期，中国的政治经济体制都处于不断变化的过程中，但在不同的时间和空间中，都曾实现均衡。本研究的目的是强调这种不对称均衡并将其格式化，我们称这种不对称均衡的政治经济体制结构为"制内市场"。

尽管中国的政治经济体制在漫长的历史中发生了变化，但制内市场的结构仍然保存完整。有人或许会认为，这只不过是因为在进入现代社会之前的数千年间，中国始终是一个农业社会罢了。但此处的重要问题是，为什么这种结构在整个现代中国依然保持不变，特别是在邓小平实施改革开放政策后，中国已经经历了迅猛的工业化、不断发展的市场经济、多层资本发展、城市化以及所有其他方面的变化，这些变化在西方的转型期里也能够观察到。

人们普遍同意，自改革开放政策实施以来，中国已经从计划经济体转变为更加市场化的经济体。按照经济学的术语，市场经济是基于劳动分工的经济体制，在其中，商品和服务的价格通过自由市场中的供求关系来决定。与之相对，计划经济体制是中央政府使用固定价格体系来确定商品和服务的体制。当然，尽管经历了改革年代的转型，中国的政治经济体制在很多方面仍然与西方的体制有着显著区别。但这并不重要，人们仍然可以将中国视为某种特殊的市场经济体。

在毛泽东时期，具有革命属性的国家先后尝试运用苏联模式和毛泽东特有的动员模式来构建社会主义经济结构，旨在提供更多的平等，并赋予"无产阶级"或工人阶级更多的生产资料所有权。就其理想的概念而言，它是一个中央计划的经济体制，其运作方式是由中央计划部门来进行生产配额和商品配额，甚至连商品和服务分配的价格也由国家预先确定。但从历史背景来看，该体制是19世纪以来为应对战争和社会混乱而发展起来的现代动员式国家的延伸。

在最初阶段，该体制取得了一些重大的经济成就。国家能够动员所有可用的资源以实现快速的经济增长。然而，国家控制了所有生产要素，缺乏对个人的激励，这最终导致了"贫穷社会主义"的局面。此外，在这种体制下，政府官员享有太多的权力，致使腐败现象丛生。毛泽东试图通过将权力从中央彻底下放到地方来解决这个问题，但从国家到企业的放权却从未真正实现。

改革开放以来，中国对其政治经济体制的官方定义是"社会主义市场经济"。随着国家动员模式的衰退，市场机制被引入并广泛应用于经济活动中。正如邓小平强调的那样，由于市场是唯一能够解放一个国家生产力的工具或手段，因此资本主义和社会主义都可以利用市场机制。从这个意义上说，中国的社会主义市场经济彻底告别了旧的计划经济体制。现在的体制拥有一些关键特征。第一，国家继续拥有包括重工业、能源和基础设施在内的关键产业。然而，国有制并不意味着国家控制。通常来说，尽管国家仍然控制着"制高点"上的许多企业，但中央政府对于国有企业的运营几乎没有形成有效的直接控制。第二，在许多竞争性的经济领域，国家允许私有制的存在。事实上，私营企业已成为经济体制的支柱。大部分经济增长要归功于私营部门。第三，市场可以根据供求关系自由配置国家的资源。它展示了通常与市场经济相关联的效率、增长和剩余价值的生产等基本特征。值得注意的是，虽然自由市场在很大程度上取代了经济活动里中央的经济计划角色，但政府仍然通过"指令性计划"指导着国民经济的整体发展。第四，市场在社会部门中的作用比许多西方国家，尤其是欧洲大陆的福利国家还更为普遍。国家试图将以前由国家管理的各种社会部门，如医疗保健、教育和公共住房等民营化，而在许多西方国家，这些部门仍由国家来经营。社会领域的市场化改革，也促进了中国的经济增长。

在某些方面，中国的"社会主义市场经济"甚至比西方许多市场经济形式更具市场经济色彩。因此不难理解，这个体制为何屡遭批评。正统的马克思主义者批评它，理由是社会主义市场经济恢复了资本主义的商品关系和生产关系，同时进一步剥夺了工人阶级的权利，导致社会不平等的加剧以及日益庞大的资产阶级的形成。其他人则认为，中国的体制已经拥抱了太多的市场资本主义因素，形成了"国家资本主义"的经济体制。

但是我们认为，这些特征的发展，并不意味着中西方在市场—国家关系的根本原则上达成了一致。在现实世界中，市场经济并不以纯粹的形式存在，因为社会和政府总会在不同程度上对其进行管理，而不会允许市场力量进行自我管理。没有任何一个国家境内的经济模式，会让所有的市场都自由运作，当今世界几乎所有经济体都是具有不同程度的自由市场和计划经济特征的混合型经济体。事实上，"自由经济"和"市场经济"这两个术语，有时候是同义词。然而，正如德国社会市场经济的思想和实践所证明的那样,在政府为了坚持社会公正、制衡市场力量的过度集中而进行强力干预的情况下,自由经济也可以顺利运作,甚至还很繁荣。[32] 在绝大多数经济体中,价格体系并非完全自由,而是受到某种程度的政府控制或严格监管,有时还与国家主导的经济规划相结合,但这种规划的广泛程度不足以使其成为计划经济。政府在指导市场经济和解决不平等这样的市场失灵方面,究竟应该发挥多大的作用,还存在着不同的观点。

从世界历史上资本主义的演变来看,也是如此。西方的资本主义通常指的是生产资料全部或大部分为私人所有,而且以营利为目的的经济制度,其中投资、分配、收入以及商品和服务的生产和定价,是通过市场经济的运作来确定的。人们通常认为,这一制度事关作为"法人"或企业的个人和团体交易资本品、劳动力、土地和金钱的权利。尽管自封建制结束以后,资本主义就在西方占据着主导地位,但是历经一波又一波的变革后,今天最常见的资本主义形式已经表现得像一种混合经济,它包含了私营企业和国有企业,结合了资本主义和社会主义的要素,或者混合了市场经济和计划经济的特征。在不同的历史时期,一些西方经济体开展了社会主义性质的实验,采取了包括国有化、贫富阶层间的财富再分配、最低工资标准在内的举措,以及符合凯恩斯主义的需求管理政策。

然而,在绝大多数当代资本主义形式中,不存在中央计划权威部门,并且价格确实由供给和需求的经济力量所决定。即使是政府的运作也必须遵循市场原则,因为政府的运作有赖于直接税,并且政府需要与强大的经济和社会利益集团讨价还价来制定政策。中国人永远也不会明白,为什么在西方,即使是中央(联邦)政府,也可能因为对立政党之间的斗争而"关门"。总体而言,我们可以将西方各种形式的资本主义概念化为"场内国家"(state in market)。在这一体制内,市场(经济)原则主导国家(政治)原则。与此相反,我们可以将中国的政治经济体制归纳为"制内市场"。通过这一概念,我们认为,尽管存在不同形式的资本和市场规则的运作,但是在中国的政治经济体制中,国家(政治)原则主导市场(经济)原则。随着这种形式的中国市场的兴起,市场经济的大家庭中现在有了一个崭新却强大的成员。

在知识层面,我们的目的是描述和解释世界政治经济体制类型中的这一新家庭成员。具体而言,这项研究的目的是多重的:将中国的政治经济体制概念化为"制内市场",描述这一体制是如何发展并演变的,解释它如何运作,以及探究这一体制的社会和政治影响。

这项研究也有一些重要的政策意涵。在政策层面,我们的目标着眼于未来,希望为当代世界的一个重要政策领域,即资本主义的未来做出某些贡献。正如2007—2008年全球金融危机及其后果所证明的那样,当代资本主义正陷于危机之中。金融危机暴露了西方政治经济体制的根本弱点。如今,许多西方人都对其经济和政治制度的运作感到失望,特别是当他们目睹政府用纳税人的钱拯救了银行家,金融家们却继续给自己支付巨额奖金,而政府无动于衷的时候。像托马斯·皮凯蒂(Thomas Piketty)这样的学者,已经开始思考21世纪的资本主义形态了。[33]

在过去的30年里,中国的市场经济制度不仅创造了前所未有的经济奇迹,而且成功地应对了包括1997—1998年的亚洲金融危机和2007—2008年的全球金融危机在内的各种经济危机。迄今为止,中国经济依然保持着增长的势头,尽管增速有所放缓。西方学术界虽然一直极力批判中国式的市场经济,但对于这种体制运作的研究却很不充分,这是不应该的。我们认为,各种类型的市场经济可以相互学习经验和教训。因此,没有任何理由忽视这种中国式的市场经济。

本书的结构

本书分为三个部分。第一部分的两章,试图回答中国的政治经济体制"不是什么"和"是什么"的问题。我们的一个观点是，虽然中国的经济越来越市场化，但它并未朝着西方式的政治经济体制发展，也不会朝着这一方向发展。

第一章回答了中国不是什么的问题。我们讨论了西方政治经济体制的基本特点，并阐释了它们在历史上如何发展并且制度化。我们认为，西方的市场体制是西方历史的独特产物，没有其他地方可以轻易重复这样的历史，其他地方也不可能产生这样的体制。鉴于学者们往往将中国置于东亚经济体的类别中，本章还探讨了东亚其他经济体的政治经济体制。我们认为，尽管中国的政治经济体制与这些东亚经济体的体制拥有相似的特征，但两者之间也存在着重大差异。通过比较中国与其他地方的政治经济体制，我们希望突出中国政治经济体系的主导特征，即"制内市场"。

第二章回答了中国是什么的问题。我们审视了中国历史上的"两个市场"的概念，并明确了这些中国概念试图解决的关键问题。我们的目标是提出一个关于中国政治经济体制的理论。中国的政治经济体制被定义为国家主导市场的权力关系，这些关系处于不对称、不均衡的状态。但国家权力主导并不意味着市场是一个无助的主体；相反，它有能力对国家施加影响。国家与市场之间的互动让两者相互改造。我们明确了中国市场的三个层次：草根层、中间层和国家层，并且讨论了国家如何与不同层次的市场主体发生关系，以及这些关系背后的基本原理。我们希望从中国政治经济体制的实践中找出其底层逻辑。我们认为，中国的政治经济学路径一旦被概念化和理论化，能够比源自其他地方的任何政治经济学路径更好地解释当代中国。

第二部分的两章，探讨了中国政治经济体制的历史演变。第三章分析了帝制时期中国的政治经济体制是如何运转的，展示了"制内市场"路径的运作方式。我们的讨论侧重于帝制国家的财政能力，以及帝制中国如何建立了一种独特的秩序，这种秩序逐渐演变，从而将无所不能的皇权、皇权代理人的复杂等级制以及平民的世界，整合进一个依靠皇权及其代理人提供的权力和权威运行的政治经济体制中。

第四章审视了近代，也就是中国开始与西方列强互动时"制内市场"体制的转型。我们聚焦于地缘政治因素，认为地缘政治因素，特别是帝制国家与少数民族之间的互动，对帝制中国"制内市场"体制的形成产生了影响。在现代，包括政治体制和经济体制在内的中国的整个体制，都被这个国家面临的一系列新的地缘政治因素所重塑。面对新的地缘政治环境，中国传统的"制内市场"体制被加以改造，以应对建设现代国家的挑战。这一体制不仅在现代国家建设的过程中幸存下来，还被新生的党领导下的国家所强化和激化。我们认为，地缘政治、国家建设和政治经济体制之间的互动，贯穿于中国整个近现代时期，从晚清延续到民国，再到改革开放之前的 20 世纪 70 年代后期。

第三部分转向当代中国，这一部分也构成了全书的主体部分。这些章节详细探讨了中国政治经济的"制内市场"体制如何在当代发展和运作。我们再次考量了市场体制的三个层面：草根层、中间层和国家层，以及国家如何在继续适应市场的同时，实现对市场的主导。

第五章探讨了我们所谓的草根层的市场经济。这是一个充斥着小规模经济活动的广阔领域，包括了数百万的小贩和夫妻店。我们研究了草根市场如何从毛泽东时代的计划经济体制中破土而出。为了解释这一过程，我们追踪了 20 世纪 80 年代的一些市场先驱者，并追随他们的脚步，察看他们进入 90 年代后的命运，因为 80 年代的市场化进行得比较顺利，而 90 年代的市场发展则更遵循国家的政治逻辑。

第六章转向我们所谓的中间层的市场经济，并审视了私营部门与国家之间的纽带。虽然国家从未停止过调整其相对于私人资本的定位，但它的核心关注点始终在经济或生产增长以及就业这些压倒一切的政治目标上。为了达到这些目的，它总是愿意做出让步并保持克制，这在典型的自由市场经济中是难以想象的。本章解释了国有企业和私营企业之间的各种制度安排，展示了"制内市场"体制在不同地方条件下的柔性和刚性。

第七章审视了新的财政和货币制度如何从计划体制持续演变为一系列复杂的市场与国家组织。我们聚焦于中央政府、地方政府和各种私人利益集团在货币化过程中的互动。本章表明，货币化和金融化的过程，不仅仅是中央和国家机关主导的改革与发展的故事，相反，在中国的货币化过程中，通过一系列的财政和金融创新，地方政府和私人利益集团已经成为与中央政府同等强大的塑造力量。我们感兴趣的是，在国家和市场之间的中间层建立各种政治经济混合体的过程。

第八章聚焦于国家资本。它回答的问题是，为什么中国的央企是按照现在的模式来进行管理的。我们解释了国有部门，尤其是中央管理的国有企业（央企）是如何与帝制中国时期和毛泽东时代的国有部门相区别的，以及国家是如何建立各种机制来继续管理国有部门的。我们借此得以证明，尽管当代市场化改革的目的是要从根本上改变毛泽东时代的计划经济，但这并不意味着中国的国有企业会和西方市场体制中的私营企业一样，采用同样的运作方式。

在结论部分，我们总结了本研究的主要发现。我们还强调了中国政治经济中的"制内市场"体制的一些主要的社会和政治影响，尽管这个课题值得单独研究。我们指出了"制内市场"体制中的一些内在矛盾，以及这一体制在当前所面临的挑战。

第一部分 理论

第一章
市场、国家和资本主义：政治经济学理论与中国

政治经济体制是关于国家与市场之间关系的一套制度安排。中国的政治经济体制由一套负责协调国家与市场的特殊机制组成。与世界上其他政治经济体制相比，它具有自己独特而鲜明的结构特征。在我们描述这些特征之前，有必要考虑一下其他的政治经济体制，因为这样的比较能够让我们看到中国的政治经济体制是多么独特。然而，在一本关于中国的书里，我们不可能详细讨论其他政治经济体制，也无法把中国的体制和这些其他的体制做全面的比较。在本章中，我们将把中国置于现代两个主要政治经济体制中去讨论，也就是西方式资本主义（以当代美国为典型）和东亚新兴工业经济体（NIE）的战略性资本主义（尤其是日本和韩国）。市场资本主义起源于西欧，随后扩散到世界其他地区。在这一过程中，资本主义发生了因地制宜的转型，这种转型反映在经济史学家的著作中，也反映在最近有关"资本主义多样性"的文献中。在中国所处的东亚地区，发展起来的资本主义类型主要是战略性资本主义。因此，传统上认为中国也属于这种战略性资本主义。然而，在本书中，我们将通过把中国同时置于西方市场资本主义和东亚新兴工业经济体资本主义的比较范畴里，通过强调中国市场经济与其他市场经济形式的异同，把中国的市场经济归类为一种新型的市场经济。

界定中国的政治经济体制的确不是一个轻松的任务。国内外的学

者们常常发现，他们缺乏恰当的术语、概念和理论来描述中国独特的政治经济体制。他们不得不借用西方发展起来的、用来解释各种西方政治经济体制的现有理论，来解释和理解中国的政治经济体制。在诸多概念中，像资本主义、自由主义、马克思主义、凯恩斯主义、法西斯主义和国家统合主义这样的术语与概念经常出现。然而，这样做并没有多大帮助。这些术语和概念的运用，导致了我们今天的处境：我们并不了解今日中国的政治经济体制。

中国改革开放时代的经济改革是以市场为导向的，其目的是把计划经济转变为具有"中国特色"的市场经济。经过 40 年的改革，中国逐步融入了世界经济体系，但并没有发展成为西方式的政治经济体制。当前，尽管市场在经济中发挥着重要作用，甚至在医疗、教育、住房等社会领域发挥过头，但是中国的政治经济体制已经成长起来，并具有其自身的特点。因此，学者和政策分析家开始寻找其他术语来描述中国。用于描述中国的最新概念发明就是所谓的"国家资本主义"。[1]虽然这个新术语捕捉到了中国政治经济体制的一个主要特征，即国有企业在经济中的主导地位，但它并没有解释其他许多日益重要的市场领域，比如不断增长的私营部门，也没有回答许多重要的问题，例如，该体制实际上是如何运作的，国家是如何主导市场的，以及国家与市场是如何共存的。

我们的观点是，尽管自 20 世纪 70 年代末以来，中国经济越来越市场化，但它既没有也不会发展成为美国式的政治经济体制。因此，强调一下西方政治经济体制的一些基本特征，探讨其在历史上是如何发展和制度化的，将会很有帮助。我们认为，市场体制是西方历史的独特产物，没有任何其他地方可以轻易重复这样的历史，其他地方也不可能产生这样的体制。之后章节中对西方和中国政治经济体制的比较，将作为我们了解中国政治经济体制的背景。

另一个常用于与中国进行比较的政治经济体制，是潜藏在所谓的"东亚奇迹"背后的政治经济体制，也就是在其他东亚新兴工业经济体中发展起来的政治经济体制。这一体制最初在日本发展起来，随后在"四小龙"（韩国、新加坡、中国的台湾地区和香港地区）得到发展。学者们往往将中国也归入这些东亚新兴工业经济体之列，这是可以理解的，因为从地理和文化上看，中国在很大程度上都是东亚的一部分，而且在某些方面，中国最近的经济发展模式也与这些东亚新兴工业经济体类似。此外，"东亚奇迹"消极的一面，即"裙带资本主义"（在其中，企业的成功取决于与政府官员的密切关系）也在一定程度上适用于中国。尽管中国的政治经济体制与这些东亚新兴工业经济体有着相似的特征，但把中国归类于东亚模式的一员，并不能帮助我们理解中国的国家与经济之间的关系。因此，在我们讨论中国的政治经济体制之前，强调东亚模式在国家与市场关系方面的一些主要特征，也将是有帮助的。

通过这样的比较，本章旨在回答"中国不是什么"的问题，并为第二章提供一个背景，因为在第二章中，我们将回答"中国是什么"的问题。我们希望由此突出中国政治经济体制的一个主要特征，即"制内市场"（MIS）。我们试图通过这一术语，将中国政治经济体制中国家对市场的主导概念化。这个体制的几个特征将在后面的章节中详细讨论，先在此处进行总结。第一，"制内市场"的方法承认，市场体制是存在的，并且市场是一个社会领域，这种认识对市场在制度层面的合法存在至关重要。国家允许市场存在并发挥作用。第二，国家与市场在同一个混合经济体制中共存。第三，市场总是在国家设定的规则和边界内运作，但国家可能经常违反市场设定的规则和边界。在西方和东亚的政治经济体制中，国家和市场之间都存在边界，并且市场领域是自治的。这两种制度的不同之处在于国家渗透市场的程度：在西方，市场领域的边界受到法律和政治文化的保护；而在东亚经济体里，法律和政治文化都允许国家深入地渗透进市场领域。在这两种体制中，尽管国家在干预和调节经济活动方面采取了不同的手段，但它必须遵循市场原则。从这个意义上说，国家必须在市场设定的范围内活动。相反，在中国，虽然国家和市场在原则上是有界限的，但市场不是自治的，它的运行有时不受法律和政治文化的保障；为了生存，它必须在国家设定的范围内活动。用马克斯·韦伯（Max Weber）的"理想型"来说，可以认为：当前中国的体制以"制内市场"为特征，西方的政治经济体制则以"场内国家"为特征，而东亚新兴工业经济体则以市场与国家的相互渗透为特征。

在将中国与这些政治经济体制进行比较时，我们既注重概念层面，也注重经验层面，原因有二。第一，通过同时考虑两者，我们将看到经济学家如何构建他们的概念和理论。我们认为，虽然经济学家往往在抽象的层面上构建他们的概念和理论，但是他们的思维和推理不可避免地受到他们所生活的经验世界的影响。因此，我们援引了两类经济文献：一类是经济学家写的，另一类是经济史学家写的。第二，我们希望为后面的章节讨论中国传统和当代的政治经济体制提供一个历史背景。虽然传统中国没有发展出现代的经济学或政治经济学，但这并不意味着中国没有自己独特的经济思想和理念。相反，我们可以认为，中国有自己处理与经济相关的问题的"经济学学科"。但中国的经济学学科往往不太容易被现代经济概念所理解，甚至被过度误解。中国的经济思想家没有形成一个系统的思想体系，这意味着他们的经济学学科与西方经济学家的经济学学科截然不同。对许多西方学者而言，中国的思想家最多只是提供了一些不成体系的经济思想。在本书中，我们试图把这些看似随意的思想集合起来，使中国的经济学学科形成一个更加系统的经济知识体系。此外，在将当代中国政治经济体制概念化为"制内市场"的同时，我们也试图反映其实际运作，并捕捉这一独特体制的本质。

西方的国家与市场

西方的政治经济学路径

古典时代的西方就和古代中国一样，国家和经济最初被认为是不可分割的、上下有序的。在古希腊，经济一词的对应物（oikonomia）是指对家庭（oikos）的管理，而最早的国家概念则是柏拉图式的理想国，是城邦形式或城邦联盟。在罗马共和国晚期和罗马帝国时期，罗马人实行一种类似于中国秦汉帝国的治国方略，罗马人中的亚里士多德学派和后亚里士多德学派，大体上接受了家庭和城邦（polis）之间的这种垂直划分。正如中国古代儒家学派认为家庭是国家的基本单位和基础一样，西方的古典思想家们也普遍认为，家庭是城邦的基本组成部分，城邦中基本的社会、经济和教育功能，都建立在家庭之上。[2]

在古典时代和中世纪早期，"经济就是管理家庭事务"的古典思想占据了主导地位。然而，随着中世纪经院哲学的兴起，出现了另一种观点：经济是对人类事务的恰当管理，它以神圣的共同利益为导向，并确保经济独立于世俗权力。中世纪的经院哲学家因此提出了一种经济体制，这是一种用抽象的、普遍的神学语言来表达的分析体系。[3] 与此相对，这种独立于治国之道和日常生活之外的抽象经济，并没有在前现代甚至现代中国的经济思想中得到很好的发展。这是中国和西方经济思想之间的一次重大分歧，并一直持续到今天。但是，中世纪的学者们并不打算把经济看作是以市场交换为中心的自我调节的体制。当教会主宰了西方精神生活的方方面面时，经济同样是指向上帝旨意的作用，而非世俗的"经济活动"。

直到16—18世纪的宗教改革和启蒙运动，经济的概念才脱胎于规范的神圣法则，并遵从自身的实证规律而发展。17世纪和18世纪伟大的社会、文化和知识变革的副产品，是财政国家和市场交换的兴起，这两者都是西欧，尤其是法国新型重商主义经济的核心。前者的重要性体现在更早的一批经济和财政实践者身上，他们从贸易顺差和高度管制的市场中获得了大量的国库金银，并把它们视为财富的最终形式。后者的中心地位得到了重农主义者的支持，他们是一群哲学家，认为所有的财富都来自农业（即土地与劳动力的结合），并且不应对财富的循环流动予以限制。[4] 重农主义者认为，自由放任的原则，而非重商主义者所认为的经济控制，才代表了自然法则在经济领域的应用。[5] 从历史的角度看，这两种学派都深深根植于波旁王朝时法国的历史，当时的法国是18世纪晚期欧洲最重要的绝对主义国家。当新兴的资产阶级开始挑战国家控制时，重农主义者提倡贸易自由化和放松管制，而重商主义者则代表了国家构建趋势中的干涉主义财政和贸易政策。尽管两者之间存在分歧，但无论是重农主义者还是重商主义者，都没有把经济从自然过程或国家构建中分离出来。这仍然是一个"大转型"和自我调节型市场的神话出现之前的时代。

19世纪初，政治经济学这门学科终于成型了，它把重点放在自由市场的建设上，将其作为一个独特的研究领域。这门新学科继承了其前辈的方法论，将其分为两种研究路径：一种是以市场为中心的研究路径，它将经济视为一个以市场为基础的过程；另一种研究路径更多地以国家为中心，侧重于研究市场过程的权力动因或政治原因。正如我们之后将会看到的那样，这两个学派与中国传统的两个学派（儒家和法家）之间，既有相似之处，也有不同之处。总的来说，西方的政治经济体制主要强调市场，而中国政治经济体制的核心则是国家权力。

从广义上讲，以市场为中心的研究路径，其代表人物主要是从古典学派的政治经济学家如亚当·斯密（Adam Smith）和大卫·李嘉图（David Ricardo），再到新古典主义学派，最后到当代的新自由主义经济学家。他们持一种强有力的观点，认为市场具有自我调节的能力，特定社会的国家应当采取自由放任的政策。如前所述，在经济思想史上，19世纪的古典政治经济学家首先把经济看作是一个在原则上与宗教、政治，以及如家庭生活这样的其他社会领域相分离的体系。他们将市场看作一个自我调节领域的观点，假定了市场体系是在一个比国家更高、更普遍的秩序中运作。经济与国家和其他社会组织的分离，意味着即便市场不断地与社会互动，经济与社会的其余部分之间也存在着明确的界限。这一观点将西方现代政治经济体制与中国政治经济体制区分开来。正如我们将在后面的章节中看到的，在前现代中国类似的古典经济学家的著作中，经济被视为国家不可分割的一部分，市场被视为政府的工具。经济本身从来就不是与国家和其他社会组织相分离的现实，而是国家创造和增加财富、维持社会秩序的一种手段。

新古典主义理论由阿尔弗雷德·马歇尔（Alfred Marshall）创立，自19世纪末发展起来，延续了上述传统，将经济视为一种可分离的社会秩序体系，在高于国家的秩序中运作。与早期的古典思想家不同，新古典主义经济学家摒弃了自然法的思维，将市场的基本原理与人类行为的实证规律和供求的数学理论联系起来，从而将市场的概念发展到更抽象的层次。这一思想的追随者进一步从市场失灵和公共产品的角度，界定了政治与经济的关系，这使得有限的国家行动能够为市场的平稳运行提供保障。在新古典主义思想家看来，经济学主要是指追求个人效用和利润最大化目标的私人交易行为，国家则是排在第二位的主体，负责确保市场按照社会的利益来有序运作。[6] 同样，他们试图将经济学建立在一个抽象的理性经济人假设基础之上，这在中国的经济思想中几乎没有相应的参照物，因为中国的经济思想总是把人的行为概念化为关系行为和道德行为。与亚当·斯密的信念一样，阿尔弗雷德·马歇尔的理论在20世纪初的中国也几乎没有引起反响。

但是，如果说现代经济学家只关注经济领域，那是不正确的。从古典经济学家到当代新自由主义经济学家，市场自我调节的观点与应当如何组织人类社会的观点密切相关。换句话说，他们不仅对一个实证的问题（即社会秩序是如何组织起来的）感兴趣，而且也对一个规范的问题（即社会秩序应该如何组织）感兴趣。在他们的著作中，社会被认为是按照自己的法律、程序和规则来组织与发展的。这些思想家认为，至关重要的社会制度不是根据政治决定所阐明和制订的计划来发展，而是根据群体生活中潜在的和非计划的需要来发展。

因此，经济学家们往往根据他们对社会如何实际运作的观察和理解，来将一个社会应该如何运作进行概念化和理论化。尽管一个社会实际如何运行和一个社会应该如何运行之间存在巨大的差距，但经济学家们似乎并不难接受这样的巨大跨越。正如卡尔·波兰尼（Karl Polanyi）在《大转型》一书中所正确指出的那样，这种接受是18世纪末和19世纪上半叶发生的两种变化的结果。第一个变化发生在经济领域。工厂体系的迅速扩张，改变了商业和工业之间的关系。生产涉及大规模的资金投资，以及偿付这些资金的固定义务。生产商不太愿意由政府来控制投入供应或产出渠道。与此变化密切相关的第二个变化，是经济自由主义的发展。经济自由主义作为一套思想体系，为一系列新的公共政策提供了辩护，这些政策促进了土地、劳动力和资本向自我调节型市场体系内的"虚拟商品"转变。土地（自然）、劳动力（民众）和资本（财权）事实上并不是用来出售的；当供求关系导致较低的投入价格时，可用的土地、劳动力和资本的数量也不会不合理地大量消失。这个问题在劳动力问题上尤为突出，从而导致了古典经济学的悲观结论。根据波兰尼的观点，这种自由放任哲学在"诞生之初，只是对非官僚主义方法的一种偏好……（然后）演变成一种名副其实的信仰，认定人类的世俗救赎要通过一个自我调节型市场来实现"[7]。波兰尼描述了英国思想的演变，从亚当·斯密在"和平进步"时期的人文主义方法的著作，到马尔萨斯（Malthus）接受贫穷是自然秩序的一部分，再到更为繁荣的19世纪早期自由主义的胜利。

在这种背景下，就不难理解为什么古典经济学家会关注市场社会，而当代政治哲学家则关注公民社会。"公民社会"这一术语，指的是"占据了家庭和国家之间的空间的社会组织，这些组织使人们能够协调他们对资源和活动的管理"[8]。与市场社会一样，公民社会的概念也是启蒙运动的产物。它最初是由约翰·洛克（John Locke）和亚当·弗格森（Adam Ferguson）提出的。[9]这一概念产生于西欧社会从封建主义向商业资本主义大转型的时期。"因为这个概念是在国王的神圣权力受到挑战，新资产阶级要求废除封建社会秩序的时候提出的，所以人们认为，公民社会本身就是在那个时候诞生的。"[10]公民社会概念中隐含的观念是，只有市场经济才能确保契约型团体具有足够的灵活性和适应性来创造公民社会。在规范层面，古典经济学家和政治哲学家都更喜欢自发的社会秩序，而非由国家计划或强加的秩序。

这一思路在亚当·斯密的著作中已经很明显了，他认为现代文明社会的兴起，是逐利行为的结果，而非政治进程或公共当局已知并制订的任何计划的结果。对斯密而言，从"人类的野蛮状态"到文明社会的过渡，是资本主义的历史性工作。然而，这也是许多纯粹出于私人动机而采取的行动所导致的意外后果。后来，卡尔·马克思进一步阐述了这一思想，描述了生产方式、社会关系和生活方式发生划时代变化的过程，并认为这些过程都是追求私利的意外结果。马克思的唯物史观特别有力地表明，政治和公共权威的决定，要服从社会内部释放和运作的不可阻挡的内在力量。

在古典经济学中，经济与政治、市场与国家之间均存在着一种区分，因而也就有了边界。当然，国家与社会在政治上也存在着区分和边界。每个主体都在自己的范围和领域中活动。那么每个领域的职责是什么呢？亚当·斯密倾向于更重视市场社会，而非国家，他将前者称为"一个完全自由的社会"。他首先强调经济是一个独立自主的领域，在这个领域里，人人都可以自由地在市场上进行交换和贸易：

> 每一个人，在不违反正义的法律时，都应该任由其完全自由地采用自己的方法，去追求自己的利益，凭借其劳动和资本，与其他任何人或阶级展开竞争。这样，君主们就被完全解除了监督私人产业，并指导私人产业使其最符合社会利益的义务。要履行这种义务，君主们极易陷入错觉，而要行之得当，那么任何的人间智慧或知识恐怕都难以胜任。[11]

那么国家还剩下什么呢？斯密接着描述了国家必须履行的三个重要义务。在这方面，他给了我们一个关于国家角色的经典定义：

> 按照天赋自由的制度，君主只有三项应尽的义务，这三项义务虽很重要，但都是一般人所能理解的。第一，保护社会，使其不受其他独立社会侵犯的义务。第二，尽可能保护社会上每个人，使其不受社会上其他任何人的不公正对待或压迫，或者说就是要设立严正的司法机关的义务。第三，建设并维持某些公共事业和某些公共设施的义务，这些建设与维持绝不是为了任何个人或少数人的利益；因为其由大社会来经营时，其利润往往能偿付成本且有盈余，但若由个人或少数人经营时，就无法偿付成本。[12]

说到"公共工程"和"公共机构"，斯密首先想到的是那些旨在促进商业（道路、桥梁、运河）和"促进人民教育"的事物，[13]或者用今天的话来说，就是公共基础设施。斯密对那些喜好干预的官员的无礼行为进行了抨击，这些官员想用自己的意志来代替市场意志。尽管他赞扬了私营企业和市场的作用，但是他也认识到，政府可以发挥不可或缺的作用。

古典经济学强调，市场经济是根据规律来运行的，这种规律根植于人与人之间在物质上相互依赖的社会劳动分工体系的不断复制和扩大。这一过程所遵循的规律，独立于个人和人类组织的意志与愿望。可以肯定的是，市场经济中的个人，是根据自己的意志来独立行动的。个人需求的矩阵直接决定了市场上发生什么。在这些私人需求的背后，存在着一种客观的再生产结构，这种结构的需求主导着个人私利的形成。这种主导证明了该理论的合理性，即把重点放在再生产这一客观过程上，而不是放在对机会进行排序或做出选择这一主观过程上。因此，古典经济学将市场视为一种允许最大限度的自由交换，从而提高效率的制度。市场允许人们对资源和商品进行重组，以实现其最理想的用途。

经济与其他领域的分离并不意味着它独立于社会生活的其他方面，也不意味着经济可以独善其身。即使是那些最信奉市场自我调节理念的经济学家，也坚持认为市场的生存有赖于国家的一系列要求，尽管这些要求是有限的。如前所述，斯密坚持认为，国家不仅要防止外国入侵，维护国内的秩序和安全，而且要开展大量的公共事业，因为这种项目的规模很庞大，私营部门缺乏必要的手段来建设。分离既不意味着完全自治，也不意味着经济生活中国家的重大缺位。然而，很明显的是，无论古典经济学家和新古典经济学家赋予国家何种角色，他们都认为是市场而非国家主导着社会秩序，而且也应该由市场而非国家来主导社会秩序。

第二种学派，即马克思主义学派，可以被视为对古典经济学和市场理论的回应。一方面，与古典经济学家一样，卡尔·马克思本人也对经济力量在历史变革中的作用给予了高度重视；另一方面，通过强调国家与市场领域之间的真实关系，他也对市场可以自我调节的古典主张提出了批判。马克思并不打算为国家管制的资本主义辩护，而是试图证明，资本主义从长远来看是不可行的。马克思没有赋予国家很大的作用，因为他认为国家只是资产阶级的代理人；相反，他非常强调阶级，他认为阶级是资本主义的天然产物。

马克思之后的学者，或者说新马克思主义的学者，提出了一种以国家为中心的方法，试图推翻"经济是一种独特现实"的古典观念。这种研究路径将政治等同于权力的使用，并通过在经济中寻找权力，宣称经济是政治性的。"政治经济学"这一术语引发了一种全新的共鸣。它主张经济的政治本质，坚称无论市场是否受政府监管，它都具有这种政治本质。

虽然古典经济学也通过指出市场失灵来强调国家在经济中的作用，但对于马克思主义理论家来说，在确定政治相对于经济的作用时，以国家为中心的路径无须始于市场失灵。这种理论假定，国家有自己的目的，而国家追求这些目的，会对经济事务和制度产生影响。因此，国家可能会寻求控制经济而非纠正市场失灵，把国家的意志强加于市场之上。政治经济学始于政治事务的需要，而非经济事务的需要，也就是把政治议程强加于经济之上。

在马克思主义看来，市场经济与其说是一般意义上的个人福利最大化的机制，不如说它是促进资本家占有剩余价值和进行资本原始积累的一种手段。作为一种社会制度，市场是有意义的，因为它使资本财富的自我膨胀和私人积累成为可能。如果说，从古典学派到当代新自由主义学派的经济学家都试图考虑生产侧的问题，那么马克思主义学派则提出了另一组重要问题来挑战这一主流关注点：制度公平吗？谁从资本主义生产过程中受益？谁在不平等交换过程中蒙受了损失？

从希腊时代的"家庭"与"政体"的区分开始，对于从古典主义到当代新自由主义的经济学家来说，市场是中性的、非政治性的；而对马克思主义经济学家来说，市场是政治性的。马克思主义关于谁从事经济活动和谁经营市场的问题非常重要，它在市场过程中引入了一个政治维度。事实上，正如我们将在之后的第二章里所讨论的，在中国政治经济学的传统中，一个始终重要的问题是：谁在操纵市场——国家还是个人？这个问题在当代中国仍然很重要，因为以国家代理人为行为体的国有部门和以个人为行为体的私营部门之间的斗争，很大程度上主导了经济领域。

市场体制和资本主义

从古典理论到当代新自由主义，经济学家们通常在分析的时候把经济从政治里剥离出来。但是在现实世界中，经济和政治是共存的，它们都是一个特定社会的组成部分。资本主义不仅是一种经济秩序，而且也是一种社会秩序和政治秩序。经济学家在建构市场理论时，不可避免地要将市场领域与政治和社会剥离开来；然而，这并不意味着两者在现实中是可分离的。因此，在讨论市场体制和资本主义时，我们必须知道它们是以抽象的方式还是以实际的方式被理解。

事实上，经济学家在建构他们的理论时，往往抽象地看待市场和资本主义。在经济学文献中，市场通常被定义为各种不同的体制、机制、程序、社会关系和基础设施中的任意一种，个人贸易、商品和服务凭借市场进行交换，构成了经济的一部分。简而言之，这是一种允许买卖双方交换物品的安排。[14]市场上有两种角色：买方和卖方。从概念上说，市场是一种允许买卖双方交换任何类型的商品、服务和信息的结构。交易的定义是用商品或服务来换取货币。市场参与者包括所有影响商品价格的买方和卖方。围绕这一基本思路，形成了关于市场供求基本力量的各种理论和模型。市场促进了贸易，使社会中的资源得以分配和配置。它允许对任何可交易的物品进行评估和定价。市场是自发产生的，或者是通过人为的互动有意构建起来的，以促进服务和商品权利的交换。在这个抽象的层面上，"市场"一词一般有两种用法。第一，它表示一种抽象的机制，供求借此机制达到平衡，促成交易。此处所提及的市场，反映了普通的经历以及交易发生的地点、过程和机制。[15]第二，市场常常被用来象征一个完整的、无所不包的、有凝聚力的资本主义经济。

市场不是社会中唯一的建构性力量。按照自由放任原则运行的市场被称为自由市场，"自由"意指政府没有试图通过税收、补贴、最低工资、价格上限等方式进行干预。市场价格可能会被拥有垄断地位的一家或多家卖方、买方所扭曲。这种价格扭曲会对市场参与者的福利产生不利影响，降低市场结果的效率。此外，买方的组织能力或议价能力，也影响着市场的运行。在这种情况下，即便市场通过价格谈判达到了均衡，也仍然不能达到预期的结果，因为双方都面临着市场失灵的状态。

当经济学家们想到市场时，他们常常把它与资本主义联系在一起。他们的兴趣在于，资本在市场中的运作如何导致了资本主义，并且他们已经提出了市场和资本之间的不同形式的关系。但是，当考虑到"资本主义"这个术语时，它的含义往往变得模棱两可。事实上，许多经济史学家都避免使用"资本主义"一词。如果市场是抽象的，资本主义可能就更加抽象了。经济学家通常不得不使用不同的术语，用于描述不同形式的资本主义，如重商主义、自由市场资本主义、社会市场经济、国家资本主义、统合资本主义（corporate capitalism），等等。在中国也是如此。尽管西方学术界用"资本主义"一词来描述改革年代的中国，但在中国内部，则是使用了"社会主义市场经济"一词，而不是"资本主义"一词来指称在改革年代中发展起来的政治经济体制。

市场存在于不同的资本主义形式之下，这意味着市场与资本是相互联系的，但这两者并不完全相同。根据罗伯特·海尔布罗纳（Robert Heilbroner）的说法：

> 我们通常将市场体制作为资本主义的同义词，然而资本主义是一个比市场体制更大、更复杂的实体；买卖双方之间无数次的个人接触构成了市场的原子结构，市场体制也比这些个人接触更大、更复杂。虽然市场体制是约束和协调整体的主要手段，但市场既不是资本主义能量的来源，也不是其独特的分支

权力的来源。市场是资本主义制度能量流动的管道，也是私人领域在不受公共领域直接干预的情况下组织其任务的机制。[16]

市场是资本主义的一部分，但并非全部，两者之间的差异很大。从根本上说，市场是一种组织生产和分配的手段，而资本主义则是一种更大的社会秩序，市场在这一秩序中起着至关重要的作用。[17]换句话说，市场是"资本主义的组织原则"。[18]从这个意义上说，资本主义可以被定义为一种经济体制，在其中，资本可以通过市场不断积累和扩张。

在谈论资本时，我们还需要弄清楚资本和财富之间的区别。就概念而言，这两者之间的关系经常发生混淆。尽管财富可以变成资本，但资本和财富不是一回事。财富的价值通常在于其物理特性，而资本的价值则在于其创造更多资本的用途中。通常，这个创造更多资本的用途是这样发生的：先是资本转化为像原材料这样的大宗商品，然后原材料又转变为成品和服务，接着成品在市场上进行销售，销售的目的不是为了盈利而退出市场，而是购买更多的原材料，再一次循环这个过程。由于这种无休止的周转，商品的物理特性与它们创造财富的功能无关。[19]因此，马克思将资本主义定义为资本在市场中实现自我扩张的过程。

亚当·斯密将这种生产扩张作为他所说的"完全自由社会"的核心特征。扩张之所以开始，是因为对资本家来说，改善自身境况最容易的方式，就是把一部分利润留存起来，投资于额外的设备，从而增加企业的潜在产出，进而增加未来的收入。通过提高劳动生产率，资本积累的过程对社会环境产生了直接的影响。斯密预计，一旦社会积累了所需的所有资本，这个增长过程就会停止。[20]相比之下，20世纪初的经济学家约瑟夫·熊彼特（Joseph Schumpeter）认为，资本积累最强大的手段，是将一个过程或产品置于大型企业的手中。熊彼特所谓的"创造性破坏"过程，依然被认为是所有资本主义经济体变革的核心动力。[21]

除了主流经济学家之外，其他学者也对市场体制和资本主义进行了实际或实质性的研究，即研究这两者是如何运作和演变的。今天，经济史和社会学的学者对于提出一种市场理论来抓住市场本质或统一原则的想法，持怀疑的态度。[22] 对经济地理学家来说，提及区域性、地方性或特定商品的市场，可能会破坏全球一体化的假设，并突出不同市场交换领域中的地理差异，这些差异包括不同市场中的行为者的结构、制度、历史、路径依赖关系、互动形式和自我理解模式。[23] 参考实际市场可以表明，资本主义不是一种总体性的力量，也不是一种完全包容的经济活动模式，而是"一套分散在一个地区的经济实践，而非一种系统性的权力集中"。[24]

市场不是抽象的，它以不同的规模、不同的层次存在于各个国家和地区。规模和层次都很重要，因为从历史上讲，市场与实体市场相关，这些实体市场往往会发展成小型社区、城镇和城市。换句话说，市场不仅是经济的一部分，而且还是一种社会制度。经济是一种社会和历史上的特定制度，这是一个重要的观点。说到经济，人们已经假定存在着一个可分离的实体：一个地方，一个领域，一个整体时刻，一组显著的人与人之间的关系，这种关系在本质上既非政治关系也非家庭关系。这种假设，与经济在历史上作为一个独立机制的出现相类似。20世纪中叶的经济学家和经济史学家卡尔·波兰尼让我们特别注意现代社会组织的这一面："一个自我调节型市场所要求的，无非是将社会从机制上分离为一个经济领域和一个政治领域。"[25]

市场体制和资本主义的历史性

当我们超越抽象的理论，从实际的层面去思考市场和资本主义时，不难发现资本主义市场经济的历史性。市场—国家关系的历史性，是把握现代经济和市场本质、理解市场对社会转型的影响的关键所在。如果想知道为什么一种特定形式的资本主义有它自己的历史根源，并且西方各种形式的资本主义无法在世界其他地方自动重复时,历史性就显得尤为重要了。

在这方面,我们可以参考许多经济史学家的著作,如卡尔·波兰尼、费尔南·布罗代尔(Fernand Braudel)和罗伯特·海尔布罗纳。[26]如前所述,当经济学家构建他们的理论时,他们不仅把经济与政治和社会剥离开,而且还以抽象的方式来看待如劳动力、土地和资本这些经济变量。从抽象的角度看,任何事物往往都是普遍的,没有地理、国家或文化的边界。如此一来,经济学家往往会无意识地在"某种事物是什么"和"它应该是什么"之间"架起桥梁",来弥合这中间的差异。但是,对于经济史学家来说,不存在没有地理、国家和文化界限的市场体制。市场可以存在于不同的地理、国家和文化背景中,并以不同的方式发挥作用。每个市场体制都是特定地理、国家和文化实体的独特产物。西方的市场体制和资本主义都是西方及其地理、国家和文化发展的独特产物。当然,即使是在西方,在不同的时空里,也存在着不同形式的市场和资本主义。

在《大转型》一书中,卡尔·波兰尼阐释了为什么市场经济是一种相对现代的发展。波兰尼考察了各大帝国的经济,并解释了这些经济是如何变化的。他认为,每个人类社会都有某种经济,但在当代之前,没有任何经济受到市场的控制。在前市场经济时代,社会关系主动地统治着经济,而非被动地接受经济的统治。

在古代经济中,市场在国民经济中所起的作用是有限的,因为市场与市场之间相隔太远。现代经济是由市场和市场价格进行自我调节与主导的,与此不同,在较早的经济中,收益和利润并没有发挥重要的作用。早期的经济是由社会关系而非私利驱动的。在早期的经济中,人们追求的是能够提高其社会地位、社会资产和社会权利的物质产品,而不是个人收益。因此,在这些经济中,我们所认为的经济交换,实际上是嵌入在更大、更复杂的社会交换网络中的,这一网络的基础是平等价值原则。例如，当一个部落成员给予另一个成员东西时，他们可以期望从这个部落成员或另一个部落成员那里得到同等价值的回报。所以，如果一个部落的成员给予另一个成员一些食物，这个成员就会回赠同等价值的东西。如果不是物质形式的给予，那么受赠的部落成员将提供他或她的时间，以某种形式的体力劳动予以帮助，如种植作物或参与狩猎。送礼者可能不会马上得到一些东西作为回报，但受礼者必须在一定的时间内回赠同等价值的东西，否则他们将会失去在部落中的地位。对应的风俗和仪式也发展起来，用以确保互惠能够顺利进行。因为在部落社会中，所有的东西都是集体共享的，所以对个人来说，维系社会关系非常重要。所有的社会义务都是相互的，且能够最好地满足部落的利益。一个人的行为如果是为了他或她自己的私利，而不是为了部落的利益，那对这个人来说可能就是致命的。如果一个人无法做出互惠的行为，他就会失去地位；如果一个人失去了足够的地位，他就会被部落驱逐，成为一个弃儿。一个部落的弃儿几乎没有生存下去的希望。

部落成员如何获取其所需，是由两个因素决定的：互惠和再分配。在没有书面记录或任何公共管理的情况下，对称性和中心性有助于基于互惠与再分配的经济体制的运作。互惠意味着，今天一个人给予另一个人什么，明天就会同样得到什么。部落社会的再分配，通常是通过部落酋长或族长来实现的。部落酋长从部落成员那里获得物品，并将财富重新分配给部落成员。领地越大，土地生产的商品越多，对再分配和劳动分工的需要也就越大，这种再分配和劳动分工让每个人都能够获得赖以生存的商品。

根据波兰尼的说法，在古代经济中，地方性贸易仅限于那些由于太重或容易腐烂而无法进行长途运输的货物，而且这些货物交换的地方，往往也是它们的产地。对外贸易是一种商品的贸易，这些商品在其交换的地区是不存在的。地方性贸易和对外贸易都不太具有竞争性，但国内贸易具有竞争性。在国内贸易中，货物交换得更多，并且在国内贸易中，物物交换比在地方性贸易或对外贸易中出现得更为频繁。波兰尼不认为物物交换导致了市场经济的发展；相反，这只是互惠和再分配体制的一个方面。物物交换是一种隐含信任和信心的社会关系。

波兰尼向我们介绍的是早期文明和古代世界的市场的目的与功能，而法国经济史学家布罗代尔则向我们展示了自欧洲近代早期以来，市场是如何发展和演变的。在他的三卷本著作《文明与资本主义》[27]中，布罗代尔描述了市场和资本主义如何从15世纪发展到18世纪，并通过编纂描述性的细节来探索市场和资本主义最深层的结构，而非像主流经济学家通常所做的那样去构建理论结构。布罗代尔不相信市场是抽象存在的，他在讨论中避免使用所有的经济学理论。

布罗代尔认为，现代资本主义深深根植于前工业化时代的现代世界。他认为，在12世纪的欧洲，资本主义经济发展是存在长周期的。城市国家以及后来的民族国家，相继成为这些周期的中心：13—15世纪（1250—1510年）的威尼斯和热那亚，16世纪（1500—1569年）的安特卫普，16—18世纪（1570—1733年）的阿姆斯特丹，18—19世纪（1733—1896年）的伦敦（和英国）。他使用"结构"的概念来表示各种有组织的行为、态度和习俗，以及文字结构和基础设施。他认为，欧洲在中世纪建立的结构，促成了现在以欧洲为基础的资本主义文化的成功。他把这主要归功于城市国家的长期独立，虽然它们后来被较大的地区性国家所征服，但并不总是被完全压制。[28]

布罗代尔认为，资本家是典型的垄断者，而非像人们通常所认为的，是在竞争性市场中开展经营活动的自由企业家。资本家没有专业化，也没有利用自由市场。因此，他的解释既与自由主义者（亚当·斯密）迥异，也与马克思主义对资本主义的解释不同。在布罗代尔看来，资本主义制度下的国家是垄断者的担保人，而非其自我描绘的竞争的保护者。他断言，资本家同时具备了权力和狡诈，因为他们摆出了一副与当地大多数人作对的架势。[29]

同样，经济史学家海尔布罗纳倾向于认为，市场体制和资本主义的诞生是西方独特的历史产物。他把市场体制和资本主义追溯到罗马帝国的灭亡。根据他的观点，罗马帝国的崩溃对市场体制至关重要，因为它不仅表明，帝国的社会等级与各级资本主义秩序不相容，而且还创造了一个市场秩序兴起的历史条件：帝国破碎的废墟提供了一个特殊的环境，在这个环境里，市场秩序在数千年的封建时期里出现。帝国的消失使得欧洲没有统一的法律、货币和政府，反而分裂成大量孤立的、自给自足的城镇、庄园和小领地。正是封建生活的碎片化，为后来的转型铺平了道路。到了9世纪，商人冒险家们开始涉足庄园事务，尤其是城镇事务，而到了14世纪，他们的后代成为扩大的"堡"或城市生活的政治掌权者。他们所扮演的角色，对演变并最终颠覆封建秩序而言，都是不可或缺的：他们起到关键作用，是因为封建统治者不断被迫向其市民贷款，这些市民中的一些人现在已经非常富有；而他们最终起颠覆作用，是因为放贷人的商业生活方式最终与封建统治格格不入。到了17世纪末，英国的资产阶级（市民阶级）已经在政治上变得强大起来；到了18世纪末，它成了法国真正的主人；到了19世纪末，它已成为世界上占主导地位的政治力量。

　　随着西方资产阶级的掌权，西方也出现了一种新的社会秩序面貌；虽然新的金钱至上观念是其最引人注目的方面，但迄今为止，一种新的经济生活形式的传播是最重要的。在乡村的农奴制里，农奴把自己的一部分收成交给主人，剩下的留给自己。现在，农奴制让位给了一个完全不同的制度，在这个制度里，一个资本家付给他的工人一份工资，却拥有他们所生产的全部产品。在城镇中，师傅和学徒的关系曾在行会制度的严格监督下，现在也变成了雇主与工人的关系，没有任何法规能够拯救劳动力市场。在大城市里，赚钱从令人侧目的生活边缘地带转移到了受人尊敬的中心地带。

　　换句话说，罗马帝国的灭亡为经济和政治的分离创造了条件。一个正在崛起的商人阶级，有能力挑战并最终凌驾于它周围的贵族世界。在一个由农场、家庭工业和贸易联系组成的网络中，出现了一个真正的权力和权威领域，这个领域首次被认为是脱离了国家控制而发展起来的，能够以最少的政治指导或约束来管理自己的事务——就像一个国中之国一样。

因此，随着封建制度逐渐被淘汰，取而代之的是亚当·斯密所谓的"完全自由社会"的经济自由秩序。在这样一个社会中，工人可以自由地从一个地方迁移到另一个地方，或从一种职业换到另一种职业，而他们如果还是农奴和学徒的话，就不能这样做；资本家可以根据自己的意愿提高或降低他们的价格，而如果他们还是行会成员的话，就不能这样做。这样一来，资本主义制度就形成了。19世纪中叶的某个时候，"资本主义"在英语中出现了。[30]

现代工业资本主义

到了19世纪，资本主义已经得到了长足的发展，而工业化通过赋予市场前所未有的角色，彻底改变了它的面貌。自罗马帝国灭亡以来，市场体制得到了发展和演变。但一旦它开始主导经济，经济体制的性质就发生了变化。波兰尼认为，由市场驱动的经济改变了社会，并极大地影响了社会的运行方式。只有当许多市场彼此接近，许多商人在商品价格上进行讨价还价时，市场才能控制商品的价格。当市场在控制经济方面发挥更大作用时，它们也在控制社会方面发挥更大的作用。当经济不再由社会关系来塑造，而是由市场来塑造时，社会就会改变其社会关系。社会和社会关系被重塑，以适应市场经济。因此，正是工业化产生了自我调节型市场（Self-Regulating Market）。

波兰尼认为，自我调节型市场的兴起是"制度的源泉和母体"，是"促进特定文明崛起的创新"。[31] 他所称的"大转型"，就是自我调节型市场的历史：它起源于 18 世纪末和 19 世纪初的工业革命，发生在一个完全商业化但尚未完全市场化的经济体制中。它是通过 19 世纪前几十年英国自由主义经济学家和政治家的努力培育出来的。最后，由于"防御反应"抵制自我调节型市场带来的后果，它消亡了。波兰尼区分了有市场的经济体制和 19 世纪"全盘乌托邦化"的自我调节型市场。市场是人际互动，这种互动是根据商品和服务的价格、质量和数量来进行组织的。自我调节型市场是一种全社会范围的市场体制，在这个体制中，在生产和分配的实质性过程的所有投入，都是用于出售的；而对产出的分配，完全是为了用于交换因出售投入而得来的收益。波兰尼认为，自我调节型市场是无法生存的，这并不是因为市场分配带来的恶果（虽然在马克思的解释里，分配的恶果在资本主义不可避免的崩溃里起到了重要的作用），而是因为自我调节型市场"全盘乌托邦化"的性质，引发了自发的抵抗运动，即使在那些享受物质繁荣增长的群体里也是如此。社会对作为社会性动物的人类而言至关重要，而自我调节型市场与可持续的社会是不一致的。

根据波兰尼的说法，工业革命"几乎是生产工具奇迹般的改进"，但同时也在经济组织中发起了一场同样强大的革命，这部分是由于在一个已经组织起商业发展的经济里引入了新机器，部分也是一场社会实验的结果。[32] 在工业革命之前，西欧大部分地区的经济已经完全商业化了：家庭手工业、有偿的农业劳动力和城镇里繁荣的贸易，意味着大多数人赚了钱，并用这些钱来购买生活的物质资料。然而，政府和其他组织对市场的控制与管制也是广泛而普遍的。市场受到政府和社会的控制与严格管制；直到 19 世纪初"市场社会"在英国诞生，它们才控制了社会的基本运作。[33]

因此，波兰尼还证明，经济可以通过自我调节型市场之外的方式组织起来，而且也已经通过这些方式组织起来了。在许多社会中，生产和分配的组织，是通过亲属或社群义务和反义务（互惠）的社会关系来完成的，其他社会则采用了再分配制度。在西欧的许多地方，再分配制度和互惠制度的结合，在封建庄园时代结束前一直处于主导地位，并逐渐被市场交易所补充，最后才被其所取代，对市场交易的控制和鼓励，是中世纪市政当局和重商主义国家政府的一个主要关注点。[34]

市场体制和资本主义的兴起带来了积累与物质进步。但是从一开始，物质福利的提高就伴随着一种新形式的社会苦难。它最初出现在伊丽莎白时代的英国，其形式是"圈地运动"。土地在传统上是一种"公地"，贫穷的农民可以在上面建造他们的小屋，放牧他们的牲畜，种植一些蔬菜。圈地则意味着，这些公地现在被它的合法所有者接管，专门用来放牧羊群，这些所有者主要是土地乡绅。一个世纪后，这一双刃剑进程以不同的面貌呈现出来。到那时，活跃的财富积累中心已经转移到了亚当·斯密所写的工厂身上。这些新兴产业的产出，无疑使购买它们的中产阶级消费者受益，它们赚取的利润也使它们的所有者受益。不那么确定的是，工人是否也能得到好处。他们的工资很低，工作条件很差。到了19世纪初，那些规模仍然很小的工厂被"黑暗的撒旦磨坊"（dark Satanic mills）所取代，妇女和儿童在恶劣的条件下工作，工资低于最低标准。狄更斯笔下英国的阴暗面是众所周知的。

波兰尼将建立、维护和传播自我调节型市场的努力，与保护民众和社会免受其运作后果影响的努力之间的持续紧张和冲突，称为"双重运动"。一方面，这是一个协调一致的哲学和立法计划，以建立自我调节型市场，从18世纪90年代的"圈地运动"，到1834年的《济贫法》改革，再到1844年的《英格兰银行条例》和1846年废除《谷物法》；另一方面，这又是一系列广泛变化的、无组织的系列运动、立法改革和行政行动，以限制市场自我调节带来的影响，从宪章运动，到早期立法以限定妇女和儿童的工作时间与地点，再到工会的发展和英格兰银行作为最后借款人的出现，最后到重新征收食品关税，以及预示着福利国家到来的第一项立法。由于自我调节型市场在运作中受到了削弱，国际经济合作和自由国家的正当性也就被削弱了。

波兰尼对19世纪上半叶发展起来的自我调节型经济的紧张关系和崩溃的解释，与马克思和马克思主义经济学家的解释截然不同。尽管波兰尼认为，对自我调节型市场所造成的伤害的感知和反应因阶级而异，因此"其结果受到所涉阶级利益特征的决定性影响"，但导致自我调节型市场内部的紧张以及这一体制最终崩溃的原因，却并非是由剥削带来的总产出分配不公。[35]波兰尼认为，工人阶级并没有起来推翻这一制度；相反，土地所有者、银行家以及商人，由于他们的利益也经常受到经济波动的威胁，因此加入了工人的队伍，一起寻求保护。当他们得到这种保护时，自我调节型市场就被"削弱"了，最终走向了崩溃的地步。增加的保护措施严重削弱了自我调节型市场，以至于当第一次世界大战破坏了欧洲的均势时，自我调节型市场就再也无法协调世界经济了。通过重建金本位制度来恢复19世纪体系的斗争，摧毁了国际金融体系。与此同时，国家在应对自我调节型市场体制崩溃的时候，也表现得各不相同，一些地方出现了独裁统治，其他地方出现的则是更为温和的管理体制。[36]

虽然现在很少有主流经济学家引用《大转型》，但是波兰尼的双重运动理论仍然主导着今天的公共政策辩论。新自由主义通过自我调节型市场体制的自然涌现，建立在对世俗拯救的信仰基础上，现在新自由主义已经在中东欧以及亚洲、非洲和拉丁美洲广泛传播开来，因此，要求保护民众、自然和国家利益的呼声也在高涨。波兰尼提供了一个理解19世纪文明崩溃和动荡的20世纪崛起的框架，这个框架至今仍然很强大。正如法国社会学家皮埃尔·布迪厄（Pierre Bourdieu）所指出的，由于市场模式在20世纪90年代得到了国家和国际机构的广泛接受，它正在成为一种自我实现的模式。[37]针对市场的反抗也是如此。当然，正如之后几章将要讨论的，这正是当代中国正在发生的事情。

凯恩斯主义

古典经济学家和新古典经济学家将社会秩序划分为两个独立的、在法律上相互分离的领域。作为一种社会建构，这种分离是抽象的，而不是真实的。它是经济学家建构概念和理论的有用理论工具，但市场体制是社会的有机组成部分，资本主义不仅是一种纯粹的经济秩序，更重要的是，它还是一种政治秩序。经济和国家之间存在着边界，但与此同时，这两个领域又相互依存，难以分离。国家有其自身的领域，有其法律和秩序机构、暴力机器和礼仪职能；经济也有其自身的领域，有其工厂和商店、银行和市场、招聘广告和失业办公室。治理国家是国家的事，生产和分配是经济的事。但要治理社会，国家必须为经济制定法律法规，必须干预经济事务。与此同时，经济将不可避免地侵入治理职能，有时是以与公共利益背道而驰的方式，如在外交政策领域和国防领域，有时又是以与公共利益不可分割的方式，如在制定经济政策方面。

经济和国家是如此相互依赖，以至于缺少其中任何一个领域，另一个领域就无法运作。例如，没有国家的额外支持，资本领域就无法完成其积累任务。另一方面，一个政府依靠健康的经济状况，来获得实现其目标所需的收入。马克思是少数几位认为经济与国家不可分的早期政治经济学家之一。他观察到，资本主义的经济，是由其生产的动力所产生的"矛盾"所主导的，而资本主义的政治，则是由其分配方式所产生的"阶级斗争"所主导的。正如之前所论述的，亚当·斯密在赞颂由一只"看不见的手"指导的自发经济秩序的同时，也强调国家必须发挥作用，以使得这种经济秩序能够运转。

从这个意义上说，资本主义确实是一种政治秩序。资本主义的核心政治问题是企业与政府之间的关系，或经济与国家之间的关系。[38]因此，问题不在于经济和国家是否可以分离，而在于两者如何共存。从政治经济学的角度看，国家的作用而非经济的作用，才是任何一种社会秩序的关键。国家必须平衡其在经济和社会秩序中的利益。

从历史上讲，正如海尔布罗纳所指出的，资本领域一直处于优势地位。国家可以动用更强大的武器，即征税的权力，但如果经济运行不令人满意，征税的能力将是一种空洞的特权。在平时，国家的首要任务是帮助和支持资本的积累。政府非但没有"排挤"私营部门，反而为私营部门的进入让路。政府的事就是搞经济，这不是出于软弱，而是出于其对自身利益的考虑。在现代时期，随着国际市场的发展，国家在促进经济方面的作用大大增强。到了19世纪中叶，在世界上的任何地方，国家都已经公开地为资产阶级的利益站台。在全球化的当代，国家则承担了必要的职能，以保护经济免受不受管制的市场可能带来的日益严重的威胁。

与此同时，国家必须通过保护社会来维持国内秩序，因为国内社会秩序常常受到资本无休止扩张的破坏。例如，通过圈地运动，资本积累过程的开启给伊丽莎白时期的英格兰带来了不安。在整个19世纪和20世纪的大部分时间里，这种不安一直存在，而且往往愈演愈烈。为了维护社会秩序，欧洲国家开始采取措施来保护社会。德国总理奥托·俾斯麦（Otto Bismarck）推出的第一部社会保障法案就是一个例证。这种最低限度的社会保护措施，更多的是为了资本的利益，而不是为了工人阶级的福祉。资本的运作需要最低限度的社会秩序。在这一时期，国家采取的立法和监管措施是非常具有压制性的。采取社会保护措施，是出于国家对阶级对立和敌视的深切担忧。政府和企业都认为，"除了让经济体制恢复其'自然'活力，政府在解决经济动荡的问题上几乎无能为力。政治干预不仅违背了事物的本质，而且毫无用处"[39]。

20世纪30年代的大萧条是一个转折点。它彻底改变了知识分子对经济和社会的看法，并在主流经济学中引入了巨大的变革。这一时期的资本主义，毫无疑问比马克思一生中的任何时候，都更接近于被推翻或崩溃。在德国、意大利和西班牙，这导致了法西斯主义的崛起，而法西斯主义又带来了国家领域与经济领域之间关系的变化：经济服从于国家。虽然这种服从关系没有在民主国家发生，但政府也不得不扩大其在经济中的作用，这些作用远远超出了亚当·斯密最初的活动清单。政府的新角色包括争取实现所谓的"充分就业"。值得注意的是，这与使私营部门从属于公共部门的野心仍然有很大的不同，因为即便国家的作用扩大了，也远远没有被允许指导私营部门的活动，更不用说接管私营部门的活动了。充分就业只意味着经济增长将被推到可行的极限。[40]

约翰·梅纳德·凯恩斯（John Maynard Keynes）提出了政府的这一新作用。凯恩斯在1936年出版的《就业、利息和货币通论》一书中提出，为了将资本主义从长期失业的危险中拯救出来，投资需要"某种程度上的全面社会化"。海尔布罗纳认为："凯恩斯经济学提供的是一个基本原理，即以一种从前无法想象的方式来利用公共领域：将其作为资本主义秩序的一个财政机构，其底线责任是防止大规模失业，并最大限度地实现充分就业的目标。"[41]

凯恩斯主义不仅是对大萧条的一种反应，而且还想通过给国家增加新的作用，将新要素引入主流经济学。在凯恩斯的《通论》之前，主流的"古典主义"和"新古典主义"经济学认为，经济存在一种普遍均衡的状态，即经济能够很自然地消费它所生产的任何东西，因为消费者的需求总是大于经济满足这些需求的能力。这种观点反映在萨伊定律（Say's Law）和大卫·李嘉图的著作中，他们认为，个人生产的目的，要么是为了消费自己制造的产品，要么是卖掉自己的产品来购买别人的产品。这种观点假设，如果存在过剩的商品或服务，它们的价格自然会下降到能够被消费的水平。

凯恩斯主义经济学家则认为，在短期内，生产活动受到总需求（经济中的总开支）的影响，且总需求并不一定等于总供给（经济中的总生产能力）。相反，它受到许多因素的影响，有时表现不稳定，影响了生产、就业和通货膨胀。凯恩斯主义经济学家认为，私营部门的决定，有时会导致低效的宏观经济结果，这需要公共部门采取积极的政策回应，尤其是中央银行的货币政策行动和政府的财政政策行动，以稳定经济周期的产出。因此，凯恩斯主义经济学提倡混合经济，它的主要构成是私营部门，但在经济衰退期间，政府应发挥干预作用。

凯恩斯颠覆了当时的主流思想，使人们更多地认识到，失业等问题并非懒惰的产物，而是经济体制结构性缺陷的结果。他认为，由于无法保证个人生产的产品能够满足需求，因此失业是一个很自然的结果。他认为经济无法维持充分就业，并认为政府有必要介入，将未充分利用的储蓄通过政府支出来发挥作用。

在凯恩斯之前，古典经济学家们将商品和服务总需求无法满足总供给的情况，称为普遍供过于求，尽管他们之间对于出现这种情况的可能性存在分歧。凯恩斯认为，当发生供过于求时，是生产者的过度反应和工人的下岗导致了需求的下降，并使问题长期得不到解决。因此，凯恩斯主义经济学家主张采取积极的稳定政策，以减轻经济周期的震荡幅度，他们将经济周期列为最严重的经济问题之一。根据这一理论，政府支出可以用于增加总需求，从而增加经济活动，减少失业和通货紧缩。

凯恩斯认为，解决大萧条的良方，是通过两种方法的某种组合来刺激经济：重新调整利率（货币政策）和政府对基础设施的投资（财政政策）。通过降低央行给商业银行的贷款利率，政府向商业银行发出了一个信号，即它们也应该为客户提供同样的服务。政府对基础设施的投资，通过创造商业机会、就业和需求以及扭转经济失衡的影响，将政府收入注入经济。

在大萧条后期、第二次世界大战和战后经济扩张时期（1945—1973年），凯恩斯的思想被发达国家广泛接受，成为美国罗斯福新政和战后西欧重建的标准经济模式。但在20世纪70年代的滞胀之后，它失去了对新古典主义综合理论的一些影响。2008年全球金融危机的到来，使发达国家和发展中国家的凯恩斯主义思想再度死灰复燃。

凯恩斯主义赋予国家比市场更大的作用，因此受到自由派经济学家，尤其是新古典主义经济学家的批判。例如，奥地利经济学家弗里德里希·哈耶克（Friedrich Hayek）批评凯恩斯主义的经济政策，称其从根本上讲是"集体主义"的做法，认为这种理论鼓励中央计划，从而导致资本的不当投资，而这正是导致经济周期的原因。哈耶克还认为，凯恩斯对经济中总体关系的研究是错误的，因为衰退是由微观经济因素造成的。哈耶克声称，政府的临时补救措施往往会变成永久性的、不断扩大的政府计划，从而扼杀了私营部门和公民社会。[42]

在当代中国，凯恩斯主义的影响是复杂的。一方面，自由主义经济学家宣扬新自由主义经济学，哈耶克、弗里德曼（Friedman）等人的经济学著作一直是他们的圣经。政府经济改革政策的特点，在20世纪80年代是彻底的权力下放和私营部门的发展，在20世纪90年代是私有化。对自由主义经济学家来说，所有这些自由主义政策都促进了中国的经济增长，这似乎表明，中国在经济改革中已经实行并应该长期遵循新自由主义。另一方面，每当经济增长乏力，特别是出现经济危机时，政府往往诉诸凯恩斯主义。[43]事实上，在危机期间，大规模的政府投资一直是中国经济增长的主要来源。从这个意义上说，中国的经济与凯恩斯主义提出的混合经济很接近。

我们不想详细讨论关于中国经济增长动力的政策辩论，因为本书试图解释的是中国的政治经济体制是如何运作的，而不是中国是如何实现经济增长的。但在现阶段，我们确实需要指出中国政治经济体制与凯恩斯主义的区别。尽管凯恩斯主义和中国的政策之间具有迷惑性很强的相似之处，但两者之间存在着重大的结构性差异。在凯恩斯主义中，国家扩大了它在经济中的作用，但没有取代市场。尽管在应对经济问题上，凯恩斯主义赋予了国家主要的作用，但市场体制仍然是经济的主要行为者。从这个意义上说，凯恩斯主义是对西方主流经济学的补充。与此相反，在中国的"制内市场"政治经济体制中，尽管市场也存在，但它必须服从国家，并在国家规定的范围内运行。在后面的章节中，我们将会看到，用凯恩斯主义来形容这个体制是很有误导性的。政府投资不仅仅是为了促进经济增长或应对经济危机，更重要的是要增强政府调控和制约市场的能力。

新制度经济学

在当代中国，学术界和政策界经常将新制度经济学（NIE）作为分析框架。新制度经济学是一种经济学视角，试图通过关注经济活动背后的社会和法律规范与规则来扩展经济学，其分析超越了早期的制度经济学和新古典主义经济学。

从学术角度来说，新制度经济学来源于罗纳德·科斯（Ronald Coase）的两篇文章：《企业的性质》（1937年）和《社会成本问题》（1960年）。[44]在后一篇论文里，科斯认为，如果我们生活在一个没有交易成本的世界里，人们就会相互讨价还价，以产生最有效的资源配置，而不考虑最初的分配。这种方式优于通过诉讼进行分配。然而，许多福利最大化的重新分配方案往往会被放弃，这是由于讨价还价中所涉及的交易成本。由于交易成本可能很高，法律应当促成一种消除了交易成本的结果。科斯定理的核心是，在没有交易成本的情况下，替代性产权转让同样可以将冲突和外部性进行内部化。因此，必须对这些产权转让进行比较制度分析，以便就外部性的有效内部化，以及包括法律和经济学在内的理论设计提出建议。

新制度经济学建立在一套复杂的方法论原则和标准之上。新制度经济学的经济学家在研究效率和分配问题的时候，采用了一种修正后的新古典主义框架。新制度经济学的分析涵盖了广泛的主题，包括组织安排、产权、交易成本、可信承诺、治理模式、说服能力、社会规范、意识形态价值、决定性认知、获得控制、执行机制、资产特性、人力资产、社会资本、信息不对称、战略行为、有限理性、机会主义、逆向选择、道德风险、契约保障、环境不确定性、监控成本、勾结动机、层级结构、谈判实力,等等。[45]

虽然还没有一套单一的、公认的定义,但大多数根据新制度经济学方法论原则和标准进行研究的学者,都遵循道格拉斯·诺斯(Douglass North)对制度和组织的划分。制度是"游戏规则",包括规范个人行为和构建社会互动结构的正式法律规则与非正式社会规范(制度框架)。相比之下,组织是一群人及其创建的治理安排,以协调他们的团体行动来抗衡其他团体,其他团体也同样作为组织来行动。公司、大学、俱乐部、医疗协会、工会等都是例子。然而,由于一些制度框架实际上总是"嵌套"在其他更广泛的制度框架内,因此在实际情况中,这种界限总是模糊不清的。

新制度经济学在当代中国产生了巨大的影响。其影响力不断增强的背后有几个原因。第一,与其他主流经济学理论相比,新制度经济学更接近中国经济的现实。虽然主流经济学理论在课堂上很受欢迎,但中国的经济学家们发现,这些理论往往与中国的经济现实不太相关,无法支持对中国经济现状的理解。第二,它的影响也与"制度"这一概念有关。改革年代的经济改革被定义为制度改革。当代中国经济学家们诉诸新制度经济学,不仅是因为它能够在方法论上解释中国的经济现象,而且更重要的是,他们希望从中找到一些线索,以便在改革旧经济体制和建立新体制时,帮助我们探索中国应该发展什么样的制度。第三,我们可以理解,新制度经济学在自由派经济学家中最受欢迎,就像在西方一样。在新制度经济学所探究的众多主题中,在中国最受欢迎的是组织安排、产权、交易成本和可信承诺。私有产权的概念具有特殊的意义。第四,这些学者一致认为,市场化的制度改革不应盲从新制度经济学的规定,而应当创新,并适应中国的初始条件。对新制度经济学来说,正是由于重要的法律和制度改革进行了因地制宜的本土化策略，比如具有法律效力的合同和对私有财产的保护，才促成了中国显著的经济增长和结构转变。[46]

和其他经济学学派一样，新制度经济学对中国经济增长的解释，仍然是一套基于西方"普世"的市场概念的后见之明。虽然中国的经济转型确实带来了新制度经济学所预测的许多市场化的体制变革，但新制度经济学可能并不能很好地预测中国的现代经济转型。从使用可强制执行的契约，到明确界定的产权和有限责任，在不同时期和不同地点，前现代的中国经济已经体现了现代市场经济的许多制度特征，但它从未带来持续的工业发展，更不用说产生现代资本主义制度。在许多失败的工业项目案例中，国家未能有效运作，往往是失败的一个关键因素。[47]同样，研究法律和契约在当代经济转型中的作用的学者也证明，中国近几十年的经济转型，主要不是法律改革的产物；相反，是经济变革带来了法律变革。[48]这并不是对新制度经济学的一种拒绝，而是对其缺陷的一种提醒：它对国家在中国经济生活中所扮演的角色，采取了过于简单化的看法。正如我们将要讨论的，中国在帝制晚期与毛泽东时代的国家建设和市场—国家关系的历史经验，对中国当代的政治经济产生了塑造性的影响。

在本书中，我们对新制度经济学能否解释中国当代的经济改革和发展并不太感兴趣。作为一种政治经济学研究方法，新制度经济学可以解释中国经济的某些部分，但不能解释其他部分。与其他西方经济思想流派一样，新制度经济学也是建立在西方的经济经验基础之上的。新制度经济学理论的各个方面都是西方经济发展的产物。从这个意义上说，新制度经济学与从古典主义到当代新自由主义这些其他经济学流派之间，并没有太大的区别。当新制度经济学的经济学家们将这一理论扩展到非西方世界的经济体时，其解释力往往趋于有限和弱化。我们的观点认为，和其他经济学理论一样，新制度经济学没有告诉我们中国的政治经济体制是如何运作的。

发展型国家理论与东亚新兴工业经济体

迄今为止，我们已经讨论了从古典主义到新古典主义，再到当代新自由主义，以及从凯恩斯主义到新制度经济学的各种经济学理论流派，所有这些理论都是从西方的经济经验中发展起来的。尽管它们也被用来解释非西方世界的经济，但它们并不是非西方经济的政治经济学理论。这就是为什么我们需要提出一个中国的政治经济学理论，用于解释中国的政治经济体制。然而，这一理由是会受到质疑的，因为在东亚新兴工业经济体中，存在着一种发展型国家的政治经济学理论，而且对许多人来说，中国作为东亚的一部分，理应属于这种政治经济体制。为了证明我们的理由，我们将强调东亚发展型国家政治经济体制的一些主要特征，并说明为什么中国不属于这一体制。

在二战后的岁月里，东亚已成为世界经济中最具活力的地区，其发展形势堪比18世纪西方的崛起。在战争结束后的几十年里，该地区相对于西方，平均收入大幅提高，而在其他所有"发展中"地区，包括拉美、非洲、西亚和南亚，它们的平均收入要么下降，要么保持不变。由于这个简单的原因，"东亚奇迹"一词应运而生。随后就出现了两个问题：什么样的政治经济学理论能够解释东亚奇迹？东亚的政治经济体制是如何运作从而产生这样一个奇迹的？

与任何政治经济体制一样，东亚奇迹的核心也是国家与市场之间的关系。对于当代新古典主义经济学家来说，东亚政治经济并不是一个独特的体制，其奇迹可以用新古典主义经济学来解释。如前所述，在新古典主义经济学中，政府的基本经济职能包括：

（1）保持宏观经济的稳定。

（2）提供有形的基础设施，特别是那些固定成本相对于可变成本来说较高的基础设施，如港口、铁路、灌溉渠道和下水道。

（3）提供包括国防与国家安全、教育、基础研究、市场信息、法制、环境保护在内的"公共产品"。

（4）促进制度发展，以完善劳动力市场、金融市场、技术市场，等等。

（5）在出现明显的市场失灵的情况下，对冲或消除出现的价格扭曲。

（6）将收入重新分配给最贫穷的人，以充分满足他们的基本需求。

如前所述，政府在经济中的角色一直是有争议的，西方经济学家对政府的看法，也随着时间的推移而发生了变化。在工业化国家，由于大萧条和战时的困难，国家在第二次世界大战后，特别是在20世纪50年代和60年代，被赋予了矫正市场失灵的重大作用。随着发展经济学的兴起，这种以国家为中心的方法，也被研究欠发达国家问题的经济学家所采用，并成为发展经济学这门新兴学科的基础。不发达国家所经历的许多特殊情况，如私人储蓄率低、对初级产品出口的依赖性、出口价格相对于进口价格的下降、内部市场小、人力资本存量有限、掌控大型组织的少数企业家的存在以及普遍的就业不足，都意味着欠发达国家政府要发挥比发达国家政府更重要的作用。

然而，在20世纪60年代末和70年代初，国家的作用在发达国家和较不发达国家中都减弱了。在较不发达国家，人们认为国家在经济中发挥了消极作用。例如，在20世纪50年代和60年代，由国家推动的进口替代型工业化，催生了需要长期补贴的效率低下的工业，而看不到一点实现国际竞争的希望。此外，政府的广泛干预往往会产生大规模的"寻租"，将经济主体的精力从生产转移到游说上，要求政府增加补贴和保护。相反，一些最成功的欠发达经济体——主要是所谓的"四小龙"，包括韩国、新加坡、中国台湾和香港地区——利用市场激励和强大私营部门推动的外向型模式，实现了非凡的工业增长。对于新古典主义经济学家来说，这些经验表明，是否遵循新古典主义的药方，决定着欠发达经济体的成败。

对于新古典主义学派的学者来说，没有必要使用新的政治经济学理论来解释东亚奇迹，新古典主义经济学就可以完成这一任务。新古典主义认为，东亚发展的动力与其说是资本构成，不如说是资源的有效配置。一旦建立了资源有效分配的制度安排，投资就可以自行解决。有效利用资源的必要制度安排就是竞争性市场，特别是与国际市场相融合的国内市场。因此，政府应该让经由市场机制来运作的私人生产者，来提供除某些"公共产品"之外的所有物品。

有一大批文献对东亚奇迹提出了新古典主义的解释。休·帕特里克（Hugh Patrick）将日本的经济表现解释为主要是由于个人和企业的行动与努力，以更大程度的自由来回应市场上提供给商品和劳动力的机会。帕特里克认为，尽管政府一直在提供支持，也确实在为增长创造环境方面做了很多工作，但它的作用往往被夸大了。[49] 陈坤耀（Edward Chen）断言，在东亚经济体中，"基本上没有国家干预。国家所提供的，只是一个适合企业家履行其职能的环境"。"通过国家干预把资源引导到需要的渠道"这类做法，是中央计划的一部分，与东亚经济的发展毫无关系。[50] 东亚经济体的高速增长表明："自由市场环境提供了必要的机制，使各经济体朝着生产能力边界的最优点迈进。"[51] 米尔顿·弗里德曼（Milton Friedman）和罗斯·弗里德曼（Rose Friedman）也指出："马来西亚、新加坡、韩国、中国台湾和香港地区、日本——广泛依赖于私人市场——正在蓬勃发展……相比之下，严重依赖中央计划的印度、印度尼西亚和社会主义中国则经历了经济停滞。"[52]

简单来说，从新古典主义的视角来看，东亚经济体之所以比其他新兴工业经济体做得更好，是因为东亚国家几乎不干预市场的运作。虽然新古典主义经济学家未必否认国家的作用，但国家在新古典主义经济学中只是一种边缘性和补充性的地位。因此，东亚新兴工业经济体并没有对新古典主义的市场化发展模式提出根本的挑战。

出于对新古典主义解释的不满，其他社会科学领域（如政治学、社会学和工商管理学）的学者，都试图对东亚奇迹做出其他解释：一些人强调儒家价值观和节俭的消费偏好，以及积极进取的企业家精神；另一些人则强调，西方对共产主义的防御，使得西方资本积累的节奏产生了外部需求；还有一些人则强调企业管理的技巧。

在所有这些非新古典主义的解释中，最流行的非正统解释强调了政府在经济中的重要性。这一类文献有各种各样的术语，例如，"发展型国家""联盟资本主义"和"战略资本主义"。1997年亚洲金融危机之后，它常常被称为"裙带资本主义"。

在这类文献中，大多数学者把国家的作用置于东亚奇迹的中心地位。他们认为，政府的干预正是东亚成功的主要因素。罗伯特·韦德（Robert Wade）对这一解释做了简短的总结：

> 一个更为合理的方案是，要在一个政策体系和一个主要是私营市场的体系之间，进行协同的联系。其中，任何一个体系的产出都会成为另一个体系的投入。政府以其对产业和贸易形象的恰当认知，给私营部门制定规则和有影响力的决策。通过这一机制，市场的优势（分权化、竞争、多样性和多重实验）就能够与部分隔离生产者免受自由市场不稳定影响的优势相结合，也能够与某些行业的投资优势相结合，这种投资优势是政府受到刺激后所选定的，并且对经济的未来增长至关重要。这些结合改善了自由市场的结果。[53]

查默斯·约翰逊（Chalmers Johnson）提出了资本主义发展型国家理论，这一理论最初是基于他对日本通商产业省（MITI）在促进经济发展中的作用的案例研究而提出来的。[54] 约翰逊认为，东亚所有表现亮眼的经济体，其制度安排都有一些共同特征：

（1）国家行动的首要任务始终是经济发展，其政策目的是增长、生产力和竞争力，而不是福利。增长或竞争力目标的实质，来源于与外部参考经济体的比较，后者为国家管理者提供了模拟模型。

（2）国家保障私有财产和市场，并限制自身的干预，以符合这一承诺。

（3）国家通过工具来指导市场，这些工具由精英经济官僚制定，他们由"领航机构"或"经济总参谋"来领导。

（4）国家参与了许多与私营部门进行协商和协调的机构，这些协商过程是政策制定和执行过程中的一个重要部分。

（5）国家官僚进行"管理"，而政治家则进行"统治"。政治家的职能不是制定政策，而是为官僚机构创造机动的空间，同时也作为一个"安全阀"，迫使官僚机构响应群体的需要，因为体制稳定有赖于这些群体。这种职能就是在保持政治稳定的同时，保持国家的相对自治。这种"管理"与"统治"的分离，伴随着"软威权主义"，即对一个政党或机构的政治权力的长期虚拟垄断。

在约翰逊之后，一些学者也在其他东亚经济体中发现了类似的证据，尤其是在"四小龙"的身上。[55] 在对韩国的研究中，帕尔韦兹·哈桑（Parvez Hasan）将关注点放在国家的作用上。根据他的观察：

> 在很大程度上，韩国经济依赖于私营企业，它们是在高度集中的政府指导下运行的。在韩国，政府的作用远比仅仅制定游戏规则和通过市场力量间接影响经济更为直接。事实上，政府似乎是一个参与者，并且常常在几乎所有的业务决策中具有决定性的影响。[56]

在研究政府与企业的关系时，爱德华·梅森（Edward Mason）和他的合著者们得出了类似的结论：

> 20世纪60年代初，韩国开启了快速的经济增长，并且从那以后一直在加速，这是一种政府主导的发展，其主要引擎一直是私营企业。政府与高度活跃的私营部门之间的关系，呈现出一系列难以看透和描述的相互联系，政府致力于以经济发展为中心方向，私营部门面临着规划机制与不断变化的经济活动结构之间的对立。如果将韩国的规划解释为不仅包括政策制定，而且还包括政策执行的技术，那么它的意义远远超过"指令性"。政府之手通过对激励和抑制的操控，深入单个公司的活动中。与此同时，这种情况却在任何意义上都不能描述为指令经济。[57]

罗伯特·韦德利用东亚经济体，尤其是中国台湾地区的证据，提出了他所谓的"管制市场理论"。他观察到，这三个经济体（日本、韩国和中国台湾地区）：

> 其政府致力于增强国内工业的国际竞争力，从而最终提高生活水平，这一共同点十分强烈，几乎是毫不含糊。这一承诺，促使三个政府为管理市场创设了相当类似的政策和组织。它们出色的经济成就，使人们合理地认为，它们创造了一种更具竞争力的资本主义形式，其他国家从中学习是明智的。[58]

韦德认为，东亚经济表现出的优越性，很大程度上是由于下列因素的综合作用：（1）生产性投资水平很高，使较新的技术能够迅速转入实际生产；（2）对某些关键产业的投资，比在政府干预缺位的情况下要多；（3）许多产业直面国际竞争，即便在国内市场不是如此，在国外市场也是如此。[59]

不难看出，新古典主义理论与发展型国家理论的区别，主要在于它们对市场和国家角色的重视程度不同。新古典主义理论强调，有效的资源配置是经济增长的主要动力，因此它将东亚地区的优越表现，解释为是比其他发展中国家更有效进行资源配置的结果。这种更有效的资源配置，来自更自由运作的市场，包括国内产品市场更紧密地与国际市场融为一体。因此，这些国家表现出了"正确定价"的优点，"正确"意味着国内价格与国际价格保持一致。例如，世界银行在其1993年发表的《东亚奇迹》这份报告里指出："在很大程度上，表现良好的亚洲经济体，包括东亚和东南亚的8个经济体（HPAES）通过良好的基础，实现了高速增长。"[60]对新自由主义经济学家而言，东亚的经验支持了这样一种观点：自由化的市场是组织经济的最佳方式。国家要保护产权，保障公共产品供给，但不能给予有方向性的推动力。更具体地说，国家应该创造并维持高效、免租的市场；一个高效、廉洁的公共部门，能够监督一系列狭义公共服务的提供；以及参与式民主的分权安排。这些条件越到位，发展和繁荣就会越多。

与此相对地，发展型国家理论则强调资本积累是经济增长的主要动力，并将东亚地区的优越表现解释为一种投资水平和投资构成促成的结果，这种投资水平和投资构成，既不同于新古典主义理论，也不同于许多其他最不发达国家所奉行的"干预主义"经济政策。政府政策故意进行一些"错误"定价，改变了向分散的市场主体发出的信号，使它们做出了错误的回应，并利用非价格手段改变市场主体的行为。由此产生的高水平投资，导致了设备的迅速更新换代，从而将新技术快速地转移到实际生产中去。[61]

然而，新古典主义理论与发展型国家理论的区别，并不像最初看起来那么大。最新的研究提供了一种更为平衡的分析。例如，德怀特·帕金斯（Dwight Perkins）参与了许多亚洲经济体的经济决策，他认为，尽管总体经济政策是积极的，但没有任何一项单一的经济政策能够放之亚洲地区而皆准。他发现，在一些经济体里行之有效的干预主义政策，在其他地方却失败了。他在研究中采用了一种更加动态的方法来考察不同历史时期里国家角色的变化。在一个历史时期行之有效的国家政策，在另一个历史时期里可能会失败。收入分配就是一个很好的例子：最初奉行平等主义的东亚社会，如今的分配结果却分道扬镳，日本维持着适度的贫富差距，而其他国家和地区，如中国香港地区和新加坡，则在全球化时代里见证了收入差距的扩大。改革开放以来，尽管中国经济快速增长，但中国社会的贫富差距也在不断扩大，有研究甚至认为中国已经成为亚洲贫富分化严重的经济体之一。[62]

对发展型国家理论和新古典主义理论的另一个重要的综合，来自林毅夫的新结构经济学（NSE）。凭借其在中国经济和其他发展中经济体的丰富经验，林毅夫认为，在中国这样的发展中经济体里，国家可以通过适应其不断变化的比较优势，为可持续的经济增长做出重大贡献。早期的发展经济学家格申克龙（Gerschkron）和库兹涅茨（Kuznets）建议国家应当积极干预，以创造有利于工业化的要素价格，而新结构经济学并不持有这种主张，而是认为国家应将其作用局限于提供信息、培育新产业和鼓励外国投资，同时依靠市场在产业升级和多元化中发挥核心作用。[63]在某种程度上，林毅夫的建议反映了中国改革时期工业化和经济全球化的一些区域性经验，如浙江和广东的经验，我们将在第六章进行讨论。虽然这一理论旨在给中国和其他发展中国家提供借鉴，但它似乎只解释了中国多样化和复杂经历的一部分。

发展型国家理论、新古典主义理论以及各种将它们综合起来的理论，都试图解释中国。一方面，学者们运用发展型国家理论来分析中国的经济发展。[64]韦德和他的合著者们认为，尽管资本主义发展型国家（CDS）和社会主义发展型国家（SDS）的理念与经济体制非常不同，但它们有最大的相似之处，即"它们都是成功的范例……由一个强大和普遍存在的国家倾举国之力进行发展"[65]。另一方面，对于新古典主义学者来说，中国就像其台湾地区、韩国等东亚地区的其他经济体一样，一直在按照英美经济模式进行改革，抛弃了发展型国家主义的残余。

很明显，什么样的理论适合中国，取决于人们想要关注中国发展的哪个方面。如果把关注点放在基层私营部门和市场体制的发展上，那么改革时期的中国就符合新古典主义理论。如果把关注点放在国家在私营部门和市场体制发展中的作用上，那么中国就符合发展型国家理论。同样，人们要收集足够的证据来支持新古典主义理论或发展型国家理论，也并不困难。我们不打算进一步讨论这个问题，因为我们的目的不是争论哪种理论能更好地解释中国的情况，而是探索中国政治经济体制的独特模式。我们之所以讨论学者们如何看待东亚经济，是为了支持我们的观点，即中国不是东亚模式的一部分，正如它不是西方市场体制的一部分或者凯恩斯主义的模式一样。这是鉴于以下两个简单的因素。第一，在东亚模式中，尽管存在协同的产业政策和像经连会（Keiretsu）[66]这样的机构间媒介，但国家与市场之间仍有一个界限。东亚模式的关键问题不在于国家或市场是否应该存在，而在于它们各自应该在经济中扮演何种角色。相比之下，中国政治经济体制的独特之处在于国家对市场的主导。

第二，东亚模式的核心是国家和私营部门之间的关系。当然，中国也有这个方面的问题。中国还有一些其他东亚经济体不具备的结构性条件，例如，中央管理的国有企业（央企）、地方企业家型发展型政府，以及仍然强大的国家级规划机构，如国家发展和改革委员会（NDRC）。正如我们将在后面几章中说明的，这一单一因素可以改变国家与市场、国家与私营部门之间的关系。

结语

在本章中，我们已经讨论了西方和东亚的几种主要政治经济学理论。我们的目的不是要回答这些理论能否解释中国,或者哪个理论能更好地解释中国,以及特定的理论应当如何改进。相反,通过强调这些理论的一些关键方面,我们想要回答"中国不是什么"的问题。我们认为,所有这些理论的发展,都是基于这些理论家对不同政治经济体制的关键特征和功能的观察。这里讨论的每一种政治经济理论,都可以用来部分解释中国的政治经济体制,一些理论可能比另一些理论能够更好地解释中国。本研究的目的远不止于简单地审视这些理论,相反,它的目的有两个:第一,我们要考虑中国的政治经济体系是如何运作的;第二,根据我们的观察,我们想要把这个政治经济体制进行概念化。基于我们对这些关键政治经济学理论的回顾,以下几点对我们在后面的章节中讨论中国特别有意义。

第一,政治与经济在概念上的分离,反映了西方独特的历史经验,但不能准确地描述其他社会的发展经验。正如本章所讨论的,即使是在西方,国家和市场也并不总是分离的,或者说从历史的角度看,并不被认为是可分离的。历史上,在不同的时空里,存在着类似资本主义的社会,比如国际贸易无比繁荣的古希腊,或在公共集会场所炫耀某种股票市场的罗马,或生活富裕的 16 世纪的佛罗伦萨。在所有这些例子当中,国家的管理当局在法律上是不受限的。然而,正如海尔布罗纳所强调的那样,亚里士多德、西塞罗和马基雅维利绝不会认为,农民、工匠和商人的物质活动不受国家的管辖。如果国家没有过多干预这些活动,那是因为它有更重要的事情要做,如进行战争和庆祝自己的威严,并且还因为这些经济任务已被充分地常规化或边缘化,让它们自我管理就行了。[67]在当代,这种分离并没有出现在非资本主义社会,特别是在中央计划的社会主义国家,包括毛泽东时代的中国。

从古典政治经济学到新自由主义政治经济学的拥趸经济学家们,往往认为政经分离是正常的,不分离则是不正常的。如此一来,在观察西方独特经历的时候,他们转变了视角,从实证的视角转变为规范的视角。随着这种转变,当他们的政治经济学理论被用于解释中国时,一种理想主义倾向就成为必然。当然,他们对中国的解释往往带有价值色彩。尽管这不能够完全避免,因为在社会科学中,没有什么东西是完全价值中立的,但这确实影响到了解释的有效性。想要避免这种情况,一个更有效的方法是,避免简单地将现有的政治经济学理论应用于中国,而是基于我们对中国政治经济体制的观察,构建一个新的理论。当然,这就是我们研究的目的。

第二,与此相关的是,我们必须牢记,基于西方发展经验的经济理论是独特的,而非普世的。正如麦克弗森(C. B. Macpherson)所指出的,自17世纪和18世纪以来,在英美自由民主政治经济和哲学里,有一个潜在的市场模型,该模型假定人们是自利的个人,与其他同类的个人订立契约关系,他们关心的是货物交换或是他们视为商品的个人能力,以经济利益最大化为动机。国家及其治理体系被设定为这个框架中的局外人。[68] 在19世纪晚期,这种模型开始主导经济学思想,例如,李嘉图、斯密、密尔(Mill)和杰文斯(Jevons)等经济学家,以及后来的新古典主义经济学家,从西方地理位置上的市场转向抽象的"市场"。[69] 这一传统在当代新自由主义中延续下来,包括新兴工业经济体也未能幸免于难,当代新自由主义认为,市场是创造财富和实现人类自由的最佳选择,而国家的角色被想象为最小化,被简化为维护和保持稳定的产权、契约与货币供应。这使得在结构调整和后共产主义重建(也包括中国)的情况下,可以进行样板式的经济和制度重组。[70] 此外,同样值得注意的是,即使是在英美自由市场经济体中,也出现了各种混合的制度秩序和新型市场,如碳交易市场或污染权交易市场。在某些情况下,如在新兴的水资源市场,以前的国营基础设施的各个方面也进行了不同形式的私有化,形成了公私混营的结构,并实现了不同程度的商品化、商业化和私有化。[71]

当用这些政治经济学方法来审视非西方社会的经济发展时,我们需要特别谨慎。在1848年撰写的《共产党宣言》中，卡尔·马克思预言，欧洲资本主义将扩展到世界各地，并产生巨大影响。[72]伊曼纽尔·沃勒斯坦（Immanuel Wallerstein）在他的"世界体系理论"中，广泛地论述了资本主义从欧洲向世界其他地区的传播。[73]今天，"全球资本主义"的概念已经成为许多社会科学学科的核心。[74]然而，这不应导致与另一事实的混淆：在非西方社会中，市场的成长往往不是因为一个国家采取了一种新自由主义的政治经济政策，而是因为市场有助于国家实现经济发展。市场并不是从西方传播到世界其他地方的东西，它可以在任何社会中成长。在许多社会中，全球资本主义和不同形式的地方市场体制共同存在。作为观念和实践，全球资本主义往往会向非西方国家扩张，这些国家的市场成为西方市场体制的延伸。这些国家的市场是根据全球资本主义的需要而融入世界体系的。但情况并非总是如此。在一些国家，全球资本主义是由非西方国家"进口"的，用来促进本国经济的发展。在这些情况下，市场根据非西方国家的需要而融入世界体系。但在所有这些情况下，全球资本主义必须与这些非西方社会成长起来的市场互动，在它们的互动中，全球资本主义和当地市场体制相互改造。

第三，本章的讨论表明，正如市场以不同的形式存在于不同的时空里一样，国家与市场的边界也会随着时空的变化而变化。正如波兰尼、布罗代尔等人所指出的，尽管市场存在于不同的历史时期里，但它的形式和运作方式是不同的，其本质也在变化。市场的形式多种多样，从许多发展中国家普遍存在的半封建经济和农民经济，到甚至在大多数发达国家也存在的非正式市场、物物交换体系、工人合作社或非法贸易。在全球资本主义的冲击下，地方传统和社会实践经历了转型与混合，在地方传统和社会实践与它们所面临的世界经济之间，出现了各种不同的连接模式。资本主义市场包括并依赖于一系列不遵循市场模式的地方性经济实践。经济实际上是市场和非市场因素的混合体。[75]

国家和市场之间的关系也在变化，这种变化不仅体现在一个特定国家经济史的不同阶段上，而且体现在处于不同经济发展阶段的各个国家上。不难看出，在后发展国家或欠发达国家中，国家发挥的作用比发达国家的更重要。几乎所有现在已经成为发达国家的国家，在它们的企业能力成长起来，从而使自由贸易政策符合其国家利益之前，都经历了国家实施产业帮扶政策的阶段。当英国试图赶超荷兰时，它是贸易保护主义者；当德国试图赶超英国时，它也是贸易保护主义者；当美国试图追赶英国和德国时，也始终奉行保护主义，并持续到第二次世界大战结束。在20世纪的大部分时间里，日本都是贸易保护主义者，并一直持续到70年代；韩国和中国台湾地区直到20世纪90年代都是贸易保护主义者。在贸易方面，中国香港和新加坡是最大的例外，因为它们确实拥有自由贸易，而且确实实现了经济赶超。但即使在这些案例中，特别是在新加坡，政府在促进经济发展方面也发挥了重要作用，其作用类似于政府在日本和其他东亚"小龙"中所发挥的作用。[76]

当然，在所有这些案例中，国家的作用不是采取针对市场的措施，而是帮助市场成长。总的来说，那些赶上了富裕工业国家俱乐部的国家，往往遵循着弗里德里希·李斯特（Friedrich List）的药方，这位德国的赶超理论家在19世纪40年代写道："为了让自由贸易自然地运作，欠发达国家必须首先通过人为举措，将自己提升到英国被人为提升到的发展阶段。"[77]

同样重要的是，即使在富裕的工业国家的新俱乐部里，如经济合作与发展组织（OECD），国家和市场之间也存在着不同形式的关系。借鉴制度变迁和路径依赖的概念，像彼得·霍尔（Peter Hall）和戴维·索斯凯斯（David Soskice）这样的"资本主义多样性"理论家，在发达资本主义国家中明确了两种主要的经济秩序模式，也就是德国、日本这样的"协调型市场经济"和英美那样的"自由市场经济"。[78]虽然在英美的自由市场经济中，市场仍占主导地位，但在像日本和德国这样的协调型市场经济中，国家实施了不同程度和类型的环境、经济与社会监管，执行了不同的税收和公共支出政策以及财政政策，提供了不同的政府产品。所有这些都以不平衡和因地制宜的方式改变了市场，创造了各种混合经济。

第四，也是最根本的一点，新自由主义私利最大化的假设，正面临着越来越大的挑战。现在有一些关于市场的经济社会学分析，其关注的是社会在交易中的作用，以及交易涉及社会网络和信任、合作以及其他纽带关系的方式。经济地理学家关注在制度、社会和地理进程的背景下发生交换交易的方式，这些背景包括阶级关系、不平衡发展和历史上偶然的路径依赖。正如米歇尔·卡龙（Michel Callon）所总结的那样，每一项经济行为或交易的发生，针对的都是在地理和文化上具有特定关联的一组社会历史、制度安排、规则和联系，并对它们加以整合和重新表现。这些网络关系是被同时相提并论的，这样人们和交易就可以从浓密的社会纽带中解脱出来。可计算性的特征是强加给行为体的，因为他们来到市场工作，并被"格式化"为计算的行为。市场交易包含了一段斗争和争论的历史，产生了倾向于在特定规则下进行交易的参与者。因此，市场交易永远不能脱嵌于社会和地理关系，谈论嵌入和脱嵌的程度是毫无意义的。[79]

当我们对中国进行研究时，有一点很清楚：中国的市场和市场体制是其文化与历史的独特产物，包括其最近与西方的互动也是如此。虽然我们不想深入文化领域，但我们有一个重要的问题：为什么中国人要用自己独特的方式来组织他们的市场？市场是很重要，但更重要的是它的组织方式。市场组织背后的理念和方法，不仅关系市场，而且关系市场与其他因素（如政治和社会力量）之间的关系。一方面，市场是由像国家这样的其他社会因素组织起来的；另一方面，市场也在组织社会。当然，在"组织"和"被组织"之间，存在着一种持续的互动。这种互动通常反映了社会中根深蒂固的观念因素。

当我们谈到中国的政治经济体制时，从古典学派到当代新自由主义学派的经济学家提出过的所有问题,都可以再提一遍并再次进行回答,其中包括:市场和政治存在的理由是什么?市场和政治是可分离的吗?市场和社会是可分离的吗?市场、政治和社会之间是什么关系?要回答这些问题,我们首先来看看中国的政治经济体制。

第二章
制内市场：一个中国的政治经济学理论

在第一章中，我们试图通过比较中国与其他政治经济体制，来回答"中国不是什么"的问题。在本章中，我们将回答"中国是什么"这个问题。为此，我们将考虑中国政治经济体制的实践。尽管今天我们已经知道，在中国漫长的历史中，帝制中国的历朝历代都有着丰富的政治经济实践经验，但中国始终未能提供一套关于其政治经济体制的概念和理论。综观中国政治经济体制的历史实践，我们会发现，在中国，也可以找到一些在西方政治经济中经常存在的重要议题和问题。在第一章里，我们简要讨论了西方和东亚新兴工业经济体（NIEs）的各种政治经济学研究路径中的一些关键概念。本章的讨论将说明，虽然中国在处理国家和市场之间的关系时，也遇到了类似的问题，但它对这些关键问题的处理却有所不同。我们认为，在其漫长的历史进程中，中国政治经济体制的实践始终有其内在的逻辑基础。中国的政治经济具有典型的中国特色，是中国长时段的历史、哲学和文化的产物。我们也很有信心，一旦中国的政治经济学研究被概念化和理论化，将比任何始于其他地方的政治经济学研究更能解释当代中国。我们将用它来说明，中国是如何创造一个经济奇迹的，以及这个奇迹在改革年代所带来的社会后果。本章的目的是对中国的政治经济体制进行概括性的介绍，或是建构中国的政治经济学理论。

本章共分为三个部分。第一部分，从中国古典政治哲学的层面探讨国家和经济之间的关系。在第一章中，我们论证了从古典到当代新自由主义的经济学理论中，西方的国家和经济之间关系的背后有着特定的哲学假设。这套哲学思想是基于西方市场体制形成过程中的独特历史实践之上的，并由此奠定了资本主义的思想基础。中国的情况也是如此：中国早期关于国家和经济之间关系的思想，是在一个特殊的历史时期内形成的，但此后继续影响着经济思想家和政策制定者的思想。尽管随着时间的推移，这一思想已经发生了变化，在不同的时空中增添了新的要素，但这一经济哲学的核心并没有改变。

第二部分关注的内容，是在秦和汉初帝制中国形成的时期里，有关国家和经济之间关系的经济政策辩论。正如在第一章里所论述的，在2000年的时间里，西方的政治经济学家发展了各种各样的政治经济学理论。但在中国却并非如此。在几千年的历史长河中，中国从来没有像西方那样，发展出一套系统的政治经济学理论体系。然而，这并不意味着中国的经济思想家和政策制定者不进行有关经济的思考与辩论。在中国，政治经济学更多是作为一门实践性的学科，而不是理论性的学科。从历史上来说，中国是最早实行经济政策的国家之一。帝制时期的中国经济思想家和政策制定者如何思考国家与经济之间的关系，反映在不同朝代的政策辩论中。在这里，我们的任务不是要去详细审视这些不同的政策辩论——这些内容远远超出了一章的体量；相反，在本章中，我们将重点讨论帝制中国的政治经济中反复出现的有关国家与经济之间关系的一些关键问题，特别是秦汉时期的早期政策辩论所阐述和强调的主题。我们认为，早期政策话语的形成，影响了后世中国政治经济思想的发展。它为中国经济思想家和政策制定者提供了一个思想框架，奠定了一个经济哲学的基础。

本章的第三部分，论述了不同形式和层次的市场如何在同一政治经济体制下共存。正如我们将看到的，在有关中国的国家和经济问题上，不同的学派之间并没有达成共识。事实上，从第一个统一中国的秦王朝（公元前221年）开始直到今天，中国的地理规模已经决定了中国经济中有各种各样的需求。可以理解的是，不同的经济思想家和政策制定者制定了不同的政策话语。例如，从政府的角度看，它往往更偏好一个中央集权的政治经济体制。政府不仅仅是一个经济参与者，更重要的是，它是一个政治主体，其基本作用是提供和维持社会秩序。经济只是其治理责任的一个方面。然而，从社会的角度看，分权化的政治—经济体制是可取的，因为这种体制往往使社会能够发展出一个自我管理的自治制度。要治理这样一个幅员辽阔的国家，中国的政治经济体制必须足够务实，以反映和容纳对国家与经济的各种看法。一个实际的解决办法是，允许在不同经济领域发挥作用的不同形式的经济组织共存。我们将明确市场的三个层次：乡村集市繁荣的草根市场；国家垄断和战略关切占主导地位的国家市场；以及介于两者之间，政府机构和私营企业相互作用的中间市场。

这样的市场体制非常接近我们现代所说的"混合经济"。在很大程度上，这些市场的共存意味着它们的混合和相互渗透。自从中国共产党在2013年的十八届三中全会上正式采用"混合经济"一词以来，这个概念就得到了广泛的认同。混合经济已成为中国经济体制改革的目标。[1] 然而，混合经济这个术语并没有抓住中国政治经济体制的本质，即"制内市场"。中国政治经济体制的特点是市场等级制的存在和国家对市场的主导。审视三个层次市场的共存，可以看到国家在容纳市场的同时，是如何主导市场并维系这种主导的，以及市场是如何在国家规定的范围内运行的。我们还将证明，国家与市场之间的博弈并不总是零和博弈，而经常是双赢的博弈。在国家和市场的互动中，它们可以相互赋权。

中国的国家和经济

在中华帝国鼎盛时期，一个强大的中央集权国家主导着政治经济，而近代西方早期的政治经济体制则呈现出分权化的特征。在中世纪和现代早期的欧洲，国家、教会、集镇和其他次国家的政治实体，都有重叠的管辖权和各自的原则来规范其经济活动；它们也彼此互动并相互影响。这使得启蒙运动的国策思想家和政治经济学家能够对抗当时重商主义国家的规定，并将经济视为一个独立和独特的自然秩序。正如在第一章里所论述的，国家和经济之间存在概念上的分离。经济被认为是与国家相分离的，是一个自治的领域。随着时间的推移，国家的作用不断演变，范围不断扩大，但国家和经济之间仍有一个明确的界限。对于东亚新兴工业经济体来说，也是如此。

然而，当我们考虑中国的情况时，我们发现，其政治经济体制的决定性特征是中央集权。从很早的时候起，国家就在很大程度上包围和渗透进社会。虽然这种渗透的程度随着帝制国家的兴衰而消长，但国家作为社会成员的主导和关怀力量的概念框架，始终没有改变。因此，在中国的政治哲学中，以天下的统治者或天子为首的帝制国家，被定义为道德价值的源泉，以及塑造社会和经济的力量。法国历史学家谢和耐（Jacques Gernet）指出了中国制度的这一方面：

> 可以说，在中国，国家就是一切。历史解释了这一点。国家并非像西方国家那样是一个逐渐发展起来的有机体，还不得不在其他权力中为自己找到一个位置，而且国家还必须将自己强加于教会、封建主义和贵族的独立权力之上，与商人达成协议，并寻求金融家的支持。在中国，国家从一开始就是一个既定的现实，或者说从秦代国家制定建国方案，然后扩展到整个中华大地开始，国家就是一个既定的现实。它是社会和领土的杰出组织者。[2]

国家在任何地方都是人为的产物，并且以多种形式存在。这些形式与建国时流行的历史条件有关。历史学家发现，虽然在15—19世纪，以中央集权的官僚制为特征的现代国家在西欧发展起来，但欧洲历史学家对现代国家的概念进行归纳后所得出的所有基本特征，很早就在中国发展起来了。公元前3世纪，中国已经出现了对中央政府负责的行政区划；而在法国大革命之前，欧洲还没有出现过类似的情况，直到法国大革命之后才建立了中央部门和地方区划。[3]

由此，我们可以提出两个重要的问题。第一，中国中央集权的合理性何在？第二，国家和经济之间的关系是什么？在前工业时代的欧洲，国家的分权结构以及国家与经济、教会和市民（公民社会的原型）的分离，受到现代欧洲国家形成时的历史环境的制约。正如在第一章里所论述的，18世纪末和19世纪发展起来的古典经济学，不仅是当时国家和经济之间关系的反映，而且也是对这种关系从规范角度进行的辩护。在中国也是如此，虽然国家的中央集权结构是受历史环境制约的，但以儒家思想为核心的政治哲学也为这种结构辩护。在中国，政府的责任是这种辩护的核心。在政府责任的框架内，国家和经济之间的关系是具有正当性的。经济只被看作是国家的一部分，也就是政府社会责任的一个方面。

中央集权主导的国家结构的合理性来源于国家的责任，而国家的责任又源于"天命"的思想。"天命"是上天赋予统治世界或天下万物的人的一种天赋使命。这个思想最早出现在商朝（前1600—前1046年）的创建者推翻夏朝（约前2070—前1600年）的时候，商朝声称夏朝君主已经失去了他的天命。但在整个商朝，朝代的最高统治者是"帝"，而不是"天"。当小得多的周国打败商朝，建立西周（前1046—前771年）时，许多人问，为什么上天以前把权力赋予商朝，但现在它却改变了主意，转而支持周？周朝的统治者解释说，商朝已经失去了它的"天命"，并使用了"革命"的概念，来描述一次成功的王朝更迭（革命的字面意思是"变革天命"）。[4] 如果一个统治者被认为已经失去了统治的天命，一个革命的时机自然会随之而来。费正清将中国历史描述为一系列王朝更迭的周期，每隔几百年就有新的朝代取代旧的朝代。每一次，注定要灭亡的皇帝都被指责为无情、愚昧、腐朽，最后是缺乏德行。"天命"的概念不仅用来为"统治的权利"辩护，也用来为"造反的权利"辩护。不断更迭的朝代说明了不合法的政权是如何被推翻和取代的。

一旦一个现存的统治者开始失去他的天命，天命就会向任何一个在竞争中胜出的力量开放。中国人从来不相信皇室有一个永恒的世袭血统，他们也未必会尊重统治王朝的皇室血统。相反，中国人认为每个人都有平等的机会成为皇帝。换句话说，中国人持有一种典型的马基雅维利式的权力观，他们不在乎统治者来自哪里，也不在乎他们如何掌权，只要他们拥有"天命"。无论改朝换代的方式是和平的权力交接、宫廷政变，还是王朝战争，开国者以"天"的名义所掌握的能力或财富，才真正决定了他们的统治权力。然而，中国人的确关心他们的统治者做了什么。皇帝一旦继位，就必须承担责任，以德治国。合法性不是来自领导人获得权力的方式，而是取决于他行使权力的方式。

对于中国的皇帝来说，最重要的事情就是避免被推翻。根据谢和耐的观点：

> 在漫长的历史进程中，中国的国家面临的唯一问题就是，要阻止异己力量的发展，这些力量包括来自商人、军队、宗教团体的，还要防止上层出现危险的分裂。这就解释了为什么要不断努力设计各种机制和安排，以便不仅在中央国家权力之外，而且在中央国家权力之内，防止相似的权力得到发展。[5]

因此，问题在于，统治者能够而且也应该做些什么，来避免这种不幸。避免丧失这一天命的基本条件，是为百姓的生存和繁荣提供充分的物质或经济基础。在中国的政治经济传统里，儒家强调国家为社会提供公平和充足物质福利的作用，以便其能够更好地维护百姓的道德价值和国家的和谐；而法家关注的则是国家生产物质产品的作用，以确保为国防和其他公共目的提供充足的资源与财政能力。在这两个学派的观点里，物质财富对国家来说都是不可或缺的。统治者及其国家需要物质财富，以确保在治理社会时，道德价值和物质财富均不缺位。

儒家思想的核心是道德哲学。值得注意的是，早在孔子之前，中国的统治者就强调道德的作用。当周朝的统治者被问及什么是天命的时候，他们的回答是："天命无常，惟有德者居之。"[6] 天命与道德密切相关。后来，孔子以"天命"为基础，发展了系统的道德教育。他阐述道，一个好政府的概念，从根本上说是一个道德问题。他没有质疑君主的世袭统治权力，但他坚持认为，君主的首要职责，是在良好的道德行为方面树立一个恰当的榜样。在儒家思想中，统治者是道德行为的榜样，表现为仁、忠、信、礼、正、俭。如果一位君主的行为不当，他就不能指望他的人民行为端正。如果统治者以道德的方式行事，保护百姓，百姓将自愿服从他，上天也将永远把治理的权力托付给他。事实上，对儒家来说，天命和道德有时是可以互换的。费正清和埃德温·赖肖尔（Edwin Reischauer）评论道，值得注意的是，孔子认为，衡量政治成功的真正标准，应该是统治者的美德和百姓的满足，而不是权力。[7]

此外，要成为道德楷模，或被视为道德楷模，统治者必须保护他的百姓，并仁慈地进行统治。孔子认为，仁的核心主题就是对百姓表示同情和关心。官员要像父母一样，承担起为百姓谋福祉、为百姓承忧虑的责任，并在百姓之后享受行动的成果。具体地说，仁政包括道德价值的社会化、鼓励农业生产、招募最优秀和最有能力的人进入政府、公平执法、对臣属一视同仁地分配职责。

与此同时，法家人士则强调国家在生产为集体所用的物质产品方面的作用，特别是在国家安全方面，有时是在领土扩张方面。在这一背景下，国家和经济之间关系的中国式哲学与西方截然不同。正如在第一章里所论述的，西方经济学的概念来自古希腊的"oikonomia"一词，即"家庭管理"。Oikonomia 来自 oikos（家庭）和 nomos（风俗或法律）。因此，Oikonomia 的意思是"统治家庭"，即教导年轻女性的家庭艺术，或者至多是管理个人遗产的艺术。直到 19 世纪，经济学才成为一门社会科学，用来分析商品和服务的生产、分配与消费。正如在第一章里所论述的，并不是中央集权国家的行动让西方知识界关注经济，因为中央集权国家才刚刚开始在欧洲立足，在北美则几乎不存在；相反，是商人、殖民定居者和其他拥有各种程度国家支持的行为者的活动，让西方的经济学得以形成。可以理解的是，像利润、利息和效率这样的术语，自 18 世纪以来一直主宰着经济话语领域——这是一个由商人自主支配的领域。西方的经济观念与商业资本主义和现代国家的发展息息相关，这是有道理的。

相反，在中国，经济被认为是皇帝仁政的一个组成部分，因此与国家不可分离。中国政府并不认为经济是一个自治的领域。经济是被管理的，它更像是为国家服务的工具，而不是国家面对的一股自主力量。中国没有一个与西方"economy"一词相对应的术语。这个现代西方词汇被翻译成汉语的"经济"一词，其自古以来就被用作"经世济民"的缩写，字面意思是"整治天下，拯救民众"。这个词唤起了国家的社会责任，它不断地干预，以维持各种要素之间的平衡，这些要素包括货币和粮食供应，或是盈余和贫困，国家还通过运河、道路和防御工事，在塑造环境方面发挥其作用。[8] 换句话说，"经济"的目的不是关乎其自身，而是关乎天下的百姓，或在很大意义上关乎整个社会，而经济只是社会的一部分。即便是在今天，当中国人用"经济"这个词来指称现代经济时，这个词仍然带有这些古老的含义，至少对国家来说是这样。

不难看出，欧亚大陆两端的历史进程存在着差异。"经济"思想在中国的出现，首先是伴随着国家领域的中央集权，且至今仍显得发育不良。正如谢和耐所指出的，事实上，正是国家的干预，起到了掩饰和隐藏经济机制的作用。[9]这些截然不同的历史发展道路，在其漫长的历史中产生了关于国家和经济的不同概念，并持续到今天。

在中国，经济哲学认为经济与国家是不可分离的，并证明国家对经济的主导是正当的。这种哲学塑造了历史上中国经济的方方面面。例如，它影响了中国金融机构的发展。在欧洲，人们可以论证说，像国债和股份制企业这样的现代金融机构的发展，催生了资本主义。正如关注中国的法国历史学家玛丽安娜·巴斯蒂（Marianne Bastid）所强调的那样："在许多欧洲国家，现代国家的发展相当于财政国家的发展，它将自身强加于司法国家之上，并逐渐用自己的力量将其压垮。"[10]资本主义一直是一种制度，在这种制度中，国家的债务融资是压倒一切、占主导地位的关切。显然，在西方的现代制度中，国库或财政部（或其类似机构）在协调经济和国家上是全能的。但在中国则并非如此。巴斯蒂正确地指出："相比欧洲大陆这样的历史发展，自古以来，财务管理在中国一直是中央权力机器的一个重要方面，也是中央权力运行的重要方面，它与皇帝的经济责任紧密相连。"[11]事实上，中国并不存在严格的金融制度或领域，甚至也不存在我们所理解的西方意义上的经济功能，尽管自7世纪以来就存在着一个户部。19世纪末，从中央到地方都没有单独的专门行政机构，来负责公共财政的全面管理。在传统中国，户部相当于西方的财政部，但是其功能并不直接与财政管理相关。根据巴斯蒂的观点："户部在贸易规制、森林保护和养蚕业，甚至在每年年初组织的皇帝亲耕田地的'耕耤礼'上的作用，使其更像是贸易部或农业部，而不是财政部。"[12]正如我们将在后面的章节中所看到的，尽管在现代已经发生了巨大的变化，但当代中国的财政部远没有西方的财政部重要；它仍然是党领导下的国家的一个纯粹的工具，并从属于其压倒一切的政治议程。

经济哲学也影响了中国法律制度的性质。由于国家对它的臣民拥有主导地位，它从来没有扮演过不同派别之间的仲裁者角色。它的法律不以权利或权力（立法、行政和司法）的分配为目的，也不寻求为解决诉讼提供一个框架，而这些正是西方法律的功能。中国的刑法和行政法规占据了主导地位，但由于已经描述过的其他机制的运作，即使是这些类型的立法也只能发挥次要的作用——归根结底，它们远不如西方的刑法或民法重要。人们可以理解，为什么在1905—1908年清末立宪改革期间，中国未能理解君主权力的限制——这是西方君主立宪制度的一个如此基本的方面。在现代，中国寻求向西方学习。然而，对西方制度的模仿受到了一种愿望的启发，即中国希望复制那些使西方成功的方面。中国关注的是"富国强兵"的手段或程序，以便更有效地发掘百姓的国家观念。在这种背景下，19世纪末20世纪初，日本被中国人视为最典型的榜样。如果说日本已经成为一个强大的国家，这是因为它复制了西方的制度，不是将复制制度本身作为一个目的，而是将其作为成功的秘诀。正如我们将在后面的章节中所讨论的，这种心态在当代中国并没有发生重大的变化。

帝制时期中国国家和经济的话语论述

中国没有像西方那样，发展出经济学学科和经济学理论，也没有可用的理论框架来解释国家和市场的经济作用。但这并不意味着中国没有自己的经济学。事实上，上溯至秦汉时期，中国在政治经济生活的各个方面都积累了丰富的经验，并在此基础上发展出了成熟的经济思维方法。由于本研究并不是一部中国政治经济学的思想史，所以我们不会对中国的政治经济思想进行系统的概述；我们也不会讨论任何一位作者的经济思想。相反，我们选择关注中国的话语论述，关注国家和市场在经济事务中的作用。但是，即使我们把焦点缩小到这一问题上，我们也仍然不太可能涵盖如此多的文献。本章讨论的主要文献是《盐铁论》，它记录了汉代一场关于国家控制工商业的大规模辩论。[13]我们还将论及那一时期的其他相关著作。

我们选择这篇文献有几个原因。第一，《盐铁论》代表了中国政治经济体制形成时期的基本政治经济辩论。在随后的几千年里，中国发生了王朝更迭，但如前文所述，中国政治经济体制的重要主题并没有发生重大变化。第二，本文阐述了儒家和法家关于市场、国家以及两者之间关系的大部分基本论点与政策建议。由于该文献总结了这场辩论，可以看出，它反映了那一代主要政府官员和学者的观点，以及他们对秦朝和汉初（前221—前87年）经济和政策实践的观点。第三，儒家和法家在这场辩论中所提出和讨论的大部分关键概念，也出现在西方现代经济学领域的文献中。这让我们看到了中国经济思想家和政策制定者与西方同行之间的差异。主要问题在于，儒家和法家都不是我们在西方见到的那种专业经济学家，他们也没有形成任何经济理论。然而，他们经常引用案例（也就是他们的经验证据）来支持他们的论点，这与西方许多专业经济学家的做法并没有什么区别。虽然很难在《盐铁论》中确定具体论点的提出者，但这并不重要，因为我们只对他们关于经济事务的想法感兴趣。第四，辩论中提出和讨论的问题，反映了真实的经济生活。对现实经济生活的关注，使这场辩论变得最有价值。参与者不是在抽象的层面上进行推理，而是试图找到他们所观察到的经济问题的根源及其解决办法。事实上，文献中所讨论的所有关键问题，从古至今，都是一致的。我们认为，它仍然是中国政治经济学领域最好的作品，代表了中国最强大的本土经济思想。

该书由参加"铁盐会议"的儒家学者桓宽编纂，生动地反映了处于历史十字路口的西汉王朝在经济、政治和地缘政治方面的选择。这次会议是在传奇的汉武帝（前140—前87年在位）去世后的第五年召开的。汉武帝留下了各类遗产，包括一个不断扩张的帝国和一个被数十年战争耗尽精力的社会。这本书有两个重要的历史背景，一个是直接的，一个是长期的。

在之前的40年里，汉朝军队在汉武帝的精锐将领的领导下，通过对强大的匈奴帝国（一个控制中亚和北亚草原的游牧国家）发动几次惩罚性的战役，向四面八方扩张了帝国的领土，特别是在北部和西北部。虽然不是所有的战役都取得了军事上的成功，但不断的远征逆转了一个世纪以来游牧民族入侵的趋势，阻止了匈奴向中国本土（China proper）的扩张，摧毁了匈奴帝国的国家和经济，并确保了汉人在中国北部和西北部的统治地位。几十年的军事行动要求帝国政府扩大财政基础，汉武帝通过对富人征收赋税和国家垄断盐铁等激进手段，实现了这一目标。法家既是这些政策的策划者，又是忠实的执行代理人。

在此前的300—400年里，中国北部和中部遭受了一段时期的诸侯国之间的战争，被称为战国时期（前475—前221年），在这段时期里，战国七雄之间一连串的全面战争，以秦国的最终崛起而告终，秦王朝是中国乃至世界上第一个在当前中国本土出现的中央集权国家，尽管这个国家非常短命。[14]在其短暂的统治期间，秦朝在其帝国扩张的战争以及长城和秦始皇陵等伟大的工程项目中，都采用了战国时期发展起来的动员模式。具有讽刺意味的是，这种模式削弱了它的天命，并导致了叛乱。秦朝的灭亡是由一段短暂而激烈的内战引发的，这场内战在秦朝灭亡后依旧持续，最终在公元前206年，汉朝取得了胜利。汉朝的第一位皇帝（前206—前195年在位）从秦朝的失败中吸取了教训，面对饱受战争摧残的经济和社会，在国内采取了一种休养生息的经济政策，并对匈奴采取了和平和防御的立场，直到汉武帝时期，才改变了这两种策略。

在公元前81年的"铁盐之争"前夕，中国经历了两个国家建设周期，即战国时期的长周期和汉武帝时期的短周期。这是儒法国家形成的时期，儒家学者开始在国家官僚机构中占据主导地位，而国家官僚机构又是按照全面战争时期的法家思想建立起来的。[15]这场辩论反映了一种政治形势，即第二次动员已不可持续，由已故皇帝建立的中央集权国家仍由他的法家助手们守卫，但它面临着来自强大的地方和私人利益集团及其儒家代言人的严峻挑战。[16]

考虑到当时的历史背景，这两派辩论的术语更多是实用性的，而不是意识形态的。换句话说，双方都试图用实证而非规范的语言来表达自己的观点，并从战国到汉朝的经济实践中汲取技术知识与经验证据。同样值得注意的是，与儒家学者更注重原则相比，法家人士更注重操作层面。这是可以理解的，因为前者主要来自学术界，而后者则来自政府。法家人士指责儒家学者的观点是不可行的，反映在下段论述中：

> 今儒者释耒耜而学不验之语，旷日弥久而无益于治，往来浮游，不耕而食，不蚕而衣，巧伪良民，以夺农妨政，此亦当世之所患也。[17]

说儒家学者的推理纯粹是基于原则和从规范角度出发，这是不公平的，因为他们也经常根据对现实经济世界的观察提出自己的观点，并试图影响现实政治—经济世界的运作。法家人士与儒家学者之间的主要区别，在于前者从统治者的角度来认识问题，而后者从社会精英的角度来认识问题。在接下来的论述中，我们会经常详细地引用《盐铁论》，原因有二：第一，在现代政治经济学分析的语境中，中国古典经济思想往往过于被忽视，对其进行细致的论述将有益于当代读者；第二，通过比较法家人士和儒家学者在关键经济问题上的不同观点，将为我们对中国古典经济思想的概括（即"两个市场"的概念）提供一个背景，我们将在下一部分中讨论。

辩论是围绕两组关键概念进行组织的，即生产和分配、国家和市场。总的来说，法家学派强调生产问题和国家在生产中的作用，而儒家学派则强调分配问题和市场在分配中的作用。

生产与分配

中国古典经济思想中的首要概念是生产和分配。战国时期，各国为了获得大国地位，提出了不同的经济发展模式。决策者和学者们能够观察到这些模式之间的差异及其实际效果。在这一时期，形成了两大学派，即法家学派和儒家学派。前者在许多占支配地位的国家（尤其是秦国）的宫廷中占据着统治地位；后者由儒生所代表，仍然在宫廷之外。[18] 在法家学派中，有两个分支：以《商君书》为代表的农业分支，强调农业的重要性；以《管子》的某些部分为代表的分支更重视商业，特别是货币和粮食贸易。法家鼓励商品消费，将其作为一种财富分配和保持经济活跃的方式。中国历史学家杨联陞在《管子》《盐铁论》和《荀子》中发现了这种积极国家观的证据，并说明了这种经济原则是如何提出的。按照这一原则，奢侈品的消费、商品的流通、丧葬的奢侈，都将使就业更加充分，富人的奢侈风尚将为穷人提供工作和生活。这一原则也为消费提供了经济上的正当性。[19]

以墨翟为代表的另一学派也强调生产，但此处的生产概念与消费相联系。对这一学派来说，受到管制的消费同样意味着生产。因此，该学派的学者们攻击不受管制的消费，如举行葬礼仪式、演奏音乐和发动侵略战争。对这一学派来说，沉溺于奢侈，是贫穷的政府和社会不平衡的标志。它坚持的理论是，通过生产必需品和排除奢侈品，一个国家的生产力将会提高。这一学派在历史上并没有太大的影响，部分原因是其思想的宗教性，部分原因是在现实中减少人们的消费是不可行的。

相比之下，儒家经济学者强调分配。这一学派的关键词是"平等"，或者说"均"。孔子说："有国有家者，不患贫而患不均。"[20]这一观念强调的是分配问题。儒家学派也考虑生产和消费的问题。儒家经典著作《大学》里说："生之者众，食之者寡，为之者疾，用之者舒，则财恒足矣。"[21]

国家与市场

对于法家学派而言，问题是如何使生产最大化；而对于儒家学者来说，问题是如何通过分配安排来实现和谐。为了实现他们的目标，前者强调国家的作用，后者强调市场的作用。根据法家学派的观点，最大限度地生产是为了实现其经济政策目标，正如在文中所表达的："我能为君辟土地，充府库。"[22]事实上，这也是严复、梁启超等近代中国民族主义者所追求的目标——"富国强兵"。[23]对于法家学派来说，所有的经济政策都应该能够为国家的财富做出贡献。因此，问题不在于经济是否为国家服务，而在于国家如何利用经济作为实现自己目标的工具。

经济如何能够成为国家的工具？儒家和法家都把经济分为第一产业和第二产业。第一产业包括农业和养蚕业，第二产业是采矿业、制造业和商业。虽然双方都同意把重点放在第一产业，但他们也认识到，这两个产业是相互依存的，而且在这两个产业之间有分工。儒家人士，尤其是孟子，知道人类的各种产业不能孤立地进行。例如，有效的农业依赖于铁制工具的提供，而铁制工具是由矿业的产品进行生产，并由商人进行分销的。类似地，矿场征召或雇用的工人需要且应该得到农产品，商人必须把精力集中在货物的分销上，而不需要在田地工作上花费精力。在中国传统的社会秩序观中，整个社会被划分为四个阶层：士、农、工、商。虽然这四个阶层在财富创造和社会秩序方面是相互依赖的，但它们之间有着明确的分工。[24]因此，儒家和法家都面临的问题是，这些不同的职业需要付出多大比例的努力。由于那些从事工商业的人与金钱打交道，并有更大的机会获得利益，许多人选择从农村逃离到城镇，希望比在田间劳作更快地获得财富。因此，虽然私人财富可能会积累，但国家的真正财富将会缩减。

那么解决的办法是什么呢？法家学派认为，在控制和规范经济活动方面，必须由国家而非私营部门发挥主导作用。法家不认为私营部门能够在最大限度地提高生产方面发挥积极作用；相反，他们认为，强大的利益集团所造成的罪恶，应归咎于私人操纵货币和粮食价格。对法家来说，公共财富比私人财富重要得多。为了防止私人竞争和由此造成的百姓之间的财富不平等，法家人士提出了可以称为"资本国有化"的主张，并建议由国家从事生产和贸易。他们认为，工商业的某些职业应被归类为"非必要的"或次要的，它们只会导致私人利益，以损害百姓的利益为代价，并损害共同体的利益。因此，法家学派主张将盐、铁等关键产业国有化，作为公共收入的来源。

在土地所有权问题上，法家倾向于把土地看作主要的收入来源。只要可供使用的土地多于耕作其上的劳动力，那么那些希望增加帝国财富和实力的人，就没有理由限制私人对土地的持有范围，因为私人拥有和耕作的土地范围越广，就会有越多的收入进入帝国的国库。

在法家学派看来，国家安全（国防）和市场监管，是国家对重要商品进行管理和国家在重点行业进行垄断的两个根本原因。根据他们的观点，只有富有和有野心的人，才能开采来自偏远山区和偏僻沼泽的盐铁财富。拥有山泽林薮意味着财富的迅速积累，首先是货币的铸造，其次是武器的制造。在前工业化时期的中国，盐业和铁业利润丰厚，需要大量的资本投入和劳动力的动员。此外，私营企业可以调动这些产业的市场潜力，从事可能具有煽动性的造反活动。因此，必须引入和建立国家垄断。这些举措一方面旨在将财政权力集中到中央，以对抗权力过大的贵族，另一方面也是为了防止富人剥削穷人。[25]

值得注意的是，虽然法家学派强调国家的作用，但它并没有否认市场存在的理由。对于法家来说，市场的目的是使为国家的生产最大化。在他们看来，市场必须由国家管制，市场的运作不能也不应该基于市场参与者之间的自由交换。在发现（和实践）国家可以由此行使其对市场的权力的机制或技术方面，法家确实非常具有创新性。例如，他们设计了一个"均输"制度，即提供统购统销；"均输官"负责管理整个帝国的商业交易。他们的职责似乎是在价格便宜时购买大宗商品,在价格高时卖出,从而防止价格变得过低或过高。法家认为,要实现这一目标,应设立"平准"机构来规范统购统销。根据法家学派的观点:

> 王者塞天财,禁关市,执准守时,以轻重御民。丰年岁登,则储积以备乏绝;凶年恶岁,则行币物;流有余而调不足也……故均输之物,府库之财,非所以贾万民而专奉兵师之用,亦所以赈困乏而备水旱之灾也。[26]

相比之下,儒家学派重视市场的作用。儒家学者声称,他们主要关心的是"百姓的经济",即民生。他们认为,如果民生问题得到解决,政治或财政体制的运作就会顺其自然。孔子说:"百姓足,君孰与不足?百姓不足,君孰与足?"[27]因此,儒家强烈谴责法家及其"富国"的政策。他们认为,财富集中在国家手中,会阻碍个人的经济主动性。儒家学派认为,法家金融家是"贪利者"或"小人"。[28]法家学派并没有明确区分国家和统治者,而儒家学派倾向于将两者分开。虽然儒家并不反对强大的国家,但他们担心自私自利的统治者会以国家的名义从百姓手中攫取钱财。因此,他们极为强调个人主动性的作用,并认为国家不应采取干涉个人经济活动的政策。对儒家而言,政府的功能是消除一切阻碍劳动生产率或平等财富分配的障碍,其余的将留给百姓。尽管负责为奢侈政府提供资金的实用主义政治家试图控制工商业的利益以造福公共财政,但正如孟子著作所论述的,儒家思想主张放任自由的政策、怀柔远人的政府,以及具有威仪天下的"美德"的统治者。

在这一概念框架下,儒家反对国家垄断盐铁生产,反对征收酒税,反对"均输"制度或统购统销。他们认为,垄断会阻止个人从事私营企业。国家所有这些经济活动,都意味着国家在商业上与百姓竞争,从而在百姓中制造出贪婪和奢侈的氛围,使他们从基本的(农业)追求转向非基本的（商业）企业追求。[29]此外，儒家主张由国家来控制土地分配。他们认为，皇帝的职责主要在于减轻百姓的苦难，同时从土地税中获得稳定的财政收入。他们注意到，拥有大量财产的富裕地主，与非常贫穷的农民的生活条件之间的差距越来越大。儒家学派对法家学派所提出的国防论也持怀疑态度，驳斥了浮夸的军事耀武扬威的有效性，并主张通过仁慈统治的所有有益影响来安抚其他种族或民族。儒家学者认为，"夫欲安国富民之道，在于反本，本立而道生"[30]。

使生产最大化的技术（机制）

法家学派在强调国家作用的同时，也把市场看作生产过程中不可分割的一部分。法家发现了市场在使生产最大化方面的价值，并对国家为什么必须在促进和规范市场方面发挥关键作用提出了强有力的辩护。财富的最大化不仅本身是一件好事，更重要的是，这是建立国家权力，特别是军事力量的必要条件。

劳动分工与市场

首先，为了实现生产的最大化，政府必须对"基础产业和分支产业"都开放，并促进商品的公平分配。劳动分工制度是实现生产最大化的关键。没有国家的干预，市场就无法建立分工制度，就不能满足国家和百姓的需要，这种证据是很充足的："国有沃野之饶而民不足于食者，器械不备也。有山海之货而民不足于财者，商工不备也。"[31]

因此，国家必须积极地建立市场，促进不同生产领域的不同产品之间的交换。根据法家的观点：

> 市朝以一其求，致士民，聚万货，农商工师各得所欲，交易而退。《易》曰："通其变，使民不倦。"故工不出，则农用乏；商不出，则宝货绝。农用乏，则谷不殖；宝货绝，则财用

匮。故盐、铁，均输，所以通委财而调缓急。[32]

货物运输和流通

法家和儒家都把商业看作是二等职业，但他们对商业的态度却截然不同。儒家认为，商业财富的增长会减少帝国的财富，而法家则认为，只要政府机构拿走利润，贸易在经济中就可以扮演特定的角色。对商业的不同看法导致了他们对运输的不同看法。

在法家人士中，桑弘羊认为贸易和商品流通构成了天下秩序的一个组成部分，因此，促进商品在整个帝国内的流通是君主的义务。[33]法家学派认为，国家必须为产品和货物的流通提供一个健全的运输基础设施。虽然百姓依靠商人分配产品，依靠工匠来制作成品，但国家必须促进这一过程。法家学派认为：

> 故圣人作为舟楫之用，以通川谷，服牛驾马，以达陵陆；致远穷深，所以交庶物而便百姓……盐、铁，均输，万民所戴仰而取给者，罢之，不便也。[34]

重要的是，良好的运输基础设施将赋予国家和百姓权力。根据法家人士的观点：

> 往者郡国诸侯各以其方物贡输，往来烦杂，物多苦恶，或不偿其费。故郡国置输官以相给运，而便远方之贡，故曰均输。开委府于京师，以笼货物。贱即买，贵则卖。是以县官不失实，商贾无所贸利，故曰平准。平准则民不失职，均输则民齐劳逸。故平准、均输所以平万物而便百姓，非开孔利为民罪梯者也。[35]

与这种国家中心论的观点相反，儒家学派认为，一个国家拥有肥沃富饶的土地，但其百姓却食不果腹，这是因为工商业过度繁荣，而基础性的农业却被忽视。一个国家拥有富饶的山林大海、丰富的物产，但其百姓却缺乏钱财，这是因为百姓的生活必需品没有得到满足，而奢侈品和新奇的玩物却成倍增加。儒家学者由此看到了劳动分工制度和富人过度消费带来的负面影响。更重要的是，他们指出，正如马克思主义经济学家所认为的那样，自私的统治阶级为了自己的利益来制定经济政策：

> 况上之为利乎？……"诸侯好利则大夫鄙，大夫鄙则士贪，士贪则庶人盗。"是开利孔为民罪梯也。[36]

对儒家而言，国家干预的后果可能与法家学派的预期完全相反。当政府不征收百姓所生产的货物，而去征收百姓不生产的货物，百姓就会被迫以低价出售他们的货物，来满足政府的这些需求。[37]

除了劳动分工制度外，法家还倾向于强调市场交换。他们观察到："故物丰者民衍，宅近市者家富。富在术数，不在劳身；利在势居，不在力耕也。"[38]

儒家学派也强调市场的作用。但是，这个市场不是由国家操纵的，而是一个自然发展的市场，或者用今天的话说，是一个将带来繁荣与稳定的自由放任的市场。对儒家学者而言，国家操纵的市场可能会给人们提供"错误"的激励，从而破坏自然的生产过程。孟子曾设想这样一个市场：

> 孟子云："不违农时，谷不可胜食。蚕麻以时，布帛不可胜衣也。斧斤以时，材木不可胜用。田渔以时，鱼肉不可胜食。"若则饰宫室，增台榭，梓匠斫巨为小，以圆为方，上成云气，下成山林，则材木不足用也。男子去本为末，雕文刻

镂，以象禽兽，穷物究变，则谷不足食也。[39]

领土扩张和未开发的财富

在如何通过领土扩张来增加财富的问题上，法家和儒家学者也存在着分歧。法家学派指出了通过扩张领土来增加国家财富的重要性。根据法家的观点：

> 内郡人众，水泉荐草不能相赡，地势温湿，不宜牛马。民跖耒而耕，负檐而行，劳罢而寡功。是以百姓贫苦而衣食不足，老弱负辂于路，而列卿大夫或乘牛车。[40]

对于法家来说，为了解决这些问题，国家必须在开发未开发的土地上发挥重要作用。

相比之下，儒家对探索未开发的领域，尤其是边疆地区，并没有那么大的兴趣。他们对使用国家权力来扩大可纳税的土地更加谨慎。根据他们的观点：

> 夫治国之道，由中及外，自近者始。近者亲附，然后来远；百姓内足，然后恤外。[41]

主导市场的技术（机制）

对法家学派而言，规范市场就是为了使生产和国家权力最大化。这也意味着要建立使国家能够主导市场的机制。他们提出并实际实践的主要机制包括钱币和通货、土地和生产比率。

货币和信用

对于货币和信用在经济中的作用，以及应该由谁来控制钱币和通货的问题，法家和儒家存在着分歧。总的来说，儒家学派认为，货币并不一定能创造一个公正和幸福的社会，他们反对货币经济。这是因为，在他们看来，由中央铸造的货币，就像由国家垄断的盐业和铁业一样，将需要过度征召人力的使用，从而导致他们无法在田地间有效耕作，并有饿死的危险。而法家则认为，集中控制和垄断造币业，是一种平衡价格和平均分配的手段。法家希望政府使用货币作为商品流通和缓解困境的手段。

在法家看来，钱币和通货是政府维持其对市场的主导地位、治理百姓的有效机制。根据他们的观察：

> 交币通施，民事不及，物有所幷也。计本量委，民有饥者，谷有所藏也。智者有百人之功，愚者有不更本之事。人君不调，民有相万之富也。此其所以或储百年之余，或不厌糟糠也。民大富，则不可以禄使也；大强，则不可以罚威也。非散聚均利者不齐。故人主积其食，守其用，制其有余，调其不足，禁溢羡，厄利涂，然后百姓可家给人足也。[42]

而儒家则对货币在经济活动中的作用持怀疑态度。这在很大程度上是因为他们强烈反对国家对商品的垄断，并偏好自然市场，即不由国家来推动的市场。在他们看来：

> 故自食禄之君子，违于义而竞于财，大小相吞，迭转相倾。此所以或储百年之余，或无以充虚蔽形也。古之仕者不穑，田者不渔，抱关击柝，皆有常秩，不得兼利尽物。如此，则愚智同功，不相倾也……言不尽物也。[43]

儒家认为，自然市场是最理想的，因为在这种层次的市场交换中，

货币和信贷的使用都是有限的,他们认可这是一种必要的恶,但必须不惜一切代价加以遏制。[44]根据他们的观点:

> 古者,市朝而无刁币,各以其所有易所无,抱布贸丝而已。后世即有龟贝金钱,交施之也。币数变而民滋伪。夫救伪以质,防失以礼。[45]

尽管法家人士没有否认这些消极后果,但他们强调,必须建立新的制度来控制它们。他们认为:

> 俗弊更法,非务变古也,亦所以救失扶衰也。故教与俗改,弊与世易……刀币无禁,则奸贞并行。夫臣富则相侈,下专利则相倾也。[46]

盈余产品

法家人士还强调政府对盈余产品的控制作用,认为如果这些产品落入私营部门手中,将会产生很高的政治成本。他们观察到:

> 吴王专山泽之饶,薄赋其民,赈赡穷乏,以成私威。私威积而逆节之心作。夫不蚤绝其源而忧其末,若决吕梁,沛然,其所伤必多矣。太公曰:"一家害百家,百家害诸侯,诸侯害天下,王法禁之。"今放民于权利,罢盐铁以资暴强,遂其贪心,众邪群聚,私门成党,则强御日以不制,而并兼之徒奸形成也。[47]

因此,法家人士非常强调法律在制止民众犯罪行为方面的作用:

> 昔商君相秦也，内立法度，严刑罚，饬政教，奸伪无所容。外设百倍之利，收山泽之税，国富民强，器械完饰，蓄积有余。是以征敌伐国，攘地斥境，不赋百姓而师以赡……盐、铁之利……足军旅之费，务蓄积以备乏绝，所给甚众，有益于国，无害于人。[48]

法家学派认为，铁器和士兵的武器对帝国的服务很重要，不应该成为每个人的赚钱生意。法家学派认为私人控制产品盈余是罪恶的，而儒家学派则认为国家控制也有同样的后果。儒家学者指出，法家学派未能看到谁能够从国家的控制中获益，谁又会因此而处于不利地位。根据儒家的观点：

> 且利不从天来，不从地出，一取之民间……商鞅以重刑峭法为秦国基，故二世而夺。刑既严峻矣，又作为相坐之法，造诽谤，增肉刑，百姓斋栗，不知所措手足也。赋敛既烦数矣，又外禁山泽之原，内设百倍之利，民无所开说容言。崇利而简义，高力而尚功，非不广壤进地也，然犹人之病水，益水而疾深。[49]

生产比例

对法家来说，控制生产比例是调节和控制市场的另一种机制。无须多言，法家将其放在了政府与百姓之间的关系背景下。根据法家的观点：

> ……总一盐、铁，通山川之利而万物殖。是以县官用饶足，民不困乏，本末并利，上下俱足，此筹计之所致，非独耕桑农也……国有强御而齐民消……夫理国之道，除秽锄豪，然

后百姓均平,各安其宇……而强不凌弱,众不暴寡……笼天下盐、铁诸利,以排富商大贾,买官赎罪,损有余,补不足,以齐黎民。是以兵革东西征伐,赋敛不增而用足。[50]

然而,对于儒家来说,关键问题在于谁能从这种实践中获益。对他们来说,统治者不能依靠国家对经济的垄断来治理社会。政府应该在远离市场的情况下,在经济活动中发挥重要作用;当政府参与经济活动时,会破坏自然的社会秩序。儒家认为:

> 礼义者,国之基也,而权利者,政之残也……今欲损有余,补不足,富者愈富,贫者愈贫矣。严法任刑,欲以禁暴止奸,而奸犹不止……[51]

公地控制

政府控制市场和社会的另一个最重要的机制是控制公地,如山林泽薮之地。法家为这种政府控制提供了强有力的辩护:

> 故宇小者用菲,功巨者用大。是以县官开园池,总山海,致利以助贡赋,修沟渠,立诸农,广田牧,盛苑囿……今欲罢之,绝其源,杜其流,上下俱殚,困乏之应也,虽好省事节用,如之何其可也。[52]

然而,儒家强烈反对政府对公地的控制。他们认为,这样的控制不仅没有效果,而且更重要的是会扰乱社会的自然秩序:一旦政府控制了公地,它将寻求满足自己的贪婪,并将成为掠夺性的政府。儒家认为:

> 古者,制地足以养民,民足以承其上……无用之官,不急

之作，服淫侈之变，无功而衣食县官者众，是以上不足而下困乏也。今不减除其本而欲赡其末，设机利，造田畜，与百姓争荐草，与商贾争市利，非所以明主德而相国家也。夫男耕女绩，天下之大业也。故古者分地而处之，制田亩而事之。是以业无不食之地，国无乏作之民。今县官之多张苑囿、公田、池泽，公家有鄣假之名，而利归权家。三辅迫近于山、河，地狭人众，四方并凑，粟米薪菜，不能相赡。公田转假，桑榆菜果不殖，地力不尽。愚以为非。先帝之开苑囿、池篽，可赋归之于民，县官租税而已。假税殊名，其实一也。夫如是，匹夫之力，尽于南亩，匹妇之力，尽于麻枲。田野辟，麻枲治，则上下俱衍，何困乏之有矣。[53]

"两种市场"概念

到此为止，我们讨论了中国古典经济思想家对现实经济生活几个关键概念或关键方面的不同看法。《盐铁论》中记载的辩论，是关于西汉初年国家对工商业的控制政策，当时的经济思想家和政策制定者已经能够观察到此前国家经济政策的表现。国家垄断的做法产生了复杂的后果。一方面，国家垄断使国家能够有效地积累财富。财政赤字消失了，公共粮仓里储存了充足的粮食，边境上的军队再次得到了充足的供给。然而，整个国家充斥着不满。儒家学者认为，统治者从国家垄断中获益的同时，却使社会成了它的受害者。国家对盐的控制导致了价格高企，人们因此经常被迫在吃饭的时候不放盐。在农场上使用的铁器，也由政府进行垄断供应，常因其低劣和不合适而被指责。这场辩论反映了政治家、政府经济学家与儒家学者之间的政策冲突，前两者为政府的政策辩护，后者代表百姓，主张废除国家对基本商品的控制，回归早期的自由放任制度。

这场辩论的核心是国家和市场之间的关系。沿着这一主题,从上面的讨论中,我们可以概括中国政治经济的实践,并对国家和市场的关系提出两种不同的思路,即"两种市场"概念:国家主导的市场和市场主导的市场。尽管儒家和法家都认识到,国家和市场在经济中是并存的,但是他们对国家和市场作用的观点在很大程度上是不同的:法家学派关注的是国家主导的政治经济,而儒家关注的是自然市场主导的政治经济。国家主导的政治经济,或经济国家主义,具有以下特点:

(1) 国家和市场并存,国家主导着市场。

(2) 市场存在的理由,是为了使国家的生产最大化。

(3) 国家应当为市场经营提供基础设施。国家应在促进市场发展方面发挥重要作用,私营部门不能也不应该试图履行发展基础设施的任务。

(4) 国家应当促进劳动分工制度和商业发展,同时发挥促进市场扩张的作用。

(5) 然而,所有这些努力都是为了增加国家的财富和权力,而不是百姓的财富和权力。

(6) 因此,国家应该发展和设计不同的机制来控制与主导市场。

(7) 国家应当对重点的工商业实行控制和垄断。

(8) 国家应当采取多种方式,规范市场的运行。

(9) 虽然国家本身是市场的经营者,但它应当能够控制市场的其他经营者。

(10) 国家的目标是自上而下创造和维持社会秩序。经济是国家实现这一最终目标的工具。

相比之下,基于自然形成的市场和最小国家干预的政治经济,则具有以下特点:

(1) 国家和市场共存,市场主导着社会。

(2) 市场存在的目的是增加百姓的财富,而非国家的财富。

(3) 市场是而且应当是自然形成和运作的。

(4) 国家干预市场是邪恶的。

(5) 国家不是一个抽象的概念，而是一个利己的组织；因此，国家的目的是使其利益最大化，而不是使百姓的利益最大化。

(6) 放任自由的政策将带来最大的生产力；自然形成和运作的市场，对促进百姓财富的公平分配具有重要作用。

(7) 国家没有必要采取促进市场发展的举措，因为这些举措是国家为了增加自己的利益而采取的。

(8) 因此，国家（皇帝）应当象征性地统治社会，而不是将权力实质性地渗透到社会中去。

(9) 在确立国家对社会的这种象征性统治时，重要的是国家意识形态，而非物质利益。

(10) 国家应当在不扰乱自然形成和自发的社会秩序的情况下，对社会进行统治。

在这些理论构想的背后，私人的政治和经济利益，也在儒法之争中发挥着作用。法家人士本质上是平民官员和治国专家，他们爬上了官僚体制的阶梯，把自己获得的地位归功于中央集权的国家和一个强大的皇帝。因此，当他们捍卫国家的财政和战略利益时，也是在捍卫他们作为帝国国家代理人的自身利益。相比之下，儒家往往来自所谓的巨室（豪门望族）或是地方上的经济和社会精英，因为只有这些精英能够付得起昂贵的儒家教育费用，并通过学习儒家经典和获得谈论话题的资格来取得文化资本，进而再造他们的财富和权力。在维护共同利益或百姓利益时，儒家明确提出，他们偏好分散的政治和经济秩序，因为在这种秩序下，即便是以更高的经济不平等为代价，地方精英对帝国及其代理人也有一定的回旋余地。在帝制中国的后期（960—1911 年），科举制度成为进入官僚系统的主要途径，它将这两个精英群体统一起来，并且在正统的新儒家政治经济学里，也综合了儒家和法家的两种极端立场。尽管在整个中国历史上，肯定有一些激进的儒家学者支持国家干预，以利于更加平等的原则，但这一直是少数人而非多数人的声音，直到近代以来，随着教育扩展到新的社会阶层，这一状况才发生改变。正如我们将在下一章里进一步讨论的那样，儒家观点开始占据主导地位，并定义了前现代时期中国政治经济的常态。

在国家和私人利益的领域之外，还有地缘政治领域。虽然直到中国进入近代以后，地缘政治才会成为一个关键的决定因素，但它的重要性已经在儒法之争中得到充分的体现。儒家普遍支持帝国政体的天下观，主张通过文化、贸易或我们现在所说的"软实力"等手段，来维护帝国的霸权地位。在他们看来，地缘政治的重要性次于国内的秩序，也包括经济秩序。但对于法家来说，地缘政治的主导对于皇帝的生存至关重要，经济生产的职责所在，是要维持地缘政治主导地位所必需的军事力量。因此，在整个帝制中国的历史中，法家往往支持帝国扩张的侵略性政策。但是，儒家的立场在帝制中国历史上占据着主导地位，尤其是在帝制中国的后期，当时的帝制国家处于精兵简政的状态。这是出于一个基本的事实，即中国本土占统治地位的帝国的地缘政治形势基本上是稳定的，除了宋朝等少数分裂时期之外。中国地缘政治安全面临的唯一可信的威胁来自中亚大草原，但它对儒家的地缘政治理念也没有构成根本的挑战。这种情况一直持续到19世纪40年代。从那时起，前工业时代的中国受到了军事和经济上都占优势的工业强国的挑战，其后果我们将在第四章进行讨论。但在那之前，地缘政治仍将是一个次要的问题，儒家思想将占据主导地位。

两种市场（和国家）的概念形成于秦汉时期，在不同朝代的帝制政府建立财政制度和制定经济政策时，它们产生了长期而持久的影响。可以说，两种市场的概念代表了高度制度化的经济哲学和文化，为从古至今的经济思想家和决策者提供了一个思想框架。国家主导和市场主导都是政治经济的"理想型"。常态则是国家和市场的共存，且国家主导着市场。在中国漫长的历史中，很少有国家权力压倒一切的时期；相反，随着时间的推移，它在不同的层次上存在并发挥着作用。虽然中国政治经济的理想一直是国家和市场之间的平衡，即国家允许市场存在和发挥作用，而私营部门则接受市场的主导，但是，平衡可能会受到国家权力或其弱点的破坏。因此，我们将国家和市场之间的这种关系称为"不对称均衡"。国家权力对市场的主导，常常导致"经济国家主义"的兴起，国家对市场进行重度干预，甚至取而代之。但是，这种国家垄断不可避免地会破坏国家权力的经济基础，造成帝国经济生活的低效、杂乱，有时甚至是混乱。为了恢复均衡，政府往往会撤出，让市场发挥更重要的作用。但是，从中国最早的中央集权帝国到近代的党领导下的国家，这种国家扩张和撤出的循环是中国政治经济中一个反复出现的特征。我们的任务，就是将国家—市场互动的这一过程概念化。

此外，正如法家学者和儒家学者所辩论的那样，政治经济学不仅仅是关于国家和市场之间的关系；更重要的是，它关乎百姓和社会。社会是国家和市场之间关系的组成部分。正如本章之前所论述的，在中国的政治经济中，国家和经济从来不被认为是两个独立的领域：它们都是帝国治下的一部分，或者说都是天下的一部分。经济（和市场）是在国家和社会之间关系的背景下进行评价的，法家人士以国家为中心，而儒家学者以社会为中心。这使得中国的政治经济有别于西方。正如在第一章里所论述的，尽管在西方的社会科学文献中，经济和国家常常被认为是一个特定社会的两个独立领域，但在中国，即便是在话语层面上，也从未做出过这样的区分。[54]

中国的市场和市场体制

虽然法家和儒家在治国理政的大部分领域存在着分歧，但中国传统的治理体制是将法家和儒家的思想相结合。这也反映在政治经济领域。

中国的政治经济体制允许不同类型的市场共存，正如法家和儒家所主张的那样。中国的市场体制，从第一个帝制国家直到今天，由三个概念上的层次组成。[55]这三个层次构成了一个市场的等级结构，顶层是国家市场，中层是市场—国家的互动，底层是地区性和地方性的草根市场。从历史上看，一般来说，地方性草根市场是自然形成和发展的。一个典型的地方性草根市场，是一个不需要国家或其他主要市场参与者组织的市场。在这个层次上，个人是市场的参与者，同时也是市场的组织者。这些市场可以是乡村集市，也可以是不受政府监管的临时集市，不一而足。在中间层次，市场行为者与国家的经济代理人之间进行互动，且往往被这些代理人所控制。通常来说，二级市场是指发展成为政治单元甚至地区权力中心的市镇。在国家市场层次，市场主要由国家代理人和有组织的经济利益集团来组织与管理。这些机构包括由皇室机构控制的工厂体系、由礼部控制的朝贡体系，或由专门的盐业机构控制的全国盐业市场。在区域和国家层次的市场上，个人只能代表国家或强大的私人利益集团，以代理人的身份参与进来，因为进入这些市场的门槛（如权力和资本）决定了只有具备良好关系和优越地位的个人才能进入。因此，这两个层面的历史行为者，主要是国家的财政代理人和国家—私营部门合作的伙伴关系。在后面的章节中，我们将讨论这种等级制的市场体制是如何运作的；本章的剩余部分将描述这个多层次市场体制的结构。

制高点：国有部门和市场

在西方各种政治经济体制中，国家被认为是与经济相分离的。在这些体制中，问题在于国家如何将自己与经济联系起来。它们建立了各种机构和机制，以使国家能够与经济紧密联系。虽然从理论上说，国家和经济是两个独立自主的领域，但是国家干预始终存在，只是在不同的国家干预的程度不同而已。随着现代监管型国家的兴起，国家干预经济的范围也在扩大。然而，国家与经济之间的界限是明显的，并且是由法律和其他制度所规定的，国家本身也必须遵循市场原则。

与此相对，在中国，国家和经济被认为是不可分割的，国家是国民经济中一个重要的，甚至是最重要的经济角色。向社会提供物质产品是国家职责的一个方面。为了履行这一经济职责，国家不仅必须组织自己的经济活动，而且必须组织市场体制，以使其经济产出最大化。国家的角色和商人的角色并没有多大不同，商人必须组织他们的经济活动和市场。它也同今天的全球资本家没有太多不同，他们在全球舞台上组织其经济活动和市场。

从历史上看，前现代时期，中国政府的主要职责之一是通过市场来组织经济活动，并使经济活动有序进行。除了在军事上的作用外，国家在经济上的作用自古以来就十分明显。可以理解的是，国家会对采矿和金属加工以及垄断盐业感兴趣。对国家来说，控制这些重要商品的生产，不仅关乎帝国的扩张和国防，还关乎满足当地百姓的需求，为百姓提供一种相比饥饿、移民或叛乱这些选项来说不那么糟糕的选择。中国国家垄断的一个特征往往被忽视：国家只选择了少数几个重要的行业来进行垄断。综观中国漫长的历史，这些行业包括盐业、铁业和纺织业。正如之后几章将论述的，国家在经济中的作用变得极其广泛，导致了几个历史时期我们所说的"经济国家主义"，包括王莽在两汉之交的改革，宋代王安石的变法，明朝开国皇帝朱元璋领导下的大规模社会经济改革，以及毛泽东在中华人民共和国头 30 年里的全能主义经济转型。在大多数时间里，国家对经济的控制是有限的，而且仅限于某些行业，尽管从意识形态上讲，国家总是有权引导和改造经济。

此外，国家在经济中的作用不仅体现在生产领域，而且还体现在提供大规模基础设施方面。包括亚当·斯密在内的早期自由主义经济学家都强调了这一点。然而，这个角色常常被误解和夸大。德裔美国历史学家卡尔·魏特夫在其著作《东方专制主义》中，根据卡尔·马克思和马克斯·韦伯早先提出的"亚细亚生产方式"的概念，论述了中国传统

"水利官僚制国家"的形成和发展。[56]魏特夫提出了对东方专制主义的分析，强调了灌溉工程的作用、维持灌溉工程所需的官僚结构以及这些对社会的影响，并创造了"水利帝国"这一术语来描述这个制度。在他看来，许多社会（主要是像中国和印度这样的亚洲社会）严重依赖大规模灌溉工程的建设。为了完成这项工作，国家不得不组织广大民众强迫劳动。这需要一个庞大而复杂的官僚体系，由能干和有文化的官员组成。这一结构的独特设置，还为了能粉碎公民社会，以及任何其他能够动员起来反对国家的力量。这样的国家必然是专制的、强大的、稳定的和富有的。

虽然魏特夫做出了一个有价值的尝试，以证明国家在经济中，特别是在基础设施建设方面的作用，但是他的分析过于注重意识形态，这部分是由于当时的政治环境（他的研究是在冷战时期进行的）。他的分析中有几个主要问题。第一，他没有回答为什么国家要负责灌溉工程的问题。正如在第一章里所论述的，在西方，经济被认为是独立于国家的。尽管亚当·斯密等经济学家认为基础设施建设是政府责任的一部分，却没有哪个国家从事过所讨论的这类大规模灌溉工程。相比之下，在中国，经济被认为是政府的职责之一，不能与国家相分离，所以政府必须承担所有大规模的基础设施建设，如灌溉工程。第二，魏特夫将国家—社会的关系误解为一场零和博弈，这在很大程度上是由于他的反共意识形态倾向，以及当时的人们普遍认为共产主义国家具有掠夺性。正如我们将在后面的章节中所讨论的，共产主义是经济国家主义的一种极端形式，但中国的传统经济形式与共产主义截然不同，国有部门和非国有部门共存，国家组织的市场可以与其他形式的市场共存。第三，正如魏丕信（Pierre-Etienne Will）所正确指出的那样，在中国这样一个幅员辽阔、多样化和被割裂开来的地理实体中，这种对水利国家的概括是否站得住脚，值得商榷。中国的中央集权国家可以由许多职能和计划来界定，而非用管理各种灌溉和水利保护工程来界定，即使这些工程在大多数地区是必不可少的。即使只考虑这一职能，国家及其官僚机构也不是所提及的唯一因素、唯一的决策者和唯一的执行者。虽然国家负责基础设施建设，但它并不是唯一的参与者。任何大规模的事务，无论是国有企业还是公共项目，都涉及多个层次，它们不一定是统一的，而且往往代表着相互冲突的选择和利益。[57] 正是在这个意义上，魏丕信评论道："水利社会比水利国家更强大。"[58]

事实上，中国的官方意识形态（也就是儒家思想）也制约了政府从事这么大规模的公共项目。其中一个主要因素是，如此大规模的工程涉及大量征召劳动力。当国家最初作为一个组织出现时，就需要征召劳动力来运输大宗货物，或者修建道路、开凿运河、修建防御工事。后来，随着战国时期较大政治单位的发展，这种劳动力被用于建造宫殿，或提供其他形式的皇家需求。到了秦汉帝国时期，皇帝有权要求壮劳力为某些特定的任务服役。男子有责任被征召，要么是为了国家的安全利益入伍，要么是成为公共工程的劳役。召集和组织这样的劳动力，一直是省级和地方官员的职责之一。因此，孟子警告说，诸侯过度使用劳动力征召，对农业造成危害，将会自食其果，因为征兵服役的时间长，不仅使人们在最需要进行田间劳动时离开土地，而且还给那些留在田间的人强加了负担，让他们提供生活必需品给那些服兵役或服劳役的人。[59]

更重要的是，正如在《盐铁论》中所讨论的，国有部门和大型基础设施项目的建立，不仅是出于国家主导的目的，而且是为了支持社会均衡。它们可以为维持社会秩序的目标做贡献，同时避免不平等和投机——这两者都会对社会凝聚力产生消极的后果。因此，国家必须通过国营部门和基础设施项目来与社会接触。换句话说，这些也是国家使自身与社会相联系的经济手段。在这个背景下，在国有部门或任何由国家发起的大型公共项目中，国家不是唯一的行为者。许多社会行为者也参与其中。国家所追求的是对社会的主导，但国家对社会的主导又是国家与社会力量之间的互动过程。在这个过程中，市场变得很重要，因为它是国家接触社会的最有效工具。没有私营部门，就很难理解国家是如何组织其经济活动的；没有市场，就很难理解国有部门是如何运作的。事实上，当我们审视国有部门和公共项目的实际运作时，国家和私营部门之间的界限就变得模糊了。事实上，国家往往不得不严重依赖私营部门来组织其经济活动和市场。这导致了第二层市场的形成，即国家—私营部门的伙伴关系，或是中间地带。

中间地带：国家—私营部门合作的伙伴关系

国家—私营部门伙伴关系可以通过两种方式形成：第一，国家发起经济项目，私营部门完成任务；第二，私营部门发起项目，由国家接管，使之成为国家机构。在前一种方式里，国家允许和鼓励私营部门参加由国家发起的经济活动；在后一种方式里，国家试图渗透到私人经济活动。但是我们需要记住，在这两种情况下，绝不意味着国家和私营部门之间的关系是一种更加平等的关系。正如之前所强调的，中国帝制国家通常保持对市场和私营部门的结构性主导，但对合作和吸纳战略仍然持开放态度。在实际执行政策时，国家是发起者还是追随者，并不重要。重中之重是使双方的合作关系作为一种有效机制来发挥作用。

国家发起和私人参与的模式，可以通过对盐的垄断和帝国的纺织厂来体现。出于政治和经济理性的考虑，国家主动与私营盐商结成伙伴关系。在政治理性方面，国家治理辽阔多样的领土的能力，受到了重大的地理、环境和文化因素的限制与制约。与私营企业建立伙伴关系可以提高国家的能力。在经济理性方面，国家可以通过与私营部门建立伙伴关系来大幅度降低成本。国家可以框定界限，在这个界限里，私营部门从事国家的活动，以服务于后者的目的。

正如墨子刻（Thomas Metzger）在两淮盐业的案例中所审视的那样，这种伙伴关系模式在对盐业的垄断中表现得很明显。[60]两淮盐场是典型的国有企业，但国有制并不意味着所有的活动都是由国家开展的。相反，它是一种国有私营的模式。清代两淮盐场的运营，涉及约40万人。清朝的国家并没有直接将他们纳入其之前的官僚体系。相反，清政府允许几乎所有的盐场保持私人或半私人运营的地位，并依赖于与强大商人合作的复杂网络，这些商人的利益有时与国家的利益相冲突。国家经常通过推动平衡的经济激励模式来促进合法的销售和税收的征收，这种平衡的经济激励模式有利于那些直接从事盐业生产、分配和消费的地位低下群体，而有权势的、地位高的商人则往往采取行动来破坏这种激励模式，他们以牺牲这些地位低下群体的利益来增加他们自己的直接利益，无论是通过在称盐时欺骗制盐商、欺诈那些资金上依赖于他们的较贫穷的经销商，还是提高消费者所支付的价格。[61]

为什么在法律上拥有无上权力的国家，却不得不吸纳强大的商人，并容忍不同的利益集团和往往腐败的商业行为？墨子刻解释道：

> 如果商人被官员所取代，官员的工资就会吞噬垄断的大部分利润，而官员本身也会有类似的腐败行为。此外，官员往往不善于处理商务。垄断的规模越来越大，必然需要投入更多的管理技能，而官员们将很难提供这些技能……但是，在不得不依赖商人的情况下，国家仍然可以在以下两者中做一个选择：是与少数强大、规模庞大的商人打交道，还是与许多地位低下的、规模较小的商人打交道。一般来说，官员对富商的态度在两个极端之间摇摆：他们要么被视为值得信任的、值得尊敬的、有能力的人，拥有必要的资本来按照国家的意志运输货物；要么被视为腐败的阴谋家，利用金融操纵把利益从政府和贫穷、诚实的经销商身上转移出去。相反，规模小的经销商可以被视为诚实、有效率的商业的基础，也可以被视为不值得信任的乌合之众和从前的走私者，他们把眼前的利益看得比与国家合作的长远考虑更加重要。[62]

尽管涉及相互冲突的利益，国家还是能够控制对其私人伙伴的主导，不论这些伙伴是强大的商人还是小规模的经销商。墨子刻告诉我们，即使是在危机时期，清朝的国家也能够通过它的各种机构，确保大量的盐源源不断地从长江流域的沿海地区流出，并根据形势的紧急需要，不断调整其与私营企业的关系。

苏州的皇家工厂是另一个很好的例子。[63] 苏州的工厂是给朝廷提供生活必需品的行政体系的一部分，尤其是供应纺织品和礼服。这一制度可以追溯到秦朝，并在整个帝制时期以不同的名字延续下来。这也是国有私营的典型案例。正如史华罗（Paolo Santangelo）所指出的："纺织厂除了与皇室有联系外，还深深根植于社会和当地经济之中。"[64] 的确，由于大量的家庭参与纺织生产，很难把这些家庭定义为"私人的""公共的"或"国家的"。如果将其与皇家工厂对照来看，它们可以被视为商店或前现代的私人商业。然而，工厂往往赋予他们更多类似于公共职能的职责和权力。因此，这些工厂实际上可以被视为纯粹的皇室私营企业。此外，工厂车间里劳动力的集中和工匠直接对官员负责的情况，仅在所需的部分纺织品生产期间盛行。其余则由家庭和作为中间人的承包商参与。这些工厂从负责工厂的官员那里收到款项和原材料，然后交付所需的产品，甚至向他们提供本应在工厂工作的工匠。[65]

当然，国家—私营部门的伙伴关系并不限于这些情况；在几乎所有国营部门和几乎所有国家发起的公共项目里，都发生了这种情况。这些案例要求我们重新审视中国从古至今的国有部门的性质。我们需要考虑中国国有企业的独特性。正如威尔莫特（Willmott）所指出的，我们需要寻找国有企业的"中国性"。这些问题存在于国家和私营部门之间的复杂网络中，并且双方都采取了相互适应的举措。这种情况"既不存在于日本明治时期国家主导经济的体制中，也不存在于18世纪西欧国家与城市之间的斗争中"。[66]

此外，中国国有部门有着多重任务。它是国家控制经济各部门的工具。从这个意义上说，国家没有办法把它发展成一个纯粹的经济部门。因此，西方经济中最重要的两个方面（生产率和竞争力）在中国国有部门中被忽视了。由于在国有部门中，经济效用排在政治目标之后，所以与其说国有企业是经济企业，不如说它们是政治和组织中心。

此外，国有部门的存在是一个社会均衡的问题。国有部门的某些方面通常并不是从私人手中夺来的。如前所述，国家只控制纺织部门的一部分。国家总是有选择性地进行控制，而非进行全面控制。国家是否选择施加控制，取决于各种因素，例如，那些被认为对社会秩序有危险的经济活动、特定的重要产品、取得可观财政收入的可能性，以及对公共事务的特定干预具有重要性。[67] 从这个意义上说，国家主导和经济国家主义是截然不同的。国家主导指的是国家和私营部门之间的关系要为国家服务，同时又允许私人获得利益，并涉及公共利益和私人利益之间的妥协。[68] 相比之下，经济国家主义是国家主导的极端例子，国家通过削弱甚至消灭私营部门，来施加对经济的彻底控制，这种情况在王莽、王安石、朱元璋和毛泽东时代都曾出现。

区域性商业集团与帝制国家建立起战略联盟是私人发起和国家参与的例证，例如，徽商、广东公行和山西票号。在这些案例中，商人集团首先在特定领域内取得商业上的成功，然后以皇室项目的采购代理、赞助者和金融家等经济代理人身份，与财政体制建立一种共生关系。这种经济运作既有政治上的理由，也有经济上的理由。从经济理由来看，国家希望利用这些私营企业，将其作为维持正常的经济生活和获得财政收益的工具。从政治理由来看，国家担心的是，如果私营部门的增长不受国家的主导，那么私营部门可能威胁到它的统治。中国传统的官方意识形态（儒家思想）把商人阶层置于四大阶层的最底层，也就是士、农、工、商的排序。从古至今，国家鼓励发展私营企业，但不能容忍有能力威胁国家的大型私营企业或私营商业。当私营企业削弱了国家对经济的主导时，国家就会试图渗透到这些企业中去。但是如此一来，国家必须平衡其两个目标：在财政上获利和在政治上控制。相比国家发起、私营部门跟进的情况，此处的国家必须对私营部门做出更大的妥协。

以山西的票号为例。票号是中国早期的银行类机构，也被称为山西票号，因为它们主要由山西本地人拥有。最早的票号起源于平遥西裕成颜料庄。为了处理大量现金从一个分号转移到另一个分号的问题，颜料庄在中国各地的许多分号推出了可兑现的汇票。虽然这种新方法最初是为西裕成颜料庄内部的商业交易而设计的，但因为大受欢迎，因此在1823年，颜料庄的所有者完全放弃了颜料业务，将颜料庄重组为一家特殊的汇兑公司——日升昌票号。在接下来的30年里，又在山西省内建立了11个票号。到19世纪末，32家票号在中国各地设立了475家分号，覆盖了中国的大多数地区。

所有的票号都是以独资或合伙的形式组织起来的，其所有者承担着无限责任。他们主要从事省际汇款业务，后来又从事政府服务。从太平天国运动开始，京城与各省之间的交通线路被切断，票号就开始参与政府税收的传送。票号的发展得益于它在预付资金、为省政府安排外国贷款、发行票据和管理地方国债方面发挥的作用。

票号从事区域间的汇款业务，具有准政府机构的职能。政府认为票号提供的服务是有益的，它支持并利用不断发展的区域间汇款网络。在18世纪初，政府开始吸纳票号网络，但值得注意的是，票号也受益于与政府的合作关系。经济史学家曼素恩（Susan Mann Jones）指出：

> 吸纳并不一定意味着剥削，因为山西票号在相对宽松的中央政府控制下蓬勃发展。他们接受政府的无息存款资金，然后以高利贷的利率把钱借给其他银行。其他贷款则发放给京城科举考试中表现出色的年轻考生。后来，当这些人在帝国各地从一个职位转到另一个赚钱更多的职位时，他们的收入以存款和投资的形式被聚集起来。为了确保这些官方存款资金的偿付能

力，政府要求，渴望成立类似机构的个人或公司要得到现有集团成员的支持，从而巩固了山西三大票号集团的既定霸权。[69]

随着政府为跨地区的银行体系提供融资，以及在皇家和地方财富的金融交易中发挥越来越大的中介作用，山西票号就有了成功的保证，它们的发展在19世纪70年代和80年代达到顶峰。当然，与政府的伙伴关系也要付出高昂的代价。贸易网络靠近京城的地理位置，使政府得以监管由此演变而来的金融业务，并利用这些业务满足自身的财政需求。由于各种因素，该网络的最终衰落与政府支持的减少密切相关。[70]当我们把票号机构与徽商进行比较时，这一点是显而易见的。徽商的故事与票号的故事相似：由私营部门发起，国家跟进。一个由政府和政府高层官员参与的可持续的网络，使得徽商的发展比票号更具可持续性。[71]

草根层：地方市场网络

市场体制可以由国家建立，也可以由国家—私营部门合作建立。这发生在更大的地理区域，此时国家想要创造一个全国性或跨地区的市场，无论其出于什么目的。但除此之外，在区域和地方一级，市场的存在没有多少国家干预，也没有多少国家—私营部门的伙伴关系。正是在这个市场上，增长的斯密动力形成了，并且增长是通过自由贸易和劳动分工体系来实现的。[72]

美国人类学家施坚雅（William Skinner）对这一层次的市场进行了深入的研究。施坚雅从8个（或9个）宏观区域的角度，分析了晚期帝制中国的经济地理。宏观区域指的是由核心和外围组成的、地形上有边界的区域，其中大部分贸易发生在内部，而非外部。他认为，将中国视为单一的国家市场体制，在分析上是错误的；相反，经济活动主要限于单独的宏观区域。他用实证的方法来确立核心和外围的区别，同时在相邻的宏观区域之间划定边界。正如他所指出的，中国传统经济的经济地理在很大程度上受到运输成本的影响，这意味着中国的水系在很大程度上界定了区域内和区域间市场的形态与范围。他展示了人类活动是如何由这些宏观区域所界定的社会互动模式构建的。

施坚雅对四川的市场体制进行了详细的分析，为中心位置理论的抽象几何图形（代表着城镇、村庄和城市的最优空间分布的嵌套六边形）提供了一个重要的实证。他的分析还让关注点发生了一个重要转变，即从村庄转移到村庄所在的更大的社会交换系统——社会互动的模式与周期性的市场相关，思想的流动与武术家的巡游相关，也与经济、文化和政治过程相互交叉的可能性相关，这种相互交叉的可能性根植于社会交换的几何图形里。[73]

在这个层次上，市场的形成和运作，比由国家或由国家—私营伙伴关系创造的市场更为自然和自发。当然，这并不意味着这些地方性市场不涉及权力问题。地方官僚权力常常涉足市场的管理。然而，它只是这些当地市场形成的关键参与者。这不同于由国家或国家—私营伙伴关系创造的市场。要区分这一点，我们可以借鉴施坚雅关于帝制晚期城市对中国的重要性的研究。他提出了城市体系的等级制观点，并认为存在一个有序的地方等级制度，从高级的城市到低级的城市、集镇和村庄。他区分了两种等级制度：地方的行政—官僚等级制度和地方的经济—商业等级制度。这两种制度为它们所处的城市创造了不同的特征和功能。[74]这种区别也适用于我们的市场等级制概念，即由国家创造的市场，由国家—私营合作创造的市场，以及自下而上自发形成的市场。

当然，我们可以进一步研究市场在一个大地理区域内的行业中所扮演的角色。宁波钱庄就是一个很好的例子。此前，我们讨论了票号机构。宁波钱庄与票号机构几乎存在于同一历史时期，它们在中国金融市场上经常进行合作与竞争。不同之处在于，票号机构与政府结成了伙伴关系，而钱庄基本上不受政府干预。换句话说，钱庄市场是由社会力量单独创造的。

钱庄机构由许多服务于当地市场、专门从事货币兑换业务的小型本土银行组成。钱庄机构的发展与南方商业的发展相伴随,后者以沿海港口和对外国开放的港口为中心;与此同时,现有货币机构的规模和复杂性也相应增加。由于大量对外贸易和沿海贸易的存在,南方的商业与北方的商业有着很大的区别,前者主要的商业中心广泛使用外国银币作为交换媒介,且当地货币和账户单位高度差异化。一个非常适合这一地区的成熟地方银行体系,在宁波及其周边地区发展起来,并首先与上海联系在一起,然后从那里扩展到中国的南部和中部。

各种因素促成了钱庄机构的生存和发展。第一,它的地理位置很重要。宁波距离京城比较远,这种隔离保护了钱庄机构不受政府的直接控制。正如曼素恩所指出的,在传统的中国,钱庄明显不受政府控制——而在其他文化中,后者是用来保护和维持相对成熟的银行体系的。因此,它们可以被看作是自我调节的、自治的、片段式组织的例子,是基于地域、职业和姓氏的联系,这是典型的传统中国晚期的城市。第二,在使用外币方面,它们赢得了进一步的自治权。第三,更重要的是它们的独立运作机制。钱庄机构是独立的、小规模的机构,根据各种地方制度来因地制宜。与票号机构不同的是,钱庄机构大多是地方性的,具有商业银行的功能,为当地的商业群体提供货币兑换、发行现钞、兑换票据和贴现服务。钱庄机构与中国商人保持着密切的联系,并随着中国对外贸易的扩大而发展。除了少数例外,区域间的联系仅限于长三角贸易网络。这种联系是非正式的,不受中央政府的控制,也没有来自政府的支持。它们的自治机制也很重要。在缺乏中央政府监管的情况下,以及缺乏可能为银行业务提供法律框架的市政机构的情况下,宁波的银行体系建立了自己的监管机构——公会和清算所。[75] 1776 年,上海的一些钱庄机构也成立了钱业公会。[76]

钱庄制度相当大的自治权虽然有其优势,但也有其缺陷。一方面,事实证明,在宏观经济的稳定面临危险、缺乏国家监管的情况下,它们无法调整自己，以适应不断变化的外部环境。根据曼素恩的观点，钱庄体系最终很容易受到公会控制之外的力量的影响，比如本国货币供应短缺、对外资的依赖日益增加，以及银行家和储户在外国股市投机性投资的增长。中央政府没有通过中央机构来控制国内货币供应或制定银行政策，也没有采取行动来遏制外资银行在中国日益开放的金融市场中日益增长的影响力。[77]虽说外资银行进入中国最终导致了钱庄机构的衰落，但钱庄的消亡，也可以解释为一个软弱的国家无力保护其本土经济机构的结果。

结语

在本章中，我们讨论了政治经济的几个关键概念，并描述了中国政治经济体制运行的总体特征。政治经济学研究的是国家和经济之间的权力关系。权力是一个行为体对另一个行为体的主导。我们使用"制内市场"来指称这样一种政治经济体制，在这种体制下，市场和市场机制的很大一部分，牢牢地嵌入并被限制在国家的制度机制之内。这种政治经济学体制在微观和宏观两个层面都有着若干特征，使其有别于西方主流经济学和政治经济学理论所提供的模型。在这种体制下，在资源配置、社会经济分层过程以及国家经济的发展中，国家及其机构的政治权力起着决定性的作用，而现代（或前现代）资本主义的制度则是由国家创造、主导以及被国家转变为从属秩序的。

中国是这一体制的最好例证。正如我们在本章中所讨论的，中国政治经济体制的一个特点是，国家的强制权力总是允许它通过一个复杂的政治经济体制对整个国民经济施加直接和间接的主导，因此，排除了通过自下而上的市场发展和市场整合过程的方式，出现一个独立经济领域的可能性。在前现代史上，在几千年漫长的帝制时期，帝制国家及其机构或个人代理，在规模和复杂程度上都远远超过了西方的同类机构。然而，在探讨国家主导经济的历史的同时，本书的大部分内容都在探索国家的主导是如何在当代中国再现的。正如将在后面的章节中所论述的，我们认为，在过去的 200 年里，尽管中国的政治经济已经发生了蜕变，即已经从皇帝统治下的一个基本上以农业为基础的经济，发展到毛泽东时代的社会主义制度，再到如今这种混合了市场和国家主义要素的党领导下的国家主导的制度，但是毫无疑问，中国政治经济的结构性动力和底层制度，依然还在"制内市场"的框架之内。

我们通过将中国的政治经济体制概念化为"制内市场"，来回答"中国的政治经济体制是什么"这一关键问题。在非中国经验背景下所形成的各种概念和理论，曾被用于解释中国的政治经济体制，这会带来误解甚至扭曲。我们试图基于中国的经验来将中国的政治经济体制概念化，并认为这种概念化能够为那些围绕着中国政治经济体制的问题提供一个新的视角。我们的研究路径为一些老问题提供了新答案。例如，我们展示了所描述的"制内市场"是如何有效地阻止了中国发展出一个独立的企业家阶层，而这个阶层在西方的经济和政治体制发展中都发挥了至关重要的作用。我们还展示了"制内市场"是如何不可避免地导致了国家和经济之间的不平衡，从而导致了国家和经济之间关系的新变化。

本研究还试图探寻国家的主导是如何在当代再现的。我们认为，虽然历史永远不会重复自身，但国家可以改变自己，以重现其主导地位。权力关乎主导，但这种主导无法跨越时空而保持不变，因为任何权力关系都存在着活力。在"制内市场"中，国家的主导是不可避免的，但并不一定是绝对的。每一个经济行为体，为了主导或接受主导，都有自己独特的资本类型。在我们的案例中，尽管"制内市场"指的是国家权力对经济（市场）的主导，但国家—市场均衡意味着国家对市场的权力不可能是绝对的。当国家对市场的权力变得极其普遍时，失衡就会出现。但这种不平衡的发展将削弱国家本身的权力。为了维护自己的利益，国家必须努力恢复这种平衡；市场也将抵制失衡。本书试图理解这种平衡是如何实现的，失衡又是如何发展的，以及平衡是如何恢复的。虽然国家对市场的主导是常态，但市场并不是一个无助的行为者，它还积极参与抵制不平衡并恢复平衡。

更具体地说，本书试图探讨两个问题：一是国家是如何在当代实现其对市场的主导的，二是国家对市场主导的转变是如何发生的。我们假设社会是一个国家和经济（市场）互动的领域。国家是社会的一部分，并不独立于社会。国家和经济之间的互动是相互改造。国家通过与经济的互动，实现了自我的再造并维系其主导地位。然而，经济和经济行为者并非完全无能为力，即便他们从属于国家；相反，不同的经济行为者在他们各自的领域中行使他们自己的权力。通过与国家的不断斗争，他们促进了国家的变革，同时又始终从属于国家。我们希望本研究将能够回答今天关于中国政治经济体制的三个相关问题：中国的政治经济体制是什么？它是如何运作的？它是如何随着时间变化的？

第二部分 历史

第三章
帝制中国的国家和市场

从本章开始,我们将通过探索中国政治经济的历史和当代形式,提出"制内市场"的研究路径。在本章中,我们的分析聚焦于中国的帝制历史,即聚焦于它与现代帝国主义列强于19世纪全面对抗之前的时段。在分析中,我们意识到,典型的西方概念,如自由市场、现代国家和资本主义,并不容易用来解释中国的经验。自由主义框架下的典型观点认为,市场机制是创造财富和有效分配资源的核心,而国家只不过是发展相应的职能,以保障市场的平稳运行。这种由市场起决定作用的发展过程,在帝制中国只获得了有限的应用。从中国最初的帝制时代到工业化的黎明时期,全国范围内的工商业活动更多的是由国家代理人而非私营企业集团开展的,而且是由政治动机而非经济动机来驱动的。与此同时,近代早期欧洲的绝对主义国家愿景,即拥有强大的自治机构来行使社会控制和经济监管,在中国的经验中也只拥有有限的适用性。晚期帝制中国的国家,虽然在意识形态上主张天命,拥有复杂的官僚体制,但实际上是一个相对弱小的近代早期国家。它国力有限,权力分散。[1] 同样,提出"为什么在中国融入全球资本主义的历史逻辑之前,现代资本主义没有在帝制中国发展起来"这一问题是徒劳的,因为它没有考虑到前现代中国经济的核心问题,也没有提供多少支撑中国按照自己方式理解自身的东西。有关中国政治经济历史演变的关键问题,集中在该体制的基本结构上，如资源配置模式、制度发展、激励机制、整合策略以及政治经济秩序的理想和现实，尤其是传统的帝制国家或现代的党领导下的国家所扮演的角色。

本章讨论的并非是中国的政治经济史；相反，它是历史社会学的一种实践，试图在"制内市场"的框架下，综合前现代中国政治经济的历史文献。在第二章里，我们讨论了中国政治经济体制的一些重要指导原则，这些原则反映在帝制中国的政策话语和市场体制的组织上。在本章中，我们则提供关于这一政治经济体制运作的分析，这些分析主要基于帝制国家晚期的经验，但也参考了一些帝制国家早期的历史形式。要在如此有限的篇幅里充分把握历史上中国政治经济的复杂性，当然是不可能的。因此，我们将遵循熊彼特的经济学分析精神，重点研究帝制中国财政体制的模式，包括其理想和实际运作。

我们援引约瑟夫·熊彼特的观点并非偶然。事实上，正是他首先提出，财政体制是经济秩序的核心。虽然熊彼特指的是资本主义制度，但我们认为，这种说法也适用于非资本主义制度，如帝制中国。熊彼特观察到：财政史对国家的历史有着巨大的影响，财政措施是按照国家要求必须进行的"经济抽取"（economic bleeding），它创造并摧毁了工业和经济形式。根据熊彼特的观点：

> 在某些时期，它们几乎解释了所有重大事件，而在大多数时期，它们解释了非常多的现象……但比因果关系更重要的是财政史的征兆意义。一个民族的精神、它的文化水平、它的社会结构、它的政策可能准备的行动……所有这些，甚至更多，都被写入了财政史。知道如何在此处倾听其信息的人，比在其他任何地方都能更清楚地感受到世界历史的震撼。[2]

我们将通过强调财政制度来表明：帝制中国如何建立起了一个独特

类型的秩序，而这一秩序将三个主要的行为者整合进了一个政治经济体制。这三个主要行为者是：一个无所不能的皇权，一个复杂的等级分明的帝国代理人群（官吏集团），以及普通人（士、农、工、商）的世界。我们将讨论皇权如何以更高的政治原则动员和控制帝国疆域内的经济力量，而财政机构的政治经济利益又如何支配和调节整个帝国的利益格局。帝制国家通常遵循有规律的朝代周期，即发展、停滞和衰退，而政治经济则周期性地从自由放任转向国家主义，再走向混乱和衰落。

帝制国家、家庭和市场

在中国漫长的历史中，帝制国家和经济力量之间的关系呈现出一种复杂模式的演变，而非简单的叙事。从公元前 2 世纪开始，政治经济的核心，是皇帝和统治家族的核心机构对数百万普通家庭的统治，它们大多是与帝制国家仅有间接联系的农民家庭。在过去的 2000 年里，帝制国家发展了各种复杂的资源开采和经济管理的方法，以确保其在农业经济基础上对家庭进行有效控制。

尽管我们已经很好地注意到了讨论泛化的危险，但是对中国政治经济史进行全面的研究，难免会出现一些一般性的概括。早期的文献对中国历史采取了系统和理论的研究路径。有些研究中国帝制时期的学者，将 2000 年的朝代周期描述为一个超稳定的社会体制。[3] 但是近期的研究已经揭示了该体制的显著可变性，以及随着时间的推移而发生的重大制度演变。以帝制中国的总体财政规划为例，2000 多年来的组织实验包括了许多不同的模式：从秦国的高度集权、多层次的财政国家，到后来短命的秦朝；汉初的自由放任制度；汉武帝时期的军事—经济国家主义（如第二章所述）；西汉末的乌托邦国家主义；从西汉末到北朝的封建模式；从北朝到中唐的家庭本位市场模式；从宋朝的改革时期到元朝的高度商业化模式；明初家庭本位的原始计划经济体制的复兴；以及最后的晚期帝制时期的标准模式，即一个小规模国家和一个充满活力的、由国家进行控制的市场共存。当代中国的计划经济和市场经济很容易找到前身，特别是在帝制晚期。在探讨其变种形式之前，我们将从国家—市场关系的角度，对帝制时期政治经济的持久特征做一些观察。

作为一个农业帝国，帝制中国政治经济的特征始终是三大元素的不稳定共存：维持生计的农户、自然形成的基层和地方性市场，以及以皇室和复杂的官僚体系为核心的强制性国家的财政机构。[4] 确保这种共存的前提是，帝制国家可以将其对社会和经济的破坏力控制在一定范围内，同时维持一个稳定的税基。这种模式可以看作是帝制中国经济史上的一种制度规范。当然，正如在第二章中所述，在帝制秩序完全崩溃后，帝制国家往往处于两个极端，要么在某些时期企图完全控制农业家庭，要么在某些时候彻底失去对它们的控制。然而，这些时期都是例外，而不是常态。短暂的国家主义和近乎彻底的自由放任，只是国家—市场结构稳定、国家干预有限的整个时期里的一段插曲罢了。换句话说，这一制度的非常态之所以周期性地出现，要么是由于国家进行了彻底的控制或变革性的改革，要么是国家彻底放松了控制或采取了自由放任的举措。

对于帝制中国来说，管理和维持一个平衡的经济从来都不是一件容易的事，因为它的基本参数——人口、生态及其外部威胁——都在不断变化。从动态的角度看，国家机构的行为者与社会力量之间权力平衡的转移，以及它们之间混乱和纠缠的关系，往往会扰乱国家和市场之间的平衡，从而破坏现有的社会经济秩序。造成这一困难的部分原因在于，由于国家在这些领域只有有限的资源，因而管理一个庞大的前现代国家受到技术和组织上的限制。[5] 更重要的是，帝制中国的政治经济也存在着固有的结构性矛盾，这在很大程度上源于皇权在概念和结构上的单一性权力，与在其统治下的地方和社会利益的多样性之间的根本矛盾。帝国兴衰轮回的背后正是这种基本矛盾。通常在经历了一段时期的增长和停滞之后，帝制国家的组织能力，或其"平天下"的能力，不可避免地会下降，尤其是在财政能力方面。最终，正如我们所看到的那样，这种循环模式在 19 世纪走向终结，因为小规模的国家和非资本主义市场相互制约的模式，最终未能经受住现代殖民帝国的挑战。在国家—市场动态方面，国家主导与家庭和地方市场自治之间的相互作用，以及在常态和非常态之间的周期性变化，突出了这种矛盾。我们在本章中将阐明，帝制中国政治经济的演变是一个漫长的过程，朝着一个制度性安排的纽带发展，以便更好地适应并最终解决其许多固有矛盾。

帝制中国经济管理的基本问题

综观大部分文字记载的历史，中国本土的全部或部分地区，都是由来自本土和游牧民族的不间断王朝进行统治的。皇帝以天子的身份，以其半神性人格所带来的为人感知的德行进行统治。他是统治家族中最合法的男性继承人。皇权制度无疑是中国传统社会中最重要、最强大的公共制度。从法律层面上，皇帝对他的家庭财产拥有最终的所有权和处置权，这些财产包括了他所有臣民的生命和财产，但同时他也继承了确保天下苍生福祉、和平与繁荣的重大责任。

"经济"的法律基础，或者说国家的管理，来自君主对天下苍生和所有财产的所有权的皇权思想。这种观念由来已久，至少可以追溯到西周（约公元前 1000 年）的王权。其中最好的表述之一，是《诗经》的《小雅》篇中所写的："溥天之下，莫非王土；率土之滨，莫非王臣。"[6]

在整个帝制中国的历史上，君主作为土地和百姓的最终领主的观念，在此后被重申和完善。它最终源于这样一个事实，即源于暴力的皇权把被征服的土地和百姓视为其统治和处置的对象。[7] 它可以以无数种方式表现出来，从直接没收、强迫迁徙和重新分配土地，到处决任意一名臣民，这取决于个体统治者的权力和策略。实际上，在大多数时间和大多数地方，皇权仍然是名义上的和象征性的，皇权是通过它的代理人来行使的，有时也会被当地的精英篡夺。有些时候，历史的机遇和皇帝的个性会让皇权取得完全的统治权和所有权。正如我们将在本章后面讨论的，行使这种权力最自由和最充分的皇帝，包括了汉武帝（前140—前87年在位）、王莽（9—23年在位）和明朝的开国皇帝朱元璋（1368—1398年在位）。但即使在相对和平与稳定的时期，皇帝的领主地位和所有权，也通过其各类别和多层次的代理人的复杂制度安排，在"经济"或"管理"方面成为帝国的日常基础。

从社会经济的角度来看，对整个帝国经济生活的管理，类似于我们今天所说的"宏观经济管理"，但处于一个更加静态的农业环境中。财政体制的主要任务，是通过数千个地方财政单位，从数千万以农民为主的家庭和其他资源中收集盈余，并将盈余重新分配给数千个预算单位（主要是军事单位）和几十万个受补贴的家庭。最重要的是，皇室必须在自己的大家庭中截留并重新分配盈余，将一部分盈余用于自己的消费，另一部分分配给帮助收税和管理秩序的地方代理人。帝制国家应对千家万户和成千上万官僚单位的能力，建立在一个权力基础设施系统之上，其复杂性和广泛性可以与任何传统国家相匹敌。在该制度的最底层，土地、男性劳动力、家庭和家庭下的个人，都被登记为财政单位（亩、丁、户、口），每一个单位都因其在皇帝的统治之下而对皇帝负有特定的财政义务。[8] 由于帝国官僚体系渗透有限且不均衡，家庭通常不是由国家财政官僚体系直接管理的。在帝制中国晚期，税收的征收有时是由基层的财政代理人（有时包括了当地农村社群中富裕和有影响力的家庭）在集体责任的原则下进行的，有时是由县级的政府官员和税务官员进行的。[9] 草根层的税收代理人依次将收入上缴县、市、省，最后上缴中央国库。中央政府原则上主持整个过程。最初以实物或货币形式获得的财政收入，最终被精简并货币化为以白银为主的土地税。劳役和人头税则被废除了。在这一时期的大部分时间里，国防等关键的军事职能，在明朝主要由有津贴的军人家庭提供，在清朝则主要由满洲八旗提供。在清朝的例子中，八旗家族根据其地位和功能提供农田、农场与津贴。[10]

除了土地税收和劳役征召等基本财政制度外，晚期帝制政府还有其他重要的经济制度。帝国财政的非税收渠道，或者用现代术语来说的"国有部门"，其历史上的管理者主要是皇帝的亲信，比如明朝的宦官和清朝的包衣，而非文人官僚。他们或者直接创造收入，或者出于战略目的开展经济活动，如国家控制的贸易垄断、特殊税收和国家控制的手工业。[11]在这方面，最持久的制度包括国家对盐业的垄断制度、主要由地方经营的粮仓制度、贸易垄断制度、中央控制的铸币制度和主要为皇室服务的皇家工厂的运作制度。[12]

虽然皇帝是家天下的最高统治者，名义上控制着帝国所有的经济活动，但皇帝和他的家庭不可能直接负责经济管理。为了使不可能的事情成为可能，皇帝和帝制政府在统治的疆域内，有效地使用了多层代理人。由于皇权对经济的掌控是完整和不可剥夺的，因此财政代理人也在他们自己特定的领域内继承了专制权力和经济财政特权。这些代理人包括了大多数的地方官僚、基层的税务代理人和其他皇室代表，他们共同构成了帝制国家与其税基之间的中间人，他们具有自己特定的利益。考虑到帝国的规模和财政组织的复杂性，控制和约束这些代理人就成了一项极其艰巨的任务。

在财政管理方面，皇帝可以在国家和地方之间选择经济管理的社会代理人，特别是在基层，以应对家庭单位。尽管制度成本高昂、效率低下，但国家代理人的部署和帝国官僚体系的扩张，意味着国家对社会的高度渗透和控制，以及国家能力的提升。另一种选择是，国家可以将财政服务委托给当地家族，并利用一种隐性的包税制吸纳当地的经济精英，但这将意味着失去控制，并与当地精英有效地分享财政权力。

皇帝、财政代理人和庞大的税基之间的互动，构成了帝制国家财政生活的核心动力。原则上，帝制国家必须通过其财政代理人建立一个多层次的组织依附体系，以便让私人家庭在公共产品上依附于皇帝，并反过来接受他的统治。为了分析的方便，我们假设帝制中国的财政制度就

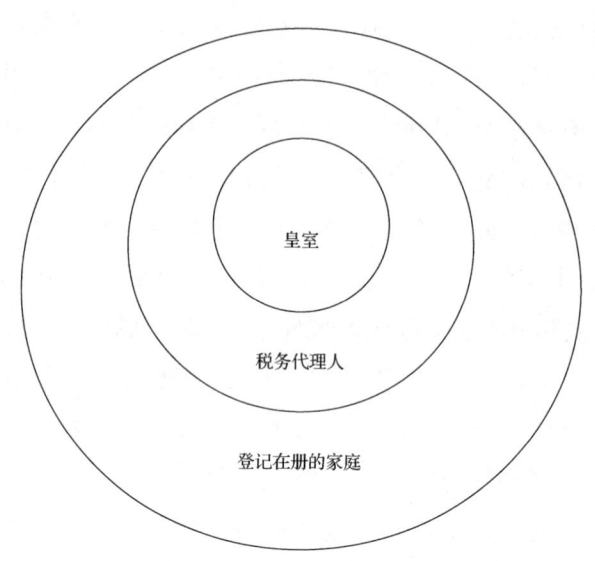

130 / 制内市场：中国国家主导型政治经济学

```
         皇室
       税务代理人
     登记在册的家庭
```

图3.1　传统帝制中的组织依赖同心圆

是一个三层同心圈的结构，皇室位于核心层，中间层是各种税务代理人，最外层是形成组织性依附的数千万登记在册的家庭（图 3.1）。此外，总有一些在国家有效控制之外运作的经济生活领域，因为强大的经济和社会精英合法或非法地主导了当地经济并攫取了盈余。最典型的情况是，农民家庭经常出售他们的土地，从拥有免税或逃税手段的地主那里承租土地，从而导致了帝制国家收入的重大损失。此外，由于帝国疆域的庞大规模，政治经济始终具有中央—地方的维度，因为上级单位对下级单位总是拥有强制手段，而下级单位对上级单位总是拥有信息优势手段。这种情况在今天的中国依然存在。

帝国的制度一旦建立起来，就具有了巨大的惯性。除了少数例外，皇帝不能重组已登记在册的家庭部门。然而，他可以通过改变税收制度和财政代理人的组织来影响家庭结构，诱导某些行为与市场或家庭生产模式相辅相成。由于这些措施相当于盈余的再分配，特别是将盈余从财政代理人分配到基层和皇帝，因此它们面临着来自代理人的强大阻力。历史上确实有很多改革财政代理人制度的实验，其主要目的是建立皇室对家庭部门的直接有效控制，包括施行一些与现代计划经济有着惊人相似的改革计划。[13]

财政管理方法

与公共产品供应的主要类型一样，整个帝制中国时期的财政收入制度的支柱也非常稳定。帝制国家的三大主要税种分别是：土地生产税，按土地生产或货币计算，按照土地所有权的比例征收；劳役，指的是义务的公共劳动或者货币化的服务税；以及通过销售盐等垄断产品直接或间接征收的人均货币税。[14]此外，还有商业税，如关税和过境税，尽管这些税收直到19世纪中叶才变得十分重要。在实际征收方面，对主要的税种也加征了许多附加费用和特别的附加税，其理由是征收费用、兑换和物流，但主要是由当地的税务代理人强制征收的。除了税收收入，帝制国家还通过其他手段来增加收入，例如，铸造钱币、出售官职、出售僧人度牒这样的免税许可证，以及来自皇室特许商人的捐赠收入。

尽管税收制度历经沧桑，支出结构却具有显著的历史延续性。在大多数朝代，帝制国家的大部分预算都用于维持庞大的常备军，以保卫边境和维持国内和平。开支中另一个主要的固定项目，是为皇室和世袭精英提供饮食，以及支付公务员（主要是文官）的工资和津贴。其他部分的收入必须用于建设和维护物质与制度基础设施，如粮仓制度、皇家邮政服务、河流控制设施、大运河体系和皇家建筑项目。在自然灾害和外国入侵时期，还必须扩大经常性财政收入，并配合应急基金，以提供救灾和军事开支。[15]

帝制政府所面临的财政问题，比仅仅平衡财政收支要复杂得多。其他需要考虑的事项，包括财政代理人的代理成本，以及因国家垄断和贸易控制等财政安排的限制而产生的效率成本。这一无形的部分，可能在帝国实际的资源开采和运营成本中占据更大的份额。这在本质上是由财政制度的结构和战略决定的。例如，严格的等级制度和高度自律的代理人制度，可能导致收入下降和更严的社会控制。相反，一个以收入最大化、市场为导向的制度，可能不得不与自我膨胀的财政代理人分享大部分收入，并面临失去控制的风险。一个平衡得当的方法，必须在控制市场和国家代理人这两者之间做出妥协。

财政制度的设计对每个朝代的命运都很重要。在一个王朝的肇始，通过重组社会、强迫大规模民众迁徙和重新分配土地，帝制国家有时候可以聚集足够的权力来重塑社会结构。明朝的建立就是这样的例子。[16]即使在政治和军事上较弱的时期，帝制国家也拥有自主权，能够根据其农业经济基础来决定经济管理的总体战略，就像五代十国时期（907—979年）实行市场型开放经济的较小政权一样。[17]这些基本的考虑，体现在每个朝代初期所制定的财政制度中，并在很大程度上决定了每个朝代的财政轨迹及其财政制度的命运。

从广义上说，在帝制中国晚期的经济管理中，有两种普遍的方法：保守的方法和激进的方法。两者之间的根本区别，可以归结为皇权对经济秩序和财政基础的两种看法。大多数儒家学者倡导的主流或保守观点认为，经济管理与家庭管理类似。这符合我们在第二章中所讨论的儒家经济哲学。[18]在家庭管理方面，他们代表了帝制国家所坚持的金科玉律和自我克制。从一个典型的保守观点来看，经济福利和社会秩序优先于财政收入。国家的财政制度反映了农业家庭的经济和社会功能，构成了皇权的财政基础。这种类型的经济思想自然导致了国家对财政事务的不干预原则，因为前工业社会的财富主要是以农产品及其基本生产手段（即土地和劳动力）的形式存在，而农业生产及其基本生产手段又是由国家控制之外的因素所提供的。因此，财政过程是国家和农业家庭之间的零和博弈。财政收入的任何增长，都只能以生产者的集体成本为代价。通过市场方式进行的财政扩张，也被大多数儒家精英视为不受欢迎的，因为国家对商业的过度干预，意味着其与小型私营企业的竞争，这有可能损害他们的生计。[19]传统的保守主义方法也对国家控制、操纵货币和信贷持悲观态度，尤其反对国家过度使用积极的干预政策来增加财政收入的会计价值。在不同时期，低水平的实物税是首选的税种，如粮食税和其他农产品税。

激进的或改良的方法，通常得到法家或激进的儒家改革者的支持，其根源在于对经济秩序持有一种非常不同的看法。这种积极观点的一个典型看法就是，财政考虑优先于经济福祉，国家主导优先于国家不干预。帝制国家被视为一个具有无限能力来改造经济的经济行为者。这种改造的方法，可以在市场导向和市场抑制两个层面发挥作用。作为一种市场导向的垄断，国家可以通过对自然资源和国际贸易的垄断，以及对货币供应的控制，来实现收入的最大化。[20]而一个抑制市场的国家，则可能会通过在所有层级上实施流动管制和市场限制，从根本上改变经济格局。与儒家主流的静态观点相反，改革派在国家对市场机制的操纵中发现了价值，这在许多方面类似于当代世界的国家社会主义或国家资本主义。此外，改革派的方法重视积极主动的财政代理人，这些人能够参与有关国家财政扩张或根本性经济改革的议程。在这两种情况下，国家通常都有一个激进的愿景，要么将财政收入扩大到超出正常水平，要么构建更公平的社会收入分配。按照这种改造的愿景，国家及其财政代理人积极主导并塑造了经济，以实现一种乌托邦式的愿景。与保守派对实质性税收的强烈偏好相比，改革派倾向于更统一、更精简的税收结构。

这两种方法包含了不同系列的矛盾。问题的核心是组织依附的结构，这是帝国主导经济和社会的基础。在组织依附下，帝国境内所有臣民的生命和福祉，最终都依附于皇帝和帝制国家，因为皇帝和帝制国家是受"天命"的委托来统治天下的。这种依附是由适当的家庭组织、官僚机构和皇室所保证的。在建立和维护这一制度的过程中，帝制国家从一开始就必须管理一个充满矛盾的制度。随着依附的链条向下延伸并渗透进社会，皇帝往往发现越来越难激励或控制地方和社会的财政代理人，以让他们按照皇帝的利益行事。在保守的秩序下，代理人的利益可能与权贵家庭的利益交织在一起，从而削弱帝制国家的有效控制。在激进的秩序下，代理人的利益可能导向一个掠夺性的国家，他们以国家的名义摧毁当地的社会和经济。这两种秩序都支持各有特色的组织依附体系，但都不能永久地维持它们。

家庭模式设想皇帝是家天下的首领，也设想他是一种组织依附制度，这种制度名义上覆盖了所有登记在册的家庭，皇帝作为百官的领袖，被神圣地展示在天坛上。在儒家的理想中，皇帝对劳动和农产品征税的权力，是通过将土地使用权授予个体农户家庭来合法化的。[21]这种财政制度有两个进一步的前提。第一，国家有道义上的义务和合理的财政关切，以防止组织依附的子系统过度成型，例如，土地财富的兼并和集中，以及税收代理人的过分行为。第二，该制度必须维持一定程度的社会和经济控制，否则，劳动力和资本的日益流动可能会削弱家庭（包括亲属和家族组织），而他们恰恰是皇帝财政权力的基础。这两种情况都要求皇帝行使一定程度的基础权力和组织控制。有些时候，对所需的权力和控制程度的调整，催生了经济管理的激进模式。同样，激进的经济管理模式要想持续下去，必须满足两个条件。第一，尽管皇帝确实可以获得更多的财政收入，但财政代理人的份额也可能会进一步增加，因为中央政府将更难控制地方和社会的财政代理人。第二，它将能够应对由过度膨胀的财政市场化带来的恶果，或由宏观经济管理不善而造成的市场收缩的后果。这些激进模式的结果往往与战争和财政动员密切相关。

组织依附及其挑战者

皇权的特点是主导和依附。在理想的情况下，皇帝可以对剩余产品的提取和劳动力的动员保持垄断，同时将提取和动员的水平保持在最低限度。但这只是一个理想。事实上，官员和大户始终是国家的强大挑战者。皇帝不得不或明或暗地先发制人，防止敌对的家庭或代理人阳奉阴违，窃取他的财政基础。如果挑战者的存在变得足够重要，皇帝就必须采取行动；如果皇帝的行动失败了，帝制体制可能会衰落并最终崩溃。帝国财政制度的许多制度设计和动力，都是基于这种对平衡的密切关注。

与皇帝竞争的第一类挑战者是拥有实质性地方权力的世袭家族。他们既来自皇室内部，也来自皇室的执政联盟，尽管这类竞争者在帝制中国晚期已经普遍减少了。除了可继承的土地所带来的收入，他们还通过诸如兼并土地和市场垄断等常见做法，从政治权力和财政特权中获得可观的财富。他们通过让家庭和市场行为者成为他们的依附者，得以有效地窃取帝国的大部分财税收入和财政基础。

第二类挑战者是强大的地方精英家族，他们是皇室之外的帝国经济秩序的另一个主要挑战者。与皇室之内的挑战者一样，许多地方家族既拥有经济资源，又拥有强制资源，这使得他们得以提供替代性的地方秩序，并使较小的家庭成为其经济和政治上的依附者。有时，他们甚至俘获地方政府，通过利用大型社会网络和战略地位，在中央官僚机构中获得影响力。这类竞争者在中唐时期遭受了毁灭性的打击，再也没有能够恢复其政治影响力。[22]

第三类挑战者是大型商人及其商业组织，这些商业组织建立在单一家庭及其当地网络的基础上。虽然典型的商人家庭来自贸易和商业，但他们通常也是当地的精英阶层。强大的私人商业利益也可以通过掠夺性的市场行为，特别是在粮食和信贷方面，攫取相当大的财富和权力，从而削弱小型家庭生产者，使其对它们产生依附。在帝制中国晚期，皇帝的标准做法是吸纳而非压制它们。

第四类，也是最重要的类别，是国家代理人和相关的利益集团，包括中央和地方代理人的家庭。从表面上看，这似乎是矛盾的，因为皇室代理人从皇帝那里获得了权力和特权，因此他们肯定与皇室有根本的共同利益。然而，在现实中，皇室代理人的私人利益往往与皇帝的并不一致。在实践中，帝制中国晚期的几乎所有国家财政代理人都控制着各种渠道，并通过有组织的依附关系，有能力为自己的利益谋福祉，特别是在国家选择采用激进的市场化或改革派的经济管理方法的情况下。他们牟取暴利的行为方式，包括从直接兼并土地到操纵家庭数据、税务登记，甚至是对度量衡的官方垄断。

国家财政代理人这一群体类别，代表了一个非常特殊的利益集团。他们的存在要归功于皇帝，但两者之间的组织依附是建立在一个复杂的、多层次的委托—代理安排之上的。这种基本安排导致了逆向选择、道德风险、极高的信息成本和自上而下的监督等典型的组织问题。历史上，各个帝制国家发展出了复杂的监控制度，来应对这个制度中最难监管但又不可或缺的行为者阶层。他们发展世袭利益的潜力最具威胁。在帝制中国晚期，皇帝积极吸纳这一阶层的精英，并通过科举制度控制其对利益的再继承。

最后，在皇权的编户齐民之外，还有一些边缘的社会群体，如宗教团体、秘密社会，以及帝制中国晚期不断增长的流动人口，或者说"游民"。自 14 世纪以来，这些在正式帝国体系中的边缘要素，往往在主流社会秩序之外发展出自己的内部意识形态和组织。[23] 这些社会群体只有在经济遭受重大动荡时才会构成威胁，这些动荡要么来自气候变化等自然因素，要么来自人口爆炸等社会因素所造成的持续萧条。随着社会经济秩序的瓦解，这些边缘群体的数量激增，瓦解了编户齐民的边界，成为社会革命的温床。这样，他们就可能成为帝国统治的致命威胁。

我们可能会增加最后一批挑战者，它们以外国势力的形式出现。直到 18 世纪，这些相互竞争的国家都是来自中国北方和东北的游牧民族。他们带来的威胁主要不是经济上的，而是军事上的。因此，我们不应将它们归类为对组织依附的重大威胁，尽管它们在中国的国家建设中，特别是在清王朝建立之初，确实发挥了公认的作用。第四章将讨论真正改变游戏规则的人——中国的地缘政治挑战者，它们将最终重塑中国的政治经济。

广义上的经济管理是对组织依附的管理。为了确保想要的秩序，皇帝必须控制所有对秩序的潜在挑战。如果成功了，皇帝就巩固了他的统治；否则，财政机构可能会丧失自主权和能力，走向衰落。这样的财政危机甚至可能发生在王朝正式终结之前。

皇帝与帝国秩序的各种挑战者之间的紧张关系，对帝制中国的政治经济产生了深远的影响。从历史的角度来看，随着帝制国家逐渐拉拢其组织化的对手并将其内部化，帝国的制度也朝着更加可持续和包容的秩序发展。在基本制度层面，皇帝逐渐取消了贵族的世袭财政和政治特权。在帝制中国晚期，剩余的世袭家庭被缩减为依附性的预算单位，处于帝国严格的管理之下。清朝进一步削弱了世袭阶层，减少了他们的贵族特权，使他们成为严格的预算单位，完全处在帝国的控制之下。

自汉初以来，皇帝对普通家庭严格执行了平等的部分继承法（即推恩令），而把嫡长子继承制保留给皇室。在唐宋经济社会转型时期，地方世袭家族被消灭殆尽，取而代之的是权力更加分散、世袭权利更少的新型地方精英。与此同时，帝国逐渐将地方精英吸纳进科举考试秩序之中，征召他们为地方提供秩序和公共产品。在帝制中国晚期，这种同化和吸纳的制度非常成功，以至于科举名衔这种象征性的资本，都成为精英阶层获得社会和政治地位的先决条件。[24]

从历史上看，皇帝和商业精英之间的紧张关系，主要集中在国家对贸易和商业的垄断上。但是，在国家试探并获取了垄断的限度之后，就出现了一种替代型的吸纳政策，即让商业精英成为国家的依附代理人，这种政策成为帝制中国晚期盛行的制度安排。皇帝与商业精英之间的关系，从零和对抗逐渐演变为非正式的统治—自治关系。与近代西方早期的资产阶级不同，帝制中国晚期的工商业精英在共同塑造社会秩序的过程中，被有效地吸纳到与帝制国家的共存状态中。由于科举考试为精英的形成设定了标准，商业精英往往在几代人的时间内就转变为拥有科举名衔的地主阶级精英。[25]

皇帝试图最大限度地控制财政制度，同时给予代理人私人特权。但事实往往证明，皇室代理人是一种非常强大的力量。他们能够操纵体制，并通过广泛的策略来采取集体行动，损害公共利益。即使皇帝本人集中权力，实行更严格的制衡制度，其财政权力也只不过是被放置在了基层财政代理人利益清单的底部。总的来说，帝制国家逐渐加强了对规模和权力更大的地方机构的控制，包括国家和省级官僚体系。在帝制中国的晚期，基层代理人依然是最强大的。虽然腐败在帝制晚期越来越常见，但国家对皇室代理人的政治控制却加强了。归根到底，那些依靠皇帝获得大部分个人财富的皇室代理人，并没有形成独立的依附组织，因此也就没有对皇帝构成任何挑战。[26]

唯一的例外是边缘性竞争对手的组织，它们的发展非常显著，并成为帝制中国晚期日益不稳定的力量。他们被证明是帝制晚期社会秩序的主要威胁。帝制国家典型的策略是提供公共产品，如常平仓，以支持贫困农户，并实施严厉的社会控制，防止他们成为流动人口的一部分。然而，由于人口趋势超出了国家的能力，这一战略最终是无效的。从14世纪开始，由大众宗教团体（最重要的是白莲教千禧派）组织的武装叛乱，在很大程度上取代了体制内政治精英和游民势力，成为社会不稳定、经济混乱和政治革命的主要根源。因此，晚期的帝制国家在控制和镇压诸如此类的大众宗教方面变得越来越严格。[27]

到此为止，我们已经概述了帝制时期政治经济的基础。现在我们转向历史和制度的角度来考虑帝制时期的政治经济。我们将审视常态和非常态的循环模式，以及这些制度向帝制晚期秩序的历史演变，这种演变最终在18世纪达到顶峰。我们还将研究政治经济的基本方面，特别是涉及清朝鼎盛时期或大致18世纪的时候。接下来的大部分内容将集中讨论组织依附最成熟形式的制度体现。

帝制时期政治经济的常态与非常态

常态与非常态的循环模式

帝制中国的历史,通常被描述为领土上统一的王朝兴衰史,其间有两次重大的政治分裂时期(220—581年和907—1279年)。帝制政治经济的演变也可以说是遵循着一个平行的周期,其特征是帝制国家和非国家的经济机构、家庭与市场之间的平衡和不平衡的交替阶段。在制度变迁的过程中,出现了一种辩证的动态:社会和经济基础的变化以及帝制国家的反应,往往导致了不平衡和危机;这种结构上的不平衡以及随后的改朝换代的战争危机,对经济造成了致命的阻碍,反过来又为恢复家庭秩序创造了有利条件。

另外,我们也可以使用常态和非常态的概念。常态指的是帝制国家、家庭和市场三者共存的一种比较均衡的状态,三者在组织结构中具有相对独立的功能。通常情况下,主流的儒家经济管理方法占据主导地位。相反,非常态是指均衡结构受到干扰,一个或多个基本制度停止运作的不均衡状态。这大致就是激进的方法大行其道的时期。

非常态呈现出两种类型。其中一个极端是经济国家主义,此时,帝制国家寻求对经济的完全主导,直至趋向消灭自治的家庭和市场部门。从经济管理的角度看,这些情况也可以被定义为国家从原来的均势管理和有限干预,转向全面主导和控制。另一种非常态形式是极端的市场化方法,即帝制国家设法充分调动市场作为其财政工具。与国家主义截然相反,当帝制国家和中央政府失去对经济与社会的有效控制时,就会出现这种情况。

王朝周期的特征是由一个长的常态和一些短的非常态组成的周期。在一个新王朝的初期,面对被内战撕裂的社会、游牧民族的入侵以及各种灾害,新生的帝制国家相对强大,国家可以建立对自给自足的家庭部门的组织化控制,将这些家庭严格本地化,并将他们的生存状况降至最低限度。在帝国初期的积累阶段,王朝的大多数建立者最初都采用了自由放任的方式来鼓励农业生产。这一时期,经济回升,社会秩序恢复,人口开始增长。几十年甚至长达一个世纪下来,随着市场和家庭经济的繁荣,常态就占据了上风。

但是,随着人口增长势头的恢复,以及地方上权力和经济纽带的复苏,帝国的财政秩序开始受到侵蚀。商业化的土地经济意味着财富自然地流向了富人和有权势的人,他们往往与帝国的财政代理人相呼应或结盟。组织严密的利益集团网络的私人利益开始主导这一制度,导致财政负担增加、收入差距扩大和国家控制减弱。组织依附的碎片化,导致了许多地方性的统治秩序的出现。王朝国家要么遭遇重大危机,要么让位给一个新王朝。

通常是在这个时候,改革者们带着重塑财政制度的计划走上舞台。[28]如果国家能够存活下来,那么改革者们面临的首要问题,就是帝制政府的财政收入和社会不平等的加剧。解决危机有两种策略:一是精简经济,建立以货币为基础、以市场为导向的财政制度;二是全面整顿以家庭为基础的秩序。如果国家崩溃了,新王朝要么开启另一个自由放任的周期,要么按照一个宏伟的计划去改革社会和经济。

在大多数情况下,以市场为导向的改革,适应而非违背了当前的社会经济趋势。在此背景下,改革仅仅意味着承认早就应该进行的社会和经济变革。两个典型的案例是8世纪末的晚唐改革和16世纪末的明末改革。在第一个案例中,唐朝用统一的地税和户税以及对盐的垄断经营,取代旧的多种实物税,并承认国家分配的家庭土地的崩溃和商业经济的崛起。在第二个案例中,明朝实行了一条鞭法,采用了事实上的白银本位制度,以承认长期以来以银币和铜币为基础的商业经济。在这两个案例中,财政制度都有效地促进了市场,为今后几百年的市场发展趋势指明了方向。

尽管所有这些改革都对帝制国家的财政健康产生了一些积极影响，但没有任何一项改革能够长期维持一个衰落的帝国。财政危机的缓解或拖延不可能解决更深层次的社会和政治危机，因为基本的结构并没有改变。市场的兴起会带来在财政上有利于帝国的机遇，但也会造成组织依附的弱化。明朝中期商业化的财政影响即是例证。[29]

在其他更不寻常的情况下，改革是一段非常态时期的代名词：要么是激进的国有化，要么是国家重商主义。改革等同于对经济的彻底改头换面和一种范式转移，其例证就是 11 世纪晚期的王安石改革，或可能会导致一个乌托邦式的经济和社会重构，但仅仅是暂时的，比如 1 世纪的王莽改革、14 世纪中后期的朱元璋改革。尽管这些非常态现象都没有持续下去，但这些实验或许正好揭示了帝制政治经济的性质及其更为深刻的制度困境。此外，它们也是制度史上的分水岭和转折点，并为我们之后的分析提供了有益的历史参照。我们将在下文更详细地讨论经济国有化。

经济国家主义的第一个高潮：王莽改革

建立帝制国家的过程可以追溯到战国末期，商鞅试图把秦国从一个封建国家改造成一个由统治者直接控制的军事专制国家。国家建设的经济过程包括对封建土地的国有化以及建立有效的国家分配制度。新的国家有两个支柱：全民兵役制所取得的军事成就和旨在提高农业生产力与推进区域间交通建设的大规模公共基础设施项目。[30] 由于建立了有效的军事—经济体制，秦国的战争机器强大到足以粉碎所有中央集权较弱的竞争对手。秦始皇统一中国领土后，甚至在全国范围内进行了更大规模的改革，基本遵循了相同的逻辑。

汉朝对秦朝的制度进行了矫正，使其变得温和且不那么强制，同时采用了秦朝大部分基本的行政框架。这些矫正包括了一项持续数十年的自由放任政策。但当汉武帝和桑弘羊领导下的财政管理部门掌权后，情况发生了变化。汉武帝和他的财政管理者决心利用帝国的财富来击退匈奴，因此对财政制度进行了彻底的改革。新的财政来源包括对盐、铁和酒的垄断，对财产征收几乎等同于直接没收的惩罚性税收，将铸币权收归中央，尝试发行具有防伪特征的五铢钱。[31]所有这些手段，都是通过对富有的商人家庭和地方精英大量使用强制性的国家权力来强行实施的。

汉武帝或许巧妙地展示了中央集权国家对其臣民行使强制权力的程度，但一个世纪后的王莽改革才标志着经济国家主义真正的历史高潮。自汉武帝逝世后，汉朝又经历了一次强大的地方社会力量的崛起，如大地主和实业家。其初始阶段与第二章中所讨论的《盐铁论》的历史背景相对应。这些社会力量的崛起从根本上改变了社会经济的平衡，并且他们通过夺取土地和市场的控制权，削弱了帝国的财政基础，从而使大多数家庭和个人成为他们的私人附庸。公元前1世纪，汉朝的几次改革努力，包括干预土地持有和进行道德劝诫，都未能遏制这一趋势。[32]

当王莽掌权时，这种绝望的状态引起了统治精英，尤其是儒家学者的普遍危机感。王莽自诩为一位思想家和改革家，他以前所未有的努力，试图按照儒家的理想来改造这一制度。一些现代新儒家学者认为，王莽变法本质上是一次国家主义的社会实验，其目的是根据一种预制的古旧的儒家学派经典，实现统一、平等的财政基础，其思想蓝图在《周礼》（亦称《周官》或《周官经》）中有所概述。[33]

王莽的第一项主要政策举措是宣布土地和奴隶的公有（皇家所有），这一政策事实上要求帝制国家对大多数盈余土地和奴隶实行直接的行政控制。超过规定上限的土地将被没收并转为公共土地。王莽还废除了奴隶市场，在帝制政府的支持下，超过配额的奴隶恢复了自由。第二项举措是将主要的商品市场国有化，或将国家的财政制度商业化。这些举措是通过各种政策来垄断自然资源和基本商品。对于剩下的市场部门，国家拟在经济的各个层面统一征收10%的商业税，同时管理供给，以确保重要商品的价格稳定。金融领域的一项并行政策是国家对信贷体系的控制。这是首次将国有商业银行的创新理念付诸实践：国家向非商业的借款人发放无息贷款，而向商业借款人收取10%的利息。[34]第三项举措是彻底改革货币体系。王莽建立了一个高度复杂的可兑换货币体系，以取代此前的政府所建立的简单体系。随着改革的深入，这套制度经历了一系列的简化，引发了恶性通货膨胀，最终导致王朝体制的崩溃。[35]

王莽的改革彻底失败了。土地和劳动制度在遭遇强大的社会阻力后被废除。强有力的垄断和市场监管导致了前所未有的市场失灵与衰退。货币改革是最严重的灾难，由于货币体系崩溃，以物易物取代了货币体系，造成了大规模的货币失序。最成问题的是王莽无法控制官僚机构的行为，在扰乱正常经济秩序方面，这些机构很快变得比地方豪强更具掠夺性。[36]

王莽变法是帝制中国在经济和制度史上的一个分水岭。从长期的历史来看，这次变法是国家在战国末期封建经济秩序崩溃后对一系列经济制度变迁的系统性回应。自统一战争结束以来，生产技术与经济组织经历了长时期的增长和结构性变化，其间只有两次大规模战争和动员。经济繁荣也导致了贸易和商业的发展以及私人财富的集中。[37]同时，帝制国家在经济生活中却被日益边缘化，其思想和道德基础处于危机状态。王莽的努力可以被视为试图让国家以前所未有的规模回归。

这一改革也对此后几个世纪的发展产生了影响。由于王莽的失败突显出皇帝推行激进儒家教条的能力有限，东汉的皇帝选择了吸纳而非对抗日益强大的地方性精英家族，把基层市场和家庭留给了当地的豪强。随着皇帝制度的衰落，东汉的中央政府经常被强大的家族和宦官集团掌控。与此同时，地方财政组织也在衰落，因为拥有土地的阶级攫取了大部分农业经济的盈余，并将大多数帝国臣民变成豪强的附庸。[38]

随着东汉王朝的最终崩溃，中国进入了一个分裂的时期，其间只在西晋（265—317年）有过一个短暂的统一时期。这一长期的领土分裂，通常被称为"中国的中世纪"（200—589年）。[39]尽管在此期间有好几个皇室家族起起落落，但帝国始终未能在政治上统一和领土上整合，也未能对经济实行完全的控制。持续不断的王国间战争和中央权威的缺乏，持续了大约3个世纪（320—618年）。在中国北方的许多地区，人口锐减和经济破坏的状况持续了几个世纪。由于缺乏一个强大的中央政府，包括基本安全和货币制度在内的公共产品都变得匮乏且昂贵。家庭和农村组织是最重要的经济组织，而市场是一个由国家控制的、在道德上可疑的、地理上分离的领域，仅仅发挥着补充作用。[40]以家庭为基础的经济秩序将在全国大部分地区占主导地位，直到在政治发展领域出现有利于皇权重新集中的趋势。

经济国家主义的第二个高潮：王安石变法

政治局势在6世纪晚期开始稳定下来，出现了一批新的征服精英。随后，中国进入了又一个帝制国家建设和经济重组的重要时期，这一时期持续了一个半世纪。当北魏帝国重申其对儒家思想的坚持，并进行土地改革以确保更公平的土地分配和税收负担时，这一趋势开始转变。在新的土地制度的基础上，逐步建立了以家庭为基础的新型"租庸调"制度，即按丁（劳动力）征收谷物，按户（家庭）征收布匹和为政府服役。初唐的经济秩序是一个典型的基于家庭的经济秩序。

隋朝和唐朝时期中国本土的统一，为以家庭为基础的经济秩序提供了最终的制度上层建筑。在新的经济秩序下，帝制国家享有一个半世纪的经济繁荣和对邻国的军事主导。然而，随着国家丧失对土地扩张的控制，以及土地所有权不平等的根深蒂固，经济混乱很快就开始了。安史之乱（755—763年）摧毁了北方的经济，也注定了王朝衰落的命运。在生存所必需的财政压力下，唐朝统治者最终用一种以财产（主要是土地所有权）为基础的新制度取代了以家庭为基础的税制。土地私有制作为一项基本的经济制度得到了牢固的确立。

接下来的两个世纪见证了历史性转变的开启。在这段时期里，经济、社会和政治历经了一系列根本性的变化。在 8 世纪晚期的另一场重大内战之后的大约 6—10 个世纪中，帝制国家从未能够完全收回东北和西北的领土，而是将这片土地留给了不同的游牧民族。政治权力从地方性家族的手中转移到军事强人手中，最终转移到文官阶层手中。中国的经济中心逐渐由北向南、由西向东转移，东南的稻作地区日益成为新的经济文化中心和帝国的主要税基。[41]

与此同时，经济转变也在发生。农业与非农业部门同样经历了另一个持续的增长和技术变迁时期，主要表现为持久性的人口增长、城市化、工业化和制度变革。10 世纪，宋朝的经济产出占世界工业产出的一半。[42]这个基本的历史转折，被称为"唐宋变革"，在 11 世纪中叶基本完成。此时，宋朝的帝制国家（建立于 960 年）已经控制了世界上最富裕的社会，并建立了最复杂的财政管理制度。然而，为了维持一个由雇佣兵制构成的昂贵的军事体系和烦冗的官僚与宗室体系，并应对来自东北和西北的军事压力，帝制国家也背负着沉重的财政负担。

王安石在任宰相之前，曾任郡、县长官 20 年。王安石改革与乌托邦主义者王莽的改革形成鲜明对比，后者的思想完全建立在儒家经典之上。王安石的改革思想很大程度上来自他作为地方政府官员的实践经验。他通过将这种实践经验与对经典的学习相结合，成为一个典型的以市场为导向的改革者，并将国家主义的理想主义与之相融合。在许多方面，他的计划相当于沿着商业化和国有化的路线，对国家财政进行彻底的合理化。这是一种积极的尝试，旨在将帝制国家重新定位到其不断变化的社会基础上。新经济秩序的前提是，国家把市场从一个补充地位提升到一个基本经济制度的地位。

王安石变法主要关注的是农村家庭在不受保护的市场经济中的困境。农村改革包括土地税均等化（方田均税法）、国家支持的农村信贷（青苗法）、以免役钱取代服差役（募役法）。土地税率改革的目的是根据应税土地的质量和收益，实现税负的均等化。农村信贷改革试图创建国有的农业信贷体系，目标是在季节性生产的周期里，救济需要流动资金的贫困家庭。另一项重大改革是将每户的义务差役转变为由地税支付的雇佣服务。按照家庭收入和财富的多少，逐步缴纳免役钱，地方政府再用收税得来的免役钱，雇用愿意提供服务的人。[43]

在商业领域，王安石对此前各帝国的垄断进行了重大改进。除了将垄断扩大到盐、酒、铁等关键商品的销售，王安石的新贸易政策还通过政府采购和低息贷款，为小商人提供支持。这项政策从一开始就自然导致小型贸易商对国家的组织依附，而非对强大私人掠夺者的依附。

王安石变法很快遭到了士大夫们的严厉批评。保守派在道德和政治上都对王安石提出了反对意见，尤其是这些改革违反了传统的财政惯例。大多数高级官员都是关系密切的土地精英。一位退休的宰相（文彦博）向皇帝指出了真正的利害关系：这项改革明显是以牺牲士大夫的利益来满足百姓的利益。当皇帝询问他对改革的态度时，他坦言，君主"为与士大夫治天下，非与百姓治天下也"[44]。

撇开意识形态问题不谈，新政策确实有一些内在的弱点。从广义上讲，改革在很大程度上遵循了包括王莽在内的早期国家主义计划的精神。其目的是削弱小户主对更强大的社会行为者的依附，同时增强他们对帝制国家的依附。但王安石变法和王莽改革之间也有一个关键的区别：王莽只是寻求儒家普世理想的具体化，而王安石至少试图利用市场、信贷和货币的力量来精简国家财政。然而，由于市场和家庭仍然受制于财政代理人的政治逻辑，他无法改变组织依附的制度，也无法用国家主导的市场经济（即国家资本主义）来取代它。在中央政府收入迅速增长的同时，财政代理人（包括负责监管市场和征收新税的官员）的私人财富增长得更快。国家代理人不受约束的权力，使家庭和市场部门出现了更具剥削性的模式。与所有国家主导的经济体一样，政府失灵的现象频频出现，而新政也迅速成为腐败和效率低下的源泉。

王安石对经济管理问题有着深刻的认识。财政制度和帝制国家不可能脱离社会经济结构的根本变化。[45]改革基本上是失败的,并在宋王朝和后来的朝代里引发了一系列的连锁反应。王安石全面改革的失败和30年后北宋王朝的灭亡,导致对经济管理形成了一种占主导地位的保守态度,这种态度与士大夫的新儒家思想共同演化成一种小政府主义。根据明朝第一位皇帝朱元璋的宏伟计划,这成为后来朝代的组织原则。这位皇帝偏爱农村家庭与社群,讨厌商人和官吏。但从北宋灭亡到朱元璋的崛起,帝国的政治经济在很大程度上继续按照高度商业化的模式在运行。

在1276—1368年统治中国的蒙古人治下的和平时期,王安石所采取的以市场为导向的收入最大化方法达到了空前的应用。帝国对盐业的垄断在前所未有的地理范围内实行,并作为财政收入的主要来源脱颖而出。就在1333年帝国开始衰落之前,对全国范围内的盐业垄断已经成为除土地税和商业税之外的主要收入来源,支撑了约80%的中央政府支出。[46]同样令人印象深刻的是纸币制度,这是另一个利润丰厚的收入来源。蒙古人征服中国后,继承并扩展了宋、金的纸币制度。40年来,这一制度在一个可行的基础上运作。1311年以后,即使国家实际上已经资不抵债,纸币制度仍然得以存在,直到14世纪50年代的恶性通货膨胀彻底摧毁了它。[47]

明太祖改革和以家庭为中心的组织依附

帝制晚期的官方对经济管理的立场是保守的,它以农业为中心,强调秩序和统一,而非经济和财政效率,以及对不平等的适度控制,而非激进的均等化。正如黄仁宇对明代税制的经典研究所展示的那样,明朝的财政制度在观念和制度设计上远不如宋、元帝国的"现代",更不用说和王安石雄心勃勃的改革计划相比了。明朝的制度是为了巩固中央帝制国家的政治权力而设计的,因为所有其他的组织依附的制度来源都受到了系统性的压制,无论是在帝制国家的内部还是外部。[48]这一制度的设计和精神在很大程度上是从蒙古人那里继承下来的，只是做了一些修改和合理化，使之更加有效和可控。

这并不是说晚期的帝制是一种自然秩序。事实恰恰相反。在经历了白莲教千禧派的叛乱和元末（1352—1368 年）毁灭性的内战之后，明朝开国皇帝朱元璋从社会最底层崛起，并在 20 年内达到了政治权力的顶峰。带着对自身负有的"天命"的宏伟理想，他试图按照以家庭为中心的土地社会和道德经济的理想愿景来改造中国。在他的统治下，这些变化的规模和范围，甚至可以与 1949 年后中华人民共和国毛泽东式的革命相比较。他严厉的政策举措包括：将民众从受战争影响较小的地区大规模强制移民到人口减少的地区；[49]强制执行具有强烈宇宙论主张的高度严格的法典；[50]将一套天下观的文化习俗转变为再造的中国传统，强加给中国本土的所有民族和宗教团体；[51]建立一个以多国移民军人家庭及其在全国各地的驻军为基础的军事机构。[52]

这种转变在财政方面的表现，是对从前以市场为导向的财政模式的逆转。根据刘光临最近的研究，改革分为四个层面。第一，太祖（朱元璋）不仅继承了控制职业流动和社会流动的元代户籍制度，而且对户籍人口的地域流动进行了更为严格的控制。第二，他保留了纸币，但试图通过垄断货币供应来操纵关键商品的价格。第三，他实行了以实物支付和强制服役为基础的新税制。第四，他强行将富户从高度商业化的江南地区迁出，安置在受灾地区和边疆地区，以收回土地。所有这些都可以看作是在农业环境中建立指令经济或计划经济的措施。[53]第二项和第三项举措涉及纸币使用的内在矛盾，这个问题最终将在几十年后得到解决，因为明初的国家从纸币转向了非官方的白银经济。[54]

与早期相比，晚期的帝制国家更依赖意识形态，而非硬核的经济和强制力作为最重要的基础力量。从汉朝到唐朝，技术知识和行政能力一直受到职业财政家与地方官员的重视，但后来被意识形态和道德权威所取代，比如扎实的儒家知识和对皇帝的个人忠诚。地方政府的实际财政管理权被下放给低级官员，即作为皇室代理人的财政官员的行政代理人，且不受他们缺乏政治权威和社会声望的阻碍。[55]这符合这样一种观点，即帝国是一个大家庭。家庭道德和个人忠诚等形式方面，要优先于国家管理的实质方面。

中明和晚明的商业革命，与汉初、唐宋时期的市场革命一样，也导致了国家对社会经济直接控制的削弱，但没有削弱帝制中国政治经济的基本模式。这种削弱最显著的后果，可以说是私人财政代理人的崛起。最明显的是"歇家"，即私人的客栈老板，他们为财政代理人和农民提供住宿与食物，在明初的税收制度里，后两者把税粮运到征收点；歇家被视为国家和社会之间的关键中间人，他们组织税收、提供金融周转、为财政转移承保，甚至调解地方诉讼。[56]从明朝中期到民国时期，这些客栈老板成为财政制度的支柱。与此同时，企业族系逐渐演变为家庭经济秩序的支柱，将生计和商业经济融为一体。企业化的地方宗族提供了家庭经济的多样化和专业化，使得组成它的家庭能够在帝制晚期的经济环境中生存甚至繁荣，生计和商业部门在这个环境中共存。[57]新的中介机构，如歇家与宗族，尽管掌管了国家权力的重要一部分，但确保了这种商业化永远不能在政治上颠覆皇权：客栈老板仅仅是地方官员的代理人，地方官员协调着当地的政府和社会，而地方宗族不仅高度认同儒家意识形态，还与科举制度相生相伴。

从经济的角度来看，这些重要的制度创新并没有促成现代资本主义和工业化，因为它们的逻辑和原理是不同的。尽管资本主义生产有一些有据可查的证据，但在中国南方的农村，迅速发展起来的是原始工业生产的产出体系，而非大规模有组织生产的产出体系。在帝制中国的新经济核心长江三角洲地区，大多数家庭从事以市场为导向的生产，特别是手工业和家庭纺织，即便其边际生产力为负。这正是为了满足日益货币化的农业税和白银体制下日常生计成本。换句话说，在以家庭经济为主导的互惠和再分配原则下，市场部门往往演变为整个维持生计的经济中不可缺少但又唯一的附属部门。在这种制度下，盈余受到生产规模和市场规模的双重限制，流向商业精英和土地精英的利润非常有限。这些盈余最终都成为国家及其组织依附者的财政利益。[58] 在某些情况下，如长江下游的情况，市场扩张主要是由土地短缺和财政压力来推动的，这使得以市场为导向的家庭手工艺品成为农产品收入来源的补充。除此之外，自治市场基本上仍然是地方性的，而且这些地方市场大部分没有专业化。它们服务于社区当地家庭的生计需要，而非更大区域的生计需要。[59]

另一方面，现代早期资本主义不可或缺的因素，如长途贸易、大规模的工业生产和奢侈品消费以及货币和信贷，则是永远存在的。它们都受到国家及其家庭组织的管理，如皇家工厂和皇商家族。这些建制中最重要的便是清朝的内务府。帝制中国晚期的市场活动在密度和强度上与欧洲和日本相当。但是，在近代早期的欧洲，市场在私人领域扮演着维持和改善民生经济的复杂角色。与此不同，帝制晚期的中国将自己的方向从改革主义转向了经济管理的常态。以西欧发展为参照，这种以家庭为中心的组织依附制度，似乎在抑制资本主义的发展。然而，正如我们将从其职能的不同方面所观察到的那样，这一制度是一个非常成功的模式：虽然帝制国家无法逃脱兴衰的循环过程，但它在不采取激进或改革措施的情况下仍然能控制复杂的市场，满足亿万人口的基本生计。

自治和统治

农业家庭

帝制国家的物质基础是农业经济。2000多年来，帝制国家财政收入的大部分，是以粮食生产和农民劳动的形式，最终从1000多万农户家庭那里获得的。大多数官方数据显示，土地总税率合理地低于农业总产出的10%。但实际的税收负担却要重得多，因为征收、转运的费用与支付给税务代理人的金额至少同样高。

农业税逐渐从以家庭和实体粮食为单位的税中分离出来。在隋朝和初唐时期，土地税是在平等占有土地的基础上，按公平的条件向每户进行征收的。但在8世纪晚期，由于土地所有权集中在少数有产权的家庭手中，私有土地和出租土地上的实际生产，就成为"两税法"中真正的税基，并在宋朝之后的所有朝代里被制度化了。[60]

服劳役是另一项主要的财政制度。在明初，有两种这样类型的义务服务。约1%—3%的家庭被正式登记为永久劳动力，他们在盐业生产和其他政府所控制的行业里工作，生产的产品作为义务服务上缴，并获得生活补贴。对于其他家庭来说，明初的劳役包括定期轮班的义务的政府服务。明朝中期以后，这些劳役逐渐转为对户籍家庭征收累进的劳务税；国家用这些收入雇用工人来从事公共工作和维护帝国的基础设施。[61]

从历史上看，在一个特定的王朝周期中，土地税制总是受到税基逐渐被侵蚀和其他形式的制度衰落的影响。尽管按规定来看，帝国时代税制的累进程度较低，但累进程度总是在递增，负担也愈发繁重。这可以用帝制国家中央集权的周期性兴衰来解释。在王朝建立初期，面对各种各样的挑战者，国家通常处于权力的巅峰。随着农业经济从王朝战争中恢复过来，人口效应开始对土地分配和盈余农产品产生决定性的影响，而对人口和家庭来说，土地分配和盈余农产品都变得稀缺。土地所有权被转移到地主手中，他们有更好的办法来逃税或把负担转嫁给佃户。以前拥有小块土地的农民往往承受着不成比例的负担，进而产生了依附。由于越来越不了解实际的土地分配情况，帝制国家不得不投入额外资源来征收相同的土地税。但是，随着越来越多的农民失去土地和谋生手段，不断增加的税收负担最终会使情况变得更糟。当自然灾害来袭时，这一庞大的基层社会群体可能就会成为游民，加入掠夺成性的反叛组织，最终联合成强大的农民军队，寻求夺取"天命"。

从长远来看，财政制度中的组织介入同样重要。随着经济的复苏，社会趋向于摆脱国家的严格控制，基层财政组织普遍受到侵蚀。由于信息和组织控制的丧失，帝制国家始终面临着改革的挑战。在明、清两代，这种财政改革通常采取将直接地租货币化和合理化的形式。张居正和雍正皇帝的改革就是很好的例子。

随着帝制国家失去控制权，农业税趋向于对穷人施加越来越不成比例的负担；在一个王朝的后期，它通常成为社会不稳定的根源。税收的实际收入只占土地财富和农产品的一小部分。在大多数情况下，介于帝制国家和家庭生产单位之间的财政代理人获得了盈余的大部分。尽管皇帝享有至高无上的所有权，但由于缺乏控制税收和获得全额地租的能力，帝制国家陷入了瘫痪。即便是在乾隆皇帝统治的鼎盛时期（18世纪中叶），作为帝制晚期税收制度支柱的农业税，其总额也不到粮食总产量的10%。

地方政府财政

自秦始皇统一中国以来，帝制国家及其地方政府代理人之间的中央—地方关系，就在帝国的财政和经济管理中发挥了不可或缺的作用。中央—地方权力分配结构和地方政府的能力，在很大程度上决定了国家权力的影响范围及其政策结果扭曲的限度。

总的来说，中央和地方政府之间的平衡，已经朝着皇帝及其中央官僚机构更高度集权的方向发展，牺牲了地方政府的自治权。到了帝制中国晚期，皇帝积累了许多组织性策略来约束地方权力，如分而治之、选择性集权、私人的信息渠道，以及在很长一段时间内对行政层级进行细致的监督。[62] 与此同时，地方政府失去了所有自主的军事和财政权力，从明朝开始，甚至法律和财政事务都由不同的省级平行行政单位分别管理。从清朝开始，即使是县长，更别说省和府一级的官员，有时也会作为皇帝的私人代表，在年度审核中亲自接受皇帝的询问。[63]

在财政资源方面，地方政府也失去了许多它们自主的收入来源。在明代的税收征管中，州、县基本上是征税的中心，府是会计单位，省是转移和再分配单位,中央官僚机构则是所有财政资源的唯一控制中心。大部分收入以这种方式垂直转移,基层征收单位所剩无几。对于任何一个典型的州、县来说,转移税收和留存税收的比例大约是3∶1或4∶1。[64]尽管收入微薄,可操作性较差,但基层地方政府要提供大部分公共产品,并承担所有的个人和行政成本。

这种中央集权的倾向,在帝制中国晚期产生了一个看似矛盾的制度结果:一个日益理性但却日渐衰弱的国家。一方面,中央政府有较高程度的控制,并且在更有效地管理税收和提供基本公共产品方面,包括从国防到救灾,中央和地方的财政关系也相当合理化。甚至信息成本也因密折制度等创新而大幅降低,该制度在皇帝和省级以上官员之间打开了私人的沟通渠道。在事关重大的财政事务中,由皇帝直接开展更为严密的控制,用一套更加规范的非正式规则来减少原本无法控制的腐败和公款挪用,且在清朝中期,为了预防腐败,政府还将额外的养廉银给正式制度化了。[65]

然而,在基层,由于地方政府在财政和行政上相比早期都被明显削弱,它们就被根深蒂固的地方权力网络剥夺了自治权。在帝制中国晚期,地方政府通常依靠当地的士绅和宗族来提供广泛的公共产品,包括地方教育、公共卫生、水利工程、赈灾以及法律和秩序。[66]否则,对于地方官员来说,公共产品将变得过于昂贵,因为在明太祖建立的帝制国家模式的晚期,地方官员的财政资源和人力都受到了限制。但是,对士绅阶层的依赖,意味着地方政府自治权的严重丧失。在帝制中国晚期,士绅阶层显得举足轻重,他们不仅是国家和地方社会之间的中间人,而且也是满足自身利益的权力参与者。[67]

地方嵌入的另一种表现,是行政代理人在公共事务特别是财政事务中的实际主导地位。由于行政官员也是家庭单位,实际的日常行政权力高度分散并在当地传承。这种趋势在结构上是根深蒂固的,但晚期帝制国家的中央集权和随后地方政府的式微,导致低级别的地方官员占据了主导地位，他们既有技能又有人际交往技巧，具备当地的知识和关系网，造成了国家与社会之间寻租的地方中介的扭曲。总的来说，这类难以归类的皇室代理人所攫取的财富，将至少与政府的总收入相当。[68]

虽然中央与地方的关系在一定程度上被合理化了，但在帝制中国晚期，地方政府普遍衰落并萎缩。它们在皇帝和当地社会面前失去了自治权。这对公共产品的供应和地方经济秩序产生了重大影响。由于缺乏促进重要经济发展的资源，地方政府同样无法控制地方精英对国家权力的侵占甚至篡夺。这使得它们几乎没有空间去改善和管理社会，除非它的行动符合士绅阶层的主流意识形态和利益。这种情况与日本德川幕府时期地方藩国的情况截然不同，后者能够根据自己的地方利益和它们所察觉的国家利益，开展更多的财政和其他政策创新。[69]事实证明，当外国势力介入时，地方精英最终会对国家进行补充，甚至取代国家，成为秩序和公共产品的提供者。这将是第四章的主题。

全国市场

正如在第二章中所讨论的，先秦的政治思想家早就认识到，国家垄断市场和货币是财政收入的一个潜在来源。第一个系统的国家市场和货币理论可以在《管子》中找到，这是一部不晚于汉初的政治论文集。[70]这本书大约1/3的章节涉及财政管理。根据《管子》的"轻重论"（国家价格理论），君主可以在操纵货币、控制粮食供应、垄断盐等基本产品的基础上，通过市场手段来牟取暴利。《管子》一书的作者认为，除了普通的低买高卖的商业操作外，财政制度的商业化是一种更有效的农业税替代品。与现代的凯恩斯主义者一样，这一学派主张通过提倡奢靡和以工代赈，来进行改革主义的国家干预。

公元前119年，汉武帝首次在帝国范围内建立了对盐、铁和酒的垄断，以支持他针对汉朝主要游牧对手匈奴的昂贵远征。但是，在汉武帝去世后，垄断制度引起了很大的争议，逐渐被市场和国家税收所取代，尽管后来也有过几次重新垄断的失败尝试。在公元 8 世纪的唐朝，盐的专卖作为财政收入的来源再次被制度化。该制度在后续的朝代中得到完善，并一直作为一种财政制度，延续到中华人民共和国时期。[71]国家垄断的做法也扩展到了其他重要的日常用品上。例如，从公元 8 世纪到帝制末期，茶的分销和售卖都是由国家垄断的。[72]

国家垄断面临的主要问题包括低效、腐败和走私。由于承担着这些问题所带来的制度成本和收入损失，帝制国家通常求助于商人作为财政代理人，同时将国家垄断的重点放在整个价值链的关键环节上。因此，国家垄断的演变与土地税制的演变并无二致。虽然帝制国家很容易对生产、分配和销售过程实行完全的国家控制，以期获得完全的垄断利润，但市场失灵、腐败猖獗和财政收入下降所造成的成本，迫使它逐渐转向更完善的间接控制。

在帝制中国晚期的国家垄断中，官商买办是组织依附的最持久的制度创新。官商也被称为"红顶商人"，他们通常是拥有特殊许可证的商人家庭，充当着帝制国家的供应代理人。大多数官商家族与朝廷有着长期而稳定的关系。他们在每一个有利可图的商业领域开展活动，通过像内务府这样的组织来充当帝制国家的非正式代理人或皇帝的商业代理人（在这种情况下，他们被称为皇商）。官商作为市场和国家之间的中间人，忠诚地为朝廷服务；作为回报，官商获得低息贷款，并从他们的垄断中获得稳定的利润。

虽然官商集团在帝国经济中广泛存在，但唯一具有直接财政职能的官商集团，是帝制中国晚期官方指定的盐商。它们通常是一个世袭的家族企业，一个指定的盐商通常既是贸易的垄断者又是财政的代理人。明末清初安徽和山西的商人家族是其典型，他们的主要财富来源是国有的盐业垄断。没有政治许可，任何大规模的资本积累都将是困难的。

官商及其家族财富激增的背后，是一个全国性的盐和其他商品的市场，尽管这个市场规模庞大、结构复杂，但这个市场只是部分得到整合，且受到政治控制。与前现代的日本不同的是，晚期帝制中国从未有过任何市场参与者以零售商或金融家的身份，在全国范围内运作和经营产业。即便有一些大型企业的要素，如票号，也仍然在半封闭的市场和网络中运作（大多数是在它们自己之间），以传统家庭的方式自治，并与帝制国家保持着几乎不加掩饰的依附关系。[73] 同样，只有在国家的中央集权的财政管理中，计量和货币才能统一，不同地区和地方的标准各不相同。

国际市场

长期以来，国际贸易一直被视为财政收入的重要替代来源和对抗外国的战略武器。《管子》中的理论家认为，为了在经济上削弱竞争对手，要让敌对国家在国际市场上以高价买入粮食。但直到唐朝，来自国际贸易的私人财富才成为一个有价值的税基。

后来的帝制国家最初对海上贸易和边境贸易持积极态度。从唐朝到元朝（7—14 世纪），帝制政府在每个贸易口岸都设立了专门的贸易管理机构，鼓励贸易并征收关税。在元朝初期，也曾试图建立国家支持的贸易垄断，但这是一次失败的系统性尝试。[74] 而自明朝中期到整个帝制时代的后期（15—19 世纪），出于战略上的考虑，国际和国内贸易都受到密切的监控，并置于严格的政治控制之下。因此，15 世纪初，以郑和下西洋为代表的官方朝贡体系，在很大程度上预示着私人贸易的到来。与此同时，海洋与边境贸易在 16 世纪初和 17 世纪中后期的不安全时期里，都是非法的。最终的解决方案仍然是一个相当有限的贸易垄断，它由官方指定的商人经营，在海关负责人的直接管理下，受朝贡体系框架的约束，并与活跃在中国东部沿海的军事化、高度专业化的走私犯和海盗共存。[75]

从 16 世纪开始，尽管中国在不断扩大的全球贸易网络中发挥了关键作用，并因贸易顺差而不断获得白银的流入，但明、清两代的朝廷从未将关税视为国家收入的重要来源。相反，战略和安全方面的考虑优先于财政方面的考虑。当安全方面的考虑更重时，晚期帝制国家曾数次禁止海外贸易。海关在中国财政体制中的作用，在一定程度上证明了它们的担忧是合理的。即使在明末市场化改革的鼎盛时期，海关收入占比也不到财政收入的5%。[76]

作为国际体系中的非自愿净出口国，明末清初的帝制国家废除了一项财政收益的衡量标准，同时密切关注着外国船只、货物和商人。除了在澳门的葡萄牙人，欧洲贸易大国在进入中国市场后的头300年里，没有一个能在中国获得永久的立足点。这种情况直到19世纪中叶才有所改变，当时清朝失去了对其海关和海上边界的控制权。

在财政制度的其他方面，18世纪，帝制国家采用了一种商人经营的垄断贸易公司的制度，称为"公行"，以作为外国商人和帝制政府之间的中介。与英国和荷兰东印度公司等现代西方重商主义组织不同，公行贸易组织作为帝制国家的贸易和财政代理人，严格依附于皇帝。除了应缴的关税，公行的商人还必须向朝廷和地方政府做出各种贡献，以换取必要的政治保护。[77]

内务府

皇室的供给是帝国财政制度中的一个关键问题。需求是双重的，即以货币形式表现的皇室收入，以及以成品形式表现的物质供给。正如前面所讨论的，由于皇帝既是执政的君主又是皇室的首领，因此很难区分皇帝的家庭管理和帝制政府的公共财政，即便它们是由分开的机构进行管理的。皇室的物质需求可以通过市场或自给自足的官僚组织直接得到满足。

皇室的家庭管理最初是国家财政的核心问题。秦汉时期，皇室和帝制国家都有自己的财政基础，由少傅进行管理，少傅与政府的主要财政机构的官阶相同。国家的收入来自农业税，而自然资源和皇室领地则为皇帝提供了私人收入的来源。据估计，这一收入来源非常可观，与政府的收入相当。当汉武帝开始他昂贵的远征时，他充分利用了他庞大的私人收入。

在对帝制国家的私人（皇室）和公共（政府）收入的管理上，宋代的"三司"（盐铁、户部、度支）作为一项协调统一的管理制度，是一项重要的制度创新。王安石的改革进一步将三司整合到户部中，完成了财政的中央集权。但随着皇权的增强，皇室在财政制度中的重要性并未减弱。皇帝可以将一个单独的财政安排体系制度化，由他的私人代理人进行控制和管理，如太监和包衣，以控制官僚的财政体系。[78]

在帝制中国晚期，皇室由一个直接隶属于皇帝的独立的财政供应系统来管理。在明朝，这是由 24 个宦官管理的专业官僚机构中较大的一部分，专门为皇帝、皇室和皇宫生产、采购和提供商品与服务。明末，随着财政制度的全面货币化，皇帝利用宦官在采矿业里寻找其他的收入来源。此时，过去的掠夺性传统故态复萌，太监代理人以权谋私，并激起了地方的起义。[79]

在清朝，皇帝将宦官置于次要地位，以亲密的仆从或满洲贵族的包衣（家仆）取而代之，从而建立了一个更为完整的官僚制度，称为内务府。内务府尤其以其庞大的规模和宽泛的管辖范围而闻名，控制着皇宫、北京附近的皇家庄园和地方上的皇家奢侈品工厂。它是一个庞大的官僚机构，控制着大清帝国的经济资源的精髓，如皇庄、部分关税和皇室工厂，负责提供皇帝的物质需求。正如一位清代学者所言，内务府制度最重要的方面，就是在经济的制高点将主仆依附制度化。但是，整个组织通过各种牟取暴利、贪污、勒索和压榨的活动来运作，这也是多重委托—代理结构的一个主要制度缺陷。[80]

自治的地方性市场

在整个帝制时期，当王朝处于和平时期时，自治的地方性市场蓬勃发展。然而，地方性市场通常不是帝制政治经济的重要组成部分。无论是保守的以家庭为导向的经济管理方法，还是改革派的以企业为导向的经济管理方法，都不认为自治的市场是健全的经济秩序的基础。儒家保守派认为，有限的农村市场是家庭生产的必要补充，但许多商业活动显然受到了严格的社会控制。法家的改革派确实寻求促进货币的交换和使用，但他们对市场的设想，仅仅是将其作为一种由帝国财政代理人主导的财政工具。

然而，自治的市场还是繁荣起来了，并在普通人的日常生活中发挥了重要作用。亚当·斯密在《国富论》一书中，将帝制时期的中国列为市场经济"疲软"的一个奇怪例子。市场经济的显著特征已经为中国历代经济史学家所记录。例如，经济史学家赵冈认为，早在战国末期，中国就具备了市场经济的所有重要特征：

（1）在战国时期，民众就在不同的国家之间自由流动。

（2）大部分土地变成了私人所有，允许产权的自由交易。

（3）复杂的社会分工已经是一种广泛且牢固确立的制度，许多专门从事某种手工艺的家族都受到了政府的严密监督。

（4）产品交换（市场制度）发展较早，已融入各个城市。

（5）几乎所有东西都有价格标签；以数量为基础的社会经济事务管理，已成为帝国早期的标准做法。[81]

许多其他特征也可以被添加到这一列表中，如农村市场体制、复杂的市场规则、广泛的贸易路线和全国性的商户网络。的确，正如在第二章中所讨论的，基于对早期现代中国市场结构的大量人类学研究，施坚雅认为，以市场为中心的村庄集群是一种"标准的市场社群"，它不仅作为经济交换领域发挥作用，而且在自然村单元之上的社会和文化活动方面，也发挥着作用。[82]

帝制中国晚期的市场根植于地方社会，遵循各种地方规范，迎合不同地区的需求。例如，在整个帝制中国的晚期，与相对商业化的南方相比，北方平原的市场并不发达，也不那么集中。即使在同一片大区域内，度量衡也没有标准化，而是遵循当地市场的特殊性。[83]这与国家税收度量制度的统一形成了鲜明的对比，自秦朝以来，每一个朝代在税收上都有一个国家的度量标准。

帝制中国晚期的市场也是分层次运作的。与中世纪晚期和近代早期的欧洲城镇不同，帝制中国晚期的城市主要是政治权力的中心。综观帝制中国的历史，作为主要商业中心的城市，通常也是王朝的首都和省会所在地或是政治军事中心。在帝制中国晚期，城市化和乡村化的进程是不断变化的。从明初到晚清，人口激增，但没有出现像宋朝那样明显的城市文明。事实上，按照城市人口比例来衡量的城市化水平，从南宋巅峰时期的22％下降到19世纪中期晚清的6％。[84]这也许可以用宋代到清代国家相对规模的缩小来解释。

在自然村的层级之上，村际市场网络构成了中国农村的一项重要经济制度。根据施坚雅对帝制中国晚期农村市场的经典研究，农村市场组织具有规律性，与农业经济的周期性和季节性特征密切相关。他们中的大多数仅限于服务几个村庄或一个经济区。由于对商品的供给和需求一般没有垄断权，定期举行的村际集市的交换是自愿的，或多或少是平等的。在帝制中国晚期，以施坚雅笔下的四川为例，大约有400个这样的市场，相当多集中在人口比较密集的地区。

在帝制中国晚期的大部分时期里，当地方性基层市场自行繁荣时，国家对这些市场的监管仅仅是整合轻微、结构松散的。在每一个战略性市场上，肯定都有少数军政官员负责维持秩序和收税，但这些职位只是象征性的，而非实质性的。在晚清出现更为复杂的税收制度之前，商业性税收服务满足于实现一个相当宽松的年度目标。对这种小型集镇的地理分布进行的更仔细的调查表明，这种服务严重偏向于设在城市或人口密集地区的市场，反映出了主要的战略和政治关切。

与这种最小的国家干预相比，像"牙行"这样的行会组织，在地方市场的监管中发挥的作用要比基层财政官僚的作用更广泛。单个的商人家庭相对于国家过于软弱；而牙行作为一个集体机构，为商人提供了一定程度的保护并抵制国家的税务代理人。地方政府也从中受益，因为行会降低了征收营业税和维护市场秩序的成本。换句话说，行会以较低的成本提供公共和集体物品。这种安排的利与弊，在一项对长江中游地区的牙行的研究中得到了明显体现：在促进市场机制的同时，它们往往成为一种剥削的源头。与此同时，晚期的帝制政府只对市场进行监督，而非直接参与对市场的监管。[85]

简而言之，帝制政府对当地本土市场的态度，不同于对土地、主要商品市场和国际贸易的态度。它既不是一个政治战略制度，也不是一个盈利的收入来源，而是一个由数百万家庭和家族主导、被划分为 12 个宏观和数百个微观地区的制度。然而，国家当然可以采取积极的做法：作为一种旨在增加财政收入的国家垄断，改革派的措施从城市中心主导着市场秩序，这导致交易成本飙升，也破坏了当地的自主市场。同样可怕的是自然灾害的危险，它通常导致农村盈余的急剧减少和农村市场的关闭。但这只是例外，而非惯常的做法，而且很少在全国范围内实施。

货币制度

从汉武帝统治时期开始，国家就断断续续地垄断铸币业长达千年之久。但不同朝代之间的货币制度也存在很大差异。存在很长时期的货币稳定期，如汉初和唐初，也有很短的大动荡时期，如王莽改革期间。自唐朝以来，帝制国家普遍实行中央集权控制下的稳定金属货币制度。明、清的银铜双金属制度虽然在很大程度上是经济习俗的产物，但直到中央政府税制改革后，才成为一种稳定的标准。

然而，货币制度也有很长一段时间的中断和异常。货币制度发展的高潮出现在 11 世纪中叶的北宋，当时中国是世界上第一个采用纸币制度的国家。在宋朝统治的 3 个世纪里（宋、金、元）和明初的一段时期，相继建立了保持纸币流通的制度和专业知识，但由于缺乏财政训练，每次的长期努力都以恶性通货膨胀而告终。这一制度最终被证明与帝国后来的财政制度不相容，并在15世纪初成为历史。

后来的明朝统治者被证明是效率低下的铸币者，在15世纪中期纸币崩溃后不久，他们就失去了对货币制度的控制。在随后的一个世纪中，以白银为基础的经济在次国家市场和较繁荣的商业地区发展起来。在"一条鞭法"改革期间，帝制政府遵循这些流行趋势，使白银成为事实上的法定货币。[86]

直到清初，国家才再次开始积极铸币。但与明朝统治者一样，清朝的帝制政府采取了一种更为市场化的策略，即国家干预的最小化。与明太祖不同，清初的统治者倾向于依靠市场，将公共资金委托给私营商人来产生资本回报。[87]到19世纪中叶，激进的货币政策已成为遥远的记忆，以至于一些高级官员甚至把纸币想象成一种财政万能药，可以随意印制，以产生收入并偿还外债。[88]由于债台高筑，缺乏健全的财政基础，晚清政府从来没有成功地重建过信用纸币或国债市场。在1933年国民党政府的货币改革之前，中国一直实行银本位制。

中国古代信用制度的发展也是一个缓慢而曲折的过程。一方面，帝制中国发展起来的以国家为中心的信贷体系，似乎势不可挡地成为消费信贷的一种实质性形式。最常见的消费信贷类型源于季节性的农业生产和农户消费。宋代王安石改革推行的国家农业借贷项目失败后，帝制中国转向古典的方法来对抗农业经济中的经济不确定性，即采用国家和地方精英管理的国家粮仓制度。通过控制政府库存的价格来买卖粮食，以国家为中心的粮食系统发挥了金融体系的作用，确保了农业经济的消费和再生产。[89]

与近代西方的私人信用制度相比，帝制中国晚期的私人信用制度很可能是不够发达的。这在很大程度上与超国家的贸易和商业中的组织依附的基本结构有关。贸易仍然主要是通过家庭和当地的社会网络来进行融资的，就像扬州的战略性盐商和广州的外贸商一样。这有着众所周知的制度背景。如前所述，晚期帝制国家选择通过其忠诚的商业代理人来管理国内贸易（主要是盐业）和国际贸易。在这两种情况下，在风险和商业管理中，有组织的政治保护取代了信用制度，而家族血统则取代了企业法人。一个成熟的国家信用制度在帝制模式的家庭生产和再生产之下是没有立足之地的，因为只有土地和文化及社会政治资本的积累，才能确保财富和权力的稳定再生产。

晚期帝制中国发展出了独具特色的本土原始现代银行（钱庄），专门从事外汇和小额零售银行业务；也发展出了从事大额银行业务的大型批发银行（票号），专门从事远距离贸易的金融业务。直到19世纪，这些本土信用机构，天然也就是家族企业本身，才从最初的影子般的补充角色，发展成为成熟的自治金融机构。在王朝衰落和西方银行机构入侵的背景下，本土信贷机构最初蓬勃发展；但随着清政府危机的加深，以及这些机构深度卷入政治和国家财政之中，其亡也忽焉。

与帝制中国经济的其他非家庭部门一样，传统银行的内部组织严格遵循以家庭为基础的秩序。组织依附是建立在这样一种基础上的：严格的家长式父权制的委托—代理关系、以资历为基础的严格等级制度、对代理人严格的个人控制、保密和排斥的文化以及使用道德说服。[90] 这些关键特征限制了它们扩大和调适自身以成为全国性市场力量的潜力，并像其他传统的本地家庭企业实体一样，构成它们衰落的内部原因。即使在鼎盛时期，票号仍是一种山西特有的商人企业，钱庄的繁荣在很大程度上也仅限于长三角地区。[91] 这一事态的发展特别令人遗憾，因为与其他许多有利可图的部门不同，晚期帝制国家将信贷市场留给了私营企业，并在其最后的岁月里积极支持本土的金融企业。

社会控制

劳动力、商品和商业资本的自由流动，对以家庭为中心的经济秩序来说是不稳定的。户籍制度作为一种基本的社会控制制度早已存在。由于后勤困难，这些制度作为进行社会控制的有效工具，很少能够始终如一地发挥作用。例如，在汉唐时期，户籍登记制度没有定期进行更新，在短短几代人的时间里就失去了与当地社会经济现实的相关性。在更加严格的社会控制出现之前，帝制政府几乎没有能力进行监督和推动更强有力的政策执行。[92]

对基层大规模社会控制的正式实践则要晚得多。为了有效地控制和减少帝国内部的要素流动，明太祖精心设计了户籍制度和基层社会控制制度。在明朝的户籍制度下，家庭被组织成"保甲"这样的小型社会政治单位，"保甲"对任何违法犯罪行为都负有集体责任。在明初最初的设计中，新的基层组织是同时为社会、经济、财政和意识形态服务的。尽管明朝中期保甲制度已经萎缩，但在中华人民共和国成立之前，保甲制度一直是一个重要的制度。

基层权力体系最关键的方面是社会控制体系，它限制了受家庭约束的劳动力的流动。从元朝开始，此后的帝制国家对大多数家庭的职业流动施加了越来越强的控制。皇帝强加这种分类的动机，是在户籍家庭中对财政负担的一种固定的理想分配方法进行再造。[93]在晚期帝制国家的元朝（1271—1368年），在第一层级的划分里，把所有的家庭都划分为军事和文职两种体系。在明朝时期（1368—1644年），在文官体系内，专门的劳动者，特别是在具有重要战略意义的盐业生产部门的劳动者，被指定为特殊的家庭，有义务以赋税的形式向皇帝无偿贡献劳动。

个人和家庭的地理流动性是社会控制的另一个关键方面。除了国家支持的移民外，帝制国家严格地优先考虑稳定的农业定居，而非国内迁徙。从帝国早期开始，就有一种内部通行的制度来阻止劳动力和人口的自由流动。从明初开始，在旅行许可制度和严格的户籍制度的基础上，对旅行和移民进行了更严格的控制与限制。这些措施进一步得到了农村社会中普遍存在的文化和社会机构的支持。在这些机构的支持下，对宗族与农村社区的忠诚和遵守降低了个体与家庭向下流动的风险。

虽然王朝初期总是实施严格的社会控制，但很少能持续很长时间。一方面，晚期帝制国家缺乏任何一种机制，来强制推行一种违背经济发展和社会变革基本趋势的僵化社会制度。当人们探寻每一个可能的漏洞来逃避控制时，控制机制就会衰落。明朝的兵役和食盐生产就是这种衰落的很好例证。[94]僵化的社会控制的崩溃，使得晚明时期由自然灾害所导致的流动人口激增，这直接导致了帝制秩序的崩溃。[95]

清帝国的社会控制策略是对明代严格的户籍制度的一种修正。它比明朝更灵活，特别是相对于迁徙者和边缘人群而言。民众的迁徙被有条件地合法化，从而带来了更有效的资源分配和18世纪的经济繁荣。由于晚期帝制国家的范式没有其他实质性的突破，帝制国家仍然缺乏任何有效的信息来源和对社会的组织渗透。大规模的强制措施仍然是唯一的控制工具。即使是只察觉到了些微的挑战，帝国也会诉诸暴力。[96]

帝国经济秩序的再造

我们通过财政制度的各个方面，探讨了晚期帝制中国政治经济体制的基本结构。但帝制国家及其经济之间缺失的一个重要环节，仍然具有重要意义。虽然皇室家庭和农业家庭都是在家庭的自然生命周期基础上进行再造的，但每个帝国的政治经济都需要一个制度化的过程来再造自身。在帝制中国晚期，这一过程在很大程度上是通过以科举制度为中心的复杂制度安排得以实现的。[97]科举考试使得政治、文化和经济过程能够按照家庭与个人的生命周期来进行安排。

从北宋以后，科举制度成为走向政治权力的主要途径，而政治权力则成为巨额财富的主要来源。这些制度安排有效地使文化资本成为权力和财富的先决条件。然而，准备科举考试的成本是昂贵的，无论是直接的教育和考试成本，还是由于放弃男性劳动力而导致的机会成本。因此，每个有抱负的家庭首先要积累财富和土地，然后通过经典教育和考试获得文化资本，再然后努力获得官职，这成为一种常态。这反过来又促进了财富和文化资本的积累。虽然土地财富可以积累和继承，但官职和科举名衔，名义上对所有人开放，通常只有通过竞争性考试才能获得，这一点可以通过对政治精英（包括文官和士绅）的经济状况的大量研究来证明。这些研究大多表明，科举名衔、政治职务和土地财富之间有着很强的关联性。[98]

由于文官和科举士绅都是通过类似的过程产生的，所以他们总是扮演着双重角色：一种是私人角色，即在帝制国家的权力结构中作为地方家族利益的代表；一种是公共角色，即皇权在地方上的代理人。因此，在晚期帝制中国的文献中，"齐家"可以说是一个几代人的培养过程，包括财富积累、备考、任职和保持精英地位的策略。即使大多数家庭永远无法通过省试成为公职精英，但在高度商业化的经济中，这一过程也使财富积累合法化，因为财富积累的目的不仅仅是自我放纵。到了明末，甚至连中层商人也把儒家的修身养性思想作为日常生活中的意识形态辩护和道德指导形式。[99]家庭管理战略包括获得土地财富，发挥教育的中心作用，并通过获得更高的科举名衔和官职来巩固社会地位。[100]

在晚期帝制中国，这种以考试为中心的秩序相对于世袭贵族或买官卖官有几个优势，尽管它保留了这两者的一些特点。在最基本的层面上，它意味着文化、政治和经济资本以有序的方式被吸引到一个精英家庭阶层，这些家庭深深依附于皇帝，并被皇帝所吸纳。对于私人商人家庭等经济精英来说，尤其如此，因为财富如果不能转化为科举名衔和官职，就只能招致政府的掠夺之手。但是，对于普通家庭来说，考虑到积累的财富应该在将来适当的时候转化为土地、科举名衔，并最终转化为官职，从事盈利性的商业活动仍然是理性的，这始终是最快（如果不是最可靠）的致富之路。因此，这一制度的作用只是抑制了土地农业经济，并阻止了独立经济精英的崛起。

这种以考试为中心的秩序也鼓励大家庭、亲缘和宗室组织。在此后的朝代里，以血缘关系为基础的稳定有序的农村组织，在中国南方许多重要的经济区域占据了主导地位，在农村组织和地方治理中发挥着举足轻重的作用。[101]这一发展显然受到帝制国家的欢迎。大量农业家庭的出现，不仅降低了提供公共产品的成本，而且有助于强化以家庭为模式的帝制政治经济所推崇的组织和意识形态。

从表面上看，科举考试不过是皇帝与家庭之间的一种交流。然而，这一制度实际上达成的任务远不止这些。社会政治的主要功能之一，是对无形的私人财富进行更有效的政治控制，将这些财富的大部分转化为土地、科举名衔和官职，并受帝国制度的直接控制。至于有形的土地财富，这一制度也含蓄地要求用它们来交换文化和政治资本，由帝制国家自上而下地进行评估和授予。从长期来看，经济精英被转化为忠于皇帝、依附皇帝的文化和政治精英。马克斯·韦伯强调了科举制度的这一面：

> 中国的士大夫是——毋宁说从一开始就是——同我们文艺复兴时期的人文主义者类似的人物：他是在远古语言的不朽经典方面训练有素并科考过关的文人……这个阶层，利用取法乎中国古代而发展出来的一套规矩，决定着整个中国的命运。[102]

最后，科举制度还对内部精英在城市政治中心和农村边缘的流动上发挥了作用，为农村社会提供了急需的稳定和秩序。对于大多数农村出身的文人士大夫来说，农村的土地和宗族既是起点，也是终点。土地、宗族、家族拥有的土地，不仅构成了士绅和官员圈子的中心，而且其作为皇帝道德代理人和家庭组织负责人的社会身份，在农村家庭中也最为稳固。

在晚期帝制中国，文化资本在农村和城市地区的均衡分布，弥补了强制力在城墙环绕的城市和周边农村地区的不均衡部署，因为文人精英（士绅）天然会保护意识形态和农村组织，使其不受任何对社会经济秩序的侵犯。这一点，可以从精英阶层对历史动荡的反应中得到印证，比如太平天国起义，这是从外围地区反抗帝制社会经济秩序的最后一次，也是最激烈的一次起义。

和帝制国家的任何一项主要制度一样，科举制度给帝国带来了隐性的社会和文化代价。一方面，它对创造性和批判性思维有抑制作用，主要是对知识生产和智力创新的扭曲作用，因为科举制度下唯一有用的知识就是经典知识及其附属学问。[103] 鉴于考试成败是用严格的八股文来衡量的，即便科举考试不压制另类的思维和学问，一般也不会鼓励考生这样做。知识体系被剥夺了自主性，坚定地以政治制度为导向，从而丧失了对自然界和社会领域的大部分认知与创造能力。知识体系的这一基本特征，对中国后来的历史发展格局产生了持久的影响。

结语：帝制经济秩序的理想与现实

帝王统治的传统在中国延续了 2000 多年，创造了一个独特的由国家主导的政治经济体制，使中国有别于当今其他主要经济大国的前身。从那时起，中国历代统治者就一直在与这两者之间的巨大鸿沟做斗争，即皇帝对天下名义上的统治与有限的能力导致的组织现实之间的鸿沟。经济也不例外。晚期帝制中国的目标是稳定地控制数百万以农业为主的家庭，形成一个以自身为中心的组织依附体系。在晚期帝制中国，财政事务只有在皇帝本人或他的私人代理人的直接控制下才能得到巩固。回顾过去，无论是家庭管理还是市场管理的愿景，都缺乏实质性的基础性权力。正是在这方面，理想与现实之间的不匹配造成了帝制国家缔造者及其后代所经历的最严重的挑战。

如果要将天下组织成一个庞大的家庭，皇帝必须对它的每一个成员实行直接的组织控制，并对全国和地方市场实行完全的控制。的确，也有一些野心勃勃的皇帝，比如秦、明两朝的开国皇帝，他们尝试进行全面控制和微观管理。但考虑到他们统治的技术、权力和社会经济基础，这些情况肯定是罕见的例外。事实上，即便是在帝制国家晚期，皇帝仍然只能对几千名高级官员和私人仆从施加直接的个人控制。除了战争和税收问题，皇帝在日常生活中无足轻重，如果他真的重要，那也是通过一个多层级的代理机构。这一点在中国谚语"天高皇帝远"中得到了体现。对皇帝而言，更重要的事情往往是与小家庭进行结盟，对抗组织依附关系中的权贵。

如果要将天下组织成一个以皇帝为唯一垄断者的全球市场，皇帝就必须拥有必要的工具来控制所有的必需品，其中最重要的就是主权货币和信贷。就这个方向，皇帝也做了一些尝试，但事实证明，传统的皇权无法支撑主权货币空间，正如宋元时期的纸币实验所证明的那样。更重要的是，在以家庭为基础的农村生产中，由于农业经济生产的盈余太少，以至于无法在全国销售，因此市场和家庭只起了补充作用。市场在国民经济中起决定性和自主作用的空间很小。事实上，皇帝唯一能建立并垄断的全国性市场是盐业市场。从今天的角度来看，对盐业的垄断几乎不可能贡献帝国总收入的 1/6—1/2 那么多。

传统的皇权对此的唯一解决方案，是组织一个可持续的组织依附体系，就像一个同心圆。避开中国历史独特性的论调，我们必须承认，传统的中国皇帝别无选择，只能遵循个人和组织代理人的结构，吸纳当地的社会精英。这是通过以科举制度为中心来实现的，它有效地划定了公私之间的官方界限，将帝国的政治、经济和社会制度纳入可再生秩序的过程。讽刺的是，这一制度的全盛时期是 18 世纪的清朝，当时欧洲的旧政权正处于崩溃的边缘。

由于 19 世纪末的帝制未能实现中国的现代化，人们普遍认为，帝制政治经济效率低下且反现代。这并不完全正确。从其以家庭为中心的议程来判断，晚期帝制国家，尤其是 18 世纪的清帝国，不仅在农业家庭经济的调控和再生产方面取得了显著的成功，而且在提高其人口的生产能力方面也成效显著。事实上，帝制秩序与其他秩序之间的竞争，尤其是皇帝与财政代理人等精英之间的竞争，在很大程度上决定了它的演变路径。正如我们的讨论所表明的那样，晚期帝制中国的制度是一个长期演变和制度创新过程的产物，是一个有效的制度，且与它自己的议程是一致的。清王朝唯一无法克服的挑战，是来自工业化西方的军事挑战和明治日本的工业化挑战，而这些挑战是无法预见的。

我们在研究议程中强调非常态的国家主义或改革主义路径，这是有其特殊原因的。500 年来，中国一直避免使用这两种方法，而是遵循着一个极简主义国家的规范，即通过关键的制度安排来制约和遏制市场。与中国历史的早期相比，晚清王朝秩序享有显著的稳定性，但也产生了一些无法解决的问题。这就是晚清帝制国家衰弱和经济贫困的难题。因此，当严复呼吁中国国家根据社会达尔文主义的原则来追求财富和权力时，他在文人中引起了广泛的共鸣。同时实现这两项任务的唯一途径，就是通过创造性的破坏过程来重建帝制国家。这一选项只有在全面爆发世界大战的时候才有可能实现，在 20 世纪中叶，帝国的政治经济体制因声势浩大和革命性的国家构建而被摧毁。

然而，尽管历经了一个世纪的剧烈变革，当代中国经济仍然保留着传统帝国政治经济的重要结构性特征。这方面的遗产通过战争和社会主义实验被重新塑造，形成了"制内市场"的基本结构。将王莽、朱元璋、王安石的基本观点和方法，与孙中山、毛泽东、朱镕基的观点和方法进行比较，并不牵强附会。从这个意义上说，就像贝奈戴托·克罗齐（Benedetto Croce）所言，一切历史都是当代史。因此，我们对帝制制度的分析，为我们进入有关近现代中国政治经济发展和结构的主题提供了方位与分析基础。

回溯历史，我们可以有把握地得出这样的结论：与近代早期的欧洲和日本不同，帝制中国的军事财政状况与欧洲近代典型国家的形成并不相同。[104] 就中国而言，帝制国家对秩序和权力有全面的愿景，但通常既没有意志也没有能力来实现这种愿景。帝制中国对市场机制几乎没有制度上的限制，这正是因为市场并非晚期帝制中国政治制度的核心。只要保持基本的和平与社会稳定，晚期帝制国家就能保持自治和自给自足。它既高于市场机制，又包含市场机制，这只不过是因为它不依赖市场来维持政治生存，不像欧洲早期现代国家那样，需要资本来进行对内强制和对外战争。资本和强制，或者说经济和政治，在中国永远是前者服从后者。换句话说，市场作为一种社会秩序，在概念上是嵌入在国家内部的，而不是平行于甚或高于国家的。这也许是帝制政治经济留给当代中国最重要的遗产。从理论上说，这正是我们将之概念化为"制内市场"的东西：无论是帝制时代的"天下"国家，抑或是当代党领导下的国家，都被认定为在政治宇宙中处于主导地位和第一秩序，而市场作为国家最重要的应用之一，其地位总是次于国家，至少在概念上如此。

第四章
现代中国政治经济的起源：地缘政治、大众动员和国家构建

在第三章中，我们概述了帝制中国时期的"制内市场"。在本章中，我们将考察中国在近代与西方列强开始互动时这一制度所发生的转变。在考察时，我们既关注地缘政治因素，也关注国内因素。第三章简要论述了地缘政治因素，特别是帝制国家与匈奴等少数民族之间的互动对帝制中国"制内市场"体制形成的影响。近代以来，随着西方列强的坚船利炮来到中国东部沿海，要求中国开放贸易和割让领土，中国的整个政治经济体制被一系列新的地缘政治因素所重塑。在多次被西方列强和日本打败后，中国开始重建国家。在一个多世纪的国家建构的漫长过程中，中国不仅要同外部的帝国主义进行斗争，在国际舞台上获得主权，而且还面临着争夺政治主导权的内部斗争。近代中国的国家——起先是清王朝，随后是地方政府和党领导下的国家——一直通过汲取经济资源来实现其区域和全球范围内的政治—军事目标。现代中国政治经济体制因此在许多方面发生了根本的转变，以配合当时激进的中央集权制国家和雄心勃勃的工业化计划。然而，这种转变并不意味着传统的"制内市场"体制与过去完全决裂，被一个全新的体制所取代。相反，这意味着该体制得到了修正，以应对由不断变化的地缘政治环境带来的重大挑战。无论在思想层面还是在实践层面，"制内市场"体制不仅在现代国家构建的过程中存续下来，更重要的是，它被取代了帝制国

家的国民党或中国共产党领导下的国家所强化和激化，成为中国的主导政治机制。

地缘政治、国家构建与现代中国政治经济

虽然人们经常提到长期的地缘政治和安全调整等因素，但中国当代经济转型主流叙事中通常没有将其视为一个主要因素。[1] 事实上，在决定中国从晚清到当代改革时期的现代国家构建的因素中，地缘政治和安全或许是最重要的。在这一时期，中国面临着与前几个世纪完全不同的形势，在古代中国，地缘政治虽然是一个重要因素，但通常是有利于帝制国家的再造，而不利于其彻底转型。正如我们在第一章和第二章中所讨论的，这是中国和欧洲国家（如罗马帝国和现代殖民帝国）之间的一个关键区别。在欧洲，随着地缘政治斗争的地点、参与者和模式在过去2000年中不断发生变化，地缘政治联盟和国家间竞争在促进现代国家构建和资本主义经济方面发挥了关键作用。在中国，自唐代开始到英国入侵，即使主导地缘政治的参与者有规律地发生变化，但中亚草原世界与黄河、长江和珠江流域平原的农业区域之间的基本竞争（有时表现为南北竞争），塑造了中国地缘政治的基本格局。[2] 这也就是我们在讨论帝制政治经济时，没有单独提到地缘政治因素的原因。虽然国内危机为帝制的崩溃提供了必要的条件，但地缘政治因素，尤其是全球资本主义和全球帝国的崛起，为帝制晚期的中国经济创造了条件。然而，晚期帝制中国仍然能够抵御全球资本主义的力量，并将其影响限制在澳门和广州等小块飞地之上，直到晚清的海防在1840—1842年的鸦片战争中崩溃为止。

1842年中国战败后，地缘政治通过中国近代国家构建的连续过程，逐渐决定了中国的政治经济体制。激进的经济国家主义在20世纪的中国崛起，先是为了应对日本侵略，后是由于面临被包围的冷战环境，因

此它首先是地缘政治的一个产物。当时的中国国家不够强大或不愿意影响其所处的地缘政治环境。它始于国民党在广东模仿苏联建立的党国政权，并在各种国际和国内战争中逐渐演进。为了应对出现的地缘政治挑战和国内挑战，历届中国国家政府逐渐建立了一种在传统中国前所未有的经济控制和动员体制：过境税、公私伙伴关系、公共债务、国有企业、国有银行、法定货币、国家资源的国家所有权，以及国家控制的城乡土地和基层市场。

这种地缘政治、国家构建和政治经济之间的相互作用，贯穿于中国整个近代历史。从这个角度，我们把这个进程分为六个时期。第一个时期是1840—1895年，清政府被正式纳入以欧洲列强为中心的世界体系，但保留了传统的帝制。这一时期，地缘政治没有直接影响到帝国经济，因为清政府只采取了温和的和实验性的步骤来改革其经济，主要是在沿海省份这一地方层面上。第二个时期始于1895年，结束于20世纪20年代末，当时中国的天下秩序在中日甲午战争后正式崩溃，中国精英终于开始效仿西方和日本的模式，重塑中国的政治和经济。这也是中央政府衰退和市场经济在各个层级兴起的时期。第三个时期开始于20世纪20年代末，结束于20世纪50年代初，在这一时期里，新的党领导下的国家形式在中国占据了主导地位，并领导国家经历了全面战争和社会主义革命时期。第四个时期，或称毛泽东时代，开始于20世纪50年代初，它开启了一段被全球日益孤立、激进的国家构建，以及对各级市场经济彻底压制的时期。第五个时期开始于1971年，中国逐步走向改革开放。这段时期开始于中国与美、日联合起来对抗苏联，结束于1991年苏联解体，此后的中国转向了以国家为中心的全面市场化改革。最后一段时期始于苏联解体，且很有可能很快就会结束。最后的这一时期有时也被描述为中国经济高速增长和中国崛起的一个时代，中国国家和大部分社会群体都受益于与全球经济的日益融合以及国家资本的崛起。在这一时期，中国在与美国保持稳定关系的同时，恢复了在亚洲的主导地位。自 1840 年以来，中国第一次重新获得了对周边地缘政治环境甚至更远地区的一些控制。

值得注意的是，我们在这里并没有遵循中国现代历史的标准周期，因为我们想强调的是不断变化的地缘政治环境对中国政治经济体制的形成和变化的影响。标准的周期是以重大事件为时间节点特征，如抗日战争的结束、中华人民共和国的成立，以及改革年代的开始。我们认为，尽管这些事件在政治上很重要，但它们本身并没有改变中国的政治经济体制。政治经济体制是随着地缘政治环境的变化而形成的，但它一旦形成，就可以通过适应不同的政治环境而存续下来。这种方法使我们能够观察到中国政治经济体制的特定思想和实践在不同历史时期的连续性和变化。例如，从晚清到国民党时期或中国共产党早期，从"文化大革命"后期到 1979—1984 年的改革开放之间，都存在着国家构建的连续性。相应地，对中国而言，1895 年、1929 年、1945 年、1972 年和 1991 年这几个具有分水岭意义的年份，有时意义更大，因为它们是中国与世界、中国国家与其所治理的社会互动的关键时刻。

因此，本章通过概述这五个时期国际和国内动态的变化，来追溯中国现代政治经济的崛起，重点放在前四个时期。我们认为，地缘政治、国家构建和"制内市场"结构在这一时期密切相关。在这三个因素中，地缘政治为其他两个因素奠定了基础，因为它决定了中国的安全环境、贸易安排和文化实体。事实上，中国现代国家构建和政治经济结构，很大程度上是由中国的地缘政治形势和战略选择决定的。尤其重要的是中国与周边邻国——包括北边的沙皇俄国或苏联和东边的日本——不断变化的地缘政治平衡，以及它与大英帝国和美国这两个占主导地位的全球大国不断变化的关系。这些因素对中国的发展轨迹产生了决定性的影响：市场发展和军队复员的前提，是与邻国保持稳定和安全的地缘政治平衡，并与占主导地位的海上强国保持良好关系，这些条件直到 20 世纪 70 年代末才具备。这就是本章以 20 世纪 70 年代末作为结束时段的原因，当时中国与美国建立起稳定和互利的关系，成为周边地缘政治环境的主要塑造者。尽管中国最近雄心勃勃地想成为全球海上强国，但"美国治下的和平"仍大致界定了中国经济转型的外部条件。

晚清的危机与地方改革：1840—1895 年

如果不是因为衰落和崩溃，18 世纪的中国经济本可以成为一个以农业为主的帝国经济社会的典范。1800 年，这个体制可以养活世界上 1/3 的人口，这应归功于它复杂的生产和交换体制，以及拥有的可能是最为复杂的官僚政府形式。尽管人均收入、城市化和治理国家的技术水平依然与前工业时代的西欧相当，但晚期的帝制经济秩序仍然能够通过扩大生产和更重要的集约农业与市场发展，来支持人口的空前增长。这一伟大的成就是通过一个极简主义的国家来实现的。以任何尺度衡量，国家在这一时期的规模都是最小的。[3]

但是，就像历史上的许多帝国一样，清朝也未能幸免于帝国衰弱的铁律。清朝在乾隆皇帝统治下的 18 世纪下半叶达到顶峰，此后，在 19 世纪经历了漫长而痛苦的逐步衰落，最终爆发了太平天国起义（1851—1864 年），并与英国（1840 年和 1860 年）、法国（1860 年）发生了三次灾难性的军事对抗，最后与日本帝国爆发战争。虽然早期的史学家往往强调，这些具有里程碑意义的对抗是 19 世纪 90 年代"天下"秩序彻底崩溃的原因，但自 20 世纪 70 年代以来，中西学术界都逐渐将帝制的消亡归因于其成功的基础。在经济领域，晚期帝制政治经济缺乏满足其基本存在目标的能力，被认为是一个自然的结果，而非重大的转型。

第一次危机是清朝统治下两个世纪的和平所带来的人口革命的直接结果。在以家庭为中心的制度下，有利的经济政策和各种积极的社会政治因素，使得清初的中国人口很快从王朝战争中恢复过来，在 18 世纪，人口从 1.5 亿人增加到了 3 亿人，到 1850 年时达到了 4.3 亿人。[4] 人口趋势的变化对经济体制产生了一系列社会政治影响。在世纪之交，帝制中国的人均粮食供应暴跌至 200 千克的危险低位。与此同时，大米的价格在 18 世纪下半叶上涨了 200%。[5] 在中国的边疆地区，如西南边疆，人口增长的供应负担已经开始显现，在那里，生态对生计经济的限制，迫使客家社群开垦高地。[6]

第二次危机来自帝国军队对日益动荡的边境和偏远地区管理能力的下降。在清朝统治的第一个世纪里，中国的领土扩大到明朝的三倍左右，清朝把东北、东西伯利亚、台湾、新疆和外蒙古纳入领土范围，巩固了对今天的新疆、西藏和西南边疆的控制。另一方面，由于帝国的军事机器变得更加低效、昂贵，针对边境叛乱势力和邻国的军事行动成本急剧上升，乾隆所谓的"十全武功"的大部分战争就是明证。随着太平天国和捻军起义势力在中国本土南部与北部地区的崛起，西部省份宗教分裂运动的加剧，以及与军事上更先进的西方列强和日本的冲突，清朝的国际形势变得更加严峻。

第三个迫在眉睫的危机来源是外部因素。虽然全球资本主义和海上殖民帝国的出现最终改变了清朝的政治经济，但直到两次鸦片战争和中日甲午战争失败后，帝制国家才启动了系统性的地方和中央改革。这一时期因此标志着中国进入全球一体化工业世界的开始，这一进程至今仍在持续。根据贝利（Bayly）的观点，19 世纪 40 年代，这种向工业化的无情转变是全球范围内的现象。[7] 这一转折点与清王朝的衰落和最后的内部和平岁月相吻合。在征服印度次大陆和马来亚之后，大英帝国加强了在南海的贸易活动。英国在进入中国国内市场的问题上与中国产生了矛盾，并在随后升级为全面的军事冲突，即 1840—1842 年的第一次鸦片战争和 1856—1860 年的第二次鸦片战争。随着清朝在鸦片战争中的失败，工业化的大英帝国和接踵而来的其他西方列强清除了外部障碍，进入中国国内市场。到 19 世纪 90 年代，西方资本，特别是英美资本在中国现代工商业中蓬勃发展，它们开设工厂，开办银行，向清政府投资和提供贷款，以各类优惠的税收和利息安排从事商业活动。[8]

19世纪下半叶清末改革的大杂烩，是清政府对这三大挑战的回应。在这一时期（1840年至19世纪70年代），清政府的回应是一种矛盾的混合体，一方面发展增强地方政府力量的现代化工业，另一方面实行削弱清政府的放权式国家建构。这是19世纪中期形势的产物。社会动乱，尤其是太平天国起义，摧毁了帝国大部分的军事和财政资源。为了平息叛乱、重建秩序，中央政府批准在叛乱地区下放财政扩张的权力，即由地方政府对所有过境商品征收"厘金"以及鸦片税。独立的地方财政基础的建立，得到了崛起的地方军事和政治权臣的支持，如曾国藩和李鸿章，他们忠于北京，但在财政和军事上并不依附于北京。讽刺的是，正是这群地方掌权者率先打破新儒家排外主义的意识形态障碍，发起了"师夷长技以制夷"的洋务运动。

太平天国运动几乎摧毁了帝国在长江中下游地区的经济中心地带，战争结束后，军事长官和平叛部队的领导人开始在军事相关领域采用西方的军事技术与经济组织。19世纪60年代，他们开始在中国沿海省份引进造船厂以及机械、军械和其他现代化工厂。这些努力开启了后来历史学家所称的"自强运动"。在这场运动的第一阶段，改革派地方官员建立了20多家工厂和局（企业），其中的四大企业分别是江南机器制造总局（1865年）、天津机器制造局（1867年）、福州船政局（1866年）、轮船招商局（1872年）。[9]

虽然这些企业大多是政府经营的，但也有一些是建立在地方政府和私营企业之间的一种新经济合作形式基础上的，即官督商办（字面意思是在官僚监督下由商人进行管理，或公私合营）。李鸿章率先使用了"官督商办"来褒奖招商局所代表的经营理念。这个词后来被用来指称现代工商业的标准模式。这些工商企业由地方官员代表帝制政府设立，但由有政治关系和商业头脑的商人来经营。[10]最初的制度设计在有关商人和代表国家的官僚之间的权力与义务的确切划分上，有许多含糊不清的地方。由于国家对其组织和治理有一个最低限度的法律框架，而且国家对企业的支持形式往往是来自地方官员的保护，因此，在基于国家和私人行为者参与的不同形式（官办、官督商办、商办）的现代企业之间，是不可能有一个明确边界的。

在自强运动的第二阶段，改革派的地方长官意识到，建设国防工业已经不够了，军事现代化还需要一个现代制造业体系和西式学校。1872—1894年，负责长江、珠江和京津地区的改革派地方官员在民用工业领域建立了27家新工厂，包括采矿、钢铁、交通、通信和纺织。这些成就中最重要的民用工业包括招商局（运输，1872年）、开平煤矿（采矿，1878年）、上海中国电报总局（通信，1880年）和汉阳铁厂（钢铁，1890年）。[11]

国有企业大多经营不善，管理不良。它们中的大多数作为政府部门的一部分在运作，每年都有财政补贴，生产效率很低，这与帝制工厂的旧模式非常相似。事实上，工厂的质量管理实在是太差了，甚至连清政府都不愿从自己的国有兵工厂采购武器，因为其价格高昂、质量低劣；确实必须采购，也仅限于它们生产的非常简单的手持武器。[12]但是，官督商办模式也不是商业成功的保证。事实上，在政治动荡时期，这种做法有时风险更大。以开平煤矿这一直隶的重点国有煤矿为例，该煤矿在其首任商人总办唐廷枢的管理下实现了盈利，但后来被第二位商人总办张翼卖给了英国投资者，并在伦敦注册为一家有限责任公司。[13]

除了官办或官督商办的企业外，这一时期也开始出现了士绅拥有和经营的私营企业。与当地总督建立的工厂和局相比，私人工厂通常很小，前者的资本总额在20万—600万两白银之间，而直到19世纪末，后者的启动资金也很少超过20万两白银。[14]除了一些纺织厂外，大多数的私营工厂设备落后，资金不足，缺乏专业技术和足够的市场。在官办企业和官督商办企业已经率先涉足的行业，私营企业有时会被拒绝进入市场。即使这种机会是开放的，私营企业家通常也负担着沉重的额外税收。在这些极其苛刻的条件下，一些私营企业购买外国商标或租用外国商船，以确保在国内市场竞争中获得优惠的税收待遇。[15]

1894—1895 年的甲午战争失败后，清政府的自强运动戛然而止。虽然大多数工商业项目还将持续到 20 世纪，但地方政府的努力并未能产生一个富强且能够自保的国家，这一点已经在李鸿章的北洋舰队的惨败中得到证明。这场运动并不意味着清政府的政治经济和中国社会的彻底转型；因此，它对社会和经济的影响是有限的。然而，它标志着地方上国家建构运动传统的开始，这一趋势主导了中国的政治经济，直到 20 世纪 30 年代初。如果没有来自北京的改革派人物的强有力政治支持的话（这些改革派人物包括恭亲王奕䜣、文祥，有时甚至包括慈禧太后），这场运动是不可能开展起来的，但它本质上是由国家出资的国防和国防相关产业的现代企业组成的，并依靠强大的总督及其中央盟友支持。直到 1895 年，绝大多数的儒家文人仍然反对哪怕是一点点的西化。因此，改革网络仍然是通过少数中央和地方巨头的资助网络运作的，而不是通过晚期帝制国家的经济官僚机构来运作。从这个意义上讲，现代企业的自强类型与国有企业和政府背景的企业不同，后者包括官督商办的模式和所谓的爱国商人的企业；这些企业身份的核心是强大的个体代理人，仍然不存在现代国家组织结构的概念。

晚清"新政"的国家构建实验及其后继者：1895—1927 年

尽管有许多结构上的缺陷，但在 19 世纪 90 年代初，清朝仍然拥有庞大的常备军、可观的财政资源和复杂的政府体系。它经历了一系列重大的动荡，包括太平天国运动、捻军叛乱，以及少数民族的叛乱。但是这种复兴很快就结束了，1894 年，帝国的北洋舰队和步兵在新生的日本帝国手中遭受了耻辱性的失败，1900 年，又在与八国联军的灾难性战争中再次失败。清政府无力保护自己的领土主权和臣民的生命不受外国列强的侵害，这一点已经显露无遗，连中国的最高领导人慈禧太后都觉得有必要对政治制度进行彻底的改革。

除了公众舆论和社会思潮的激荡，其他一些重要内部力量也把这个国家带向了一个彻底的转折。不平等条约开放的沿海沿江的通商口岸，是与外国的政治和经济力量接触的前沿地带，在这里，汉人总督成为皇帝、士绅社会力量和外国经济军事力量这三者之间有效的权力掮客。在1900年的政治危机中，三个最强大的南方总督签署了一项协议，在他们自己的辖区内与外国列强和平共处，而直隶总督也心照不宣地避免与外国列强对抗。如果统治精英继续抵制改革，地方官员很可能会自行其是，以获得进一步的自治权。1900年义和团运动之后，顽固的保守派遭到清洗，中央的权力被进一步削弱，朝廷中剩下的保守派无法抵制由地方精英支持的总督提出的要求进行系统性改革的更有力的倡议。

这些危急情况催生了关于中央集权的现代国家和现代经济的新愿景。买办出身的思想家郑观应在其影响深远的专著《盛世危言》中，概述了以政府支持的经济发展和经济驱动的政治与社会变革为基础的全面的国家构建战略。在他对现代中国政治经济的展望中，经济，尤其是贸易和商业，是国家权力和国际秩序的基础；商业竞争（商战）比军事竞争（兵战）更好，贸易可以被用作对抗外国列强的武器。中国要在全球竞争中取得成功，就必须在教育和商业领域进行系统的改革，最重要的是，要把在儒家观念中地位非常低下的商人，提升到与官员和学者同等的地位。[16]郑观应的商业民族主义思想在19世纪90年代末和20世纪初产生了巨大影响。

1900年，北京被八国联军洗劫，这一政治形势带来了开创性的政策转变，这在很大程度上有利于郑观应的愿景。在所有这些盛行的政治和社会力量影响下，受1900年从北京逃难到西安的噩梦般经历的直接刺激，慈禧太后最终在1901年1月做出重大决定，发起全面的经济、政治和社会改革。她原则上批准了湖广总督张之洞、两江总督刘坤一这两位强大的总督提出的《江楚会奏变法三折》，效仿日本采取了一系列现代化措施。[17]对这些改革的全面论述超出了本研究的范围，本章只考察经济改革的主要措施和后果。

新政的第一项重大经济改革是对帝国官僚体系的彻底变革。1906年，改革派建立了几个重要的现代机构，包括商部和后来的农工商部、[18]邮传部和度支部。1906—1912年，经济官僚开始为其管辖的部门建立广泛的规章制度。[19]在清政府的最后10年里，新的农工商部在构想和实施经济现代化思想方面发挥了关键作用。此外，农工商部的这些实验使20世纪的中国政府将经济现代化委托给了官僚机构。

改革的第二条战线是税收改革。在1904年的改革方案下，清政府试图重新集中控制盐税和厘金，自太平天国运动以来，盐税和厘金就一直由各省控制。但这很快就遭到了激烈的抵制。1909年的改革将盐务管理的人事和财政置于中央控制之下，但这仅仅换来了一份抗议书，帝国近一半的地方长官和总督共同签署了这份抗议书。[20]讽刺的是，就在武昌革命爆发的4天前，中央政府终于出台了一项全面的行动计划，把对盐的集中控制作为一项全国性的间接税。[21]

与此同时，清政府也以私人资本为主导，对公私合营进行了改革。清朝的中央和地方政府一致认为，私有制比国有制和官僚控制更有效，于是将许多重要的现代企业私有化，将官办（国有国营）模式转变为官督商办（国有私营）和商办（私营）。甚至是在国有的现代部门，随着商人被招募来负责管理，许多现代企业也经历了管理上的变化。[22]因此，清朝的最后10年是中国私营企业的黄金10年。1895—1910年的15年间，现代部门中的私营企业在产量和资本化方面，都超过了官办企业和官督商办企业。除了军事、通信和铁路工业外，私人资本还进入了大多数现代部门，特别是那些与民众生活密切相关的部门，如面粉、纺织品、烟草、火柴和日用化学品的制造。[23]

商人的社会声望也显著提高。其中由官转商最为典型的人是张謇，他在1894年的科举考试中夺得状元。他的生意在19世纪90年代艰难起步，但在新政时期财富急剧增加。张謇本质上还是一位儒家学者，在经商的同时，他致力于将他的丝绸产业所在地南通改造成一个模范的现代城市。他效仿日本的模式，在提供公共服务方面引进了许多现代机构，如现代学校、孤儿院、博物馆和公立医院。[24]

其中最重要的改革是度支部努力建立了一些关键的现代财政和金融机构，包括国家银行（大清银行）、中央预算体系和统一的法定货币（大清铜币）。但由于政治原因，这一领域的改革也不太成功。清廷以西方为榜样，建立了银行，希望调动私人资本开展现代化项目。基于国家债务项目失败的教训，清廷决定招募富有的地主与商人作为积极的参与者和利益相关者。新的国家银行不是由国家主导的企业，而是以公私合股的形式建立的，由私人和国家各出一半的股份。通过这些新的股份制银行，清廷计划发行新的纸币。但是，尽管银行储蓄和资本有所增加，帝制政府却无法直接调动这些储蓄。缔造主权货币并没有缔造现代银行那么成功，因为中国缺乏统一的法定货币和一体化的货币经济来支持其流通。何文凯认为，清朝通往现代国家的道路与英国和日本不同，因为清朝从未在中国初生的现代金融机构（如上海股份公所）中确立自己作为主要债券发行借款人的地位。[25]因此，它无法与潜在的国内借款人形成良性循环，也无法建立现代货币体系所必需的制度性基础，如现代税收制度、公共债务、国有银行，尤其是控制实体经济和货币供应的基础。这些不可能通过一些指令、法律和规章来实现。他们需要对政治体制进行更加根本性的改革。

1912年，末代皇帝在没有造成重大社会混乱的情况下退位，将政权移交给北京的新统治精英，他们原本是旧精英中的改革派系，这是一个羽翼未丰、以市场为导向的现代国家的遗产。它建立了一套致力于发展经济的新经济机构，建立了几十家由专业商人经营的现代企业，并改革了财政制度。事实上，尽管经济仍以农业为主，但是财政制度已经大大扩展。1839—1910 年，清政府的财政收入从 4200 万两增加到 2.97 亿两，支出从 3200 万两增加到 3.36 亿两。税基已扩大到包括关税、过境税、外国贷款、各类捐款和地方附加费。清初的中央集权控制制度，已经让位于中央对各种地方资源的依赖。[26] 换句话说，随着财政动员的加速，财政控制已经崩溃。

尽管到 1911 年，新的政策改革项目基本上仍未完成，但在袁世凯及其军阀继任者的领导下，许多改革实验仍在继续，直到最后一批清朝军事精英的继任者被广东和南京的国民党政府所取代。袁世凯是一位开明的改革家，他基本上遵循了清末的改革政策，促进了现代工商业的发展。[27] 分散在通商口岸周边地区的现代经济部门躲过了一场可能具有破坏性的朝代更迭战争，进入了一个强劲增长和繁荣的黄金时期。尽管中国历史上的王朝更迭常常会影响到农业经济，但这一次，即便是农业经济也没有因为天命的改变而受到太大的困扰。但清政府的最终垮台也意味着北京的新政府失去了一个传统的合法性来源。北京的中央政府被强大的、有时是军事化的地方权力组织包围着，它别无选择，只能让地方势力在经济发展中起带头作用。

在 20 世纪的前 20 年，北京政府实施了改革措施，旨在建立一个安全的税基、全国性货币和一体化的全国性市场。中央政府一直需要额外的收入，它主要依靠铁路干线的收入来支付大部分的开支和外债，以弥补财政差额。到 1927 年北京政府结束时，这两个项目累积达 17 亿多银圆。[28] 虽然依赖外国贷款是延续了晚清的做法，但北京新一届政府也成功地发行了国债，创建了国有银行。

北京政府时期，经济改革最显著的制度性成就，就是公共债务和成功铸造了基于真正银本位制的银圆。如前所述，晚清时期的公共债务实验基本上是不成功的，但北京政府能够发行至少 8 亿元的债务。此外，1914—1920 年发行的银圆硬币，被证明是中国历史上流通最广泛、最可靠的银币，为南京政府进一步的货币改革提供了基础。事实上，在

1950年由共产党新政府强制使用人民币取代银圆之前，银圆比后来国民党的法币存在得还要久。

在北京政府统治的 10 年间，由于中央政府的财政力量薄弱且受到限制，京津和苏浙沪地区的私人现代银行蓬勃发展。著名的金融势力包括北方银行集团（北四行）和南方银行集团（南四行），它们的核心都是四家地区性银行。1921 年纸币危机后，中央政府变得极度虚弱，南方银行家甚至迫使财政部出售股份，实现了中国最大的两家票据发行银行的完全私有化。[29]一段时期以来，这个被界定为发行大额贷款和银行票据的国家货币管理当局，一直掌握在有能力的私人银行家和资本家手中，直到 1935 年国民党政府通过币制改革才取得了控制权。

现代银行持有大量公共债券作为储备资本，以备票据发行。事实上，只有35％的北洋时期债务是由继任的国民党政府来承担的，这表明这种机制至少在 20 世纪 20 年代之前一直运作良好。[30]但是，由于一段时期内几乎连绵不断的战争所产生的严重债务，北京政府不得不用几乎一半的年收入来偿还债务，基本上没有多余的财政资源来资助任何大规模的发展项目。[31]尽管中国政府的财政能力较弱，负债累累，但它仍能够确保一个可行的财政制度运转，并与由私人银行组成的补充性货币体系协同工作。正如我们最终看到的，在共产党接管货币之前，袁世凯发行的银圆仍是中国最流行的货币。

北京政府统治的 10 年中，中国政治经济的演变呈现出一幅喜忧参半的画面。与中国历史上的早期和晚期相比，这是一个市场发展的时期，但离全国性市场的出现还很遥远。这是一个私营企业可以在没有国家正式限制的情况下成长的时期，但是它们的经济活动受到基本公共产品供应不足、政治状况不确定和不稳定的限制。[32]但与晚清相比，这一时期仍然是一个分水岭，因为它标志着建立一个现代国家和全国性市场的首次努力。尽管清末的维新派和北洋政府的后继者都无法集中力量建立这样一个中央集权的国家，但他们还是打开了经济国家主义的"潘多拉魔盒",这个魔盒自王安石变法失败以来一直被锁着,盒子里装着的是一个能够调动财政和财政资源的不断扩张的中央政府。晚清改革家所设定的这一方向,一直延续到20世纪。

党国的崛起与南京政府的10年:1920—1937年

20世纪20年代初期,是从荡然无存的中央权威向地方强权统治的过渡时期,在中国的政治经济中,各个地方军阀在这一时期进行了短暂的政治统治,自治的现代经济精英也在一定程度上实现了经济统治。三大主要军阀派系——以段祺瑞为首的皖系,以曹锟、吴佩孚为首的直系和以张作霖为首的奉系——分别控制了中国东部、中北部和东北(满洲)的大部分省份。紧随其后的是晋系(阎锡山)、西北系(冯玉祥)、桂系(李宗仁)和粤系(陈炯明)等其他实力强大但较为边缘的军阀派系。

尽管中国企业从欧洲爆发的世界大战中获益匪浅,但地方军阀对战争的积极资助在经济中引发了短期的动荡和长期的不确定性。军阀的制度化财政资源甚至比统一的清政府和部分统一的袁世凯政权还要少,军阀被认为是外国援助的合法接受者,虽然只有极少数强大而有前途的军阀有机会获得外国列强的财政支持,但即便在这种有限的个案里,这些大军阀也常常受到民族主义情绪的束缚。因此,一些财政拮据的军阀到市场上寻找新的军事财政形式,如特别税和预征的盐税,以及商业税和过境税。从1923年夏到1924年,皖系、直系和奉系军阀之间的内战全面爆发,危机达到顶峰。这次经济动荡的程度如此之深,以致北部和东部所有主要城市的经济在1924年陷入了严重的萧条,并持续了半年之久。[33]

出人意料的是,最强大的力量是由孙中山领导的在"三民主义"(民族主义、民主主义和民生主义)旗帜下复兴的国民党。虽然袁世凯和他的北洋派系最初控制了这个共和政府，但他的主要政治对手孙中山最终凭借国民党，成为一个有远见的、强有力的国家缔造者。在孙中山的三民主义思想中，民生主义是民族主义和民主主义的基石。孙中山对国家在经济中的变革性力量的信念，反映在他提出的三个革命中。第一个是土地革命，即国家所有制下的土地权利均等化。第二个是国家主导的工业革命，这将带来中国制度的全面现代化。第三个是钱币革命，以国家控制的物资为后盾，建立不可兑换的纸币。[34]

然而，在20世纪前10年军阀割据的中国，孙中山只是一个边缘人物。直到20世纪20年代初，在忠实的支持者陈炯明的帮助下，孙中山终于在广东开辟了一块飞地。当苏俄对中国的政治发展进行果断干预时，他的机会终于来临了。1920年，在德国和匈牙利的共产主义起义失败后，莫斯科新成立的苏维埃政府开始在亚洲寻找可靠的政治盟友，并对政治上四分五裂的中国特别感兴趣。在多次遭到中国一些实力较强的军阀的拒绝后，苏联特使成功地与孙中山及其在广州的政府探讨并建立了友好关系。[35]苏联向孙中山提出的模式是一个有明确革命纲领的党国模式，让国民党成为构建国家的政治工具。[36]

在对私营企业的态度上，国民党的严厉政策几乎与北京政府和许多地方军阀的宽松政策完全相反，尽管孙中山的继任者在20世纪20年代末软化了这一立场。但是，随着左派的廖仲恺担任财政部部长，广东国民政府首次尝试控制地方经济，通过与工农联盟、攻击商业与金融精英来资助战争。在城市地区，国民党政府还试图推行法币和税收制度，比如统一的商业和企业所得税。不出所料，廖仲恺的财政计划在广东引起了商业利益集团的强烈抵制。当地的商人拒绝接受政府的本票，呼吁罢工，并请求得到香港英国殖民当局支持的民兵的保护。[37]这种矛盾最终升级为1924年的广州商团事变。尽管国民党在苏联的帮助下最终平息了叛乱，解除了商人组织的武装，但后来的广州和南京国民政府领导人还是有意识地对经济精英采取了一种更为循序渐进、更为温和的态度，以便在北伐统一全国的过程中（1926—1928年），至少在个人层面上避免发生类似的事件。[38]

自从1927年前后的北伐战争把国民党军队打造成为一个强大的军事集团，中国政治经济进入了南京政府统治的10年时期。这段时期，国民政府一直致力于经济现代化和国家建设。南京政府的10年是中国政治经济史上的一个转折点。在国民党政府腾出时间来制定自己的发展政策之前，中国的国内资本主义已经经历了快速的增长，并在国内广泛地发展了自己的市场体制。在这段时期的初期，国民党从与中国资本家的结盟中获得了巨大的利益，并成为他们利益的维护者来反对共产党，而共产党借用苏联无产阶级革命的战略，主要依赖劳工运动和城市暴动。但是随着共产主义对城市经济和社会的威胁的减弱，以及中国农民革命战略于20世纪30年代初成型，国民党与资本家的临时联盟很快就被证明是不可持续的。国民党政府一心想搞规模扩张和国家主导的经济发展模式，其利益与资本家的利益发生了激烈的冲突。

在1928年完成名义上的全国统一之后，国民党立即召开了全国财政会议，讨论经济统一问题，制定了国家控制的经济体制蓝图。但在这一阶段，国民党内部分裂严重，外部又受到威胁，以致无法执行这些规定的哪怕部分内容。文人派系以汪精卫和宋子文为首，军人派系以蒋介石为首，还有一些其他重要的派系，如CC系（中央俱乐部）和胡汉民的广州派系，这些派系在政治战略和经济路径的问题上互相竞争。虽然所有这些派系都认同国家控制的重要性，但文人派系更偏好一致和包容的经济现代化计划，而军人派系则强调战略和政治优先于市场。起初，文人派系的主张占据了主导地位，因为汪精卫和宋子文利用全国经济委员会来动员民族主义私营企业家的支持，并试图让他们参与工业发展项目。[39]后来，全国经济委员会让位给了中央集权的国民政府资源委员会，因为内部和外部的政治力量都支持蒋介石的崛起，军人派系不可避免地取得了胜利，经济也向统制经济的方向发展。

大萧条是导致中国新兴私人资本家消亡的另一个因素。当危机从全球资本主义的核心地带率先爆发时，中国最初受到了银本位制的保护。但是，当美国颁布《白银收购法案》后，情况立刻发生了逆转，出现了严重的通货紧缩。首要和最直接的影响是对生产部门的影响，其次是对货币和财政的重要影响。农产品价格下跌，中国的农业经济和农业加工业的情况立即恶化，以至于大多数缫丝厂和棉纺织厂濒临倒闭。[40]作为一个没有大量白银储备的事实上的银本位制国家，[41]中国在1933年美国高价回购白银的政策中遭受了严重的打击，这立即导致了中国白银的大量外流以及货币和信贷的紧缩。

20世纪30年代初的经济和财政危机对新生的国民党政权构成了重大挑战。与残余军阀和共产党之间的持续内战使情况更加恶化，共产党仍然控制着中国南部山区的大片领土。因此，对财政资源的需求和对国民经济的控制，促成了1935年激进的经济中央集权运动，在这一年，国民党政府的经济领导人发动了一场针对私人银行家的政变。1935年4月，财政部部长孔祥熙通过公关活动和政治压力，对两家大型私人银行——中国银行和交通银行——采取了强制措施，这两家银行对政府是否有能力发行债券以接受更多的政府债券作为储备持怀疑态度。为了确保上海资本家的顺从，国民党政府动员了杜月笙等秘密组织的领导人和大众媒体来反对"大金融资本家"，把中小企业的经济和金融困境归咎于大银行家。最终，上海的银行家们做出了让步，同意接受国家的控制。[42]

政府在确立了对主要银行的控制之后，又于1935年底进行了币制改革。改革使法币取代各种各样的银行纸币和银圆，成为中华民国新的国家货币。得益于之前的政变，国民党政府实现了对金融业更全面的控制，并迅速用公共债券充实了银行资产库。1934—1936年，政府在总资产中的合计占比从18.2%上升到72.6%，其中包括四家货币发行银行的控股权。[43]作为第一种以国家强制力为后盾的法定货币，法币的推行标志着中国货币史上的一个分水岭。

尽管国民党努力开展国家构建和市场控制，但由于与共产党的内战、由不顺从的军阀转变而来的地方领导人的存在、来自日本和苏联的外敌入侵，以及南京政府10年期间中央层面的政治斗争，中央政府的能力被持续地削弱。尽管蒋介石在20世纪30年代已成为中国最高军事领导人，但他的派系受到国民党内部各方面的挑战。随着日本威胁的增加，蒋介石派系逐渐控制了党国机关。在经济方面，国家指导的、以南方经济精英为中心、由汪精卫和宋子文领导的民族经济，和蒋介石构想的由技术官僚掌管、国家控制的银行和军事工业体系之间，存在着竞争关系。1935年底，国民政府资源委员会取代全国经济委员会，成为实际的经济统制机构，这标志着蒋介石的胜利。在国家掌握主要经济资源的情况下，蒋介石准备对国民党政府的外部敌人（军阀派系、中国共产党的红军和日本侵略者）实施强硬的军事优先战略，并推迟为解决农村问题的任何实质性改革，农村问题在当时被视为社会的首要问题。但这一切都来得太迟了，无法对战争的准备起到帮助，因为到1936年时，中日战争即将全面爆发。

即使国民党政府加强了对市场的控制，现代经济的发展仍然有增无减，在整个20世纪20年代和30年代初，工业企业持续增长。如果将1933年的产量标记为100，工业生产总值从1912年的11.9增加到1936年的122。但更重要的变化发生在关键产业的结构里，它清楚地表明了以国内为基础的资本主义生产的兴起。例如，在1905年，棉布行业几乎完全被进口制品和国产手工制品所主导，两者加起来的产量占总产出的88.5％，但到1931年，国内制造商贡献了总产出的90.9％，而出口则从零提升到了7.1％。[44]

国民党的经济统制主义是对中国偏远地区两个并行的外部挑战的直接回应。第一个挑战，也是最主要的挑战，来自占据东北和进入华北的日本人。日本对中国东北的侵占可以追溯到1894年，但仅限于规模较小的殖民，对主要铁路线的控制和情报搜集。在1928年中国名义上完成统一和1929年的大萧条之后，这一进程突然加速。1931年，关东军出其不意地袭击了毫无准备的东北军，占领了其主要驻防地。次年，日本又建立了伪满洲国傀儡政权。1934年后，日本政府开始在伪满洲国实施经济控制和计划。1936年，它成立满洲重工业开发株式会社，控制了伪满洲国所有的重点矿山和机械工具工厂。在1937—1941年的第一个五年计划中，随着日本政府接管，国防和重工业被置于优先地位，整个经济服从于日本的军事动员。[45]

经济统制主义的另一个挑战来自中国苏维埃政权下的共产党的革命性国家构建努力。在国民党巩固其对中国经济最开放和最发达的长江地区的控制时，中国农村的各种严重的社会危机也达到了顶峰。在中国北方，农村危机始于清政府现代化改革时期的国家内卷化和乡村社会与帝制国家之间以士绅为中心的保护性中介的瓦解，但直到共产主义力量在几十年的全面战争期间到来，农民运动才得以全面发展起来。[46]在已经危机四伏的中国南部和中部腹地的农业区，共产主义者的到来使局势进一步升级为公开的农民运动和争取土地的斗争。[47]与国民党相对温和的方针相反，中国共产党对其控制下的经济精英采取了特别严厉的方针。第一次农民革命是由彭湃在广东海陆丰地区领导的，在这场革命中，党的干部把更加有效的组织和阶级斗争思想引入了粤东农村。自从1927年第一次国共合作瓦解，中国共产党在与国民党的斗争中，就把激进的土地改革作为其根据地主要的经济和政治战略。

在各根据地，中国共产党还试图用政权来控制市场。战争的残酷性迫使他们在根据地实行更加激进的纸币制度，经常动员农民实行统一的土地改革计划，其中包括暴力行动。[48]这些激进的财政和经济政策通常不是那么有效。由于动员过度，后来使得侵犯中农甚至贫下中农利益的现象变得难以避免，根据地的财政动员体系已经无满足战争的需要。[49]但随着中国共产党挺过长征，等待着形势的成熟，这些都只是中国共产党下一步经济战略的前奏。

20世纪30年代初，甚至在中国进入全面抗日战争时期之前，国民党、日本和共产党之间在建立制度结构与军事政治斗争的物质基础方面的竞争，就已经预示了未来要发生的事情。事实上，这一时期的制度创新，从法定货币、国有银行、自然资源垄断到第一个伪满洲国产业开发五年计划，将对中国国家主导的经济发展轨迹产生持久的影响。20世纪30年代高度军事化的统制经济的出现，最能体现出这种带有浓厚苏联印记的战时经济的多方面发展。尽管按照孙中山最初的设想，应当有许多部委层面的计划，但这些计划没有一个得到国民党政权的政治和财政支持。但在1931年"九一八"事变后，国民政府加强了统制机构，开始加速工业发展，为即将到来的与日本军工力量的战争做准备。在20世纪30年代初，这一努力首先体现为由翁文灏和钱昌照等技术官僚领导的强大的国民政府资源委员会，以及第一个实质性的工业计划，即1936年的《重工业五年建设计划》。[50]但是1937年抗日战争全面爆发后，这个计划不得不搁置。1939年，国民政府资源委员会副主任钱昌照在回顾《计划》的有限成果时提出，阻碍中国实现重工业化的四个不可逾越的障碍分别是资金、技术、信息和人才。关于资本的匮乏，钱昌照提出，中国不应该效仿苏联通过压榨农民来为工业化提供资金，相反，他建议中国可以通过贸易和外国投资来实现工业化，从而为急需的基础产业和基础设施建设提供资金。在他看来，技术、信息和人才可能会在不久的将来带来更多的挑战。在这些方面，除了加强技术人员的培训外，国际合作是取得进展的唯一途径。面对与日本的战争，钱昌照坚持认为，工业化的总体战略将以国家为主导，努力鼓励技术和工业发展，将重点放在国防工业上，并以它为战时经济任务的中心。[51]从本质上讲，在与日本帝国的全面战争前夕，中国经济已经转向了以外国技术进口为前提的部分计划经济。这种大规模技术进口的条件只有在冷战时期才会成熟，因为那时中国才成为超级大国竞争中的关键角色。

全面抗日战争和动员经济的年代：1937—1953 年

1937 年 7 月以后，中国进入了全面战争和革命时期，最终以中国共产党统一中国、与苏联战略联盟和 1953 年与美国的僵局告终。在这剧烈和快速变化的年代里，自 19 世纪晚期以来统治中国大陆的十余支政治和军事力量，缩减到只剩下共产党一支，它对社会、经济和政治采取了前所未有的全面控制。随之而来的是一系列由国家主导的革命性变革，它最终摧毁了这个国家传统的社会和经济秩序。这一时期的战争建国进程，对当代中国的政治经济体制产生了持久而深远的影响。

从 1937 年中到 1938 年末，尽管中国军队在许多战线上英勇奋战，但他们还是把许多大城市、铁路线、海岸线和整个长江三角洲地区都输给了日本。因此，抗日战争的经济影响事实上结束了中国新生的国民经济的黄金时期。中国被划分为日本控制的领土（伪满洲国和华北），先为国民党控制而后被日本占领的领土（长江三角洲和华中地区），以及国民党控制的领土（西南地区）。在所有这些地区里，都有一种用指令性经济取代私人市场资本主义的趋势。

日本为建立一个可行的秩序所做的努力，也没有产生预期的效果。就像后来内战中的国民党一样，日本占领军只能控制中国的主要铁路线，国民党推行的指令性经济的渗透几乎没有比占领军更深。这种战略上的限制，给粮食、棉布等农业家庭产品的采购带来了困难。在 20 世纪 40 年代初，日本军队需要鼓励快速的城市化，其方式是敦促农民把他们的工具，甚至整个家庭都搬到县城，以建立对资源（如棉布）的牢固控制。然而这几乎没有起到什么作用，[52]如果没有对粮食和其他物资的控制，这些行动都是徒劳的。最后，日本占领当局不得不采取暴力手段来调动资源，例如，对农村零星的袭击和在城市市场强制执行不可兑换的"军票"。在粮食方面，由于日本占领当局无法发展农村基层以建立起一种动员体制，它不得不与粮商共同建立一个垄断的贸易体系，以确保军队的粮食供应。[53]

与此同时，撤退到西南地区的国民党政府在提高动员能力和发展军事体制以覆盖基层社会方面取得了一定的成功。类似地，为了调动足够的粮食和人力，国民党政府必须进入其控制地区的农村。这对国民党来说是一个巨大的挑战，因为国民党从未建立过密集的基层组织来取代传统的农村权力网络。为此，国民党进行了县级以下（乡或区）的新行政管理的实验，并在全国范围内建立了保甲制度，将其作为一种新的权力基础。但它却几乎没有新的动员动力。国民党转而采取强制手段，依靠传统的精英来征收粮食和拉壮丁。1941年以后，国民党的战争机器每年能调动6000吨粮食和1.5亿名士兵。[54]

为了抗击日本，国民党不得不利用从长江三角洲地区的经济中心抢救出来的人力和物力资源，在中国西南地区开发新的工业基地。结果，退守西南腹地的国民党政府在其有效控制下的地区实现了迅速的工业化。在战前，现代工业仅占全国工业总产出的6％和总投资的4％，是微不足道的。但在1938—1943年，在国民党控制的地区内，现代工厂的数量增加了250％，产量翻了两番。不过，在战争结束前夕，这些战时工业化的成果已被超级通货膨胀摧毁殆尽。[55]

尽管国民党在战争期间获得了新的动员力量和工业建设，但还是没能保持低水平的通货膨胀率。这在一定程度上是由国家统购制度造成的，它减少了市场上可获得的粮食和其他战略物资的数量。然而，更重要的是，这场大通胀与其说是有限的税基导致的，不如说它纯粹是军事超支的产物。为了对抗通货膨胀，国民政府首先固定了工资和生活必需品的价格。1942年以后，为了保持物价稳定，政府开始买卖生活必需品和出口商品，实行新制度来积极应对通货膨胀。但由于供给不足，这个制度很快也崩溃了。回顾过去，重庆的国民党政府完全缺乏必要的能力、牢固的领土控制、高效的官僚机构以及有效的通信和交通系统，以便在更广阔的领土上执行其政策规则。[56]

通货膨胀的经历对国民党的经济控制方式产生了直接的影响。战争使国民党成为当时全国最大的经济力量。尽管国家对商业的干预以失败告终，但它对工业部门的控制则相对成功。在开战之前，政府仅控制了全国11％的工业资本，但到1942年，在未被日本军队占领的区域内，国有企业在现代工业部门里掌控了17.5％的工厂、70％的工业资本、32％的劳动力和42％的电力消耗。[57]特别是国家巩固了对重工业的控制，重工业在战争期间比在和平时期扩张得更快。在战时经济危机时期，与国有企业的扩张相伴随的，是国家通过这些国有企业提供基本福利和社会服务方面作用的不断扩大，以明确解决恶性通货膨胀带来的社会和心理后果，这一努力把工厂改造成了同时具有重要社会和经济功能的组织。[58]

总的来说，中国共产党在调动和控制经济资源方面比国民党和日本表现得更好。与战时战略的许多其他方面一样，中国共产党在抗日战争期间精心制定的经济政策，目的在于确保最大限度地控制土地、人口和战略性商品。但与国民党和日本不同的是，中国共产党主要是在后方作战，在基层中也很活跃。它还有一个明显的优势，那就是不需要负担不断打仗的庞大常备军、庞大的城市人口和资本密集型的重工业。对于每一个重要的战略基地，中国共产党地方经济部门的任务，都是通过发展自己的基层组织和为自己的扩张汲取更多的资源，来为自己的生存创造物质基础。

这种独特的经济和财政战略直到1940年才成型，此时中国共产党和国民党之间的冲突重新爆发，特别是在1942年之后，日本为了太平洋战争加强了对中国经济资源的控制，对中国共产党实施了经济封锁。在此之后，中共中央陕甘宁边区的经济面临着比国民党更严重的物资短缺和通货膨胀。[59]党的中央领导层以自力更生的模式加以应对，包括以纺织生产为中心、征收新的农业税以及建立贸易控制制度，最终稳定了不断恶化的经济形势，建立了新的平衡。[60]此外，中国经济的不成熟也帮助了中国共产党，在转向自力更生模式时，中国共产党在恶性通胀中受到的实质性损害相对较小。

在中国共产党对根据地经济管理的经验中，薛暮桥的山东经验是最具成效的。山东的中国共产党政权通过其主导的贸易来提供基本物资或商品，以保持其境内货币的稳定，而国民党发行的法币和日本占领当局发行的伪币则失去了大部分价值。在发行货币之前，中国共产党根据地的贸易局利用其发达的基层组织，直接从其控制下的农户手中获取粮食和其他商品。通过"物资本位"的手段，货币从属于生计经济，从而由山东根据地政权控制。[61]类似地，其他地区的共产主义地方政权可以确保获得基本物资，并防止通货膨胀对经济的破坏性影响，尽管这些地区也存在财政危机，如中共中央领导人所在的陕甘宁边区。[62]

漫长的抗日战争对整个国民经济来说是一场噩梦。华北地区比华南和西部地区受到的影响更严重，因为战争割裂了全国市场，造成了混乱，降低了各地区的平均商业活动水平。新兴的现代行业，尽管在某些国有的重工业领域取得了显著的产出增长，但整体产出却出现了严重的下降。1945年的工业总产值仅为1933年的62%。在国民党统治下，全国性市场瓦解的最明显表现，在于政府控制的铁路货运总量的急剧下降。以1912年为基准年，1936—1937年是1912年水平的228%，到了1943—1944年，骤降到1912年水平的9%，到了1945—1946年，又恢复到1912年水平的154%。[63]1945年8月日本投降，如此严重的破坏让国民党政府取得的胜利代价高昂。新生的共产党政权则通过控制当地市场，设法平衡了通货膨胀和资源调动。这一意想不到的历史转折，使中国共产党在不久之后爆发的解放战争中处于有利地位。

中国解放战争期间（1946—1949年），国民党和中国共产党之间的经济与军事斗争是中国政治经济史上最具戏剧性和决定性的事件之一。在最初的阶段，似乎中国共产党不是执政的国民党的对手，因为国民党军队比中国共产党的军队更有决定性的优势。由于美国提供了更先进的武器和海军支援，国民党在填补日本留下的政治和军事真空方面具有明显的优势，并于1946年迅速占领了中国共产党控制的华北和东北的大部分根据地。但最初的成功很快就被几个严重的政策失误所破坏，包括对社会运动的管理不当、经济不稳定、持续的政治分裂、严重的腐败以及未能下决心打击共产党的力量。[64]国民党政府的全面战略失败很快导致了军事财富的下降，并最终在1947年和1948年与中国共产党的决战中崩溃。这与其财政制度的缺陷有极大的关系。国民党政府被迫驻扎在消费中心（城市和城镇），并且缺乏对大部分农业部门的有效控制，因此无法聚集足够的资源来对抗共产党，而共产党对其自身的经济基础有着更好的控制和更强的动员能力。最终，国民党政府将战争的重担压在了本已脆弱的货币和金融体系上。

国民党无法通过其相对现代的金融体系为内战提供资金，这一点在1947年解放战争达到高潮时显露无遗。1946年初至1948年上半年，南京政府的军费支出占财政预算的比重在60%—70%，几乎相当于财政赤字占财政总预算的比重。[65]这些赤字几乎所有都是通过发行无担保的法币来融资的。随着公众信心的崩溃，通货膨胀率的增长远快于支出，造成了持续的财政危机和货币危机的恶性循环。1947年，上海全年的批发价格指数增长了1500%；1948年的前9个月，该指数竟上升了6500%。[66]最后，在1948年8月中旬决定性的淮海战役前夕，国民党政府不得不发行一种新的货币"金圆券"，以取代仅为1945年价值0.0001%的法币。[67]

顾名思义，金圆券是一种金本位的法定货币。为了稳定其币值，国民党政府强行将社会上所有的黄金收归国有，并对所有关键商品实行价格管制。为了使这些非同寻常的举措取得成功，国民党政府需要确保在其内部战线上取得胜利，以击败那些自私的政府代理人（内部派系和地方军阀），也需要在军事战线上取得对中国共产党斗争的胜利。这被证明是不可能的。在内部，强硬派和裙带资本主义的温和派或其盟友之间存在着内部分歧，强硬派以蒋经国为代表，他希望打击所有的内幕交易和腐败官员。蒋经国曾不顾一切地打击投机商，挽救上海的局势，但由于无法控制的通货膨胀和猖獗的投机活动，他最终未能稳定物价。[68]1948年10月初，随着金圆券的崩溃，国民党的经济命运甚至在最后的军事失败之前就已经注定了。而中国共产党从土地改革（尤其是在山东地区）的经验中，学会了如何用一个小规模的国家控制的现代部门来管理一个广阔的农业腹地。成功的关键在于在农村根据地实行彻底的土地改革，以调动人力和物力。土地改革促成了农村政治经济结构的彻底重组。中国共产党得以灵活地利用农村社会的阶级紧张局面，同时利用社会革命释放出来的资源，维系其战争努力。1948年11月到1949年1月的淮海战役，一直被认为是中国共产党动员能力的一个经典例子。[69]除了以约60万名农家子弟为主体的人民军队外，中国共产党的基层组织还从中国中部、北部和东部动员了至少500万人次的非军事人员及4.8万多吨粮食，其中大部分人力、物力来自临近的山东省，中国共产党自1947年以来就将其作为据点。[70]这种强大的动员能力与土地改革直接相关：只要改革顺利进行的地方，就会有更多的农民志愿兵和更多的胜利。[71]

与此同时，中国共产党逐渐习惯于向其控制下的少数城镇提供食品和其他必需品，同时切断了国民党控制的城市与市场之间的重要联系。这种经济战略的成功，在东北解放区最为突出。在解放战争期间，中国共产党的东北政权进行了城市经济管理的实验，目的是在支持进行中的战争的同时，保持财政和货币的相对稳定。这一目的在很大程度上实现了，因为中国共产党的金融体系对内集中，以执行财政纪律，对外则拓展，以控制内部贸易和关键产业。[72]与南方的国民党当局不同，中国共产党的东北财政经济委员会能够对该地区的工业、商业、财政和金融体系进行全面管理，以确保通胀得到控制，这要归功于共产党对其所有职能机构的控制。同样，与受饥饿侵袭的国民党控制的城市地区不同，中国东北的共产党经济能轻松地将数百万吨粮食从土地改革后的农村转运出去。

中国共产党在后勤物流方面的成就，根植于其控制农村经济的能力。在通过土地改革消灭了中国北方的农村士绅之后，它很容易通过自己在农村的基层组织掌控农业盈余。中国共产党在 1950 年四川解放以后和 1959 年以后的"大跃进"期间，能够调动的粮食分别是国民党年均调动量的 234% 和 502%，这显示了中国共产党经济动员力量的强大。[73] 在很大程度上，国民党依赖于对所有家庭征收累进谷物税和地方地主的捐赠来实现粮食采购目标，而中国共产党只是摧毁了农村原有的权力结构，并以其自身具有强大财政能力的基层组织取而代之。

最终，中国共产党依靠与改革后的农民家庭直接交易，而不是对区域市场的逐步整合，构建了包罗一切的政治经济结构。中国共产党解放战争时期的方案，本质上是一种政治动员，而不仅仅是为了战争来动员农村经济。事实上，在一些根据地，中国共产党将分散的家庭经济和农村地方市场与官僚控制的上层建筑结合起来，就像在其商业和货币体系中的做法一样。在一个处于大规模战争和混乱时期的自然市场体制下，这种做法是完全不可能的。在建立这一制度的过程中，中国共产党强调了单一道德经济的价值，这与当时社会对社会主义的普遍理解相一致，因为新的计划经济首先是为了满足所有农民家庭的基本生存和再生产需要而存在的。

与国民党的制度不同，中国共产党的内战动员体制对中国大多数贫困农民具有持续的吸引力。解放战争快结束时，中国共产党的军队在物资和人员供应上都远远超过了它的竞争对手，并且可以征召来自解放区和国民党驻军中被遗弃和被包围部队的新兵来补充兵员损耗。占领这些据点不仅带来了军队和干部，还带来了银行、财政和商业机构，更重要的是，带来了现代国民经济的基本思想和观念。

这种动员经济的解放战争模式在1950—1953年的朝鲜战争的环境下遇到了更严峻的挑战。中国共产党在抗日战争和解放战争中的经验，为党领导下的国家的经济官僚提供了管理战时经济的专业知识。中国人民银行最初是在解放战争期间的1948年成立的，负责管理货币供应。与此同时，1949年又成立了一个独立的重要机构——中央人民政府财政经济委员会。同年，中华人民共和国未来的货币"人民币"，在山东和东北战时经济的物质标准基础上得以发行。[74]在这一制度下，人民币的价值与一揽子由国家商业机构控制和提供的必需品相挂钩。

对私营企业家来说，新中国成立初期的动员运动，对他们的生存构成了致命的打击。但这并不是中国共产党政府的初衷。相反，这是战争和恶性通货膨胀的直接结果，因为中国共产党的金融体系最终在1950年3月之前就遏制了通货膨胀，但却继续实施了严格的财政和金融纪律。随着恶性通货膨胀的货币错觉消失，市场开始对信贷和投入供应感到恐慌，而目前这些都是由国家严格控制的。大多数企业根本无法在信贷紧缩和供应配给制中生存下来。面对私营企业即将崩溃的局面，财政经济委员会立即着手重新平衡私营经济与公共机构之间的关系。尽管正如陈云在年终经济评论中所说，解决大萧条的长期办法是通过提高农户的购买力来拉动内需，但在短期内，政府不得不救助那些需求急迫的民营企业，政府的救助手段就是在市场混乱的情况下与私营公司签订合同，以完成国家的经济计划。[75]

企业与地方财政经济委员会商业局之间的典型合同，包括原材料、与国有银行的信贷额度以及估算的利润率。[76]与正在进行中的现金控制相一致，这些合同对私人信贷施加了极其严格的限制，并要求私营企业每月向国有银行提交强制性的生产和信贷报告。1950年10月，中国卷入朝鲜战争，迫使国家确保更多的物资供应，并寻求进一步稳定价格。[77]以上海的棉纺织业为例，1950年8月至1951年7月，仅国家合同采购的彩布产量就从32%增加到81%。[78]最初这只是权宜之计，但随着朝鲜战争期间中国的国际和国内政治经济朝着有利于国家严密控制的方向发展，国家合同后来逐渐制度化了。

但是，即使是合同制度，也被证明不足以让国家满足战争的需要。1951年1月，在多次未能依据国家合同获得足够的棉布后，财政经济委员会对从工厂采购的棉纱（布料的中间产品）和棉布实施了紧急垄断措施。[79]这是1951—1954年关于垄断贸易的众多决定中的第一个。[80]最具象征意义的是，1953年，粮食由国家商业机构进行垄断。在朝鲜战争最激烈的时候，尽管完全的国有化还需要数年时间，但中国的私营部门已经或多或少地受制于国家了。换句话说，朝鲜战争为20世纪50年代中期私营部门的最终国有化奠定了基础。

毛泽东时代初期，国家成功地实现了自由化前的市场体制从未实现过的经济功能：在这个社会主义国家广阔的领土范围内统一和组织了经济生活。以新货币的使用为例，在旧体制下，中国的边境地区实际上是在一个独立于中央政府和帝制官僚机构的货币体系下运行的；但中国人民解放军的胜利进军及其后勤物流体系确保了在整个地方经济当中，从私营企业到农民家庭，都把人民币作为新的记账单位。

在新的流通体制下，全国在经济上实现了统一。国有的供销社最初是为了稳定物价水平和维护货币的物质标准而成立的，它有效地覆盖了中国农村和城市的所有传统或新市场的网点。毛泽东时代的供销社经济本质上是家庭经济。这是对市场模式的一种逆转：市场是由供求决定价格和生产，而供销社经济是基于预先确定的价格和由计划机构规定的生产水平。在这种模式下，生计的价值高于利润的价值，确定性高于不确定性，较小的单位被联系在一起，受制于更大的单位，而更大的单位则反过来为较小的单位提供物资供应。

这种安排使国家能够决定交换的规模和水平，两者都未必低于晚期帝制中国的自然市场。例如，在最初引入人民币的混乱年代，国家强迫城乡交流，以确保基本的经济平衡和许多城市商业的生存。[81]中国偏远省份的农民第一次购买全新的上海制餐具,很可能是通过新成立的供销社在当地的销售网点,而不是从农村的老商贩那里购买。

这种城乡联系的新制度,对毛泽东时代和当代中国经济模式都至关重要。在毛泽东时代之前的中国,虽然存在以市场为基础的城乡联系,但只要农村地区仍然是生产的基础,而城市地区仍然是经济上的附庸,那么这种联系就不能达成经济现代化的目的。农村经济基础基本自给自足,对城市商品的需求较少,而城市地区主要是消费中心。20世纪初,传统的基于市场的流通网络确保了这种模式的延续,因为农村的贫困导致其成为工业产品的一个不充分的市场,而需求的缺乏反过来又限制了城市工业化的规模。毛泽东时代的模式开始更认真地应对这一模式的基本逻辑,它的渗透和控制,确保了为初级商品和工业商品设定贸易速度与流通方向的能力,特别是那些农业再生产所必需的商品,如化肥和农业机械。这种情况对中国以国家为基础的经济一体化至关重要。

简而言之,近20年的全面战争不仅导致了全国性市场的抑制和崩溃——要么是由于战争带来的货币混乱,要么是由于国家强制调动资源——而且还导致了军事化的国家机构对市场的吸收。[82]这种变化不能从政治和军事破坏经济交换的角度来理解。相反,这是一次沿着政治和军事路径进行经济交换的重组。作为国家动员的一部分,这种由政治和军事决定的物资与人员交换就广度和深度而言,超出了传统市场的范围。1954年,当国家对粮食和几乎所有生活必需品实施管制时,它取得了前所未有的成效。在中国历史上,中华人民共和国境内的经济生活首次由一个单一的政治权威自上而下地进行组织和管理。国家对市场的压制和支配,只是为了给一个更有效的经济体制铺平道路,这个经济体制的目的是非经济性的。

冷战时期动员经济的转型:1953—1979年

1953—1979年的20多年,是中国现代国家构建的高峰期。这也是一个前市场化的时代，其特点是完全的国有化和对市场的消灭。但是，正如我们将要讨论的，事实上正是这种对传统市场和社会精英的颠覆，推动了现代市场在更大范围内的重建，并在后毛泽东时代的改革开放中，促进了现代市场与全球资本主义的融合。[83]通过废除传统的市场体制，社会主义国家为政治经济的市场化做好了准备，这也是基于根据地最早的革命所建立的权力基础，特别是在1946—1953年共产党对美、蒋的总体战争时期所建立的权力基础。这一时期的中国经济体制，从国家控制的工业和金融体系到等级制的分配体系，都直接基于在全面战争10年间所建立的这种权力基础之上。

我们使用了"动员经济"而非"计划经济"这一术语，以强调在这一关键时期里，中国政治经济的特点是政治军事动员，而非官僚机构有序和合理的计划。[84]一方面，在这一时期，国家计划几乎不是经济的核心属性，因为有各种各样的军事、准军事、政治和经济动员。此外，仅仅存在中央计划，对经济的性质而言并没有什么意义。"计划经济"这一术语，也就是按照中央计划的意思，仍然适用于今天的中国经济，尽管它肯定不是一个典型的计划经济。[85]即使是在"计划经济年代"里，也有一些对计划经济的重大偏离时期，比如"大跃进"和"文化大革命"，这两个时期占了这整个时期的一半时间以上，而当时的计划是无力的、不起作用的。因此，我们不使用计划经济这个术语，而是把1953—1979年中国经济的特征描述为中央指令下的动员经济。

从战争经济向动员经济的过渡是相当自然和顺畅的。在很大程度上，这是因为在20世纪50年代中期，中国社会不可能形成对经济国有化的组织化反抗。在中国本土，1947—1953年的土地改革几乎消灭了旧的农村士绅阶层，更多的对抗群体在镇压反革命期间被消灭。同样地，私人资本家几乎被国共内战的货币危机所摧毁，后来又通过契约制度被整合到20世纪50年代初国家指导的战时经济当中。即使是有组织的工会，其中大部分也是由中国共产党培育的，现在也成为国家完全控制下的党领导下的国家组织的一部分。

1952年11月，苏联模式的国家计划委员会成立，负责制订苏联模式的五年计划。经过激烈的辩论和起草过程，第一个五年计划于1955年2月公布。计划的核心是在苏联的支持下建设156个主要重工业工厂，包括44个国防领域的，20个冶金领域的，52个能源领域的，24个机械领域的，10个化学、制药领域的，以及5个轻工业领域的（只有1家位于黑龙江省佳木斯市的一个大型造纸厂，在这些项目中排在最后）。[86] 1957年，中国工业产品比1952年增长128.6%，重工业增长220%，轻工业增长83%，农业增长25%，人均消费增长34.2%。[87] 虽然这一成就在一定程度上是经济复苏的自然结果，但最重要的是，这被视为这个新生的社会主义国家实行"大推动"（big-push）政策的第一个成果。经济迅速增长的另一个重要原因，是1948年以来苏联的大量援助。第一批156个工业项目几乎完全依靠苏联技术，并得到了苏联专家的技术援助。到1958年，中国有1万多名苏联专家，占所有外国专家的90%，他们在经济和国家机关的各个部门工作。[88]

毛泽东时代国家动员体制中的经济和社会平等只是一个理想，尽管今天许多左派人士并不如此认为。更确切地说，这一制度的特点是由政治背景、户籍身份、专业资格和行政级别所界定的严格的经济与社会等级制度。因为信息也是分等级的，所以普通人的平等感正是其统合与分隔能力的有力证明。这种社会类似于按照职能和级别来组织所有人员的巨型军事编队。

从横向上看，农村居民、城市居民和大都市居民在生计资源供给方面存在制度化的不平等。在城镇劳动人口中，干部制度将所有干部和工人分为30个等级，月薪在18—560元之间。在高级干部的精英人口中，所有物质上的特权，如获得食物和住房的权利，也都是按照等级来分配的。[89] 除了这种普通的分类外，还有"政治贱民"的分类，包括反革命分子、罪犯和旧精英，他们的生计取决于不断变化的党的政治路线。他们不属于正常"人"的范畴，甚至比农民更不显眼，行动更加受限。[90]

从纵向上看，国家供应体系内发放的薪金、奖金和其他物质权利，是按照严格的专业资格和行政级别来分配的。例如，高级干部、专业精英及其家属通常优先享有物质利益。在工厂里，工人和干部是两种截然不同的类型：前者是按照技能资格来领取工资的，这与经年累月的经验密切相关；而后者则是按照行政级别来领取工资的，他们通常享有更高的工资和更好的物质福利。在这个意义上说，这一制度也类似于苏联的计划体制，即行政等级是分配的决定性因素。

这一动员体制的一个核心机制是"单位"，它可以大致理解为"工作单位"，但实际上它包括了党领导下的国家的所有经济、社会、文化和政治职能机关。每个单位都是一个封闭的实体，有自己的领导。对于地理上集中在一个地区的较大单位，如地方党政机关和较大的国有企业，也存在大量的社会服务提供者，如幼儿园、学校、医院和住宅区。职能相同的单位在纵向上构成一个"系统"，向上延伸到更高一级的行政单位，最后延伸到在北京的中央政府的一个部委。作为毛泽东时代体制中的一个关键单元，"单位"起源于延安时期，当时这个新生的共产党政权倡导严格的组织控制和经济独立自主。在毛泽东时代的中国，大多数城市工人只能在这样的一个单位里工作，很少有机会跳槽到另一个单位。[91]这种纵向的等级制度和不平等，必须放在"单位"作为这个纵向系统中一个自我封闭的单元的背景下来理解：在没有劳动力市场的情况下，基于身份因素的"单位"中的纵向不平等，被认为是生活中的天然事实。

在整个这一时期，存在着两种截然不同的经济管理战略。第一种方法支持高度政治化但是权力下放的动员经济，反对苏联计划的模式化。这是中国共产党在战时主要遵循的模式，当时的战略和政治考量压倒了经济效率。此外，当面对实用主义者时，通常对社会主义采取教条式的和乌托邦式的观点，把商品和工资当作要被消灭的资本主义制度。[92]第二种方法则鼓励对战时经济去动员化及其制度化，使之成为由专业官僚而非由党的干部进行管理的苏式中央计划经济。这两种观点最终都将消灭市场，但第一种在根除资本主义生产方式方面更加激进。从历史的角度看，苏联模式与古代儒家以家庭为中心的经济模式有许多共同点，而毛泽东时代国家的动员虽然极力反对市场，但在强调战略和政治关切以及动员国家代理人方面，具有古代改革派的特点。总的来说，在过去的30年里，就经济的总体特征而言，第一种方法占据了主导地位，计划经济在分配等领域占据了主导地位。但在1953—1958年的战后岁月里，中苏同盟的主导地位和重建经济的迫切需要，似乎让第二种方法变得更为有利。

如果不是由于不断变化的地缘政治形势再次对中央高层政治产生了偏离轨道的影响，中国的动员经济本可能成为苏联式的计划经济，就像苏联本身的计划经济一样。1953年斯大林去世后，毛泽东逐渐摆脱了苏联的政治模式，开始挑战后斯大林时代的苏联共产党领导人，尤其是不认可尼基塔·赫鲁晓夫作为无可争议的国际共产主义领袖。两个共产主义大国和地缘政治盟友之间的紧张关系导致了一场口水战，并最终导致双方之间的直接对抗。当两国领导人的冲突升级为这两个最大的社会主义国家之间的政治和军事对峙时，毛泽东意识到了国家经济基础对维护中国地位和安全的重要性，并选择了一系列的政策创新来打开国家发展的新局面。

毛泽东对苏联模式的背离，并非第一次将经济自强作为反对修正主义的新的意识形态立场。1956年，毛泽东提出了"百花齐放、百家争鸣"，部分原因是将其作为中国对波匈事件的回应，却导致了一场严重扩大化的反右运动。[93]但他并没有因为这次失败而退却，在莫斯科举办的庆祝十月革命40周年庆典之际，毛泽东发表了几次大胆的演讲，其中包括对社会主义阵营战胜资本主义阵营的预言，提出中国准备与西方进行全面核战争，以及中国在未来5年内超越英国成为工业强国的目标。⁹⁴这些观点不仅仅是口头上的。回国后不久,毛泽东加快了中国经济现代化的步伐。由于无法在军事和政治上全面争取国际领导地位,毛泽东决定诉诸经济动员,这似乎在 20 世纪 50 年代初产生了意想不到的成效。

这种激进的经济发展方法要求对所有经济资源进行准军事动员,以支持选定的目标,特别是钢铁的生产。这一被称为"大跃进"的战略被认为是一个重大的推动力,以实现统计上的产量飞跃。但在实现这种独特的中央集权愿景时,毛泽东采取了将决策权下放给地方政府干部的政策,以实现最佳的群众动员激励效果。这方面最明显的例子就是火遍全国的"后院熔炉"。为了响应毛主席关于快速发展工业以赶上英国钢铁生产的号召,地方干部成功地动员了历史上最多的工人为了一个目标而努力。当然,大多数工人都是目不识丁的农民和城市居民,他们使用的所谓的"后院熔炉",主要是在当地组装的临时钢铁生产设备,最多只能生产出质量低劣、无法使用的生铁。从 1957 年 7 月到 1958 年底,参加炼钢的劳动力从几十万人增加到 9000 万人,占总人口的 1/6。⁹⁵然而,最终的结果惨不忍睹:1958 年,大炼钢铁运动不但没有增加国民生产总值,反而造成了相当于国内生产总值 3.8% 的直接净损失。⁹⁶

如果说大炼钢铁运动仍是一个政策失误,那么农业领域的类似运动则遭遇了彻底的失败。1957 年 10 月 26 日,《人民日报》发表了《1956 年到 1967 年全国农业发展纲要(修正草案)》,强调要"改造自然,限制自然,利用自然,以革命乐观主义精神提高粮食产量"。这场乌托邦运动的关键,是在体制层面的集体化和大规模动员,灌溉和水资源管理的改进,以及在技术领域的超密集的种子种植方法。很快,各地开始竞相推出每英亩 75 吨(或亩产万斤)以上的传奇高产田。⁹⁷这些产量当然是经济神话,但在政治上,它们起到了鼓舞士气和使领袖的愿景合法化的作用。尽管地方官员天然有吸引上面领导人注意的动机,但最终产量的激增是由极度的权力下放导致的。尽管产量是错的,但它们受到了政治的保护，不幸的是，这些错误的产量成了制定粮食采购政策的参考。据估计，在"大跃进"时期，国家粮食采购占各省粮食总产量的30%—37%，远高于1958年前的20%—25%，创下历史新高，因为国家正努力以农民的家庭日常消费为代价，为不切实际的工业项目提供资金。[98]其导致的结果就是1959—1961年的三年大饥荒。

尽管"大跃进"标志着战后动员经济的高潮，但它既不是动员模式的自然发展，也不是动员模式的必然发展。相反，它反映了毛泽东自身对于经济不平衡的政治偏好，也反映了这种模式的致命弱点。[99]"大跃进"的失败，凸显出国家动员当中的一个基本的张力：尽管这种动员可以调动起对于一个具体的集体任务的热情，如一个城市的建设，甚至钢铁的生产，但它缺乏内部的激励机制来调动数百万人投入真实的经济增长工作，这项工作并不是一个具体的任务，而是一个抽象的目标。这种动员模式完全是一种自上而下的政治力量，是由自然理性而非经济理性来引导的。这种模式使动员经济成为政治的牺牲品，同时也成为塑造经济和社会的力量。正如此后的发展所表明的，动员模式不同于斯大林模式，它从来没有获得过任何的内部平衡；但它也避免了斯大林模式的僵化，这也正因为它有时刻改变方向和破坏均势的倾向。

尽管"大跃进"是这种激进动员方式所造成的无可挽回的灾难，但它也留下了一些重要的制度遗产。一方面，它使农村成为国家控制的经济体制的一部分，而在过去数千年里，农村一直是组织松散的农民社区。农村经济被组织成生产队、生产大队和人民公社，一度处于国家的直接控制之下。1958年开始实施的户籍制度，也成为中国经济体制中的一项重要制度。通过把民众分为农村人口和城市人口，并根据他们的居住地来定义他们，该制度先是对人口流动进行了直接控制，进而对每个居民的社会权利做出了清晰安排。当刘少奇和邓小平在20世纪60年代初接管经济领导权时，他们试图通过允许私人激励和给基层市场以空间来恢复经济平衡。在制造业领域，盲目的乐观主义让位于理性主义，计划委员会重新审议了所有的工业目标，并试图重新平衡不同的部门。在农业方面，允许实行自留地和包产到户。更重要的是，在1962年1月召开的七千人大会上，刘少奇公开、全面地批评"大跃进"是一场政策灾难，[100]"打下毛刘分歧的楔子"。[101]

1962年底，毛泽东对刘少奇及其追随者的经济调整政策的不满，从政策辩论发展到基本的意识形态斗争。对现实政治的担忧加剧了这种意识形态斗争。随着政治紧张局势的不断升级，内部的分歧和斗争最终升级为始于1966年的"文化大革命"。[102]

尽管陈云和薄一波等温和派暂时控制了经济，但20世纪60年代初并不是计划经济的黄金年代。由于与两个超级大国的政治对抗，计划经济的恢复被蒙上了一层阴影，并最终在1964年因竭力主张进行军事战备而偏离了轨道。因此，尽管刘少奇、周恩来等务实派采取了缓和措施，竭力主张苏联化，但出于安全优于一切的考虑，这种动员方式仍然继续引导着经济的发展，直到"文化大革命"。的确，在20世纪60年代的10年里，在毛泽东的指导下出现了一些新的全国性动员计划。这在同时期开展的三个国家战争经济项目中表现得很明显：国家试图在中国欠发达的西部地区，特别是西南边境地区，开展建立国防和重工业体系的"三线建设"运动；本质上为自给自足的工业自力更生运动，旨在敦促地方政府建立一个基本的集体所有的、小规模的地方工业体系，以实现地方上的自给自足；以及把千百万受过教育的青年送到农村和边疆地区，目的是让他们接受再教育并控制城市人口。所有这些措施都与中央计划经济的基本原理背道而驰，因为中央计划经济往往伴随着区域专业化和快速城市化。在经济地理上，"三线建设"运动使中国经济进一步由东向西和向中发展。

虽然采取这种极端措施的直接愿望源于战备需求，但其结果是历史性地重新分配了资本、技术和工业能力。在国家层面上，它也意味着一个比中国晚近时期更完整、更均衡、更协调的现代制造业体系。对位置较好的沿海地区的意外压制,将成为它们后来发展和重建与全球经济联系的巨大动力。从全国范围内的专业化向小规模区域自给自足的战略性转移,甚至带动了地方产业在全国范围内的扩张。毛泽东时代中国的体制没有像苏联那样,鼓励建立以首都为中心的中央计划经济体制,而是创造了一种不那么全国性、但更具有地方综合性的现代工业结构。数以百万计的小型企业之间的相互联系,为这个原本被严格分割的体制注入了一定的灵活性。例如,它为发展农村集体所有制公社和社队企业提供了必要的条件,这两者是更大的县域经济的基层供应商,它们后来成为乡镇企业的前身。

"文化大革命"的 10 年,是中国政治经济发展的关键时期。在当时的国际和国内形势下,毛泽东式的政治动员模式在这段时期里开始衰落。当"文化大革命"的前半段(1966—1971 年),以林彪为首的军人派系和以江青等激进分子为首的意识形态派系的两派动员力量之间出现尖锐冲突时,这一衰落的种子就已经播下。[103] 1972 年初,当林彪的死讯被宣布时,"文化大革命"最初的承诺很明显失败了。[104] 在政治上,"文化大革命"已经成为一项不可持续的工程。

"文化大革命"未能创造出一个繁荣的无产阶级社会,这一失败又恰逢经济停滞时期,因为在中国与资本主义大国结成战略联盟之后,国家主导的经济动员失去了合法性。当温和的干部重新主导了国家的航向时,这一制度已经产生了许多矛盾,包括国家和地方的自给自足结构的效率低下,数百万受过教育的工人被取代,以及激励的极度缺乏。毛泽东对这些问题,尤其是城乡领域缺乏激励这一问题的回应,是继续进行意识形态动员和权力下放的旧策略。这些动员战略包括"工业学大庆"和"农业学大寨(昔阳公社)"的全国性运动,这两种模式都象征着自我牺牲和自力更生的发展精神。但是,道德上的奇迹终究只能是奇迹:即使它们奏效了,也只是例外,而不是规律。20 世纪 70 年代初,仅仅树立自我牺牲的榜样和动员全国人民是不够的,因为民众对这些理想已开始不再抱有幻想。[105]

但这一年代也有一些例外的变化，这些变化最终为中国经济开辟了新的可能性。一方面，应对地方激励的缺乏，毛泽东最喜欢的方法是采取大规模的权力下放，他差不多拆除了摇摇欲坠的计划体制。1969—1973年，邓小平及温和的干部恢复了领导地位，发起了一轮政策转变，扭转了之前的激进主义，但巩固了原有体制的一些成果。这些变化在许多方面预示了20世纪80年代的经济改革。

第一个重大变化是工业管理结构的进一步放权，这是毛泽东时代的遗产，在中央集权部分恢复后，它基本上幸存了下来。毛泽东一直批评中央集权。在20世纪70年代初的新一轮改革中，他下令将工业管理权从中央一级彻底下放到地方一级。在9个部委下属的3082家制造业、运输业企业中，有2237家（73%）由中央部委下放到省级甚至省级以下的单位进行管理。与此同时，由于中央官僚机构当时对企业的监管要少得多，1960年的80个部级单位（主要负责经济监管）在1970年被精简为只剩下27个。[106]在20世纪70年代和80年代，以及90年代朱镕基进行类似的大改革时期，部委和复杂的官僚机构的数量将会增加。毛泽东式的放权和精简，显然是朱镕基进行系统性改革的先驱。

第二个重大变化是进一步下放财政和物质权力。中央与地方之间建立了财政契约制度：中央只从各省收取规定的数额或份额，而各省则将剩余部分留作再投资。各省还被赋予了更大的权力，可以为自己的项目调集物资和投资基础设施。[107]与工业管理的彻底放权一样，毛泽东的财政放权也被证明为时过早，在20世纪70年代末，邓小平进一步加强了中央集权。但它再次成为20世纪80年代改革的预示，尤其是在分税制改革之前实行的税收大包干制度。

第三个重大变化是工资政策。20世纪60年代初和"文化大革命"的头几年，由于经济和社会福利成为政治斗争的附属品，所有工人的工资水平都被冻结在1966年的水平。这对较年轻的工人尤其不利，他们必须放弃与基本工资成比例的涨薪。1972年，所有国营企业的工资率根据工人的工龄分三批上调。同时，为了支持平等，还取消了奖金和计件工资。总工资增长了约28%。[108]

这些刺激地方经济的措施，需要放在更大的地缘政治背景下加以理解。20世纪70年代初，随着中国与美国结盟对抗苏联，中国的地缘政治地位从极度危险转变为相当稳定。1969年，中国和苏联之间的边境冲突是一个改变游戏规则的事件。苏联威胁的迫近，促使中国寻求与美国这个潜在盟友之间的全球力量平衡。甚至在20世纪90年代初经济实用主义战胜意识形态之前，战略实用主义就已经在70年代初大获全胜了。朝这个方向迈出的最重要的一步，是中国于1971年加入联合国，并于1972年2月接待了理查德·尼克松访华。1971—1979年，中美两国经历了一段战略友好时期，最终于1979年建立正式外交关系。

这种和解的外部经济后果是立竿见影的。1972年以后，中国工业发展所需要的现代工业技术开始严重依赖西方而不是苏联。1973—1975年，中国对外贸易呈指数级增长。1974年的出口额已经是1970年的300%。1972—1978年，中国从7个西方国家，特别是美国、荷兰和日本，引进了至少27个工业体系。[109]在西方技术引进浪潮的高潮时期，华国锋对"洋跃进"给予了公开的支持。这是一场大规模的动员运动，目的是用石油储备换取进口机械，从而升级中国的工业基础。[110]甚至在中国实行改革开放进入世界市场之前，中国就已经开始为其工业发展引进世界级的技术了。

总的来说，中国不断变化的全球结盟，开启了国内经济逐步去动员化和去军事化的时期，压倒一切的军事优先事项和政治斗争，让位给了经济和社会现代化。1975年，随着周恩来重申要在20世纪末建成社会主义现代化强国，"四个现代化"正式确立为主要的政策目标。[111]如图4.1所示，国防开支在预算和国内生产总值（GDP）中所占的份额表明，在1958—1969年毛泽东时代的模式下经过一段时间的去动员化后，非军

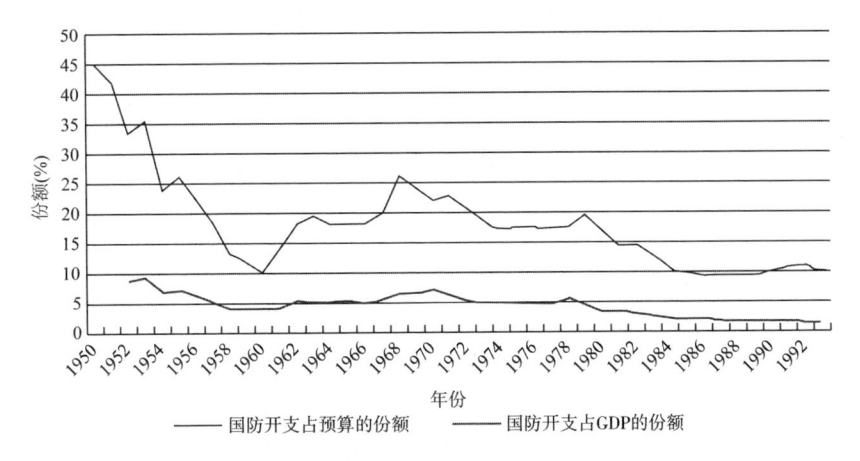

图4.1 1950—1992年中国国防开支占预算和GDP的份额

资料来源：作者根据国家统计局的数据绘制而成。

事化进程于20世纪70年代（1979年与越南的边界战争除外）全面展开。

与此同时，之前的国家动员所造成的社会混乱，为20世纪80年代体制的最终转变铺平了道路。1968—1980年，1700万名中国青年（大部分是高中毕业生）被要求上山下乡接受"贫下中农再教育"。[112]动员期结束后，大批返乡知识青年为争取回城权利而斗争，最终回到城市的老家寻找新的工作，开启新的生活。为了满足他们眼前的需要，邓小平与其他领导人必须进行必要和彻底的政策变革，包括建立集体所有制合作经济和个体家庭企业，这立刻成为解决返乡青年就业和商业发展的办法。[113]毛泽东时代社会上的流离失所者，如"知青"，成为邓小平式改革的先锋，因为他们不可能以其他方式去动员化，也不可能以其他方式被纳入正规制度。对于这些社会和经济群体，之前通过国家运动对他们进行的强制动员，现在转变为通过市场进行基于个人的自我动员。

从更广的范围来看，"文化大革命"后最普遍的混乱之一，就是所有经济领域劳动纪律的崩溃和主动性的缺失。缺乏激励和约束工人的机制，是公有制经济的一个特点。但对中国而言，自20世纪60年代中期以来，反复出现的政治过度动员甚至侵蚀了曾经用于推动动员经济的集体政治热情，因此形势进一步恶化。1974年，这导致了一场系统性的危机，包括工业安全问题、基础设施故障和未能实现基本的计划目标。[114] 1975年，邓小平的经济整顿是解决这个问题的第一个方案。邓小平正式的理论依据有三个：毛泽东的反修正主义理论，保持群众团结，以及全面发展国民经济。但只有后者有效地反映在了邓小平的行动计划当中，因为他的方法聚焦的是领导责任和以科技知识为中心。[115] 理论依据和方法都被证明是相当有效的。尽管邓小平更大的方案由于激烈的意识形态攻击而未能实现，但1975年的经济整顿为动员经济指明了前进的方向：经济混乱只能通过从政治回归经济的重新定位来加以解决。今天的观察家们往往倾向于将普通中国人的低收入水平归咎于毛泽东时代对市场的消灭和经济增长的乏力。尽管公平地说，市场的消失确实导致了收入增长的停滞，但将毛泽东时代视为一条弯路却未免过于简单。毛泽东时代的国家给我们留下了一系列矛盾：一个完全控制和指导市场的强大的动员国家，效率低下的经济和在缺乏市场机制下受苦受难的贫困人口。但矛盾并不是不可解决的；在严格的中央计划体制下，动员与货币和市场并不是不相容的，中国随后的货币化就证明了这一点。很难想象，在没有动员能力的情况下能够实现国家主导的经济改革。即使是以市场价格衡量的极端大规模贫困，后来也被证明有助于经济改革。国家通过再次激起民众的授权，促进了社会主义国家从革命的先锋队向发展的先锋队的根本转变，对这一转变的狭义界定，就是邓小平俗称的"致富光荣"。

中国的经济和社会经历了几十年的动员和去动员化，其结构与大多数第三世界国家完全不同。第一个特点是现代工业普遍受国家控制。1979年，仅国有部门就控制了中国工业产出的78.5%，雇用了78.4%的城市工人，使其成为城市现代部门的主导力量。[116] 第二个特点是没有城市化的大规模工业化。第三个特点是中国的低GDP和低收入。以美元计算，中国 1979 年的人均 GDP 只有美国的 2%。[117] 然而，这种测算方法又低估了生活水平和更广泛的社会福利，如识字率、基本医疗和工业发展等方面。事实上，在世界银行 1979 年的《世界发展报告》中，中国的识字率、食品消费和预期寿命是与中等收入国家排在一起的，而其收入则明显是与低收入国家排在一起的。[118] 这种明显的矛盾很好地说明了当时经济的扭曲性和压制性，它是以政治和战略为导向，而不是以经济增长为导向，但为了战略目的，它仍然关心人民的普遍福利。最后，也许是最重要的，毛泽东时代的数十年时间创造了一个与传统的中国国家性质不同的新中国国家，以及与传统的中国臣民本质不同的中国人民。新国家和新人民彼此互为镜像：国家被创造出来，通过其复杂的准军事机器，为了集体目标而动员了数百万人民；而新一代中国人民在强烈的集体认同感下，愿意响应这样的号召，集体动员起来。

结语：当代"制内市场"经济体制的起源

虽然当代经济学家和历史学家通常认为 1979 年是中国经济大转型的开始，但这一分水岭实际上更多是政治性的，而非经济性的。正如我们所讨论的，这种转型的各种结构性条件是在前几十年创造的，而真正的转型直到 20 世纪 90 年代中期才开始。但从地缘政治的角度来看，1979 年以及 1979—1991 年之间的过渡时期，对中国的经济改革仍然至关重要。苏联曾经是中国最重要的盟友和最强大的敌人，在这十几年里，苏联衰落和解体了。这一基本的地缘政治转变，让中国在一个世纪以来首次控制了其周边的地缘政治。与此同时，中国与迄今为止最强大的全球海上强国美国的暂时联盟，帮助中国重新融入了全球经济秩序。到 90 年代初，除了 1989 年政治风波前后的严峻形势，无论在物质上还是精神上，中国都处于有利的去动员化地位，并通过去动员化的力量全面启动经济体制改革。

在现代资本主义社会中，战争和经济动员以及随后的去动员化与重建，可以说是一个既定的历史发展过程。美国资本主义、战后欧洲资本主义、明治末期和大正时期的日本帝国，以及20世纪最后25年的中国，都是如此。1895—1972年，中国的部分或全部都处于持续的战争和经济备战，这些战争要么是中国与外国列强之间的，要么是列强与列强之间的。其间，只存在三个零星的重建时期：1903—1911年的清末新政改革时期，1927—1937年的南京政府时期，以及1952—1957年的第一个五年计划时期，尽管所有这些时期都被军事和政治动员所中断和终结。但即使在这三个短暂的国家构建和国家主导的工业化时期，中国也见证了制度建设和产业发展方面的变革：清末新政改革最先引入了中央集权国家对经济的控制；南京政府的10年，建立了国家货币、国有银行和国有企业；20世纪50年代初的第一个五年计划，则制定了较为宽松的计划体制结构和中国第一个全国性的现代产业体系。在斯大林统治下的苏联，政治指令体制成功地建立了中央计划经济和全国一体化经济；中国则与之不同，党领导下的国家只建立了指令性动员体制，而不是计划经济。最值得注意的是，中国的指令性经济从来没有建立过苏联式的经济核算体系，即使在工业化程度最高的上海，也是如此。[119]

然而，在标志性的"大跃进"之后，冷战时期的中国进入了一个在主席个人战略指挥下的独特的发展模式。在20世纪60年代后期，作为一个理想主义者和战略家，毛泽东将这个体制的指令性和动员特性推到了它的逻辑极限，然后在70年代初期开始了一个戏剧性的转变。在毛泽东时期，密集的政治动员和战略调整主导了中国经济。尽管这几十年并不是真正的战争年代，但国家的发展仍然很大程度上受到了战争和全面战备的影响。很明显，这直接反映在解放军规模的变化上。中国人民解放军在当时的大部分时期里不断扩张，在政治、经济和技术领域发挥着决定性的作用。中国人民解放军正式达到其最大的规模和影响力，并不是在第二次世界大战或解放战争期间，而是在"文化大革命"期间。

1975 年，中国人民解放军有 660 万人，不包括准军事部队和其他附属机构，后来逐渐减少到只有 230 万人。[120] 自从邓小平开始大规模裁军以来，大量的资源从军队转到平民部门；更重要的是，经济控制被取消，以便为市场机制以及私人和外国资本腾出空间，尽管动员体制的关键特征在其许多结构中仍然存在。

经过至少 20 年的延迟，中国的重建工作在 20 世纪 70 年代末和 80 年代初又开始了，通过经济和社会的去动员化、去政治化和市场化，中国回归了常态。始于 20 世纪 70 年代末的解放军裁员，是中国市场化的一个重要动力源，尤其是在为民用部门和经济发展释放资源方面。事实上，军事动员也发挥了更直接的作用：在 20 世纪 80 年代，为了给大规模的复员老兵创造就业机会，中国人民解放军被批准甚至鼓励参与各种商业活动。这自然是由于解放军的资源和政治影响力，从而导致了基于市场的企业活动的爆炸式增长。[121] 在社会层面，只有数百万从农村回到城市，却几乎找不到正式工作的复员知青，才能与复员的解放军在市场化进程中发挥的作用相媲美。在裁军结束时，中国社会的军事化程度远低于美国、苏联和其他许多世界大国。[122]

除了军队复员的直接影响，改革年代的中国经济重建也意味着某些战时结构的制度化和其他结构的转变。对于现代中国的国家和市场而言，去动员化并不是简单地恢复传统秩序的前动员国家。相反，它意味着关键的战时结构的制度化，且凌驾于所有国家经济事务之上，这些关键的战时结构包括国家法定货币、国有银行、国有企业、国有土地和自然资源、国家控制的科技和户籍制度，以及最重要的五年计划和计划机构。这些国家集中控制的机构，共同构成了改革时期国家主导的市场经济的总体结构。正如将在第五章中所阐明的那样，尽管过去几十年里，市场经济发展迅猛，但是国家的总体结构在经济的许多关键领域基本保持不变。

1840—1979 年，特别是 1937—1952 年的重大转型，为中国当代经济改革提供了直接的历史背景。在这段时期里，全球的政治动荡意味着中国的地缘政治生存将面临更加艰难的斗争。为了在不断的战争和地缘政治斗争中生存下来，诞生于清末的现代中国国家开始发展广泛的经济动员和市场控制能力。这种发展在全面战争时期和冷战时期达到了顶点，当时国家逐渐走向彻底压制市场和对资源进行直接的政治动员。从广义上说，中国当代的"制内市场"体制起源于这一时期的国家构建过程。更确切地说，它起源于20世纪50年代初的国家，并在70年代衰落，这引发了80年代及以后的邓小平式的改革。要理解中国当代的"制内市场"体制，我们需要注意的是，这套"制度"乃是长期战争和战备创造出来的那个现代国家的延续，而这个市场则是在现代国家保护下的晚近的产物。因此，我们今天所知的现代中国的"制内市场"体制，是一个独特的动员体制，而不是像西方那样的一个管制国家或法治国家。其管制或法律功能仍处于发展的早期阶段。这种市场的创新式创造，以及自1979年以来改革时代的动员国家的继续，将是此后各章的主题。

第三部分　当代机制

第五章
基层资本和市场化：当代市场改革的动力

在第三章和第四章里，我们概述了中国政治经济在帝制晚期和近代的历史演进的基本路径。在晚期帝制中国，中国政治经济的常态是多层次的市场体制，服从于在常态或非常态期间国家权力或强或弱的渗透。从19世纪中期到20世纪末，在地缘政治转移、军事政治动员以及与之相关的社会经济动乱的严峻考验下，现代中国国家发生了转型。20世纪70年代初，随着军事化的国家构建进程的结束，在"美国治下的和平"里，现代中国国家开始沿着去动员化和全球化的道路再次转型。这一国家转型的新阶段构成了中国近几十年政治经济的直接背景，"制内市场"的钟摆也回到了常态的一面。

中国经济几乎所有层级的市场都出现了惊人的增长，这或许是这一转型中最重要的部分。在短短30多年的时间里，作为经济生活中心组织机构的市场在中国兴起，所有的经济实体，包括微不足道的个体户经营者，以及中央和地方政府的经济部门，都以合法界定的市场行为者的身份参与市场的运作。其中还包括了一些就资产和收入而言全球最大的公司，它们过去都是由计划体制中的关键单位派生或建立的。即使是计划经济的最后堡垒，即几十年来一直以半军事化方式进行组织和运作的中国铁道部，也于2013年3月被公司化了。[1] 与此同时，中国社会也经历了一场全面的市场化，涉及社会结构的各个方面。毛泽东时代的国家控制着民众从摇篮到坟墓的每一个物质来源，而改革年代的社会则完全被市场化和货币化，与之前的社会秩序几乎完全相反。

从这一章开始，我们将把注意力从理论和历史转移到当代中国的"制内市场"体制的发展上来。我们的任务有两个：第一，我们将讨论三层市场体制是如何发展起来的，资本原则是如何在各个层级的市场上运作的；第二，我们将探讨国家如何在接受和推动市场经济发展的同时，试图吸纳和控制市场力量。在这一章中，我们将讨论市场是如何从旧的体制中成长起来的。我们尤其关注基层市场，同时也讨论其他层级的经济改革如何影响基层市场的发展。我们不讨论党领导下的国家对不同市场行为者的吸纳和控制。在这一层级上，国家对私营部门的控制，远不如接下来要讨论的两个层级上的管控来得重要和具有实质性。讨论各种管控机制是下一章的主题，在下一章里，我们将转而讨论中间层级和国有部门。但首先，我们将关注中国市场的扩张和限度，它在国家政治逻辑之外运作。我们将考察市场如何在开放政策下破土而出、开疆拓土，以及它们如何在后来的改革中走向封闭和转型。在此过程中，我们将追随 20 世纪 80 年代一些市场先驱者的脚步，并在他们进入 90 年代时追踪他们的命运，在前一个 10 年里，中国的市场化进程迅速推进，在后一个 10 年里，中国的市场发展受制于再集权化国家的政治逻辑。在本章的第一部分，我们将重点关注小规模市场活动的增长区，尤其是小规模的市场行为者，如小商贩和个体户，这是一个基层资本萌芽和繁荣的地带，勾勒出了基层资本和国家之间的界限，因为早期萌发的资本为了生存和繁荣而与国家进行谈判。在第二部分，随着经济改革在 20 世纪 90 年代末全面展开，我们将转而讨论国家主导的市场的形成过程及其限度。

当代市场化

中国当代市场经济的官方定义是"社会主义市场经济"，在它最终得到政府的承认和合法化之前，它已经经过了很长的发展历程。值得注意的是，即使是在毛泽东时代，市场作为一种经济交换制度也从未被彻底消灭。在国家层面的对外贸易中，中国必须在国际市场上以全球市场条款和标准与贸易伙伴打交道。在中间层面，即使在没有全国性市场的情况下，国家商务机构也能根据所谓的马克思主义价值规律，有效地扮演市场代理人的角色。最重要的是，即使是在20世纪70年代初，这个市场仍然存在于政府控制下的基层市场或无力控制的地区，发展成为地下市场。[2]

改革开放前，中国地下市场最重要的痕迹，存在于国有经济体制的边缘以及集体单位与家庭之间的灰色地带，例如，城市小巷的街头小贩、农民为生存而保留的自留地以及农村人民公社的社队企业。作为经济行为者，这些市场实体依赖或依附于普遍存在的秩序。它们是体制的边缘部分，但并非无足轻重或可有可无。有些市场被认为是边缘性市场，因此可以为秩序所容忍。[3]

1978年，党的十一届三中全会把经济建设和现代化建设作为执政党的首要任务，回溯历史，十一届三中全会被认定为中国经济改革的起点，此时，中国各种类型的地下市场行为者开始浮出水面。与此同时，这些行为者不得不与来自其上级官僚机构的压力做斗争，这些上级官僚机构包括管理小商贩的地方商业机关、管理家庭农民的基层公社、管理社队企业的乡镇政府和县政府，它们的压力来自意识形态和政治控制，但有时也来自重要的利益。然而，在改革派的中央和省级领导的支持下，市场冒险家们占据了上风。

20世纪70年代末和80年代初的初始市场化，是政治与经济逻辑融合的经典案例：地下市场和自下而上的市场力量与改革年代的高层政治相结合。就在原生市场的行为者为获得认可和生存空间而奋战之际，邓小平和他的改革派助手们正在与左派的计划人士和强硬派进行一场决定性的战斗，后者在意识形态上一直忠于正统的社会主义的政治经济原则。当基层市场先驱遇到困难时，党的领导层往往会直接介入，以挽救局面。20世纪80年代初，中国最著名的商贩出身的企业家，如年广久，曾多次被邓小平等中央领导人从厄运的边缘拯救出来。著名的"小岗村实验"，事实上相当于对官方经济秩序的反抗，同样，它的成功也要归功于安徽省委原第一书记万里的大力支持。这种自上而下的联系成为中国市场改革的惯用手法。[4]

随着邓小平复职并成为党的领导人，市场的萌芽在意识形态的战场上存活下来。尽管直到1992年，官方才正式采纳了"社会主义市场经济"一词，但市场化的改革派在1979年时就占了上风，当时在经历了理论和政治斗争之后，倾向改革的务实派取得了胜利。由于社会主义计划经济不可能带来经济效益，左派的主张无法得到一贯以来的支持。随着"实践是检验真理的唯一标准"这一原则在真理标准大讨论后成为新的治理原则，党的领导层已经认同了对意识形态经典进行一种实用主义的、因而也是务实的诠释，以支持政治合法性和政策制定。例如，在真理标准大讨论中，邓小平对"两个凡是"进行了意识形态上的批判。批判的关键要点是，客观存在的经济规律超越且胜过非理性动员方式。[5] 同时，在1979年召开的无锡会议上，中国的计划人士和经济学家们同样支持价值规律，并呼吁整合计划和市场。[6]

市场化改革的合法化时刻，是在1984年召开的党的十二届三中全会上，中央委员会认定商品经济与计划经济和马克思主义的价值规律相兼容。这样的措辞似乎谨慎地避免了"市场"这一政治敏感问题。事实上，商品经济和市场经济之间几乎没有什么实质性的区别。由于计划经济从未被宪法规定为中国的合法经济秩序，因此政策设计使定义的问题更加固化。[7]1984年的政策方针因而为市场化提供了新的动力。虽然社会主义市场经济在8年后，即在1992年党的十四大上，才正式为官方所确立，但主要的意识形态之争在1984年就已经结束了。20世纪80年代，随着市场自下而上发展的主要思想障碍被清除，市场经济进入了增长的黄金时期。[8]

由于计划体制仍然是占主导地位的意识形态概念，且在功能上起到了国民经济支柱的作用，因此，20世纪80年代的市场化有赖于制度创新，即双轨制，它延续了毛泽东时代末期在计划体制中放权的做法。双轨制将市场价格和计划价格区分开来。计划价格指的是人为地压低投入价格，抬高产品的市场价格，而市场价格则是在经济行为者完成计划配额后，由市场供求状况决定的价格。

毛泽东时代的放权逻辑被进一步深化，并在计划体制内被制度化。中央和部委向企业和地方政府下放了更大的经营决策权。这种松散的等级制度是通过一种包干制度来进行调节的：企业或地方政府只向中央国库交付一定数量的利润和税收。第一种制度（双轨制）允许在中央计划体制外创建市场，第二种制度（包干制）鼓励地方政府和企业在计划体制内外都支持市场化。这种改革的效果是在整体经济中开辟了一个市场部门，同时并没有真正解散国有部门。

20世纪90年代中期，市场发展进入了一个新阶段，以时任总理朱镕基为首的新一代改革者废除了大部分双轨制，在国有部门也引入了市场化改革。尽管私营企业在过去10年甚至更长的时间里不断扩大，但20世纪80年代称雄一时的大多数先驱企业都步履蹒跚。私营部门的大多数明星企业触碰到了增长的天花板，而乡镇企业的重要性也下降了。

更重要的是，在结构层面，国家成为经济增长的主要推动者和引擎。到21世纪初，中国国内私人市场行为者已不再以明确的冠军企业身份主导市场。相反，在中央政治舞台上，出现了各种身份模糊的参与者。这批队伍中有一群迥然不同的参与者，它们包括政府支持的大型私营企业家、大型外商投资企业、改制后的国有控股公司、与地方政府结盟甚至由地方政府创建的公司以及大型的央企。海外观察人士发现，在试图描述中国体制时，使用市场经济或"国家资本主义"等概念，都不尽准确。无论是与政府形成紧密的非正式个人网络，或是通过党领导下的国家的联盟体系来与政府建立制度化的关系，这些各式各样的参与者之间的共同愿望，就是想挤进国家与市场之间的利益集团网络。

这一市场化进程造就了我们今天所熟知的当代中国政治经济的基本制度。学者们就产生的这一经济秩序的本质展开了辩论。对当前中国政治经济最直言不讳的批评者是黄亚生。在《有中国特色的资本主义》一书中，黄亚生批评20世纪90年代的改革是对支持市场化改革的逆转，认为其特点是国家压制了真正的市场经济发展模式。由于这是政治模式的特殊性的结果，因而政治改革对市场增长是不可或缺的。[9]许多中国大陆学者持相反的观点。例如，胡鞍钢和王绍光认为，新自由主义的自由市场是一种只存在于理论上的模式，他们呼吁建立一个更强大的中央政府，以稳定经济和指导经济转型。[10]很少有学者反对有效地扩大市场机制和限制政府干预，争论的焦点集中在政府的作用上：相对于市场经济而言，政府的权力是否应该扩大，以及应当扩大到什么程度。

支持市场化的阵营观察到，改革后的中国与东亚新兴工业经济体有明显不同。这是正确的。自20世纪90年代中期以来，特别是2008年全球金融危机爆发后，中国的大型国有企业和税收收入的确出现了扩张，其代价就是中小企业的增长受到了损害。所有这些发展都使国家机构更加抵制市场化改革。然而，与黄亚生的观察和预期相反的是，中国经济不仅在全球经济危机中表现良好，而且在危机过后依然保持了7.5%的较缓慢但可观的增长率。

支持国家的学派也有他们的道理。迄今为止，中国政府已经能够在一定程度上推动重要的改革，并在分税制改革后保持经济的稳定和增长。如果国家没有推动改革以对冲市场化的发展，1997年和2009年的大规模宏观经济干预将是无法想象的。然而，胡鞍钢和王绍光等学者所倡导的国家能力建设，其结果被证明可以是一种祝福，也可以是一种诅咒。中央政府其时每年都会积累巨额的财政收入，但财政扩张往往会让有政治资源的群体和地区受益，而不是带来平衡的发展。[11]

回顾过去，两个阵营都倾向于强调和突出市场与国家的概念，并将它们视为相互排斥的组织形式。在改革开放后的中国，市场和国家常常相互影响。20世纪90年代中期以来，国家主导的市场化最大的特征，就是国家机构的部分市场化，因此市场和国家之间的制度边界消失了。在这一过程中，社会主义国家这一由工业企业、商业代理人、服务提供商和官僚监管机构组成的庞然大物，转变成了许多功能分化的机构行为者群体，包括市场行为者和非市场行为者。[12]与此同时，随着经济成为最大的政治，市场化和非市场化的国家机构之间的关系日益受到经济理性的约束和新的财政制度的调节。例如，中央政府不仅希望对大型国有企业进行资本重组，还希望地方政府将增长和税收收入作为业绩衡量的指标。总的来说，这种从基于市场的效率向国家控制的效率的重大转变，造成了当代国家和市场的纵向渗透。这种纵向渗透不同于早期的横向渗透模式。正如我们在前面讨论概念的章节中所提到的，这个相互渗透的领域被定义为中间层级。

然而，国家的市场化只是改革进程的一部分，改革进程还包括同样强有力地把中间层级的市场行为者整合进政治里。正如我们将在以下章节中详细审视的那样，中国共产党不仅对其主要经济部门央企的人事任命保持全部的掌控权，而且还经常邀请私营企业家加入其关联的咨询组织，比如全国人大和全国政协。考虑到他们的相对人数，私营企业家在这些组织里的参与度以及他们与国家之间的相互渗透程度都非常高。[13]此外，最赚钱、最具战略意义的产业，如能源、电信、国家级银行和金融服务等，都留给了国家的冠军企业，即大型国企和国有金融公司。这些企业由中国共产党及其任命的官员直接管理。

虽然在概念上，资本主义和现代市场体制否认自然的界限或边界，但显然存在着制度和意识形态的界限或边界。就中国来说，界限或边界是由当代党领导下的国家的历史偶然性决定的。社会稳定和政权生存的广义定义也包括了经济目标，如经济增长、财政收入增加和宏观经济稳定。

从历史的角度来思考中国最近的市场化，我们需要牢记中国现代国家构建的漫长过程，特别是在毛泽东时代。正如在第四章中所讨论的，中国改革前的现代国家建构始于晚清，并最终在毛泽东时代的实验中宣告结束，这一国家建构过程为市场的快速增长提供了必要的条件和动力，尤其是中央和地方政府动员与控制市场化进程的能力，工业化所需的有形基础设施、资金来源和人力资本，以及保持全国性市场的碎片化和相互隔离的政治与行政边界。顺便说一句，最后一个条件被证明是最有力的：当国家和市场的界限被放宽并最终消除时，它创造了快速市场化的潜力，但国家与市场的边界在被改变和制度化的同时也制衡了市场化。在边界逐渐被消除的地方，市场经济繁荣，市场成为主导的经济秩序；在边界得到改变和制度化的地方，市场行为者被纳入了统一的国家政治秩序。

市场化的逻辑与国家整合密切相关。它不是计划和市场之间的反反复复，也不是市场和国家之间的反反复复。相反，市场增长或不增长，都遵循一条简单的经验法则：市场规模等同于政治重要性，并会吸引国家对其进行吸纳。这条简单的规则给中国的非国有市场行为者带来了一个长期的难题。当它们规模小的时候，它们是完全的市场参与者，缺乏国家控制的资源和特权。一旦它们变得更大，就会受制于国家和某些政治力量。但即便如此，进入特定市场的条件仍然适用。政府不只是从市场中挑选赢家；它还以这样一种方式管理和构建市场，以确保其忠诚的代理人（及其自身）成为赢家和利益相关者。在某种程度上，这种"制内市场"的模式可以追溯到对帝制国家和市场行为者之间的历史关系的分析中。这些内容在中国政治经济历史经验的章节中已经讨论了。

从边缘成长起来的市场：1978—1994 年

20 世纪 80 年代初，在刚刚开放的市场中，大多数新的市场行为者都处在旧秩序的统治不那么显著的边缘地带，比如失业的回城知青、获释的劳改犯，以及为了生存而拼命兜售半合法商品的小贩。[14] 从某种程度上说，20世纪80年代的基层创业之路，既是国家逐渐放松控制的产物，也是原有体制中蛰伏的边缘人在社会主义社会边缘重建市场—国家关系的产物。随着中央政府领导的改革在关键的城市部门取得实际进展，这些新生的经济力量更多的是对现有秩序的补充而非颠覆。这些人的故事确实非同凡响：他们能够对任何微小的政策变化都采取快速的反应，同时又小心翼翼地不去挑战国家。一旦越过了政治红线，他们就注定失败。在接下来的讨论中，我们将讨论两个著名的案例，一位叫年广久的企业家和一个叫大邱庄的村庄。在第一个案例中，一位边缘企业家抓住了旧秩序消亡后的商业机会，在20世纪80年代初成为市场化的先驱，他的案例具有很强的示范性力量，从而为他赢得了国家对有利于市场化发展的及时干预。在第二个案例中，一位有魅力的领导人带领一批农村企业度过了它们的鼎盛时期，但当他越过市场领域的红线，进入政治和国家法律的危险领域时，他就声名扫地。我们对这些案例的讨论也将阐明，这条红线是动态的、政治化的，而不是由法律来严格界定的。当由主导的政治力量领导的强大国家准备从市场撤退时，即使是最小的草根企业家也可以在市场改革中发挥作用。

20世纪80年代初的"傻子瓜子"热潮

安徽芜湖市的年广久被称为中国最具启发性的草根企业家，他是一个从旧秩序的边缘地带自下而上出现的企业家精神的典型案例。年广久是一个街头小贩的儿子，当他还是父亲帮手的时候，就学会了做生意的基本知识。20世纪60年代，他在旧秩序的边缘地带从事各种行当，如卖水果和长途叫卖。但是在"文化大革命"期间，做私人生意既不光彩也不安全。在此期间，他因为投机倒把或挑战国家的贸易垄断而被判入狱一年。[15] 年广久不识字，也没有单位，因此他几乎毫无选择，在20世纪 70 年代初获释后,只能继续他的地下商贩生涯。这次他选择了卖烤瓜子,这是中国南方最受欢迎的家庭小吃。他的行当生存条件极其艰苦,晚上烤瓜子,白天和当地干部"玩捉迷藏的游戏"。[16]

年广久的努力最终得到了丰厚的回报。艰苦的躲藏岁月不仅提高了他作为一名瓜子烘焙师的技能,也锻炼了他作为一名小企业主的商业头脑。中央计划经济体制下的情况进一步提高了他的技能和敏锐度:国家垄断了小吃的生产和分配,而且当地的国营工厂只生产又咸又差的瓜子,潜在的顾客一直渴望买到一种物美价廉的瓜子,以供节日和日常消费。因此,当改革派放松了国家对商贩的严格控制时,年广久就处在了有利的地位,可以把生意扩展到家乡以外,并迅速进入上海等主要市场。1982 年春节期间,年广久的瓜子仅在上海市场就卖出了数百吨;面对排起了长队的顾客,出售"傻子瓜子"的商店不得不为每位顾客设定 500 克的限定配额。[17]

年广久非凡的成功很快带来了麻烦。为了满足上海和其他城市市场的需求,他不得不购买其他品牌的瓜子,并把它们包装成"傻子瓜子"出售。但精明的上海人很快就发现了区别,转而反对年广久。紧随各大日报批判年广久的脚步,芜湖市商业局迅速介入,发现了年广久在产品上贴虚假标签、逃税 4.3 万元、"非法"雇用 7 名以上工人的证据——对中国的个体户来说,这些都是典型的违法行为。[18]在取得巨大成功后,年广久失宠了。

但幸运之神再次眷顾了这名小贩。由于国内甚至国际新闻都报道了他的事迹,年广久成了某种非自愿的全国市场代言人,从而成为中国经济改革的风向标。因此,甚至在 1984 年 3 月他给时任安徽省委书记黄璜写信,倾诉对党的忠诚、宣誓执行党的路线之前,年广久就已经在最高领导层的演讲中被多次点名,每次都同时夹杂着对他的赞许和批评:赞许他在商业上的成功;批评他的非法行为,尤其是超额雇用。但最终,中国最高领导人邓小平向他伸出了援手。1984 年 10 月 22 日,在中央顾问委员会第三次全体会议上，邓小平提到了"傻子瓜子"的故事：

> 前些时候那个雇工问题，相当震动呀，大家担心得不得了。我的意见是放两年再看。那个能影响到我们的大局吗？如果你一动，群众就说政策变了，人心就不安了。你解决了一个"傻子瓜子"，会牵动人心不安，没有益处。让"傻子瓜子"经营一段，怕什么？伤害了社会主义吗？[19]

邓小平"放两年再看"的及时建议，立刻为年广久提供了一个破例，让其得以继续他的瓜子生意。这一次，年广久决定加入芜湖的两家集体所有制企业。他再次冒着巨大的商业风险，在全国范围内率先搞起了一次有奖销售。他将每包瓜子的单价提高了10分钱，并承诺将在几百万包瓜子中提供15万份的奖励。两周内，瓜子的总销量攀升至230万包。但是，暴风雨随后就来临了。太多的商家企业争先恐后地提供有奖销售，随之而来的市场混乱引起了国家工商总局的警觉，发布了《禁止借有奖销售为名推销残次商品》文件，突然禁止了所有的有奖销售。年广久的合资公司注册资本不足30万元，却由此遭受了63万元的巨大损失。[20]

在这场致命的危机之后，年广久被卷入了与区政府任命的副局长们的冲突中，这些副局长们随后在当地寻求法律手段来取缔他的生意。1989年9月，年广久再次被当地法院调查并定罪，这次不是因为他在商业上"投机倒把"（在中国宣布改革开放后，其性质已经变得比较模糊了），而是因为他的道德问题。年广久因婚外情、重婚、私生子而被判流氓罪。芜湖市中级人民法院判处他有期徒刑3年，缓期3年执行。

年广久不服法庭的判决，担心当地会对他进行进一步的迫害，于是再次诉诸最高层。最后他的申诉信迂回曲折地到了邓小平手里。年广久的申诉信来得正是时候，因为邓小平已经开始扭转1989年后的经济紧缩。由于年广久中国"第一商贩"的名头，最高领导人再次回应了他。1992 年 1 月，在邓小平具有里程碑意义的视察南方期间，这位事实上的最高领导人在他著名的南方讲话中提到了年广久的名字，从而帮助了这位"第一商贩"：

> 这次十三届八中全会开得好，肯定农村家庭联产承包责任制不变。一变就人心不安，人们就会说中央的政策变了。农村改革初期，安徽出了个"傻子瓜子"问题。当时许多人不舒服，说他赚了一百万，主张动他。我说不能动，一动人们就会说政策变了，得不偿失。像这一类的问题还有不少，如果处理不当，就很容易动摇我们的方针，影响改革的全局。[21]

与美国最高法院的裁决不同，中国最高领导人再次保护年广久的核心理由不是关于合法性或道德，而是关于整体政治得失的考量。作为一个目不识丁的个体户，年广久完全不像 20 世纪 50 年代那些党必须在原则问题上认真对待的商业大亨和大地主。此外，对年广久的支持发生在改革的关键时刻，当时邓小平正准备启动他著名的南方视察，这是一次政治之旅，最终为全面的经济改革扫清了障碍。面对某些地方的强烈抵制，国家需要通过稳定数千万个体户的期望来维持改革。因此，邓小平的评论不是围绕这些市场行为者的商业成功，而是市场改革的总体方向，这远远超出了小型市场行为者的命运。

后来的事态发展证明了邓小平的观察。在邓小平的保护下，年广久不再是当地干部一个容易下手的目标。但随着中国在 20 世纪 90 年代进入市场扩张的新阶段，他的经济财富最终随着不断发展的市场而减少。年广久对市场化的最大贡献显然仅限于第一波市场化。虽然他的一个儿子是一位更有能力的经理，"傻子瓜子"也仍然是一个全国性的知名品牌，但是生意的规模仍然不大，生产基地仅限于芜湖。在瓜子生意如常经营的同时，"傻子瓜子"的企业也逐渐失去了作为国家象征的作用，因为它的相对分量和重要性都在下降。具有意味的是，这也是"傻子瓜子"和年广久一开始就得到上层保护的原因：公司的规模小，保证了它的代表性和可控性。

对数百万与年广久一样的人来说，邓小平的支持至关重要。与年广久一样，这些草根企业家大多来自受教育程度相对较低的社会边缘地带和农村贫困地区，几乎没有机会进入国有企业。对这些人来说，创业是一种选择，也是实现美好生活的必由之路。在年广久和第一代草根企业家迅速崛起之后，个体户和私营企业家的数量急剧上升。在今天的中国，有多达 4500 万的个体户，另外还有 1200 万的小型私营企业。[22] 这些私营企业大多比年广久早期的瓜子生意规模来得小。

当个体户创业成为最普遍的致富途径时，"万元户"（即在 20 世纪 80 年代初，一个家庭的净财富为 1 万元）成为最常见、最光荣的新贵头衔。而个体户这一早期致富竞赛的引领者，不再与后来的新富阶层一脉相承。20 世纪 90 年代及以后，当国家主导的市场化进入下一个阶段时，早期成为"万元户"的大多数人的财富都停滞不前，或以更慢的速度增长。这个过程是很容易理解的，因为个体户通常只有很少的机会能够获得技术和资本，而且大多只针对当地市场。尽管有些草根企业家成功地让自己的企业继续成长，并在今天依然位列最富有的人群行列，但他们是例外，而不是常态。[23] 回顾过去，个体户创业在中国是第一个生动的、也是最持久的自下而上的市场化模式，但作为一种常规，它并没有发展成为 20 世纪 90 年代以后最强大的创业和市场化模式。

大邱庄的命运

大邱庄是中国早期市场改革的另一个典范，大邱庄及其负责人禹作敏的命运，与年广久等草根企业家的故事非常相似。虽然禹作敏成名的速度和年广久一样快，但他的衰落速度要快得多。大邱庄的故事值得引述，不仅因为它是改革时期最成功的农村集体企业之一，还因为它非常清晰地展示了市场规模和野心扩大后市场运作当中的政治逻辑。在这一点上，禹作敏不同于年广久。年广久和"傻子瓜子"生长在旧秩序的绝对边缘地带，而禹作敏和他的大邱庄则来自旧秩序的核心地带；年广久的野心纯粹是经济上的，而禹作敏则越界进入了政治领域。

大邱庄距离北方大都市天津大概40千米，地图上只有40千米，它似乎应该很自然地倾向于经济发展。然而，事实上，这个村庄是天津地区最穷的村庄之一，因为它的农业产量很低，而且主要是盐碱地。20世纪60—70年代，当禹作敏担任大邱庄党支部书记时，大邱庄处于赤贫状态。"文化大革命"期间，由于太穷，全村2800人中，有250个男人都娶不起新娘。[24]年广久不假思索地与自己所处的逆境做斗争，只要遇到麻烦就会向国家求助，而禹作敏则与年广久不同，他从一开始就对中国政治有更清晰的理解，并持批判的立场。几年后，禹作敏勉强回忆起20世纪60年代和70年代的情景，认为那时的政治运动和左翼政策占据了主导地位。[25]随着时代的变迁，禹作敏的命运也发生了翻天覆地的变化。

20世纪70年代末和80年代初，随着家庭联产承包责任制的逐步成熟和逐步替代人民公社，禹作敏和村干部决定另辟蹊径。1978—1981年，禹作敏没有把贫瘠的土地和生产资源分给农户，而是创办了4家农村企业。这些集体所有制企业大多是专门加工钢铁零部件的，而后是生产建筑材料的，每个企业的负责人都是他的亲戚或有权势的家族。[26]

在把村庄经济重新设计为一个企业集团时，禹作敏有一个明确的战略。为了在产品市场上竞争，这4家企业保持了小规模和灵活性。公司的管理体系也同样精简，在20世纪80年代中期只有13位高管，但他们都经验丰富，薪酬丰厚。由于小型企业发现它们自身很难获得国家的资助，因此所有企业在投资方面都遵守了年度回报规则。换句话说，禹作敏将农业家庭的规则应用于公司化村庄的管理。在他的企业中，对保有企业储蓄有着严格的偏好，而把对外部融资的依赖程度降到最低。

就像年广久的个体企业在城市发展的背景一样，禹作敏的农村企业也不得不在界定市场活动和经济犯罪的两条非常细微且往往模棱两可的法律界线上挣扎。第一条法律红线是占物（占有物资），指的是物资的采购。第二条法律红线是倒卖，指的是按国家规定的价格获得物资，再按市场价格转手倒卖。这是双轨制下集体所有制乡镇企业的标准生存战略。20世纪80年代，大邱庄享誉全国，这些线路几乎没有构成威胁。只有当禹作敏的个人野心进一步推动他越界时，法律手段才开始适用于他。

随着大邱庄农村企业的扩张，禹作敏的政治野心也随之膨胀。由于村庄高度集中的政治经济性质，村公司遵守严格的规定，由党支部书记禹作敏负责。20世纪80年代，随着村民收入的飞涨，禹作敏作为绝对领袖的声誉和权威与日俱增。禹作敏对大邱庄的全权控制让他冲昏了头脑，他甚至公开挑战农村的制度缺陷和社会主义的官方定义。[27]当时，由于他对农村舆论的控制，这种越界行为并没有导致与国家的直接冲突。

然而，随着禹作敏越界行为的增多，问题最终出现了。20世纪80年代末，作为村主任，他变得极端专制和无情，经常雇用暴徒来惩罚违背他意愿的人。1990年和1992年，两名涉嫌挑战禹作敏和背叛村庄生意的男性在神秘情况下被暴徒和恶棍杀害。尽管禹作敏只是间接卷入了这两起事件，但他对村庄社区的暴力部署令天津市政府感到震惊。尽管他是享有全国声誉的农民企业家标杆性人物，但政府最终还是在1993年初逮捕了他。惊恐万状的禹作敏犯了一个最严重的错误：他号召村民武装保卫他不受警察的逮捕，而村民们设法与警察对峙了几天。禹作敏被捕后，他被判处相当严厉的20年有期徒刑，最终在70岁时死于狱中。[28]

禹作敏的倒台并不意味着大邱庄故事的结束，但这确实改变了大邱庄的发展历程。在禹作敏遭受决定性失败的同时，大邱庄的企业继续走自己的发展道路。在禹作敏倒台后的几年里，整个大邱庄按照标准重组为股份制私营企业。[29]如今，尽管这些农村企业在中国的钢铁生产中仍有一席之地，但它们再未取得禹作敏时期的经济成就。原因之一是禹作敏下台后，围绕公共资金控制权的斗争接踵而至，各方无法齐心协力。[30]

很明显，中央政府在处理禹作敏的问题时，试图将市场和政治分开。当禹作敏专注于大邱庄的经济发展时，他得到了回报；当他把大邱庄打造成自己的私人王国时，他就受到了惩罚。国家虽然对禹作敏采取了法律行动，但并未进一步扩大到打击作为市场行为者的农村企业。像对待年广久一样，中央政府最关心的是其市场化政策方针的稳定性。也正是国家的有形之手，将对禹作敏的打击与对年广久的打击彻底区分开来。与年广久相比，禹作敏的政治势力已经大到国家无法容忍的地步。因此，当禹作敏两次触犯法律时，国家就不能像对待年广久那么宽容了。

大邱庄与其他示范村、市场化早期的乡镇企业和港口并无不同。在许多其他以公司实体形式运作的模范村中，村主任往往变得专制、不守规矩，而且即使不是公开地，也是在含蓄地反抗国家。国家对强势农村领导人的制约，以及后来在农村领导层里引入某种多元主义，似乎是不可避免的。但是，在一个更加多元化的村政府的领导下，经济表现往往不佳。这也许就是为什么中国农村的市场化和城市化通常采取另一种政治上更安全的模式：村民们离开农村，到城市找工作，希望在那里定居。其结果是，当农村无法进行企业化和工业化时，它们就萎缩为农业腹地。

总的来说，乡镇企业是20世纪80年代中国农村市场化的主要力量，就像同时期城市地区的小商贩和个体户一样。作为市场行为者，乡镇企业展现出了国企之外的现实可行性：它们通常只需要很少的启动资金，使用简单的技术进行生产，并提供畅销的标准化产品。此外，它们在农村的位置和地方政府的有形之手，确保了它们可以很容易地获得廉价的土地和负担得起的资本。它们的扩张进一步得益于农村农业部门持续的劳动力盈余。[31] 从 20 世纪 80 年代到 90 年代末，这些理想条件的结合给了乡镇企业决定性的优势。在此期间，中国农村的市场化进程如火如荼，像大邱庄这样的成功故事在全国范围内传播，最终又被其他更大的故事盖过了风头。例如，在 1984 年，乡镇企业的总数比 1983 年增加了 3 倍多，从 130 万家增加到 600 万家。[32] 1996 年，乡镇企业作为一个经济组织主导着国民经济，创造了 1.35 亿个就业岗位，贡献了中国三分之一的工业生产总值。[33]

20 世纪 90 年代中期以后，乡镇企业模式最终衰落。虽然一些比较成功的乡镇企业的确转型为其他类型的企业，特别是与地方政府联盟的大型私营企业，但大多数乡镇企业未能从蓬勃发展的年代成长为全面发展的现代私营企业。2012 年，尽管乡镇企业仍雇用了大约 1.6 亿名工人，但它们仅贡献了中国工业增加值总额的 10% 多一点。[34] 真正的原因是，下一个阶段的市场化不再以乡镇企业为中心，乡镇企业不再是最具生产力的部门和新的经济增长极，尽管它仍然在社会的最底层占据着不可或缺的地位。

双轨制和家庭联产承包责任制下的市场化

随着基层市场行为者从国家体制中成长起来，国有企业改革开始为市场发展创造有利条件。在整个 20 世纪 80 年代，作为国有部门的核心，国有企业继续按照计划体制运作，充当了国家的生产单位而非市场行为者。尽管国有企业广泛采用了市场机制，如管理体制的管理自主权、销售和采购的市场化，但国有企业仍然是计划经济的一部分，并按照国家计划体制尽职尽责地运转。国企既有一个计划部门，又有一个市场部门，两个部门这种奇怪的共存，是通过一个称为双轨制的正式安排而得以实现的。在这种制度下，产品市场上的计划价格和市场价格是截然不同的：计划经济的行为者享有较低的投入和较高的国家采购价格，而市场行为者必须在原料和产品市场上开展竞争。20 世纪 80 年代，随着市场的扩张，计划价格逐渐调整到市场的水平。[35]设计这个制度的目的，是为了同时达到两个目标，即在国家指导下发展市场机制和保护国有企业，它们可以同时享受补贴的投入价格和市场的产出价格。

20 世纪 80 年代，另一个关键制度创新是包干责任制。[36]和双轨制一样，包干责任制也可以看作是国家机制和市场机制的结合。广义的包干责任制允许个体代理人在履行与国家或国家代理人的包干义务的情况下进行市场交易。这适用于各式各样的经济行为者。在家庭联产承包责任制下，农户只要满足国家规定的粮食采购标准，就可以按照规定的价格出售农产品。在企业包干制下，国有企业在完成计划经济规定的产品后，可以在市场上销售多余产品。在财政包干制下，省或省级以下单位在向中央国库缴纳一定数额的税款后，可以保留余下所征收的税款。包干安排实际上在计划体制之外为市场开拓了空间。如果经济行为者完成了特定的计划任务，他们可以将其通过额外努力或提高生产力所获得的收益保留在计划范围之外，用于市场交换。

与后来才出现的分级市场不同，双轨制和包干制允许市场机制与国家计划一起运作。从积极的方面来说，这两种制度有效地为企业和个人提供了额外的奖励，鼓励它们从事面向市场的活动。由于增加的生产力是通过市场机制进行分配的，这种安排有效地丰富和增强了市场行为者和地方政府相对于中央政府的力量。但从消极的方面来说，这两种制度的结合往往助长了经济无序、不平等，甚至混乱。在宏观层面上，固有的激进的权力下放，在快速变化的社会经济制度与中央集权的政治制度之间制造了一个裂痕。

20 世纪 80 年代末的这些制度变迁，在中国城市培育了一股创业热潮。许多中国的知名商人试探了大环境，并开始了他们的第一次创业。其中包括 1989 年柳传志开始的电脑创业（后来发展成为联想）、1988 年王石创办的万科、1987 年任正非创办的华为和宗庆后创办的娃哈哈、

1985年侯为贵创办的中兴、1989年王健林创办的西岗区住宅开发公司（后来发展成为万达集团）。尽管我们将在第六章中研究其中的一些案例，但我们也想在这里强调它们的一些相似之处。在所有这些案例中，这些未来各自领域的商业巨头们，都通过各种方式受益于双轨制的漏洞、他们以前的专业知识以及与国有企业、军队或大学的联系。[37]这种安排也为寻租和腐败提供了巨大的机会。一般来说，它们的生产要素甚至中间产品大多可以按国家计划价格获得，而制成品或产品则按市场价格出售。

由于双轨制和包干制在整个国营部门与私营部门里运作，国家和市场在相同的机制与组织层面上相互交织。渐渐地，内部市场渗透到所有的政府机构。这种内部市场最常见的是附属于政府机构的商业单位以及事业单位，它们有时与政府官僚机构的主要职能毫无关系。[38]结果，各种规模的腐败和寻租行为（特别是发生在基层政府的），出现了爆炸式的增长。在1980—2000年的20年间，有案可查的腐败增加了400%。[39]甚至连军方也开始大力参与市场化进程，因为它找到了新的方式来保持物质资源的有偿使用，从几乎不加掩饰的房地产业务到直接的武装走私活动。[40]

与此同时，市场与国家的横向渗透，使得中央政府难以理顺混乱的市场化进程。由于实行了财政包干制度，1978—1992年，政府在GDP中所占的比重从32%下降到15%。更糟糕的是，中央政府在政府总收入中所占的比重从1985年的41%下降到1992年的22%。[41]实际情况可能更糟，因为官方财政收入数据通常不包括也属于地方政府的非税收收入和预算外收入。"诸侯经济"盛行，在20世纪80年代末，地方领导人经常改变中央的经济政策，特别是反对旨在抑制过度投资的反通货膨胀政策。[42]

20世纪80年代，不平衡的市场化也造成了一些社会问题，这些问题深深地刺痛了政治精英和有话语权的精英的内心。例如，市场化最严重的社会经济后果之一，就是社会阶层之间的收入失衡，尤其表现在市场行为者和寻租者与公共部门工人之间的收入不平等不断扩大，因为即使市场部门取得了经济增长的成果，国有部门工人拿到的依然是国家规定的低工资。因此，国有部门的保护带只会限制国有部门工作人员的经济前景。在20世纪80年代末和90年代，大多数名牌大学和研究机构的专业科学家挣得比街头小贩少得多，这种现象非常普遍。[43]恶性通货膨胀和党政干部严重的寻租现象使这种情况进一步恶化。经济困难产生了一种社会剥夺感，并最终助长了政治激进主义，最后酿成1989年政治风波。[44]

全面市场化：1994年以来国家主导的市场改革

纵向市场化和中间层级

1989—1991年，面对东欧社会主义的动荡式消亡，特别是苏联的解体，中国共产党领导层的最初反应是退出市场，回到更标准的计划经济模式。但很快人们就清楚地认识到，市场是必要的，正如邓小平所理解的那样，因为它的紧缩导致了失业和经济衰退。[45]

事实证明，前进的道路是进一步和更激进的市场化，以此来转移政治紧张局势，解决被疏远阶层的社会不满。与20世纪80年代的市场化不同，90年代的新市场化是以市场的纵向划分为标志，以建立一种机制层级，而不是以市场与国家的横向结合为标志。"制内市场"的逻辑要求国家必须严格控制市场，使市场成为国家的财政工具。

1992年邓小平关键性的南方视察，最终促成了国家主导的计划经济的彻底重建，计划经济事实上已经被日益深入的市场机制相互渗透和削弱。[46]在接下来的10年里，江泽民和朱镕基亲自谋划了一系列重要的改革，这些改革几乎覆盖了中国国家和市场的各个角落。这些改革大致可以分为三类：国有企业的自由化、央企的合并和对新市场力量的政治吸纳。[47]

第一类改革方案以国企私有化的形式进一步导向自由化。总的要求是，国家退出消费品市场。在国有企业改革的新指导方针下，国家将大部分亏损的中小型国有企业民营化，只保留对资本密集型的大国企的控制权。1994—2001年，全国各类国有或国营企业，由1000多万家锐减到17.1万家。换句话说，大约98%的国有企业要么被民营化，要么被重组为国有资本和私人资本共同持股的股份有限公司。[48]这种民营化和半民营化，为市场机制在国家撤出的领域和部门里发挥决定性作用扫清了障碍。

改革消除了长期以来阻碍国内商品、资本和劳动力流动的壁垒。在20世纪80年代和90年代初的市场大战中，由地方政府征收的国内和地方关税，在90年代基本上被无情地扫除了。随着1992年户籍制度的修订，农民工开始可以自由流动并在城市定居。[49]继早期的市场开放之后，阻碍国际贸易和金融的体制限制也随着1994年的国际贸易改革而得到缓解。[50]从1994年起，在旧的国家经济边界内，配额、许可证和票券等行政障碍显著减少。

第二类改革措施旨在巩固国家对市场的主导地位。这一系列改革包括对政府、大型国企和财政制度进行全面改革，以期将国有部门重塑为一个充满活力的经济行为者和监管者。

这一时期的政府改革明确了为市场经济服务的方向。20世纪90年代，国务院取消了大部分的工业和商业部委，认为它们是计划经济体制下的不受欢迎的遗产。与此同时，在市场化和全球化的新环境下，国务院又成立了几个重点部委和监管机构，对现代金融、银行、保险、国有资产和自然资源等新兴领域进行监管。[51]

大型国有企业的改革，将这些大型企业集团重塑为拥有巨额资产和市场影响力的国家或地方企业集团。按照这一扩大规模的战略，选定的大型企业被改组为股份制公司或集团，并重新调整资本结构，成为资本密集型的商业集团,垄断了最有利可图的业务。多年来,国有企业从作为商品和福利服务生产者的旧模式,转变为一个具有独特自身市场利益的大型盈利企业集团。[52]更重要的是,新一轮国企改革在全国市场顶端催生了几十家央企,主导了天然气、电力、电信、交通、银行、金融等关键行业。[53]

一项更为重要的面向市场的改革是1994年的分税制改革,我们在后面几章中将重新讨论这一改革。从本质上说,中央与地方关系的全面重组废除了财政包干,为中央和地方政府引入了各自的财政基础。最关键的是,它让中央政府在新的主要税基——增值税中,获得了75%的多数份额,从而扭转了20世纪80年代地方政府是地方经济增长唯一剩余索取者(residual claimant)的财政结构。在新的制度下,中央政府在经济增长中的分量更重,这已成为深化改革的首要原则和发展的首要指标。与此同时,地方政府也开始非常积极地建设地方经济和扩大税收基础,因为它们在经济增长中获得了利益。中央和地方的经济刺激机制主要集中在提高地方和国家的GDP上,这一机制成为中国经济发展的主导模式。[54]

最后一类改革不像前两类改革那么明显,但对中国未来政治经济的影响却不可小觑,它更少涉及经济结构,更多涉及的是整个政治和意识形态体系。在整个20世纪90年代,随着市场经济在社会主义制度下获得政治合法性,允许私营企业家加入中国共产党和政治机构的障碍已经逐渐消除。[55]2002年,时任中共中央总书记江泽民明确表示,中国共产党将遵循新的"三个代表"重要思想,即中国共产党始终代表中国先进生产力的发展要求、中国先进文化的前进方向、中国最广大人民的根本利益。[56]而更实际的解释,这一理论意在把对党外经济和文化精英的接纳与吸取合法化。这对私营企业家来说尤其如此,他们欣然接受了党为他们的新精英角色辩护的意识形态信号。

这种灵活的党的意识形态和组织方式,最明显地反映在私营企业家大量进入党组织及其附属组织——人民代表大会、参政议政的民主党派，以及更重要的全国政协。中国市场精英得到官方认可和获得非正式的政治归属，在中央政府和地方市场之间形成了一股被吸纳的经济力量。我们将把这一特殊的经济精英群体作为中间层级，并在下一章进行讨论。中间层级包括所有介于国家正式机构和市场之间的市场与国家行为者，包括被吸纳的私营企业家、地方政府的经济代理人和剩余的国有企业。在某种程度上，这群行为者已经取代了横跨国家和市场的老牌企业家。

相对于20世纪90年代末之前一直主导中国政治经济的国家和市场的反复，中间层级有一定的优势。一方面，在这样的体制下，市场行为者更有组织性，更易于高层对他们进行管理。通过按照规模和重要性对市场行为者进行排序，并将其纳入各级咨询机构，中央政府可以确保它与国民经济中最大和最具战略意义的部门与行为者结盟。另一方面，中间层级的财政安排使国家能够收获经济增长的果实。在以中间层级为主导的新经济秩序中，财政资源垂直分割、高度集中，中央政府在经济增长中享有最稳定、最优待的份额，主要体现在增值税和对大型国有企业的各项税收中。

随着纵向结构和中间层级的兴起，要素市场也得到了发展。这不仅仅是巧合。20世纪80年代，商品市场的发展可以被描述为国家的逐步退出和市场空间的形成，而要素市场的发展则完全是另一回事。事实上，改革开放以来，国家在纵向市场化的基础上，积极创造和构建要素市场。自20世纪90年代中期以来，纵向市场化的前提是劳动力、信贷、土地和自然资源市场的纵向分割。

劳动力

在波兰尼勾画的资本主义框架中的重要生产要素当中，劳动力、信贷和土地在中国的市场化程度最高。事实上，20世纪90年代最重要的市场发展就是劳动力的市场化。

第一类劳动力是农民工。农民工是目前最大的劳动力群体，他们从20世纪80年代开始进入现代制造业和服务业，但在90年代才开始大规模迁移。在90年代市场化的第二阶段开始以后，他们成为主导力量和前沿。

农民工有着悠久的历史渊源。在晚期帝制中国的市场经济中，农民通常在城市里做流动小贩、手工业工人、家庭佣人，或者其他各种体力和低技能的工作来勉强糊口。但城市化和市场化的程度往往受到农业经济性质的限制。[57]不仅士绅居住在农村，商人也倾向于在农村购买土地，并投资于孩子的教育，以努力成为土地士绅家庭。[58]因此，在晚期帝制中国，城市是依赖农村资源和产品的政治与消费中心。

毛泽东时代的工业化彻底改变了这一局面。毛泽东时代的工业化战略是以城乡二元体制为基础的。城市地区继续是政治中心；此外，它们也成为新经济的生产基地。另一方面，农村土地严格受制于以城市为中心的国家工业化项目。在农村和城市地区，中央计划经济体制都将生产置于消费之上。按照生产最大化、消费最小化的基本原则，国家采取了一种偏向工业化的政策方针，而没有推进与之相应的城市化。[59]

1958年，全国人民代表大会通过了第一部户籍管理条例，将所有家庭分为农业家庭、非农家庭和城市家庭。这一规定使粮食消费和人口流动得到控制：非农家庭从国家分销商处购买粮食，而农业家庭在国家采购后消费粮食。因此，非农家庭的身份，实际上是国家有效保障的、在农村的农业部门之外获得基本生活资料的权利。1958—1978年，户籍制度被严格执行，农村青年除非上大学或参军——这是他们获得国家机关工作和干部身份的仅有的两条途径，否则几乎没有获得非农身份的机会。

多年来，具有非农户口的居民逐步获得了一些附加的福利待遇。这些附加福利涵盖了所有能想到的领域，从高补贴的住房、教育、医疗到养老金，事实上保障了集体工厂的就业。[60]此外，这些居民容易获得在城市现代化部门的工作，确保了更好的经济机会。尽管经济和社会不平等在改革的第一阶段暂时得到了缓解，因为这一时期国家在农村的边缘地带引入了市场机制，但这一趋势在20世纪90年代很快又逆转了，当时市场化开始在城市地区产生更大规模的收入和财富增长。

考虑到城乡之间巨大的收入和福利差距，很容易理解为什么在20世纪80年代初，当闸门终于打开的时候，即使没有波兰尼所说的国家强迫，农村的农民也会选择离开家乡，迁往城市。这并不是说当代中国的工厂不是血汗工厂。事实上，在早期的改革中，工厂工人遭受了各种形式的虐待，从数额低且不按时发放的工资，到不规律的工作时间和恶劣的工作环境。[61]但在沿海地区的血汗工厂工作，仍比在农村工作得到更多人青睐，尤其是它能提供有吸引力的工资水平和在城市定居的机会。毛泽东时代的户籍制度从而为中国经济带来了意外之财。到20世纪70年代末，它在中国农村和城市之间创造了一种持续的经济和福利梯度，当这一制度结束时，它释放了数百万的农民工，他们很乐意在珠三角和长三角的血汗工厂里工作。

在中国工业劳动力顺利市场化的过程中，大量农村流动劳动力的供给是必不可少的。一方面，农村劳动力的涌入降低了私营企业家的成本，使他们在国内和国际上都具有竞争力。例如，在1998年，一个普通的中国工厂工人只能挣到1188美元，而一个美国蓝领工人能挣到35639美元；这还不包括劳动法规和福利方面的差异。[62]这种劳动力成本上的竞争优势，让那些从国内外大企业拿到合同的中国中小制造商得以生存和发展。

到2010年，中国有2.6亿名农民工。他们大多数从农村流动到城市，从内陆流动到沿海地区。他们构成了制造业和低端服务业的大部分城市劳动力。换句话说，中国的产业工人大多是带有农村户口身份的农民工。其中约1.45亿人出生于1980年之后。[63]他们比第一代农民工受过更好的教育，有着明确的城市观念，是当代中国劳动力中最具活力的部分。他们也是当前劳动制度下流动性最强、市场化程度最高的劳动力。然而，他们在享受城市福利和公共服务方面，也首当其冲地受到户籍制度的歧视。

与此同时，在城市部门，旧的国有部门普遍感受到了市场化的痛苦。第一个主要群体是那些后来民营化或破产的前国有企业的工人。这一类社会群体在劳动力市场诞生之初经历了最为动荡的时期。1992年，中国国有企业在其鼎盛时期雇用了多达3000万名工人，占城市就业人口的20%。2012年，国有企业仅雇用了1200万人，约占城市就业人口的10%。[64]

在社会主义早期，大多数老年下岗工人在最初进入工厂的时候，肯定都希望有终身的就业保障。当他们下岗时，除了福利住房外，他们通常只能得到相当于3年工资的遣散费。[65]在被裁减的工人中，有相当大的比例可以重新就业，因为他们可以以技术工人、服务业工人或个体户的身份重新进入劳动力市场；另一些人只能提前退休或依赖家人。确切的数字不得而知，但从20世纪90年代末到21世纪初，随着老年下岗工人离开市场，再就业率急剧下降。[66]这些下岗工人是20世纪90年代中期改革的主要受害者。

国有企业的大规模裁员确实引发了重大的社会抗议，尤其是在中国的老工业基地和东北、北方的铁锈地带，那里传统上是社会主义新传统主义的大本营。在世纪之交，抗议活动在中国北方的几个工业城市引发了重大的地方治理危机，但政府通过各种说服和安抚策略遏制了潜在的劳工运动。[67]事实证明，由于中国经济在21世纪头10年实现了两位数的增长，这种抵制对政治稳定的危害没有预期的那么大。

另一个主要的城市劳动力类别，是自20世纪90年代中期以来的职业学校和大学毕业生。在此之前，国有部门仍然是受过教育的劳动者的主要雇主，中国对所有高等教育机构的毕业生都实行了工作分配制度。

1996年，由于国营部门进行了彻底的改组，分配制度进行了改革。直到最近，这群受教育程度更高的年轻劳动者，似乎在经济高速增长和创造就业的过程中表现得相对不错。但随着20世纪90年代末至21世纪初高等教育部门的大举扩张所带来的负面后果日益彰显，出现了不充分就业的重大问题，即学历与就业机会之间的结构性错配。因此，许多大学毕业生选择参加烦琐的公务员考试，以获得国有部门的工作，有的甚至选择了较低的起薪和更崎岖的职业道路。[68]

最后一类新的城市劳动力包括以前作为国家雇员工作的专业人士和官员。这种自愿市场化的过程通常被称为"下海"（字面意思是"跳入商业的海洋"），是加入市场经济和创办私营企业的隐喻。像年广久那样的赤脚商贩或是禹作敏这样的基层干部出身的草根企业家，他们别无选择，只能进入市场；与他们不同，这些专业人士和官员通常在中国国有企业的核心部门，如研究机构、大型国有企业和政府机构有着多年甚至数十年的工作经验。这些下海干部大多数是经过精心谋划的：大多数专业人士加入了合资企业，成为顾问、科学家、专家、经理，但也有一些人最终成为企业主，赚了大钱。[69]除了专业技能和经验外，下海的体制内精英还与国家部门（包括政府）的老同事、朋友一起，精心恢复和发展了个人关系网。对中国感兴趣的社会学家和人类学家对这种类型的隐晦网络进行了广泛的分析，但这并不是本研究的主题。[70]可以这么说，他们围绕国家体制建立的关系网，已成为中国高层次劳动力市场的一部分，在这个关系网中，国家与市场的领导层之间的"旋转门"，使商界与国家权力保持着密切联系。我们将在第六章中回到这些联系上来，讨论位于中间层级的私营企业。

中国劳动力的市场化进展得相当顺利，这主要是由于自毛泽东时代以来的国家构建和经济范式的转变。在毛泽东时代，集体至上，个人被认为是可以被牺牲的资源。因此，在经济管理方面，国家倾向于对人力进行直接的个人控制。在改革年代的经济秩序下，国家不再通过管理机构的等级制度来控制个体工人。个体劳动者被动员起来寻求自身的利益，只间接对共同利益做出贡献。换句话说，中国现在通过市场来管理劳动力和人口，就像在帝制的常态时期一样。

因此，改革年代的国家把对劳动力控制和规训的权力从国家下放给私营企业主等市场行为者。劳动者的待遇不再跟他们的政治忠诚、体力和服务年限直接挂钩。相反，他们的价值是由劳动力和人力资本的市场价格来衡量的。除此之外，还需要一个复杂的监督和纪律体系，以及专业培训和基本的社会福利供给。大多数中小企业只能在一定程度上提供这种服务。只有非常大的企业才负担得起如此复杂的体系。例如，深圳的富士康厂区有 23 万名工人，其中大部分是来自农村的年轻工人。这些厂区被喻为"国中之国"，有各种各样的设施，如内部的医院和运动场，以及监控网络和安保力量。[71]虽然这样的建筑群往往是异化和剥削的场所，但政府欢迎它们，这还不仅仅是出于有利的经济考虑。在国家对青年的经济动员中，它们作为政治行为者，至少提供了一定程度的社会秩序和控制。

然而，在涉及国家公务员（如地方和中央政府的公务员）、大型国企和一些事业单位（如医院和学校）的切身利益方面，中国劳动力的市场化还只是部分完成。这些领域是市场化的逻辑与严格的政治逻辑的交锋之处。在 21 世纪初，国家公务员总体上继续享有比私营部门雇员更好的福利待遇，包括更好的养老金、更高的津贴，甚至是得到高额补贴的公共住房和医疗福利。干部，特别是国有企业的高级干部和管理人员，享有过高的福利待遇和特权。这种特权集中在国有部门，使得市场化改革更加困难，并有可能在劳动力市场上确立这种双重标准。

可以说，劳动力市场是中国经济改革最重要的产物。这也是市场化在计划经济和中国社会留下最大烙印的地方。在过去 35 年里，主导劳动力市场的私营部门创造了数亿个甚至更多的就业岗位，它吸纳了大量的农村移民，使数亿中国人摆脱了贫困，并从根本上重塑了经济。[72]国有部门的最核心圈层，现在已经成为一个等级和特权的孤岛，仍然屹立在劳动力市场的海洋中，它的规模相对较小。[73]

这种等级制的安排，形成了中国劳动力制度的一个显著特征，使其在两个方面与发达经济体截然不同。第一，在西方和东亚的发达经济体中，最优秀、最聪明的人往往选择在劳动力市场的顶层竞争金融、商业和法律等私营部门的最高薪酬；而在中国，顶尖人才往往回避市场竞争，更喜欢广义上的国有部门，包括中央和地方政府、事业单位和垄断部门。第二，在大多数西方和东亚工业经济体中，最贫穷和受教育最少的人往往享有更多的国家福利支持，但在中国则几乎相反：最贫困、受教育程度最低、往往技术也最熟练的农民工和农民，获得国家福利支持的机会也最为有限。[74]这就产生了一种自我强化的劳动等级制度，它允许国家作为顶级雇主在劳动力市场上发挥主导作用，并为国家自身的官僚机构和国有企业保留最优秀的人才。正如对土地制度和资本制度中的市场结构的分析所表明的那样，这种结构通过在更明显地由国家主导的其他要素市场中的安排得到了强化。

生产要素

在20世纪80年代和90年代劳动力市场逐步市场化的同时，资本、土地、自然资源和基础设施也越来越多地通过市场进行配置。但与劳动力供应相对充裕不同，在改革开放的几十年里，资本、土地和自然资源等关键生产要素相对稀缺。这些要素的市场化主要服务于国家的财政和金融利益，因为它利用市场作为动员和控制的手段。在这三个要素市场中，20世纪80年代的两种市场化逻辑——放权和双轨制——仍然占据着主导地位，即便市场改革在90年代已经进入了深水区。国家不允许市场行为者完全进入要素市场，而是将资本、土地和自然资源委托给自己的经济代理人——大型国有银行或股份制银行、央企和地方政府。

正如我们在帝制政治经济历史的章节中所讨论的那样，在近代中国国家崛起之前，地方和基层的市场机制，对于资本、土地和自然资源等关键要素的配置存在着一定的自由空间。然而，这些分散的地方市场很难构成资本主义经济。当时，货币体系不发达，市场网络也只是松散地整合在一起，这些要素市场只在基层或至多在地方层面运作。唯一重要的外部因素是帝制国家的财政体制，尽管其对于经济而言规模相对较小，但却对农村经济中土地和信贷的长期分配产生了决定性的影响。

共产主义革命动摇了这个松散整合的市场体制的基础。正如在第四章中所论述的，毛泽东时代的经济政策倾向于使战时经济永久化，消灭了要素市场，使之成为国民经济计划的一部分。在旧体制的鼎盛时期，资本（主要以财政补贴的形式）只作为国家计划的核算单位，而土地、自然资源和基础设施则被简单地分配给各个行政单位，作为按照计划进行生产的基本投入。

20世纪80年代的改革已经开始挑战这一制度。在市场化的初始阶段，出现了许多地方性的私营企业家，他们有许多创新的方案。他们需要劳动力、土地和其他资源来扩展业务。在这些因素中，廉价劳动力的供应是最不需要担心的，因为农民在20世纪80年代开始进入城市。对大多数企业家来说，土地和银行信贷构成了更大的挑战。在整个20世纪80年代和90年代初，资本、土地和自然资源仍然受到国家的严格控制。与中间产品不同，这些生产要素在双轨制中是不足的。

这种安排对私营企业家的行为产生了深刻的结构性影响。除了外商投资企业和合资企业外，大多数私营企业家只有两种选择：一是维持较小的经营规模，二是与国有企业和地方政府合作，形成各种收入分成方案。只有在极少数情况下，他们才能成功地从国有银行或证券交易所获得长期融资，或多或少地成为自主的经济行为者。只有当一家私营企业在国内或国际市场占据主导地位，并能与中央政府通过谈判获得优惠待遇时，这才有可能实现，比如中国新兴的互联网巨头。

土地

现代中国对土地的严格控制可以追溯到新中国成立初期。中华人民共和国成立初期，国家通过不间断的土地改革和集体化措施，消灭了中间的地主阶级，集中控制了城乡土地。在1958—1978年的社会主义高潮时期，土地市场变得无关紧要，因为国家对土地的分配和使用拥有绝对的控制权。

土地市场是改革开放后才出现的制度安排。在毛泽东时代，国家垄断了城乡土地。1982年宪法是第一部承认国家对城市土地所有权的宪法。[75]直到20世纪90年代的改革，这种法律安排才产生了巨大的影响。作为这一时期全面市场化的一部分，1994年的住房改革预示着房地产市场的蓬勃发展。改革分阶段进行：在第一个阶段，城镇居民以象征性的价格购买现有住房；在后一个阶段，除符合福利住房条件的家庭外，城市居民必须从房地产商手中购买商品房。20世纪90年代末，随着中国进入快速城市化时期，房价开始飙升。例如，2002—2012年，上海的平均房价至少上涨了300％，远远超过了家庭收入和其他价格的涨幅。[76]

房地产市场对土地市场产生了直接的影响。尽管住房几乎完全市场化，但地方政府仍然是城市一级土地市场的垄断者。在这一制度下，地方政府通常规定土地的用途，然后以收取土地出让金的方式拍卖商业用地。为了使他们的土地出让金最大化，地方政府成了不间断的城市化进程的最热心支持者和熟练的土地经销商。在北京、上海、天津和广州等大城市，土地出让金通常占地方财政收入的30％—40％。[77]自2009年以来，地方政府总共从土地出让中获得了2万亿—3万亿元的收入，而在2013年，土地出让金总额达到了前所未有的4.1万亿元。[78]随着地方政府对公共资金的争夺和城市化进程的推进，城市土地市场成为地方财政收入最重要的额外税收来源。

在中国农村，情况就大不一样了。虽然土地市场尚未正式建立，但是通过诸如家庭联产承包责任制和农村土地使用权制度等限制性制度加以控制，市场机制已成为占主导地位的经济体制。例如，如果一个家庭所有的劳动力都以农民工的身份进入城市，这个家庭就可以把分配到的土地出租给雇用的农业劳动者。但是，农村家庭不能把分配到的宅基地用于建房出租，因为他们所分配到的宅基地没有完整的产权，只能用于规定的用途。不过，农村小产权房的商用在郊区仍然很普遍，这常常导致地方政府和农民之间的拉锯战。[79]

因此，中国目前的土地市场存在明显的双层结构：城市土地使用权是可交易的，地方政府是唯一的卖方；农村土地使用权只能部分交易，而且带有条件。很难将这样的制度定义为一种有效的市场机制，但它与毛泽东时代的安排仍有天壤之别。在毛泽东时代，土地被视为农业和工业生产的非市场条件。当前的制度可以被视为通过市场对地方政府赋权，因为它显然有利于地方政府作为城市土地垄断销售者的利益，并使所有其他私人团体成为地方发展政策的代理人。

自然资源和基础设施

自然资源和基础设施市场与土地和信贷市场略有不同。在土地，尤其是在信贷方面，国家拥有强大的机构，它们对保护自己的地盘有着浓厚的兴趣。在有效开发与利用自然资源和基础设施方面，私营企业家往往占据上风，特别是在地方政府表现得软弱和腐败的时候。这条战线被更加激进地绘制出来。

20世纪90年代末和21世纪初，当资源领域的国有企业面临可怕的低经济效率时，中央政府尝试对煤炭甚至油田等关键自然资源采取更为市场化的方式。在中国主要的煤炭供应省份山西，自20世纪90年代以来，当地政府只保留了最大的煤矿，将中小型煤矿出售给私人投资者。虽然部分地区因为私人开采带来了一些问题，已经开始重新对煤矿进行国有化和重组，但私有化仍然在 2003—2007 年期间达到了高潮，当时全国煤炭价格飙升到了前所未有的水平。与此同时，私营企业的经营问题，尤其是安全问题也日益突出。与煤炭价格和生产水平飙升相伴而生的却是矿工的训练不足和装备不良。私营企业主不顾这些矿工所面临的风险的增加，采用便捷和廉价的开采方法，导致违反安全规程和致命的事故变得普遍。[80] 为了对工人的危险处境作出回应，国家紧急停止了私有化，并下令关闭所有中小型煤矿。

这种市场与国家在资源和基础设施配置方面的反复，从 20 世纪 90 年代一直延续到 21 世纪头 10 年。市场化承诺效率，但冒着治理不善的风险，而国家控制则提供了更好的风险控制，但未必确保良好的生产水平。21 世纪头 10 年，随着天平开始转向政治考量，中央政府逐渐从市场化转向国家控制。在 21 世纪头 10 年的初期，这种分离似乎是稳定的：国家在自然资源市场上对渔业和林业等领域实行了许可证与承包制度，而在能源、电力、通信和铁路方面则坚决保留了垄断地位。在这些基础设施建设的关键领域，中央政府确保了对央企（包括原铁道部）的完全控制，并将中央财政支出和国有银行贷款注入数十亿个基础设施项目，给私人资本留下了很小的空间。最近最引人注目的例子是全国性的高铁网络。这个最先进的铁路网在 21 世纪头 10 年的中期才首次亮相，现在已经是世界上最长、最复杂的铁路网，它主要由中央政府提供资金，由中国铁路总公司运营。国家铁路系统从 4 万亿元的刺激计划中得到了显著的提振，该刺激计划致力于为主要的基础设施项目进行融资，如高速铁路网等。[81]

金融市场

金融市场或许是中国守护最严密的市场。在这一领域，国家对所有主要部门都进行了直接垄断和间接控制：银行、保险、股票市场、债券市场、外汇，甚至是刚刚起步的风险投资市场。中国金融市场的核心是四大国有银行：中国银行、中国农业银行、中国工商银行和中国建设银行。在20世纪90年代的银行业改革期间，财政部剥离了国有银行的不良贷款，并将其转移给了四家资产管理公司。在这次重组之后，这四家银行重组为拥有数十亿元资产的企业集团。

这样一个高度控制的金融体制，确实对市场行为者产生了重大影响。在一个经济体中，以利润为导向的国有银行几乎垄断了存款和贷款，这使得中小投资者别无选择，只能承担高昂的融资成本。此外，国有银行部门受到严格监管，这意味着为高风险投资融资的成本特别高。与此同时，直到最近，国家法规还严格限制创建自治的私人银行来与国有银行竞争。这种系统性错配的结果，是出现了地下银行或影子银行的制度创新，这些银行大多位于商业活动非常活跃的中国沿海城市。最著名的地下钱庄存在于浙江省温州市。在那里，数百个地下钱庄以远高于国有银行的利率吸收私人存款，并在没有严格审批程序的情况下，以同样高的利率发放短期贷款。在2004年全面崩溃之前，温州的这些影子银行已经积累了2770亿元的净资产。[82]

阻碍中国银行业自由化的主要忧虑之一，恰恰是担心这种温州式的银行可能导致金融和社会不稳定。正如在土地和自然资源的案例中显示的那样，市场化的逻辑是创造一个财政上有利可图、政治上稳定的市场。在一个像金融市场一样重要和敏感的行业，还有什么比把一大批半市场实体置于政府自己信任的代理人的保护之下更有效的呢？事实上，尽管外国观察人士和国内经济学家一再呼吁进行金融改革，但政府主导金融业的模式从未受到根本挑战。相反，在过去的金融危机中，监管框架一再得到加强，最近一次建立的是一个跨部委的委员会。[83]

中国的土地、信贷和自然资源市场在纵向上划分得很清楚。事实上，由于其尖锐的等级结构，这些要素没有完整的全国性市场可言。在纵向市场的低端，如农村土地市场、基层信贷市场和传统资源市场，国家实行的是一种松散的控制体制：它既不是按照市场配置，也不是由国家进行垄断，而是市场机制和国家监管的结合。这种市场机制仍然局限，其动员规模也很有限。在纵向市场的高端，如城市商业用地、大型银行贷款、股票市场和高收益的自然资源（如矿产、石油和天然气），国家通过其信任的代理人、地方政府、国有银行和国有企业进行垄断。这种安排的背后考量不是压制地方或全国市场，而是利用它们提高经济效率，同时维持市场的秩序和等级制度。但其影响事实上是对自下而上的市场化的压制，因为地方市场仍然大多是割裂的，而全国市场则仍然不发达。

要素市场的高端和低端之间的界限受到国家的严格监管。这就解释了为什么政府经常打击边缘活动，如影子银行、私采矿产以及农村非农用地的商业化。有时，国家也会为企业家留出空间，比如20世纪90年代末煤矿许可证制度的改革。这种政策机会主义有一个简单的经验法则：每当国家觉得有必要刺激经济效率时，它就会把边界抬得高一些，为市场行为者留出更多空间；但每当它觉得有必要强调秩序和加强控制时，它就会把边界降得低一些，为自己的代理人争取更多空间。无论如何，这种安排总是允许国家保留经济的大部分租金和利润。

然而，相对自由的劳动力市场和更为严格控制的要素市场之间的脱节，也造成了市场的持久紧张：国内劳动力充足，足以进行大规模生产，而国内市场的规模则受到要素市场规模的制约。中国经济的另一个特点部分缓解了这一问题：庞大的海外市场的存在，使中国拥有了庞大的出口部门。

海外市场的角色

在整个近代，中国一直是一个劳动力输出国，甚至早在30年前成为工业产品净出口国、近年来在对外投资方面取得成功之前就是如此。19世纪下半叶，在全球资本主义的力量下，中国移民漂洋过海来到世界各地，定居在农场和建筑工地，从太平洋铁路到英属东印度群岛的橡胶种植园。[84] 长达一个世纪的劳工移民持续不断，直到1882年美国出台《排华法案》和英属东印度群岛爆发太平洋战争才告终结。20世纪50年代，毛泽东向斯大林提出了一个著名的建议：中国可以派遣100万名工人去开发苏联的西伯利亚地区。[85] 到20世纪80年代初，当中国重新加入全球市场网络时，中国领导人已经意识到中国庞大的劳动力资源在全球竞争中的巨大潜力，发现了全球价值链的转移，并倡导劳动密集型的"两头在外"政策（字面意思是"原材料和销售市场都在国际上"）。

这一惊人的发展战略被新兴劳动力市场的等级结构所强化，因为贫困的农村劳动力被强烈地驱使到沿海地区的出口导向型工业中去，以寻求更好的生活机会。这种结构使得劳动力市场的市场化程度最高，而大部分要素市场则掌握在国家手中。反过来，国家培养自己的经济代理人，从其在国内市场的制高点获取租金和利润的最大份额，而无须把全球竞争看得很重。因此，全球市场上"中国制造"出口型制造业的繁荣，不再是东亚新兴工业经济体典型的"雁行模式"的另一个案例。在东亚地区，特别是日本和韩国，国家帮助建立能够在国际舞台上竞争的国家冠军产业，使中小企业主要集中于国内市场。就中国而言，国家冠军企业是国有的国内垄断企业，而全球竞争力则来自数百万家中小型企业。

在这一发展方案下，中国沿海地区的出口导向型中小企业开始扩大与外部世界的贸易关系，使中国与世界市场接轨。即使在20世纪80年代国内市场还在形成的时候，地方上的小型生产商就已经认识到了外部市场的重要性，并加入了全球生产网络。在浙江温州、义乌和广东东莞等沿海城市的第一波市场化浪潮中，与外部有联系的工厂开始瞄准从香港到东南亚等更大的华人世界的熟悉市场。这一波以中小企业为主导的出口导向型工业化，在工业化模式和市场整合方面，与中国从前以区域内小型乡镇企业为基础的发展模式有很大的不同。在新的发展模式下，中国地方市场加快了与全球和国内市场的融合。从20世纪90年代初到

21世纪初，国民经济和出口导向型的省级经济，都随着与世界市场的融合而变得越来越专业化。区域产业专业化的平均指数，在经历了1980—1992年的小幅下降后，从1992年的0.43上升到2004年的0.66。[86]20世纪90年代，中国对外贸易稳步增长。尽管1989年政治风波带来了政治后果，但中国接触海外侨民网络的渠道仍然畅通无阻。由于改革年代重新连接起来的侨民网络（他们一直是中国的主要投资来源），在1989—1992年的政策不确定时期过后，外国直接投资（FDI）有增无减。[87]1992年邓小平提出进一步开放经济后，地方政府开始通过建设各种开发区（它们通常是当地的出口加工产品制造中心）吸引外资，特别是来自中国台湾、香港地区及新加坡和更广泛华人世界的海外华人企业。在这种情况下，在2001年中国正式加入世界贸易组织（WTO）之前，国内市场行为者已经加强了他们的国际经济联系，为全球市场做好了准备。[88]

中国加入世界贸易组织，标志着开始了新一轮贸易和外商投资的爆炸性增长。与前10年不同的是，这一次最显著的增长发生在中国的地缘经济中心之外，并实现了真正的全球覆盖。2001—2012年，中国与世界的贸易额从2600亿美元增长到2万亿美元，中国成为世界上最大的贸易国。[89]与此同时，中国加入世贸组织后，以亚洲为中心的贸易格局不断增强。就商品内容而言，自20世纪90年代末以来，纺织等劳动密集型商品早已让位于电子产品等资本密集型的商品和加工贸易。[90]

回溯历史，自20世纪80年代市场化水平阶段下降，一直到2008年金融危机之前，中国沿海制造业经济的全球化为中国的市场化提供了比最初的国内力量更重要的引擎。这是因为，对于中国最具活力的中小企业而言，进入全球市场仍然比进入中国国内市场更容易。事实上，研究表明，国际的市场化可以替代政治力量成为国内的市场化的动力，因为选择贸易驱动增长模式的省份已经实现了明显更高的市场化程度和经济增长率。[91]这是因为中国的对外贸易在这一时期的增长速度比国内贸易快得多，所以经济上的相互依赖是围绕着中国形成的，而不是在中国内部形成的，而政治逻辑仍然控制着国内的市场化。与内陆省份相比，广东等沿海省份与香港地区和东南亚的联系可以说更为紧密。

尽管中国的国外市场发展迅速，但一些显著的模式依然存在。一是劳动密集型的加工贸易在中国贸易总额中的持续重要性，它一直占中国出口额的40%。二是中国对欧美的巨额贸易顺差和对东亚工业化经济体特别是台湾地区、日本、韩国和东南亚的贸易逆差。三是中国在全球价值链中的地位相对较低，目前全球价值链仍由西方乃至日本和韩国主导。相比之下，中国生产的同类技术水平的品牌和领先产品较少。[92]四是美元在中国贸易结算中的持续重要性，尽管中国正努力使人民币成为更重要的国际货币。

这些持续性趋势的背后，是中国自身在全球市场体系中的制度局限。简单地说，中国的经济全球化与东亚经济体的工业化战略不一样，不适合作为国内市场化进程的延伸或补充而与发达经济体竞争。从这个意义上说，中国的全球市场化与其说是为了支持全球主导地位，不如说是为了支持全球融通。它的前提是最大限度地利用有利的全球市场体系，而这一体系仍由发达经济体，尤其是美国主导。无论贸易和投资的增长有多么惊人，中国的外部市场化过程，是与国内不平衡的市场化同步的。在增长和就业压倒一切的政治议程下，中国企业一直处于兼具动员和控制功能的国家政策的压力下。直到最近，它们也只能通过适应全球市场环境和规则，被动地挑战全球价值链的现状。多年来，中国很自然地成为由中国和东亚新兴工业经济体组成的东亚经济网络的中心。在中国与邻国之间所谓的"生产共享"这一进程的推动下，东亚贸易网络的结构自发演变，且没有形成优惠的贸易条约。[93]

现有的市场体制也允许国家对全球化的整个过程进行最大限度的控制。这个游戏的规则是，虽然商品交换几乎完全自由化，但货币交换却是严格和集中管理的。国家在中国全球市场化进程中的作用，最明显地体现在强制结汇制度中。这个制度要求中国所有的出口换汇都要存入指定的银行，由中国人民银行进行管理。换句话说，中国的出口企业实际上是把它们的外汇交给负责监管中国汇率政策的货币当局。尽管中国深度参与了全球贸易，但这一体制有效地保持了由单一货币主导的中国国内市场与由外币主导的全球市场的分离。这一安排确保了人民币货币区与国内市场紧密对应。此外，它还赋予了中国人民银行推行有控制的浮动汇率制度的权力，这一制度自 2005 年的汇率改革以来就一直存在。

正是从这种国内视角出发，我们才能更好地理解中国自 20 世纪 90 年代末以来的经济全球化。如前所述，中国由国家主导的国内市场体制为私人市场行为者设置了各种制度天花板。它们可以在自由市场环境下扩张，但只能扩张到一定的限度。一旦达到这一限度，它们就很难获得信贷、土地、自然资源和其他生产要素。换句话说，在扩张达到一定程度之后，它们除非与国家达成特殊的协议，否则很难扩大国内市场。[94] 考虑到中国丰富的劳动力供应，如果能像国有企业一样进入国内要素和产品市场，国内企业或许能够在国内找到足够的扩张空间。由于情况并非如此，私营中小企业必须寻求外部市场。中国 30 年的贸易扩张就是基于这种模式。尽管中国最大的企业仍是依靠国内垄断经营的大型国有企业，但其最具活力的出口企业却是从事外包合同并为全球市场进行生产的中小型企业。在 2008 年之前，由于全球市场强劲，它们在整体就业和产出中所占的份额迅速增长，产生了贸易顺差，并积累了外汇储备。[95] 由于在中国的外汇储备制度下，所有的外汇收入都必须兑换成人民币并存入指定账户，贸易顺差的积累反过来又为中国人民银行管理人民币和进行战略性对外投资提供了强大的资源。因此，除了通过中国与世界市场的一体化来维持就业和市场效率之外，出口导向型的中小企业还进一步发挥着支持货币体系的战略性作用。

当代中国的市场化及其限度

从 1978 年开始，中国经历了三次市场化浪潮。第一波是在 20 世纪 80 年代，当时像年广久、禹作敏以及数以百万计的草根企业家在中国最初的市场化进程中，从农村的边缘地带赚到了第一桶金。紧随其后的是 20 世纪 90 年代的第二波国企改革浪潮，当时国家开始改革国有企业制度，有些企业丢了饭碗，但给其他企业提供了足够的快速扩张空间。第三次市场爆发式增长发生在 21 世纪初，当时数以百万计的中国中小企业进入全球市场，以填补全球价值链的低端。

虽然三次市场化浪潮已经让中国的经济面貌焕然一新，但这一过程对私营企业来说并不是绝对成功的。第一次浪潮确实是由市场机制自下而上的发展引领的，并从农村边缘地带发展到城市经济，但第二波和第三波浪潮在本质上是不同的。伴随第二波浪潮而来的，是在市场和国家之间形成了一个巨大的中间层级，而非市场力量的胜利。第三波浪潮本质上是由全球化推动的，实际上是对国家加强对国内市场控制的补充。

这并不是说这些年来私营部门变得不那么重要了。事实上，私营企业现在占中国 GDP 的比重高达 60%。[96] 2013 年，私营部门也雇用了中国绝大多数的城市劳动力。[97] 最重要的是，私营企业是中国创造就业的发动机。仅 2013 年，个体户和私营企业就提供了 1200 万个新的就业岗位，约占劳动力市场新增就业岗位的 90%。[98] 私营部门在法律上已被确立为中国劳动力市场的基石，进而成为中国社会和政治稳定的基石。这为中央政府保持市场发展和繁荣提供了足够的正当性。

这些个体和私营企业绝大多数规模仍然很小，在有限的地方和基层市场运作。从某种意义上说，这些公司并不是教科书式的充满活力的现代市场行为者。这些小公司大都是在资金上自力更生、以家庭为中心的经济实体，并不依赖于总是由国家控制的现代经济制度和技术。根据中华全国工商业联合会的一项调查，这些小企业中有60%没有银行的长期贷款，40%认为国有银行的贷款是最昂贵的融资方式。[99]

拥有5700万人口的中小个体户和私营企业构成了当代国家主导的经济的基石，但它们不可能取代国家机构在财政和政治方面的角色。就总体而言，中小企业在数量上具有优势；就个体而言，它们的规模很小，政治意义可以忽略不计。在改革年代，随着国家后撤并重建与市场的边界，这些公司与国家的互动微乎其微。只有在经济严重衰退和失业严重的情况下，比如在全球金融危机的最初冲击期间，政府才会伸出援助之手，甚至在这种情况下，政府也只会通过自己的经济代理人进行间接干预。[100]除了这些紧急措施外，国家很少提供支持，因为国有银行主要专注于为国有部门融资，而地方政府只对更大的、能改变游戏规则的私营企业感兴趣，这些企业往往来自外部，甚至来自国外。但反过来，国家也不依赖中小企业的税收收入。2013年，国有企业上缴国库3.6万亿元，占三大税种（增值税、企业营业税、企业所得税）的60%左右。仅110家央企就贡献了2.8万亿元，占中央财政收入的46%。[101]鉴于20世纪80年代和90年代的教训，这种安排并非无关紧要，当时，政治上无足轻重的中小企业猖獗的逃税和虚假会计，导致了重大的财政亏空。[102]

随着小型市场行为者在经济规模与权力上向外和向上扩展，它们不可避免地要与地方政府，有时甚至是中央政府进行谈判，从而与地方政府、国有银行、国有企业和其他重要的政治行为者碰面。在国家和市场之间的这一关键接合点上，市场行为者可以选择进入国家的轨道，也可以成为它的低级伙伴。如果它们追求自己的政治利益，而不是进入轨道或成为一名安分守己的低层伙伴，它们将处于不利地位，甚至被国家明确压制。大多数成功的私营企业都足够务实，避免了这种非理性的选择。其结果是，它们要么与地方领导人结盟，要么欣然附着于各种系统性的政治吸纳机制。无论是哪种情况，国家看得见的手都能部分超越市场化的限度。但是，正如第六章将要讨论的那样，这种对市场的超越虽然减少了经济风险，但并不能保证企业的成功，因为它给处于中间层级的企业带来了另一种风险，即政治风险。

市场化的限度是由中央政府相对于市场、国有企业和地方政府的能力和利益计算来决定的。无论市场在促进经济增长方面多有效，国家始终将其视为一种工具，而不是其统治的经济基础。为了利用市场化带来的经济收益，改革年代的国家吸纳自己的代理人和社会力量，以培育地区、全国和全球市场，特别是消费品和劳动力就业领域的市场。但为了控制市场化的政治风险，中央政府还建立了半经济制度的等级制度，将自由市场的不稳定政治风险挡在门外。正如本章所阐述的那样，这些措施对中间层级的市场行为者非常有效。但正如我们将在本书后面所讨论的那样，当市场逻辑渗透到国家机器中，并在中央政府与地方政府、中央政府与国有企业的关系中产生委托—代理问题时，中间层级的影响是最具破坏性的。

然而，中国的市场经济需要被视为一个具有自身逻辑的完整的经济和政治制度体系。因此，在理解市场化的限度时，我们不能简单地假定市场处于稳定的主导地位。这种市场化的副作用需要认真对待。正如自由实体市场处于经济等级制度的底层一样，市场机制也深深地渗透到国家的领域和国家与市场之间的中间层级。尽管中央政府对地方和基层市场进行了有效管理，但它发现，由于市场行为者（尤其是中央政府的代理人）处于中间层级，它所面临的挑战要严峻得多。因此，当国家在很大程度上成功地控制了自下而上的市场化时，它还面临着一项更为艰巨的任务：驯服国家内部自上而下的市场化。这些困境将在之后的章节中讨论。

第六章
中间地带：国家和私营企业之间的纽带

经过40年的经济改革，私营部门已经成为当代中国混合经济当中规模最大、最具活力的部分。然而，私人部门仅在数量上占据主导地位，并不意味着存在相应的权力结构优势。事实上，自20世纪90年代初以来，私营部门主导的市场化进程出现了明显的逆转，国家经济力量得到了加强，国家和私营企业之间的不平等竞争环境被制度化。[1] 虽然在过去几十年里，中国政府一直在适应和重新定位自己与私人资本的关系，但在国家—资本关系的逻辑中，有一个基本的东西没有改变，那就是市场经济背后的政治逻辑。国家的核心关注点始终是经济增长和就业这些首要的政治目标。为了达到这一目的，它愿意做出重大让步，但同时保持对企业的控制。这在一个典型的自由市场经济中是难以想象的。国家和私人资本之间不断变化的制度安排，最能说明这一制度的弹性和刚性。

在本章中，我们将使用在前几章中定义的"中间地带"概念，来分析国家和私人行为者之间的纽带。中间地带是国家和非国家行为体相互作用，以实现一系列达成共识的经济和政治目标的空间。因此，这个空间可以让国家和非国家行为者之间不断地进行协商。后者包括具有重要政治意义的私营企业家和大型私营企业集团，它们通常依附于国家权力机构，但不是国家权力机构的组成部分。由于法律法规是通过国家和这些企业之间的不断协商来制定的，因此中间地带不属于固定不变的法治范畴。由于大型私营企业依赖国家提供保护和市场准入，它们生存和繁荣的机会，在很大程度上取决于它们与中央和地方各级其他强大的国家行为者之间的谈判。在这一章中，我们将重点讨论这些具有重要政治意义的私营企业家，因为他们获得了重要的资源，并面临国家对他们的限制。本章对中间地带的讨论包括三个部分。

第一部分追溯了 20 世纪 80 年代和 90 年代企业改革时期中间地带的起源。我们要阐释的是，中国的大型私营企业并非上一章里所讨论的基层企业自然发展的结果，尽管改革初期，很多这些大型私企确实经历过这样一个阶段。更重要的是，那些获得政治承认的规模以上企业，往往在其人事关系、技术和资本方面，都是由以前的国有部门发展起来的。与国有企业相同但又与基层企业不同的是，它们依靠的是政策偏袒，而一旦越过一定的门槛，它们又会受到国家规定的制约。因此，大型私营企业远非一种自主的力量，它们从一开始就是国家转型的一部分，而且它们的中间地带特征一直是它们的决定性特征。

在本章的第二部分，我们将集中讨论市场—国家纽带的两个大类：伙伴关系模式和国家代理模式。伙伴关系模式描述的是国家支持或资助私营企业，但不直接提供关键的生产要素，也不控制其发展方向。这种广义的伙伴关系可以进一步细分为至少三种类型：私人主导的关系，如温州模式；提供服务的地方发展型政府，如苏州模式；以及国家扶持或产业政策模式，主要针对某些关键技术领域，如新兴的互联网领域。国家代理模式描述了私营企业与地方政府之间存在一定问题的一系列关系，在这种关系中，企业成为地方政府发展目标的代理人或工具。这种关系可能会出现问题，因为地方政府官员和人脉广泛的私营企业家可能会串通一气，利用地方控制的生产要素损害公共利益。这种关系还可以进一步细分为至少两种类型：第一，利益共享联盟，其例子就是地方官员和作为城市化代理人的开发商之间的恶性联盟，我们将在第七章里从地方政府的角度进一步讨论；第二，过度发展型政府，其典型代表就是那些鲁莽的地方政府官员，他们做出大胆但轻率的投资决定，利用私营企业家来实现地方的发展目标。

最后，根据中国最近正在形成的国家—市场协同机制，我们将重点讨论吸纳与主导的普遍机制。仔细考察国有企业和私营企业之间的各种制度安排，可以看出，改革时期的中国政府在积极促进私营部门发展的同时，也同样积极地将私营部门纳入其主导和保护战略中来。国家—私人关系的常见模式是，当一个企业很小，且没有任何政治和社会意义的时候，国家可以不管它，甚至促进它的发展，但是一旦它发展到一定的规模，并开始具有财政意义甚至政治意义时，国家将建立自己与企业之间的纽带，以主导私人资本。

当代私营企业的来源

正如之前几章所论述的，尽管商人在儒家的理想社会秩序中地位较低，但他们一直是中国市场经济历史中的一个重要阶层。在清末新政短暂的改革中，私营企业家几乎被完全视为精英，但在各种战争和 20 世纪中期党领导下的国家崛起以后，私营企业家的地位开始受到侵蚀。其地位最低点则是在 20 世纪 50 年代初期，当时经济的特征是国有化、去市场化和去货币化。然而，即使在毛泽东时代，私营企业也没有消失，它在各种可能的名义下幸存下来。在农业领域，家庭自留地普遍存在，但在"大跃进"前后，它成为集体农场经济的补充。20 世纪 50 年代至 70 年代末，城市私营企业家短暂消失，但地下市场和个体经济在"大跃进"和"文化大革命"的高潮期间继续运作。[2] 与此同时，许多社队企业成为半自治的经济实体，专门从事农业机械和其他工业半成品的生产，以响应"文化大革命"后半段的放权和自力更生战略，并预示了 20 世纪 80 年代的市场化。[3]

直到中国共产党主动支持安徽省小岗村进行抗争的农民，真正的变化才开始发生，当时，小岗村的农民签署了一份秘密的宣誓书，将集体土地分田到户。从那时起，家庭联产承包责任制作为农村经济组织的一种规范得到了认可和推广。家庭联产承包责任制最初是由仅仅为了维持基本生活水平的农民们发起的，随后，它扩展到了经济的其他领域。在这种新的制度下，在土地仍然为农村集体所有的前提下，家庭在满足国家对粮食和税收的财政需求后，可以自由地使用土地和其他资源，并在市场上出售他们的产品。[4] 与此同时，被公认为所有集体制企业中最具生产力的社队企业，也被推举为全国最理想的农村生产模式。[5] 由于在人们的普遍印象中，家庭联产承包责任制和社队企业是微不足道的角色，因此它们更多地被视为占主导地位的国有部门改革的补充，国有部门当时进行了重大改革，以提高生产效率和盈利能力。[6] 虽然国家允许新的经济组织在改革中的经济里占有一席之地，但它们只是国有部门的补充，没有得到政府政策的积极支持。对于家庭联产承包责任制来说，尤其如此，在20世纪80年代初，这一制度仍然在一定的范围内受到了严密的监控和限制。

尽管缺乏积极的政府支持，萌芽中的非国有部门在20世纪80年代初仍然迅速发展。不过，这些部门从未在政治上获得任何突出地位。从一开始，家庭联产承包责任制就迅速扩展到个体经营的各种模式中。最早的私营企业形式仅限于地位非常低下的小商小贩、街头餐饮和小型服务提供者，作为占主导地位的公共部门的补充。起初，他们曾一度过着富裕但被边缘化且不稳定的生活，经常成为从中央到地方各级充满意识形态的党内干部攻击的牺牲品。[7] 直到20世纪80年代末，大多数私营企业实际上仍然生活在社会主义经济制度的阴影下，企业的名称和资本登记在集体所有制的实体之下。[8] 然而，作为一个经济部门，个体户的数量从1978年的14万增加到1986年的1200万。[9]

与此同时，社队企业也迅速发展起来。在农村公社和大队被废除后，这些社队企业就转变为所谓的乡镇企业。与过去的社队企业不同，乡镇企业更像是有效的私人市场行为者，而集体所有的属性则显得更为模糊。[10]在整个20世纪80年代，乡镇企业开始得到各级地方政府的大力支持，尤其是县市一级的政府。在浙江等沿海省份，县市一级政府的大部分地方收入都来自税收"大包干"改革后的乡镇企业的税收。20世纪80年代中期，在浙江比较发达的地区，乡镇企业和私营企业日益复杂的市场网络，从地方和区域扩展到了国家和全球层面。[11]

这些新兴的经济组织最初只是对国有部门的补充，它们的规模很小，向较大的国有公司提供中间产品。但随着新的私营企业和乡镇企业扩大经营，它们很快就与国有企业展开竞争，在许多领域，它们的确是效率更高的竞争对手。[12]为了保护国有部门免受竞争，政府实行了双轨制，即私营企业必须在原料市场上以更高的价格购买原材料，同时在商品市场上以更高的价格出售。

改变游戏规则的时刻出现在1992年召开的中共十四大上，在这次大会上，中国共产党正式采纳了邓小平当年早些时候的"南方讲话"所提出的改革新方向。[13]这次党代会对于非国有经济尤其是私营经济来说，是一个具有里程碑意义的时刻，因为党正式保证了私营经济的意识形态合法性，并承诺坚定不移地进行经济体制改革。这种新的经济体制被称为社会主义市场经济，意味着市场正式被纳入党领导下的社会主义国家的新经济体制中。中国政治制度的基础，开始从共产主义的意识形态合法性转向以利益为基础的社会秩序。[14]

正如在第四章中所论述的，同样重要的因素还有后苏联时代中国在世界上的战略地位的变化。随着苏联的解体，中国百年来第一次不再面临任何地区大国的直接威胁。军事环境对中国的改革和自由化具有直接的政治影响和随之而来的间接的社会—经济影响，使中国与该地区的关系重新转向经济区域主义。冷战秩序的崩溃及其在亚洲的影响，消除了中国外交方面的障碍，使得中国与韩国、新加坡等主要地区角色建立正式外交关系，并与另外两个大中华区经济实体（中国台湾地区和香港地区）一起加入亚太经合组织（APEC）等重要的地区组织。通过与东盟合作，将APEC打造成一个纯粹的经济机构，中国将借此在贸易合作中争取关键利益，但在参与的过程中只有中国接受了有条件的逐渐自由化。[15]

在1992年的经济改革方针中，中央政府继续把搞活国有企业作为社会主义市场经济的主要支柱。但在随后的几年里，政府发现，即使双轨制已经就位，国家也越来越难以维持对于国有企业的期望。此外，问题丛生的双轨制已成为低效、腐败和寻租的主要根源。1995年，44%的国有企业处于亏损状态，税前利润率从1980年的35.9%降至当年的16.4%。[16]换句话说，由于新的市场竞争主要来自私营部门，国有企业已经从摇钱树变成了主要的政府负担。1997年，在新任总理朱镕基的领导下，中国政府决定在接下来的3年里对国有企业进行全面改革。1997—2000年，在国企"抓大放小"改革高潮期间，中国制造业领域的国有企业总数从30万家减少到6万家。[17]

20世纪90年代的国企改革是中国经济改革的关键性时刻，也是私营部门的转折点。其影响有三个方面。第一，国有企业的私有化直接催生了几类新的企业，它们要么是完全的私营企业，要么是实际上由私人控制的股份制企业。这一时期许多领域最大的私营企业要么直接从这一过程中产生，要么从这一过程中获得廉价资产成长起来。第二，国有企业撤出了制造业和服务业，包括几乎所有的轻工业和大部分的重工业，从而为私营企业提供了很大的空间，这个空间很快被各式各样的私人资本所占据。[18]

20世纪90年代的国企改革为"下海"运动拉开了序幕，数十万名前体制内精英（包括政府官员、体制内的研究人员、国企管理人员和一些公众人物）加入草根新贵，成为私营企业家。随着新机遇的出现，在这些受到第一代私营企业家鼓舞的年轻而有抱负的体制内人士看来，旧的国企体制越来越叫人无望。他们勇于跳出体制，只不过是因为他们能够在国家体制中调动非正式的资源，如政治关系、技术知识和各种让他们能够廉价使用土地和国有资产的特殊政策。

最后，改革还导致了政府与私营企业之间关系的逐步而深远的变化。虽然这是一种间接的影响，但它已经被证明是所有这三种影响当中影响最大的一种。许多地方国有企业消失，被私营企业取代，意味着地方政府需要与大型私营企业建立新型的合作关系。此外，财政改革与国有企业改革的结合，导致地方政府发生了结构性转变，即从行政单位变为经济行为者。作为经济行为者，地方政府有时需要在市场中寻找代理人来完成交易。一些私营企业，特别是房地产公司和其他大型企业，成为地方政府的代理人。换句话说，私营部门的某些部分实际上与地方公司型政府一起，形成了一个中间地带。

20世纪90年代中期的改革改变了国有企业的结构。1994—2000年，大多数不能胜任、无利可图的中小型国有企业被民营化。民营化有多种形式，但通常遵循两种模式：管理层收购和股份制改革。在第一种模式里，原来的国有企业管理层以折扣价收购了一定比例的国有资产，然后开始裁员和重组企业组织，而国家仍然是名义上的所有者。在第二种模式里，私营企业家通过兼并收购获得国有资产，原来的国有企业成为新的扩大的私营企业的一部分。在第一种模式里，以折扣价购买国有资产的私营企业家承担起了经营原来的国有企业的责任。在这两种模式中，政府在新成立的股份制企业中持有的股份往往达不到控股所需的比例。事实上，股份制改革影响了大多数国有企业的公司结构。大多数仍处于国家控制之下的剩余的国有企业，实际上是国家保持着控股权的股份制企业。在这里，我们主要关注这次改革所产生的私营企业案例，即通过私人收购国有资产而产生的大型私营企业。

国有企业改革对中国政府对待私营企业的态度产生了另一个重要影响，因为扩大的私营部门带有了新层面的政治意义。在20世纪80年代的前半期，即使改革已经在城市地区铺开，但国有部门仍然雇用了75％—80％的城市劳动力，并为数百万城市家庭提供了额外福利。[19]在20世纪90年代的国有企业改革中，国有企业工人的大规模下岗成为常态，因为中小型国有企业可以被民营化，也可以裁减工人。大型国有企业则变得越来越资本密集，而国有资本更是逐渐集中到少数选定的行业。因此，政府鼓励发展劳动密集型的私营企业，将它们作为再就业的手段，特别是在服务业领域。1998—2002年，据估计，国有企业下岗职工中有70％在非国有企业找到了工作。[20]创造更多就业机会的动力也来自中国巨大的国内人口迁移，因为数以百万计的农民工涌入城市寻找更有利可图的工作。在改革时期，私营企业大量继承了社会主义国有部门作为主要就业提供者的职能。就业是社会稳定的首要支柱，是中国政府的重中之重，它成为各级地方政府推动私营经济发展的内在动力。

20世纪90年代中期的改革还导致了另一个意想不到的重要后果，那就是乡镇企业的衰落。在20世纪80年代，乡镇企业是改革和发展的倡导者，在90年代初还继续蓬勃发展。1995年，乡镇企业占全国工业总产值的近40％。[21]但随着20世纪90年代中后期改革的深化，乡镇企业部门的经济表现及其在国民经济中的相对权重都开始下滑。在国企改革期间，随着国有企业和私营企业整体生产率的显著提高，乡镇企业的生产率增速明显滞后。乡镇企业的劣势部分在于，随着企业改革的深入，乡镇企业的股权结构变得更加模糊。当国有部门占主导地位时，这种模糊性曾是一种优势，但一旦私营经济获得完全的合法性，并成为大多数经济部门的常态时，情况就相反了。因此，在乡镇企业部门也进行了类似的所有权改革。随着企业改革的不断持续，乡镇企业的私营性质也逐渐形成：与国有企业一样，大部分乡镇企业被私有化，成为股份制企业。

民营化进程不是在亲商的法律法规制度环境中进行的。国家制定了有利于逐渐衰落的公共部门的法律法规。因此，新成立的私营企业往往发现，自己从一开始就深深陷入了公共部门企业的旧法律法规框架，更何况还有管理当局和政府官员之间的非正式关系网。一方面，由于新定义的有限责任公司和股份制公司仍然嵌入在党领导下的国家的控制结构中，因此与党领导下的国家之间的制度联系仍然对公司的生存和成功至关重要。法律最初是为了重组问题丛生的国有企业和乡镇企业，因而保留了旧版本的一些重要方面，如对党组织、工会和劳动委员会的具体要求，另外对于达到一定规模以上的企业而言，还需要遵守《中国共产党章程》的法定责任。[22]

21世纪是私营企业发展的新时期。改革的主要动力是中国进一步的市场化，因为加入世界贸易组织后的中国更深入地融入了世界市场以及外国的技术体系，包括进口的和本土的自主创新。改革后的国有企业和私营企业都是新变化的受益者。有趣的是，在当今中国最大的私营企业中，一些企业拥有广阔的海外市场，而另一些企业则从技术借用和创新中获益良多，但只有极少数的顶尖民营企业成功地将这两个优势结合起来。总的来说，在过去20年里，中国的私营企业取得了长足的发展，在国内和世界市场上都占据了相当大的份额，但成功建立品牌并在全球市场设立标准的企业相对较少。[23]

伙伴关系模式：作为先行者的私营企业

温州模式：私人主导的伙伴关系

温州模式或许是中国公私伙伴关系的最佳范例。事实上，在中国的每一个集镇上，拥有300万人口的温州市都有一席之地。温州人以擅长小生意和铺遍全国的贸易网络而闻名，他们在中国各地创造了数千个市场。那些开设在多层商业建筑里或购物街上，拥有数百个小商铺或摊位的最著名的商业设施，要么是温州商人拥有和投资的，要么就是受到了温州商人的启发。

温州模式既独具一格，又遍布全国。它的独特之处在于，中国经济发达的沿海城市很少有像温州这样的区域经济体。作为一个整体，温州可能是中国少数几个具有商业文化价值观的城市之一，这种文化价值观完全渗透到温州的社会结构、政治文化和信仰体系当中。[24]换句话说，它的独特之处在于拥有一流的商业文化。但是，无论温州商人走到哪里，他们都会把自己的商业模式带到哪里并因地制宜。因此，虽然只有一个温州，但温州人经营的市场遍布全国，这是一股普遍性的市场力量。随着温州市场深入中国内地乃至边疆地区，温州市场也在一定程度上传播了温州的商业文化，同时也改变了政府与企业之间的互动模式。因此，了解温州模式及其扩散是非常重要的。[25]

尽管中国地方文化中不乏私营企业，但温州文化的独特之处在于，它与一个亲商的地方政府完美地结合在一起。这种文化受到地理和历史的双重塑造。地理上，直到改革开放后一段时期，温州都是一个三面环山，没有铁路和公路，在陆地上比较隔绝的地方。历史上，温州曾是与中国台湾地区和东南部地区贸易网络中的一个重要港口。在这些普遍条件下，当地商人和官员中的文化与中国其他商业中心存在不同。在温州以及浙江和福建的其他一些地方，地方政府总是尽可能地支持私营企业。即使在旧时代的艰难岁月里，温州市政府也没有实施激进的国有化政策，从而给私营企业家留下了巨大的空间。[26]

改革开放以来，温州私营企业在当地迅速发展壮大。与其他地区不同，当地政府处于各种市场化改革的前沿。1980—1986年，在当地政府的倡议下，温州的国有金融系统部分被半官方的信用协会所取代。温州也是第一个见证了各种金融创新的地方，如浮动利率、私人证券、私人股份制公司，甚至一些私人银行。[27]在温州的这些制度创新中，股份制公司后来成为全国性的机制。在20世纪80年代初，温州市政府就设计出了这种伙伴关系模式，主要是为了规避私人资本的意识形态障碍，因为股份制公司可以被视为名义上的集体所有制企业。[28]但它的发展很快就超出了最大胆的预测。1991年，温州私营企业占总产值的比重超过80%，而国有企业的比重仅为10%。1993年，温州有3.7万家私营股份制公司，占温州地区总产值的60%。[29] 温州模式成为由中小私营企业经营的区域市场经济的代名词。

温州模式主要基于从事小规模生意，尤其是商业上活跃的家族企业。这类企业的标志是适应性和可操作性。但这种经济组织的缺陷是其相对较小的规模和缺乏有竞争力的核心产品与技术。随着温州市场向全国各地甚至海外扩张，小型家庭产品的市场潜力已经枯竭。第一，尽管温州企业已经在很大范围内进行了广泛的探索，但在现代服务业和制造业等商业企业中，并没有出现根本性的就业升级。第二，在21世纪的头10年，全国范围内的市场扩张似乎遇到了瓶颈，改革开放以来积累的商业财富越来越难以在实体经济中找到有用的出路。目前看来，温州"热钱"的唯一渠道似乎就是房地产和地下钱庄，因为它们为温州企业提供了具有吸引力的短期回报率，可与商业快速扩张时期的回报率相媲美。在21世纪头10年里，温州公司在一些行业中扮演着重要角色，尤其是山西曾经私有化的小型煤矿、浙江当地的地下金融市场，以及全国性的房地产热潮——甚至可能在那些拥有大量中国居民的全球各地的大都市的不动产市场。事实上，甚至就连温州商人是市场设施所有者的普遍观感，也日益被温州炒房团（字面意思是一群房地产投机者）所取代。在从私人商业资本演变为投机金融资本后，温州模式似乎已经走到了尽头。[30]

但曾经在推动市场增长方面如此成功的温州市政府又在哪里呢？事实上，随着温州和许多浙江商人越来越多地参与要素市场，政府的角色也在发生变化，因为土地、自然资源和信贷仍然在国家的有效控制之下。政府已经成为市场中更为活跃的干预力量。2011年，温州市政府对濒临崩溃的地下银行系统进行了强力干预。温州也见证了市场与地方政府之间关系模式的变化。

苏州模式：地方发展型政府

苏州位于南京和杭州—上海地区的战略中点，是帝制中国晚期的重要工业中心。许多中国最好的手工业，包括著名的清廷织造署，都在苏州和南京。当地文化以亲商、尊重商业和创业精神而闻名。但是在晚清和民国时期，苏州的经济因太平天国运动和抗日战争而遭到毁灭性的破坏。与此同时，它的大部分关键经济角色已经被战略位置更好的新大都市中心上海所取代。在随后的毛泽东时代，苏州的发展停滞不前，与长三角的许多传统商业城市一样。直到放权改革模式实施，特别是通过地方支持的蓬勃发展的乡镇企业和中小企业部门，当地经济再次得到振兴。[31]

1994年，中国和新加坡的高层领导人就苏州工业园区项目达成一致，这标志着苏州经济在全球范围内发生了重大转变。园区以新加坡发展模式为基础，发展成为中国领先的工业技术制造中心和国家经济的旗舰区。它吸引了多达15000家来自全国和世界各地的公司，包括纳米技术和生物医学领域的尖端高科技企业。2012年，苏州工业园区实现国内生产总值（GDP）2000多亿元，人均GDP与新加坡和香港地区的水平相当。[32]在过去的几十年里，越来越多的中国城市借鉴苏州工业园区的发展模式。

苏州工业园区发展成熟后，通过大力投资基础设施建设，制定税收优惠政策，引入精简化的商业服务，并成立专门机构管理园区的日常运营，苏州市政府又启动了一个与园区发展模式大致相同的项目。[33]在这些特殊地区，政府现在被指定为管理委员会，它除了是国家等级制单位之外，也是一个自治的管理单位，其政治和社会责任很大程度上被缩减到最小，并被纳入经济管理的范畴。在这种特殊的制度安排下，原有的国家干预和主导问题被最小化。苏州工业园区管理层深知，其在干部考核体系中的绩效和生存，在很大程度上取决于企业在其服务的市场中的绩效和生存。这些企业大多数是面向海外市场的私营、外资或中外合资的技术型制造业公司。因此，地方政府成为亲商的公共服务提供者。

苏州模式对中国的经济特区有着广泛的影响，成为当地发展型政府的典范。尽管在20世纪90年代初，中国有过数百个工业园区，但多数仓促建成，管理不善。苏州工业园区却是一个例外。它完全按照新加坡在20世纪70年代和80年代的经验而建造，随后在当地的中国环境下复制了新加坡的市场导向模式。随着各地地方政府官员纷纷向苏州经验学习，它很快就传播到了中国其他拥有类似工业基础和比较优势的地区。苏州模式与温州模式不同，温州模式是通过温州商人和其他网络来普及，而苏州模式则是通过官方的培训和推广渠道来传播。其中一个渠道就是干部晋升和交流制度。从20世纪90年代末开始，苏州成为高级官员的摇篮，很多在苏州工作过的干部被提拔到全国各地的省部级职位。[34] 与此同时，作为苏州工业园区模式的发源地，新加坡在过去20年里接待了多达3000名中国干部，其中900名在南洋理工大学市长班接受了培训。[35] 今天，中国有88个国家级经济技术开发区，大多数开发区都采用了诸如苏州工业园区和其他类似的成功典范的政策。在经历了多年的指数级增长后，2011年，这些经济开发区的经济总量占中国GDP的8.8%，占全国出口额的17%。[36]

孵化科技企业：国家资助模式

联想和华为或许是这类企业中最知名的案例。联想成立于1984年末，它既不是中国所有科技公司中的第一家，也不是最大胆的一家。该公司创始人柳传志是中国科学院计算技术研究所的研究员，他没有选择切断公司与旧单位组织之间的联系，而是在国家研究院的资助下运营企业。在这种安排下，这家新成立的技术企业既可以利用旧的国有企业体制拥有的资源，也可以利用中央和地方政府为新企业提供的政策机会。[37] 后来，柳传志从他在中国科学院的经历和与中国科学院的联系中受益匪浅。

华为从一家香港电子设备制造商的小型销售代理起家，迅速崛起为世界级的电信设备制造商，也有着类似的故事情节。华为的创始人任正非是一名共产党员，曾是在一个工程部门工作的中国人民解放军军官。董事长孙亚芳[38]和其他许多高层管理人员也有在政府机构和研究机构工作的经历。

联想和华为都享受着地方政府和国家机构的优惠待遇，并且自成立之初起就发展迅猛。中国科学院和北京市海淀区政府为联想的成长提供了必要的条件：前者为包括联想在内的众多企业提供创业资源，而后者则确保了中关村的制度环境有利于科技创业。对于华为来说，无论是在创业初期还是在公司的成熟期，深圳市政府都提供了非常多的帮助，深圳特区为科技企业制定了许多优惠政策。与其他一些地方不同，深圳市政府从一开始就寻求将监管障碍最小化，以便企业能够蓬勃发展，并为科技企业提供最好的条件，同时它还持续努力不干预市场。[39]

在国家资助模式下，无论谁是真正的资助人，企业家及其管理团队都是真正的行为者；国家机构或地方政府只是为企业的发展提供了温床。与发展型政府模式不同，国家在资助模式中的作用是一种特殊关系，不仅限于物质和制度基础设施，还包括在人员、资金和其他资源方面的积极支持。换句话说，它需要更高水平的国家参与和企业——政府之间关系的培育。

随着中国进入21世纪，不同地区之间的竞争，尤其是较发达地区之间的竞争已经日益白热化。因此，地方政府越来越愿意帮助成功的私营企业，以为当地带来经济增长、更高的税收收入和企业品牌。这种国家资助模式在增长游戏的后起之秀身上表现得更为明显。私营汽车制造商比亚迪就是一个很好的例子。

比亚迪和吉利等独立汽车制造商的崛起，是21世纪资助模式一个有趣的新发展。它涉及在供应网络全球化和中国不断扩大的汽车市场的背景下，私营企业和国家发展政策的共同生产。在过去的几十年里，全球汽车工业和许多其他制造业一样，已经转向这样一种模式：主要制造商只控制关键技术和供应链，而把子系统的制造外包给全球供应商网络。[40]全球汽车生产模式的转变，为中国的私营初创企业提供了巨大的机会，这些企业在技术和资本方面处于劣势，但在适应性和可操作性方面具有竞争优势。

比亚迪成立于 1995 年，最初是一家可充电电池工厂，其子公司比亚迪汽车公司直到 2002 年才成立。但到了 2010 年，按销量计算，比亚迪已成为中国第六大汽车制造商。这种现象级的成就在很大程度上归功于它与国家和地方发展项目的成功结合。该公司的关键产品系列——大规模生产的混合动力和电动汽车——及时地满足了国家清洁能源和汽车产业发展的产业升级目标。在中国，即便是传统动力的汽车市场也才刚刚开始成熟，而且从廉价组装的汽车中很容易赚到快钱，因此，在这样的市场环境下，比亚迪的产品展现出了一种新颖的姿态。与许多更为传统的制造企业不同，新成立的比亚迪坚定不移地承担风险，以确保自己能够引领新市场。为了实现这一目标，公司与深圳市政府建立了密切的合作关系。2010 年，该公司的旗舰产品"比亚迪 F3DM"获得了国家和深圳市政府的购买补贴资格，补贴最高可达汽车价格的 40%。2010 年，深圳市政府与南方电网合作建设了首批电动汽车充电站，以推广电动汽车。[41] 2011 年，比亚迪电动汽车成为深圳世界大学生运动会的官方出租车和公交车。在电动汽车制造领域，比亚迪在 2013 年的新一轮政府采购计划中赢得了很大份额，因为与传统的汽油动力汽车相比，政府采购计划似乎更青睐电动汽车。[42]与此同时，该公司在欧洲环保电动公交市场上也取得了重大进展，并于 2017 年在匈牙利建立了一个主要的生产和研发中心，以期与大众、雷诺—日产和通用汽车公司争夺欧洲市场。[43]

作为一家总部位于深圳的公司，比亚迪在深圳和上海分别设有两个研发中心，在西安和长沙分别设有两个生产基地。在西安高新区工厂的建设过程中，西安市政府不仅提供了廉价的土地，还帮助建设了道路、工厂、搅拌站、住宿等基础设施。为此，当地（户县[44]）政府急于征收土地和建设基础设施，甚至不惜背离法律程序和中央政府对土地使用的限制，导致后来被国土资源部罚款。[45]但考虑到比亚迪在国内和全球市场的持续扩张，这种干预似乎是小规模和临时性的。

从某种意义上说，国家资助是地方发展型模式的升级版。在这一制度下，地方和中央各级政府正式或非正式地搭建了一个平台，支持国内大企业在国内和海外市场的发展。对于华为、中兴、联想和比亚迪来说，这种支持是直接的财政和政策优惠。

中国的互联网巨头和中国政府

作为国内大型私营企业（与央企不同）成功案例的一个特别案例，中国互联网行业已经成为全球讨论的焦点。从最初的时候开始，中国的互联网就以其防火墙和严格的政府审查而闻名，同时也以其快速发展而闻名。[46]这两种因素产生了一个有趣的意外结果，即本土互联网巨头在广泛的商业领域内扩散，从在线聊天到微博，从电子商务到网络游戏。

与其他非国有部门不同，出于对政治安全的担忧，政府在互联网领域一直坚持创建一个独立的中国市场，而非世界市场。脸书、谷歌、苹果和亚马逊等总部位于美国的全球巨头，要么被禁止，要么被限制进入中国大陆市场。市场空间很快被人人网和百度等中国公司占据。在其他案例中，易贝（eBay）等世界领先企业一直无法有效地与阿里巴巴、当当网和京东商城等本土巨头竞争。

阿里巴巴是中国占主导地位的电子商务公司。阿里巴巴在2003年底创建淘宝时，远远落后于全球电子商务公司易贝，当时易贝已经开始进军中国市场。但到了2012年，阿里巴巴已经击败了包括易贝在内的所有竞争对手，成为全球电子商务巨头：其营收超过了易贝和亚马逊的总和。博达克咨询公司（BDA）的一项研究显示，与易贝向卖家收取服务费的策略相比，阿里巴巴的主要电子商务平台淘宝网能够通过"以量换价"（volume to value）的策略充分利用中国的市场规模，即通过增加流量，将收入模式建立在广告之上。[47] 2014年9月，阿里巴巴在纽约证券交易所进行了创纪录的首次公开募股（IPO）之后，该公司又将业务扩展到了利润丰厚、但有时又令人望而却步的银行和金融领域，并获得国家的批准，成立了网商银行。[48]

与阿里巴巴相比，迄今为止中国最大的搜索引擎百度的成功，不仅与国家的互联网防火墙有关，也与市场战略有关。百度和谷歌都是在21世纪初创立的，它们的经营策略是一样的，不过百度通过使用无标记广告和能够进行MP3搜索，创造了初期的优势。[49]但真正关键的不同之处，在于国家对敏感内容的安全担忧。作为一家国内公司，百度积极配合政府严格的内部自我审查制度。[50]与此同时，人们普遍认为，谷歌在与中国政府就互联网审查问题发生争执，不愿接受中国相关法规的监督后退出了中国市场。[51]百度仍然是本土企业，但不是全球巨头；谷歌继续在全球市场上处于领先地位，并凭借其卓越的技术和全球市场战略的综合优势成为该市场的赢家。[52]

微博的案例更有趣。新浪微博是中国最重要的微博平台，拥有大约3亿订阅用户，它很快就引起了中央政府互联网监管机构的注意。随着微博成为包括政治谣言在内的最难以控制和最流行的公共信息的来源，政府加强了对所有主要服务提供商的管控。为了企业的生存与发展，新浪微博经常进行内部自我审查，同时允许在特定时段里泄露一些不那么敏感的信息，以吸引更多的关注。[53]

公平地说，阿里巴巴、新浪微博和其他互联网巨头并没有像华为、中兴和联想那样，从政府那里获得那么多的财政、金融和其他形式的支持。但他们得到了最重要的发展条件：他们在最大的单一市场运营，而这个市场是由政府的政策创造的。国家的目的是将外部世界的政治影响排除在互联网平台之外，而华为、中兴、联想和比亚迪必须在产品市场上与外国公司竞争。从这个意义上说，互联网公司属于国家资助企业中特殊的一类，在这类企业中，对国家安全和商业利润的关注，已经在市场主导的合作形式中找到了契合点。

互联网行业的这种特殊性，在一定程度上是其脱离传统基础设施的结果。在传统的基础设施领域，国家完全可以凭借央企和国家对自然资源与基础设施的所有权来主导。在互联网行业，由于掌握市场份额的关键是技术和数据内容，而不是基础设施，因此这种国家所有权是不可想象的。事实上，《人民日报》和新华社都曾尝试推出国有搜索引擎，但迄今为止，它们在国内市场的进展甚微。"人民搜索"（后来更名为"即刻搜索"）是由乒乓球世界冠军邓亚萍领导的《人民日报》的旗舰项目，在该团队未能实现最初的目标后，于2013年与新华社的"盘古搜索"合并为"中国搜索"。[54] 但这个新合并的国有搜索引擎的竞争力仍不及它的私营竞争对手。截至2017年7月，私营搜索引擎占据了中国市场99%以上的份额。[55] 尽管中国的互联网市场对国内的国有和私营企业都开放，但百度等先发私营互联网巨头的关键地位仍未动摇，至少目前如此。

对互联网巨头来说，最重要的政治支持是政府的国家信息和安全政策，它排除了一些外国竞争对手，让其他竞争对手在一个更昂贵的政策环境中运营。一些互联网巨头可以用信息控制来换取更多的政策支持。但与中石化或国家电网等国有企业以及联想和中兴等国家资助的企业相比，垄断或寡头垄断的互联网企业对国家的依赖要小得多。它们拥有一定程度的自主权，这得益于它们庞大的经营范围和不断成长的中国网络空间。信息技术所提供的这种程度的自由，以及中国特有的制度安排，使互联网巨头有别于大多数其他大型私营企业。

国家代理模式：国家作为主导行为者

利益联盟：房地产模式

房地产行业崛起并成为中国经济发展模式的代表是 1994 年中国分税制改革的意外结果。我们将在第七章中讨论中央—地方之间的财政关系以及地方政府作为企业行为者的问题。正如我们要讨论的两个问题所显示的那样，分税制改革使所有地方政府都依赖预算外收入和额外税收。对于那些决心要加快经济发展的地方政府来说，最好、最快的收入来源是土地出让金。由于城市土地是国有的，并由地方政府控制，任何土地转为商业用途都需要进行公开招标，中标人向地方政府支付极高的使用权出让金。随着中国城市化的全面发展，土地出让金成为地方发展资金的重要来源。1994—2001 年，土地出让金在地方收入中的比例还微不足道。但在此后的 10 年里，它们就迅速增长到惊人的 3.15 万亿元，占地方政府 2011 年收入的 50％。[56]

这种基于土地的地方财政制度的关键工具，是地方政府资助的房地产开发。近 20 年来，随着中国经济的快速发展和城市化进程的推进，商品房和家庭用房需求巨大，房价上涨的空间也很大。在支付了巨额的土地出让金后，房地产开发商可以将土地成本转嫁到房价中。房地产的繁荣为地方政府提供了收入。地方政府与房地产开发商之间的利益联盟也许是全国所有商业部门中最紧密的。

上海大亨周正毅与上海高层官员在 21 世纪初的结盟就是一个比较著名的案例。周正毅是一位房地产大亨，也是在香港证券交易所上市的一家上海房地产公司的董事长。通过与上海官员之间的关系，他于 2001 年获得了在上海静安区开发几块极具价值土地的权利，这是上海城市翻新计划的一部分。周正毅与静安区政府合谋，把一个原本不以营利为目的的城市翻新项目变成了一个利润丰厚的商业区，同时把被拆迁的居民蒙在鼓里。意识到他们的损失后，被驱逐的家庭发起了抗议。一些最坚韧的居民在沈婷的坚定带领下，转向了法庭，甚至起草并签署了请愿书。57 与此同时，由于来自传统媒体和网络媒体的抗议越来越多，周正毅最终被调查和逮捕。58 周正毅可疑的商业行为，使他在 2006 年的高层反腐败运动中被列入嫌疑人名单。人们很快发现，周正毅还涉及伪造发票、行贿、挪用上市公司资金和提供虚假信息等其他财务不当行为。他最终被判处 16 年有期徒刑。

除了不断变化的政治环境外，周正毅的失败也部分归因于他迅速崛起期间的高风险策略，以及他不守规矩的风格。从这个意义上说，周正毅可能是一个逾越规矩之人，而不是循规蹈矩之人。事实上，中国当代最有权势的房地产大亨通常来自富裕或人脉广泛的家庭。与周正毅不同的是，他们只是在财富的阶梯上一步步往上爬，并建立起一张庞大的政治关系网。2015 年 5 月发布的胡润百富榜上的中国首富王健林，就是这一类企业家的典型。

作为一名长征老兵的儿子，王健林在很年轻的时候就加入了中国人民解放军，在 20 世纪 80 年代末开始从事房地产生意之前，他曾晋升为副团级军官。王健林凭借自己在军队里的人脉关系，乘着中国房地产热潮的东风，迅速将万达集团打造成辽宁领先的房地产开发商之一。到 2014 年，万达集团已经成为国内领先的房地产和当地娱乐服务提供商。

在接受外国记者采访时，王健林非常坦率地谈到了与中国政府接触的感悟：

> 中国是政府导向型经济，没有人敢说自己能在毫无政府关系的情况下做生意，那些声称可以独善其身的……是伪君子。但是，跟政府官员不能走得太近。不要把你的个人利益和公司的发展绑定在一起。59

很明显，房地产开发商严重依赖地方政府和官员来支持他们的商业利益。他们之间的亲密程度与经济回报和政治风险成正比。这种商业模式可以在曾成杰的案例中得到进一步的证明，曾成杰的事例是地产开发商和地方政府之间一个不太出名但同样重要的案例联盟。曾成杰是湖南省中等城市吉首市的一家大型房地产公司的老板。2003年，他获得了一份合同，代表湘西自治州政府建设体育馆、群艺馆和图书馆等设施，由于地方政府无法为这些项目提供资金，曾成杰被授予了探索"社会融资私人渠道"的权利。"社会融资私人渠道"的字面意思是通过承诺高息回报进行非法集资。在取得一些初步成功后，曾成杰利用庞氏骗局扩大了私人融资规模，但无法跟上高昂的利息偿付。这个融资方案最终失败了，引起了公众的强烈抗议和社会的不稳定。

与此同时，随着地方领导人任期的结束，新的地方领导人接管了控制权，立即收回了对所谓"提倡民间融资"的支持，并将这种做法定性为非法集资。因此，曾成杰被逮捕、审判，并基于庞氏骗局的巨大社会影响被判处死刑，他所有的个人资产都被没收。最重要的是，他的全部资产据信足以偿付所筹集资金的本金和利息，但法庭对其估价仅为实际价值的三分之一。曾成杰被非常规和草率的处决，再次引起了网民的广泛批评，尤其是在商业精英和法律从业者当中。但是，由于曾成杰的庞氏骗局在经济和社会方面的巨大影响，当地民众似乎非常支持法院的判决。[60]

与周正毅等全国性的房地产大亨相比，曾成杰的案例更能说明地方政府与房地产开发商之间的联盟关系是不对等的，因为开发商总是需要一些法律法规的豁免才能获得超常的利润。只有在政治的保护下，这种打擦边球的甚至违法的行为才是安全的。曾成杰的案例表明，一旦这种特许游戏超过了可控的风险水平，成为对社会稳定的重大威胁，开发商就必然受制于地方政府的机会主义政策。曾成杰的案例是极端的，因为它涉及成千上万民众的集体行动。但实际上，只有当隐藏的行为者——

人——出现在舞台上时，游戏才会揭示出更有原则的规则。地方政府与私营企业的利益联盟，只有在交易成本主要是经济成本的情况下才具有可操作性。一旦出现政治原因，游戏规则就会改变。和政治人物一样，拥有最高端和最广泛政治关系的开发商不仅更成功，而且更安全。但即使在这种情况下，这也是一种建立在个人关系上的政治安全，而不是建立在法治基础上的法律安全。

这个游戏规则不仅适用于房地产行业，也适用于所有涉及国有资产（如土地、自然资源和国有资产）的公私合作经济项目。通化钢铁厂事件就是一个很好的案例。2009 年 7 月 24 日，成千上万的工人公开反抗当地政府将他们工厂民营化的决定。由于担心在民营化过程中失去工作，他们举行了激烈的抗议，洗劫了工厂办公室，并杀害了一名公司高管。省领导迅速否决了私有化交易，确保了对工人利益的保护。[61]在这种情况下，因为工人们威胁要采取更激进的政治行动，政府别无选择，只能放弃公开宣称的对财产权的保护，以维护地方稳定。可以说，这是为了让利益相关者（即普通工人）更平和、更满意而做出的必要牺牲，与曾成杰的案例一样，地方的政治考量战胜了法律。在一个还没有真正建立法治和政治问责的世界里，一旦政治和社会稳定的重大利害考量发挥作用，地方政府可能很容易牺牲其弱势的商业伙伴。

地方发展型政府脱轨：无锡尚德太阳能电力实验

苏州模式的行为者是地方发展型政府和中央计划单位。在苏州模式中，发展型政府以市场为导向，而在浦东模式中，国家的计划才是中心。这是因为产业政策总是与中央计划相关联，而地方没有能够遵循的产业政策。但近年来，随着雄心勃勃的地方政府以国家产业发展的名义进行大规模的产业开发，中央政府悄然将产业政策移交给了地方政府。在地方发展型政府中，有一种趋势是利用旗舰企业作为地方产业政策的平台。这些旗舰企业大多是国有企业，甚至是央企。但在一些罕见的情况下，私营企业也可以发挥这一作用。当地方私营企业以国家产业政策的名义在地方产业行动中发挥旗舰作用时，一种新的模式就应运而生了。

这种新的模式在政府和私营企业之间建立了一种新的关系。在这种新模式下，地方政府将全部资源投入对一家私营创业公司的支持上，并与这家立足于本地但面向全球的企业发展出一种强烈的符号化关系。地方政府不仅提供所有必要的创业资源，包括资金和土地，而且在整个过程中帮助满足私营企业的需求，以确保其快速扩张。与此同时，地方政府也对企业提出要求，确保企业符合地方政府的切身利益。企业也在与政府的相处中产生了一种复杂的关系：在获取必要的公共资源方面保持合作性和高姿态，在寻找每一种可能的策略以保持其自主性方面力求谨慎和低调。因此，这种模式将国家的动员能力和发展雄心与企业的占有欲和对财富的渴望结合起来。

无锡尚德太阳能电力试验或许就是这种新出现的国家驱动型私营扩张模式的典型案例。[62]无锡尚德太阳能电力有限公司由施正荣于2001年创立，它的成立时间相对较短，但仅用了几年时间就成为世界级的太阳能电池板制造商。尚德的成功离不开无锡市政府的大力支持。施正荣是一位在澳大利亚接受教育的年轻太阳能专家，当他回到家乡江苏省寻找市场时，他打造尖端清洁能源企业的愿景与无锡市政府同样雄心勃勃的工业发展计划一拍即合。为了支持施正荣的冒险，无锡市国资委在2001年投资600万美元作为启动资金。2004年，尚德太阳能电力进入爆发式增长和超常盈利阶段；2005年，无锡市政府退出，该公司在英属维尔京群岛注册成立了100%由其控投的"尚德电力公司"，成为全球资本市场上一家成熟的民营企业。很快，尚德电力公司成功在纽约证券交易所上市，成为中国同类大型企业中的第一家。2007年，在其扩张的巅峰时期，尚德电力成为全球领先的太阳能电池板生产商；它的销售收入从2005年的2亿美元增长到2007年令人震惊的14亿美元。[63]随着尚德在全球的崛起，它成为无锡蓬勃发展的工业经济名片。

但全球金融危机给尚德电力和中国太阳能电池板行业投下了阴影。讽刺的是，尚德电力正是成也萧何败也萧何。为了尽快挽救中国的经济增速，中央政府给予地方政府大量的特别授权，投资所谓的战略性产业，其中自然也包括了光伏产业。事实上，光伏产业多年来一直是地方政府投资的重点。2008—2011 年，中国光伏企业的数量从不足 100 家增加到 400 家。[64] 与此同时，随着市场的相应扩大，多晶硅（太阳能电池板的主要中间产品）的价格从 2006 年的每千克 150 美元暴跌至 2011 年底的每千克 35 美元左右。[65] 尚德的过度扩张战略和缺乏财务先见之明也让他们付出了代价。在经济繁荣时期，尚德在欧洲成立了全球太阳能基金，为上游生产商亚洲硅业提供资金。全球金融危机爆发后，这些项目被证明是不可持续和不可靠的，而且很快损害了尚德在银行和金融市场的信誉。[66] 2013 年 3 月，无锡尚德太阳能电力有限公司因不堪债务重负和投资失误，正式宣告破产，市值从 49 亿美元跌至 1.49 亿美元。[67]

无锡尚德太阳能电力有限公司是中国数百家太阳能电池板生产商中最突出的公司之一。太阳能行业的大多数其他大型企业都与地方政府发展了类似的关系，它们同样也得益于国家的廉价资本和廉价土地政策，以及其他金融和行政支持。在这种模式中，虽然私营企业是舞台上的演员，但主要的增长源是地方政府。我们这里所讨论的尚德不仅存活了几年，而且一度占据了全球 70% 的市场份额，尽管内部竞争导致利润率不断下降，但一旦外部市场不再可行，需求就会崩溃。一度被誉为中国产业升级典范的太阳能行业，如今已陷入重重危机。产能过剩，亏损巨大，濒临破产，太阳能产业已被证明是中国产业政策的一个失败案例。

无锡尚德太阳能电力有限公司及其资助者无锡市政府所面临的难题，只不过是全球金融危机以来中国更积极的地方发展战略所面临的问题的缩影。2009 年，当中国经济遭受出口大幅下滑的打击时，政府决心投入数万亿元，支持 10 个战略性产业。在地方上，中央鼓励省级和地方政府发展所谓的"新兴高新技术产业"。江苏省政府精心挑选了三个行业：清洁能源、生物技术和造船。在当地政府的大力支持下，包括无锡尚德太阳能电力有限公司和中国最大的私营造船企业江苏熔盛重工有限公司在内的旗舰企业的资产和生产规模很快出现了指数级增长。由于无法承担这些项目的巨额投资带来的资金成本，地方政府求助于各种各样的融资渠道，如银行贷款、土地出让和公共信托。在无锡一些因尚德破产而严重受损的县城里，地方政府甚至截留了公务员的工资和福利。[68]根据一家总部位于深圳的信托公司的数据，截至2012年底，江苏省政府在中国出售的投资信托中占了30%。仅无锡市政府就通过这种方式筹集了920亿元。[69]随着债务危机的蔓延，江苏在全球金融危机后的几年里所做的实验，必然会对中国的金融稳定造成严重的威胁。

无锡尚德太阳能电力有限公司的项目展示了地方政府和私营企业之间关系的新发展，在发展型地方政治和全球市场力量的相互推动下，企业走上了过度扩张和产能过剩的道路。尚德不是一个例外，而是全球金融危机后中国正在进行的数百个此类项目的例证。从表面上看，这种私营企业与地方政府之间的新关系就像是国家资助模式。但事实上，地方政府的角色远超一个真正的地方资助者。在尚德的案例中，无锡市政府不仅提供了大量的投资和大片的土地，而且成为有效的共同行为者，使尚德成为自己宏伟蓝图中的旗舰项目，成为世界光伏生产的中心。在无锡市政府的大力支持下，尚德项目从一开始就获得了国家主导增长模式的优势，并在国家资助下逐步占领了世界市场的大部分份额。如果它采取更理性的行动，就像深圳的比亚迪那样，那么这种模式可能会取得成功。不幸的是，当私营企业家肆无忌惮的野心满足了当地官员的雄心壮志时，整个项目就变成了一种不计后果的努力，完全不顾及基于理性计算之上的经济回报向前推进，这很像毛泽东时代的"大跃进"和1978—1979年华国锋领导下短暂的"洋跃进"，在雄心勃勃的动员计划遭遇资源瓶颈时，就陷入了困境。[70]

国家吸纳与主导的机制

私营企业家作为主要经济和社会力量的崛起，是当代中国的决定性变化之一。作为改革的捍卫者，党领导下的国家很早就意识到了这一变化。自20世纪90年代中期以来，中央政府一直在朝着吸纳私营企业家的方向迈进。与国有企业改制中"抓大放小"的原则一样，吸纳对象资格的关键因素是资产规模和生产规模，而不是党员等政治背景。所有资产和生产水平超过特定规模的企业家，都会被自动纳入这种吸纳结构。商业上的成功意味着政治上的特权，这种特权是根据企业在经济实力上的商业规模来分配的。因此，经济实力和随之而来的政治资源之间既有一定的共同尺度，也存在相互渗透。

迈向这种吸纳和主导新模式最根本的一步，是意识形态指导方针的转变。[71]从20世纪80年代末到21世纪的前10年，党的章程逐渐向完全承认市场经济的方向转变。但决定性的时刻是2002年末召开的党的十六大，在这次会议上，中国共产党在"三个代表"这一新的指导思想中正式认可私营企业家是先进生产力的代表。虽然地方政府与地方企业家已经有着长期合作，但正式的公司制度从2002年才开始系统地建立起来。

与大型国有企业不同，大型私营企业即便在国内乃至国际市场上都扮演了重要角色，也只与国家有着间接的制度联系。迄今为止，中国最成功、最杰出的民营企业家都没有在中央决策机构中共中央委员会获得一席之地。梁稳根是一名坚定的共产党员，也是著名的三一重工的董事长，据传在2012年底召开的党的十八大上，他有机会以中央候补委员的身份进入中共中央委员会。然而，他最终未能进入。[72]但是，仅仅是有一位头部民营企业家可能成为党的最高决策机构的一员，就足以证明他们在制度层面的政治地位正在上升。

鉴于私营企业家在中国高级领导层中的缺位，他们在中国强大的精

图中文字（由外到内）：
- 中华全国工商业联合会
- 中国人民政治协商会议
- 全国人民代表大会

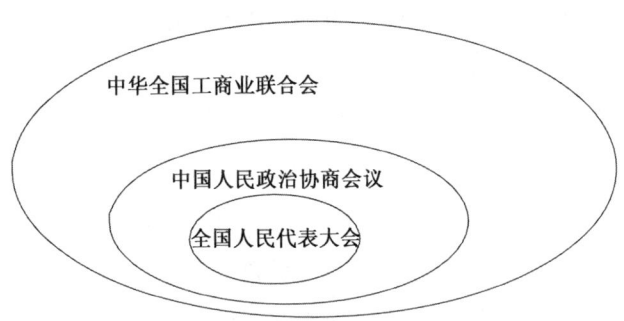

图 6.1　私营企业家的政治机会结构

英圈子里的代表性似乎仍然不足。这只说对了一半。虽然私营企业家从未像国有企业家那样进入党和国家的主要机构，但如果我们考虑到政协组织、民主党派和工商联等其他影响渠道，私营企业家的存在是不可低估的。这些组织构成了一种吸纳和相互影响的模型。从中央的角度来看，可以将这种模型设想为三个，事实上一共有四个，最里面的一个同心圆是党中央，但没有在图中呈现，因为党中央内部没有私营企业家，但是存在其利益代言者同心圆（图 6.1）。最外层的一个圆是中华全国工商业联合会，这是中国人民政治协商会议的一个功能界别。截至 2016 年底，全国工商联拥有 470 万名成员，其中大多数是企业达到特定规模的私营企业家。[73] 私营企业家一旦进入工商联，就可以通过专门的渠道与政府各部门进行沟通。

一旦企业家成为地方工商联的成员，通常会有一个从最外层到中心的成员顺序。工商联与政协只有一步之遥，而政协是党的外围组织和政治协商的核心机构。企业家一旦被选为政协委员，就可以每年参加他们所属特定层级的政协大会，并通过政协框架直接向地方乃至中央政府提出政策建议。更进一步就是成为地方甚至全国人民代表大会的成员。在这个层级上，企业家不仅能够提出重要的政策建议，而且能够与地方官员一起讨论政策。在更高的层级上，还有中国共产党的地方级的甚至全国的党代会。

必须记住的是，在这个同心圆结构中有一个垂直的维度——一个从县一级一直到国家一级的阶梯。与提拔官员一样，对私营企业家也有择优选拔的程序。私营企业家被中共称为"三个代表"中的重要一环，与提拔官员一样，私营企业家也有一个基于才能的选拔程序，将他们选拔到权力中枢。大多数情况下，当考虑企业家的垂直晋升时，主要根据他们的经济实力、社会影响力和政治忠诚度来进行衡量。只有最幸运的100名左右的精英企业家才能参加各级的政协、人大和党代会。但是，考虑到中国的规模，低层级的政治机会仍然是巨大的。根据全国工商联的一项调查，约51%的私营企业家曾在政协和人大任职，其中大多数是在县市一级。[74] 也许更重要的是，私营企业家的政治机会在过去10年中迅速增加。例如，在过去10年中，私营企业家成为县级或市级代表的机会，分别增加了3倍和10倍。[75]

在吸纳的三层结构中，从外层的全国工商联和全国政协进入内层结构的全国人大和党中央的关键是党员身份。中国共产党和富有的私营企业家都有动力让经济精英进一步进入内圈层。对中国共产党来说，这意味着更好地吸纳和管理社会上最富有的个人与最活跃的企业力量。对企业家来说，这意味着更好地保护他们的财富，获得更好的商业机会。对于那些来自草根阶层的企业家来说尤其如此，他们只有在达到财富门槛时才能获得政治资源。

过去10年来，私营部门的党建工作显著扩大。2012年的一项调查显示，当时约有1/3的私营企业家是党员。在其余的非党员企业家中，有40%的人对入党有兴趣。约60%的规模以上私营企业设有党组织。研究还发现，成为党员的机会随着企业整体资产的增加而增加。拥有1亿元以上资产的企业家成为党员的可能性为53.6%。如果把所有8个民主党派的成员都包括在内，几乎所有这些政治上有影响力的企业家都会被吸纳进入第二个圈层。[76] 最后是每年春季在北京召开的全国人民代表大会和中国人民政治协商会议，为各级精英和社会各界精英提供参政议政的一席之地。2015 年，中国 1271 名最富有的人当中，有 201 人参加了全国人大和全国政协的全体会议。虽然他们只占大会代表和委员的 4%，但他们的净资产加起来有 4640 亿美元，平均财富为 12 亿美元，让美国最富有的立法者也相形见绌。[77]

虽然党已经通过广泛的外围组织网络吸收了中国大多数私营企业精英，但党也实行了新的战略来应对"富二代"，并提前为吸纳他们做好准备。在私人资本在地方经济中占主导地位的江苏和浙江，两地的省委党校已经启动了培训"富二代"的项目。除了将私人资本留在党内这一明确目的外，培训计划还有助于拓宽这些"富二代"的视野，加强与国有企业的协同。[78]

私营企业与党领导下的国家之间关系的核心，是私营企业作为经济增长和税收贡献者的财政责任，以及提供就业和基本福利的社会责任。长期以来，这两个基本条件确立了国家和私营企业之间的隐性交换条件。鉴于私营企业通过隐性契约提供服务，国家必须为私营企业家提供政治支持和其他制度支持。因此，对于那些不受国家组织触角掌控的大型私营企业，只要它们能提供就业、税收和经济增长，就都能够获得一定程度的隐性保护。

对企业家的政治和经济吸纳也受到制度上的限制。在宏观层面上，国有企业与私营企业之间的交流关系对党领导下的国家（特别是地方政府）的行为产生了决定性的影响。作为经济和政治舞台上的双重行为者，地方政府在追求亲商发展战略的同时，有时也更像是与所管辖企业的私人利益纠缠在一起的经济行为者。这导致大型私营企业的财政和经济利益过度膨胀，而广大公众，尤其是普通工人和居民的公共产品则供应不足。这些问题在中国各地引发了零星的规模较大的社会抗议活动，主要原因是劳工和土地纠纷等问题。[79]虽然当前领导人发起的反腐败运动取得了重大进展，但无法解决根本的结构性问题。其结果有时是牺牲了当地集约的经济增长：由于亲商的发展型政府和腐败有时是相互交织的,反腐败运动让地方官员不愿冒险批准新项目。[80]最终,这个难题归结为如何管理中间地带的规模和秩序。只要在一个国家主导的市场网络世界中存在中间地带,那么规模和秩序之间就必须保持平衡。

在日常生活中,市场—国家交流是由国家和商业部门的代理人,即地方官员和私营企业家来开展的。而这种关系只能制度化到一定程度,因为官员作为国家利益的代表,总是有增进自身利益的动机。渐渐地,就像私人创业成为私营企业的常态一样,腐败也成为那些直接负责地方政府与私营企业之间利益分享的官员的普遍行为。然而,随着私营企业家在日益由国家主导的市场网络中的地位上升,他们在当前的政治经济体制中逐渐面临着体制带来的困境,因为国家仍然控制着要素市场,包括土地、自然资源、信贷和大多数全国性的基础设施部门,如电力、交通和电信。吸纳的基本条件是,私营企业在受限制的经济部门内经营,且远离这个范围的边界。一旦私营企业家越过红线进入禁区,即使有国家的支持,情况也会变得危险,因为边界是不固定的,随时可能改变。这一点在投资山西煤矿的浙商身上得到了最生动的体现。最初,他们实际上是受当地官员的邀请,拿到了政府的采矿许可证,接管小型集体所有制矿山和国有矿山。但是,当地方政府在新的中央政策指令的支持下强行进入市场,将中小型矿山重新收归国有时,这些私营企业家往往得不到足够的补偿。对大多数私营企业家来说,一旦中央政府的政策发生变化,他们的命运就会立刻发生改变。[81]

同样,如果大型私营企业成长为事实上的国家和全球市场行为者,它们在国家行为者面前并非完全无能为力,尤其是面对权力仅限于管辖范围内的地方政府。在这种情况下,他们往往拥有一个社会经济的支持群体,来与国家机构进行讨价还价。国家在权衡其干涉主义政策利弊后,往往会选择对市场进行部分控制而非全面控制。因此,双方有可能达成协议。淘宝或阿里巴巴与国家工商总局的拉锯战就是一个很好的例子。

2015年1月23日，国家工商总局发布了一份白皮书，称淘宝（中国最大的电子商务平台、阿里巴巴集团的子公司）上销售的商品中有62%是假货，导致阿里巴巴在纽约证券交易所的股价暴跌。阿里巴巴的第一反应不是像通常情况那样屈服或公开道歉，而是通过其官方微博发布了一封充满激情的非正式公开信，对国家工商总局的选择性执法表示不满。一周内，全球电子商务巨头和国家机关之间的公开交火，在网络空间引发了激烈的争论，国家工商总局没有对此采取任何进一步的行动。根据新浪的一项调查，48%的中国网民支持淘宝，41%的网民支持国家工商总局的打击行动。不久，白皮书和公开信都从政府和淘宝的官方网站上消失了。[82]

鉴于制度的不透明性，在这一周所发生的高度紧张的冲突里，其幕后发生的事情对外界来说永远是一个谜。但淘宝与国家工商总局达成协议的可能性非常大，这个协议应该是由一个更有影响力的仲裁方以政治的方式进行协调而达成的。对于中国较大的私营企业来说，这是一个明确的信号，表明国家在市场化、数字化的时代已经失去了一些政治阵地。对于实力最强大的企业来说，制内市场的竞争环境变得更加公平了，它们拥有很高的经济和政治利益，甚至是潜在的网络支持者。未来，面对更强大的市场行为者，政府在行使行政权力时可能会更加谨慎。即便是在这个案例中，国家工商总局也没有发布2014年初就已在内部传阅的报告，表面上是对阿里巴巴IPO的期待，因为IPO不仅具有经济意义，还具有政治意义。对于大型的市场行为者来说，这当然是好消息，但对于整个制度来说，并非如此确定，因为强大的国家与市场行为者之间的这种后门交易，既不会带来更好的法治，也不会有利于消费者的共同利益。

考虑到国家和私营企业之间的所有这些共同利益及吸纳的复杂安排，私营企业家在经济管理中是成为平等的伙伴还是更弱势的伙伴？答案是否定性的。在新建立的吸纳纽带外，更大的经济管控框架仍然主宰着共同利益的纽带,并限制着私营企业。这一部分制度实际上比吸纳机制更为根本。我们需要从历史的角度来理解这一制度的主旨,因为我们看到的主导地位在很大程度上是早期动员经济的延续。

1949—1956年,新生的共产党领导下的国家,在其自身和私营企业之间建立了一种吸纳和控制的结构。在这一过程中,随着党领导下的国家对经济和社会控制的不断加强,它的主导地位在日益增强,吸纳在日渐减弱。30年来,主导一直是常态。自20世纪90年代中期以来,中国政府对私营企业的政策发生了翻天覆地的变化。今天,人们普遍认为在中央政府、地方政府和私营企业之间存在着一种有效的吸纳结构。此外,除了零星打击地下钱庄和非法集资,以及重庆一度时期的"唱红打黑"之外,国家对私营企业家的直接打压已变得极为罕见。乍看之下,私营企业家的社会和政治地位似乎已恢复到1949年以前的水平。但这一观察经不起仔细的检验。

第一,尽管发生了这些变化,但主导的结构并没有显著衰弱。相反,它只是变得更加制度化,并以强大的央企和新的金融体系的形式出现,从而更加根深蒂固。最赚钱的行业,如能源、电力、自然资源、民航、铁路,尤其是金融和银行业,仍在中央政府的严密掌控之下。国有企业对土地和信贷的使用仍然受到国家的大量补贴。无论私营企业的规模大小,罩在它们头上的行政管理的鸟笼经济仍然存在。

第二,私营企业和私营企业家的影响力和威望仍然来自国家的支持,有时也来自高级官员的政治支持。从房地产行业可以看出,私营企业与地方政府和官员之间的联盟越松散,企业的政治风险就越大。对企业家而言,这种风险具有很高的不对称性,因为一旦政治动态发展到必须牺牲联盟的程度,他们将首当其冲受到法律制度的惩罚。

第三,要完全理解私营企业的崛起,不能脱离20世纪90年代末制内市场体制的重大变化。政府、国有企业和私营企业之间在"公私"之分上的绝对政治意识形态分歧已经消失。取代公私二分法的,是在资产、利润、产出和 GDP 方面的规模与体量的纵向区分，这为经济和政治领域的权力与财富分配设立了新的标准。

在这种新的安排之下，一个拥有足够大的企业的私营企业家，甚至可以在实际政治影响力方面超过当地的干部和领导。在以涉及的资源和产出的规模与体量来衡量的新的经济型政治中，大型私营企业设法找到了一个位置，使其经济地位仅次于大型国有企业，而大型国有企业的规模和体量是由垄断支撑的。尽管他们的制度化权力可能仍然远远落后于国有企业的一把手，但私营企业的一把手在自主权方面具有优势，因为他们不像国有企业那样，依赖国家获得级别和利益。

正如此前对概念进行分析的章节中所论述的，私营和公共的混合产生了中间地带，范围横跨国有企业和地方政府到在政治上具有重要意义的私营企业。大企业精英通过在工商联、政协、人大，甚至党代会上的正式地位，以及与中央和地方政府官员的非正式关系网，成为权势精英的一部分，成为市场与国家之间的中间地带的行为者。这在国家代理人模式中得到了最明显的体现，尤其是在房地产领域，政府的无形之手从幕后推动着产业发展和企业扩张。

与央企不同，大型私营企业的商业利益与地方政府的财政利益更为密切。因此，即使我们忽视国有企业与党领导下的国家之间的政治和制度联系，它们也天然比大型央企享有更少的特权。另一方面，由于大型私营企业较少受到党领导下的国家的政治控制，它们在市场经济中也往往有更多的空间来进行适应和运作。据国内一家民间经济研究机构对国有企业的研究表明，规模以上的私营企业表现优于国有企业。此外，如果私营企业服务于地方政府的长期财政和经济利益，它们往往会与地方政府发展出一种真正的共生关系。在极少数情况下，私营企业在技术和市场规模方面享有一定程度的自由，甚至还能够与党领导下的国家发展出某种形式的共生关系。

结语

在中国普遍的政治经济秩序下，私营企业家通常是纯粹的经济动物，他们的政治野心被抑制。在这一点上，他们几乎是中国政治精英的镜像，中国的政治精英很少拥有巨额财富。尽管国家的经济权力和市场的政治价值往往是由政协、人大等机构共享和协商的，但商业精英无法获得政治权力。对于掌握政治资本的上层商业精英来说，这些资本只有作为经济利益和政治保护的工具才有价值。事实上，除了村级选举，私营企业家获得党领导下的国家各级领导职位的渠道很少。但是，这种缺乏正式政治权力渠道的情况，迄今为止还没有造成任何严重的问题，因为私营企业家通常不支持政治改革，特别是朝向西方多党制民主的方向改革。[83]

相比于早期的民国政府和毛泽东时代中国的国家—市场关系模式，这种独特的安排当然有一些优势。与政治动员和社会混乱的不确定未来相比，当前的吸纳制度的确符合私营企业家的利益，特别是大企业的利益，以至于他们觉得自己与社会和政治稳定有着重大的利害关系。但无论未来的事态如何发展，大多数企业家都对未来的形势特别敏感。这一点可以从中国富商多倾向于选择移民或持有外国护照中看出来。[84]

事实上，这些企业家作为中间地带的行为者，拥有国家无法直接触及的最广泛的经济和社会资本，他们可能已经认识到了这种制度的结构性紧张，即以牺牲一般的社会利益为代价，为中间地带谋取尽可能多的经济利益。当前这种吸纳与主导的制度要想继续发挥作用，关键取决于社会底层的稳定，普通社会成员目前仍能在社会底层勉强维持生计。然而，如果出现社会暴力和混乱，国家和私营企业家之间的主导—吸纳轴心将不再能够持续。正如周正毅、曾成杰和通化钢铁厂事件以及其他许多事件所表明的那样，这种联盟仍然是一种便利的联盟，而不是承诺的联盟。当这样的联盟破裂时,私营企业往往成为牺牲品,国家借此来重建不那么具有创业精神但更稳定的社会秩序。

考虑到这其中涉及的所有政治风险,国家和私人资本之间那些经济上富有成效但本质上脆弱的安排的最高奖赏,就是优惠政策和潜在利润,且在这个过程中无须严格遵守现行的法律和规章。[85]在制内市场体制中,有权势的私营企业家的利益,往往不仅是资本家的私人利益,而且还是市场—国家纽带中各级政治和经济精英的共同特殊利益。在制定和废除规则方面,他们常常是竞争对手。因此,国家对私营企业家的吸纳,无论以隐蔽或是公开的形式,都是对规则的例外,或在许多情况下是一种特殊的安排。与其他处于中间地带的行为者一样,私人资本导致了市场和国家权力的快速增长,却很少导致规则的发展或市场经济的制度化。

第七章
货币体制：财政和货币改革及其限度

改革开放以来，中国经济和社会最深刻的变化之一，就是货币供应量的扩大和社会的货币化。这一点在与毛泽东时代的历史比较中更为凸显。在改革开放前的 30 年里，在国家经济管理的宏观层面和日常经济交换的微观层面，货币在中国社会中的作用都被边缘化了。在"文化大革命"的高潮时期，中国的"去货币化"处于这样一个阶段：中国名义上的货币管理机构中国人民银行只是财政部下属的一个会计部门。然而，经过短短 30 年的改革，中国人民银行在资产持有量方面已经成为全球最强大的央行之一。[1]

伴随着当代中国货币的崛起，党领导下的国家在中央和地方层面进行了一系列全面的制度变革和创新。这些变革的核心是，中国人民银行从财政部的一个会计部门转变为一个复杂的中央银行，承担起管理宏观经济的重要任务，这与世界各地央行的做法大同小异。与此同时，中国还建立起了许多国有和私有的金融机构，从而形成了一个金融机构的金字塔结构：从大型国有的全国性商业银行，到私营的区域性银行，再到最小的地方性地下钱庄。

尽管新的金融体制正在被刻画出来，并与旧的计划经济的财政体制有所区别，但改革开放后的财政体制本身也出现了一个并行的转变，呈现出一种曲折的轨迹：从集权到放权，再到剧烈的再集权和事实上的放权。这一最新举措是地方政府对财政集权的回应，其形式是大量的财政和金融创新。中央管理的国有银行的金融利益相关者、财政饥渴的地方政府，以及各类强大的私人行为者（包括数以百万计的小型私人投资者），都在不断地为权利和利润进行谈判。

本章将探讨一个新的财政和货币体制是如何从一个计划体制中脱离出来，并不断演变成一系列复杂的行为者的。这些行为者横跨金融市场和财政国家。我们将重点关注金融市场主要参与者之间的拉锯战，这些行为者包括中国人民银行、由中央政府代理人控制的国有银行、由具有发展意识的企业家型官员掌控的地方政府以及金融市场中更大的私人市场行为者，这些私人行为者自行其是或与地方政府联合行动。它们在模糊的中间地带运行，类似于第六章中所讨论的情况。政府能否制定规则，不仅要通过立法过程，而且要通过在中间地带的斗争。与企业改革一样，市场和国家之间的界限是以调动公共资源的地方和私人手段来界定的。在这背后则是限制和塑造地方行动的中央国家权力。

正如我们对改革的分析性描述和案例研究所表明的那样，货币化和金融化的过程并不仅仅是由中央进行提议、由地方做出反应的故事，反之亦然。相反，通过一系列财政和金融创新，地方和私人利益已成为财政和金融体制中与中央政府同样重要的塑造力量。尤其是地方政府，它们本应是中央政府的代理人，却凭借自身的力量成为强大的企业行为者。即便中央已经通过选择性的财政和货币集权来巩固其整体权力，但它们就像第八章中将要讨论的央企一样，自主地开展各种经济活动。虽然地方政府没有合法的创造货币的权利，只能控制有限的财政资源，但它们设计了一个基于土地和自然资源的财政—金融体制。这套体制比中央财政和金融机构制定的体制更有活力，也更加鲁莽。和前面几章一样，这里我们将考察在国家和市场之间的中间地带产生各种政治—经济混合体的过程。

货币化：改革和结构变革

早期的共产主义货币体制

正如在关于中国政治经济历史的第三章和第四章中所讨论的，在11—14世纪之间，宋、元两个朝代推行了世界上第一个由国家背书的纸币制度，直到15世纪初，明朝才放弃了纸币制度，并在16世纪末将事实上的银本位制度化，建立了一个双金属本位制度，一直运行到20世纪上半叶。1935年，国民党政府建立了新的国家纸币"法币"，但它的寿命只有13年左右，并于1948年被另一种更短命的货币"金圆券"所取代。在20世纪40年代末到50年代初，银币和外币再次短暂地成为一种有效的交易媒介。第三种形式的国家纸币"人民币"（字面意思是"人民的货币"），由中国共产党政权于1948年末发行，它被证明比之前的纸币持续的时间更长。在国家主导的经济下，尽管经历了20世纪中叶的政治和经济动荡，人民币相对于基本商品的价值仍然相对完整，直到1978年改革开放前，人民币币值一直保持着稳定。[2]

新货币的显著稳定性，证明了在毛泽东时代动员体制下国家控制经济的本质。与此前所有的政权不同，从掌权之日起，共产党领导的这个国家就能够通过对所有关键生产要素（包括土地、自然资源、基础设施和信贷）的全国性控制制度，确保对全体民众生计的控制，国家要么是这些要素的唯一合法所有人，要么是这些要素的唯一提供者。在中华人民共和国成立的头30年里，国家还控制了所有关键商品，如食品、布料、钢铁和水泥，以及其他必需品和工业投入。国家控制的力量可以从"大跃进"（1958—1960年）时期的粮食库存问题上得到证明。在此期间，尽管国家为了偿还苏联的债务而储备了大量粮食，但仍有数百万人丧生。基于这种广泛控制的制度，国家能够实行一种独特的货币本位，即"商品本位"。商品本位又称物资本位，它作为一种政策实践，起源于全面抗日战争（1937—1945年）和解放战争（1946—1949年）期间的战时动员与货币稳定。[3]

随着共产党巩固和扩大了其对疆域的控制，党领导下的国家在冷战期间继续实施甚至进一步动员这一战时体制。在毛泽东时代，流通中的每一元人民币都有一篮子等价物作为后盾，这些等价物的相对价格当然不是由市场决定的，而是由计划部门决定的。为了在不引起社会动荡的情况下推动工业化，相对于农产品和生活必需品的价格，工业成品产出的价格被人为地定在较高的水平。为了使这一体制顺利运作，必须用钱以及同等的票券或配额来购买消费品，从而有效地对家庭和其他组织施加严格的预算限制。因此，新的法定货币仅仅成为生产和消费的记账单位。由于家庭消费被抑制以支持工业投资，流通中的货币在经济中只是一个规模小且受到精心管理的领域。因此，在毛泽东时代，人民币币值保持稳定也就不足为奇了。

共产主义货币体制的遗产是多方面的。积极的一面是，一旦放松了对家庭消费制度和物质的限制，计划生产和消费的去货币化经济就成为改革年代改革的巨大潜力之源。在大约10年的时间里，随着国家对大多数商品控制的放松并最终取消，国内商业恢复了活力，票券制度很快就被废除了。例如，1978年国家计委价格管制的重点商品有65个，1987年有23个，1992年就只剩下15个了。[4] 因此，改革是从逐渐废除旧的商品生产和流通控制制度开始的。随着这些变化，人民币制度不再依赖于物资本位。当象征着旧体制最后残余的物资部于1993年被废除时，转型过程就完成了。这一制度长期的消极影响只有在改革的后期才会显现出来。最重要的制度遗产包括了中央层面的党领导下的国家的结构性主导和地方层面的资金动员方法。正如本章将要阐明的，中央的控制与经济增长的必要性相结合，使得地方政府有极大的积极性去调动地方资源来促进经济增长。土地和自然资源取代粮食和纺织品等基本物资，成为当地经济增长的主要来源。在"大跃进"中，党领导下的地方政府以巨大的人员伤亡为代价，展示了调动资源生产钢铁的能力。20世纪90年代中期，改革以来形成的地方经济秩序只会增强地方政府的这一能力，只不过在这一过程中造成的直接人员伤亡要少得多。

早期的财政和金融改革

直到经济改革前夕，中国的社会主义财政体制仍然是为计划经济服务的高度集中的体制。在旧体制下，中央和地方政府有一个共同的财政基础，即国有企业的会计利润，而这些利润又是基于人为设定的工业产出的高价格。[5] 另外一小部分税收来自人为压低价格的粮食和其他初级农产品，它们主要由在集体村社里工作的农民生产。在计划体制下，财政部负责为国家计划委员会计划的经济活动提供资金。由于国有企业的利润提供了主要的税基，上海、辽宁和天津等工业化程度更高的省份不得不将大部分收入上缴中央的国库。例如，上海为中央财政贡献了其169亿元收入当中的143亿元，占中央财政收入的15%。[6] 这种体制使地方政府没有多少回旋余地，也没有多少激励生产力增长的动力。

20世纪80年代，财政体制发生了重大变化。1980年，中央领导层发起了以中央—地方财政分权为特征的财政改革。这个想法是为了鼓励省级政府进行改革和重振国有企业。新体制的一个关键变化，是为地方和中央的收入创建了单独的税基，主要是基于从行政管理上划分的中央（部委）和地方管理的国有企业。这些措施有效地确立了省级政府在一定条件下作为财政自主行为者的地位。此外，还创建了一些新的基于本地的税种，并将其指定为本地的金库。然而，新的税基微不足道。在地方税基的有限范围内，地方政府对自己的财政支出和投资决策拥有一定程度的自由；但总的来说，中国的财政体制仍然是以中央统收统支为基础的。[7]

在1984年公布的全面改革计划之后，1985年又进一步进行了财政改革，以巩固最初的财政分权。除了已经明确划分的中央和省级税基外，非垄断行业（包括外商投资、私营或合资企业）的营业税也被划分为共享税基。中央还采取了新的措施，以确保省作为一个预算单位能够平衡其预算。那些有盈余的省份只把一部分盈余交给中央，而那些有赤字的省份可以从共享税基中获得补贴。

1987年，中央采取了更激烈的改革，以加强地方政府发展经济的财政刺激。大多数省份与中央政府签订了某种财政包干制。在调整后的体制下，中央和地方政府建立了财政包干：一些省份按比例与中央分享收入，而另一些省份则按比例分享固定的配额，在固定收入外则自负盈亏。[8]在这两种情况下，地方一级的单位有权在每年财政收入的增量中获得较大的份额，同时负责补足更多的差额。地方政府成为财政盈余的索取者和事实上自给自足的财政单位。1988年以后，中国进入了中央财政快速下降的5年时期，导致了1994年的财政改革。

中央—省的税收大包干也是省—市、市—县、县—乡财政包干等省级以下财政关系的模板。20世纪80年代，市场开始在基层政府扮演越来越重要的角色，随着包干关系渗透到基层政府，它们变得越来越非正式和松散，允许更多的即兴创新。这就为所谓的预算外收入提供了诱因。这种预算外收入的最重要来源，是在乡镇企业蓬勃发展的10年里，从它们的利润中获得的非税收款项和按照包干制的利润分成。在这种激励机制下，地方的企业化成为常态，因为乡镇政府通过乡镇企业，以投资来促进和支持农村的工业化。同时，地方的财政安排也确保了地方政府可以通过工厂管理、资源配置、官僚服务、投资信贷等制度渠道对乡镇企业进行全面控制。[9]因此，20世纪80年代的许多基层经济都符合国家微观市场的形象，因为地方的企业型政府调动了地方经济的市场力量，同时控制了它们获得关键生产要素的途径。这也许是20世纪80年代改革最重要的结果。

如果说财政改革主要是中央—地方分权，那么改革初期的金融体制则是有限的金融—财政分离和财政放权。在计划体制下，金融体制被完全纳入财政体制，中国人民银行只是财政部的一个会计办公室，负责货币调动和现金流管理。金融改革旨在从这种财政—金融纽带中剥离出一个独立的国有金融体系。20世纪70年代末，情况开始发生变化。1979年，中国人民银行从制度上与财政部分离，成为一家国家级的国有银行，在各行政层级上设有地方分行，一直下设到县级。在接下来的4年里，四大国有商业银行组建起来，即中国农业银行、中国银行、中国建设银行和中国工商银行，为农业、贸易和基础设施领域提供贷款与信贷服务。直到1984年中国工商银行成立之前，中国人民银行的地方分行一直是城市信贷和银行服务的主要提供者。[10] 20世纪90年代初，中国人民银行依然是主要的信贷提供者，直到它被指定为中国的央行，负责宏观经济政策为止；各大商业银行和政策性银行随后接管了其所有的金融中介职能。

20世纪80年代的财政和金融改革都是以牺牲中央的直接控制为代价，使地方政府获得了权力和活力。由于财政放权，地方政府非常积极地去扩大自己的财政基础，其代价是削弱了中央的财政基础，特别是从1988年财政包干制改革最终确定以来。在与主要的国有银行和中国人民银行地方分行的关系上，地方政府也变得更有干涉性和更加激进。直到20世纪90年代中期中央最后一次重新集权之前，对税基和利润来源的无情争夺，导致地方政府采取各种形式的强力型地方保护主义来相互对立。[11] 由此造成的经济混乱将对未来的改革产生直接的影响。

1994年的财政和金融改革

与20世纪80年代相比，今天中国正式的财政和金融体制覆盖面明显更大、权力更集中，配套机制也更好，在地方和基层都有正式与非正式的网络。当代的这种财政和金融体制可以追溯到1994年。它与它的设计者、时任国务院副总理朱镕基，以及在他支持下的一个技术官僚团队和经济学家团队密不可分。作为经济改革的坚定推动者，朱镕基既坚定地追求基于市场的经济效率，又坚定地主张建立一个强大的中央政府，拥有强大的宏观经济调控能力。[12] 1992 年，当朱镕基第一次以副总理的身份执掌改革工作小组时，中国经济正处于水深火热之中。在地方政府投资热潮的推动下，当时的通货膨胀率达到了两位数，而与此同时，中央财政能力的削弱又加剧了通货膨胀。此外，严峻的预算和经常账户赤字威胁到了中央政府的财政健康。这一机制的核心是地方经济行为者之间的恶性竞争。经济控制权的下放和大包干制度所固有的财政与金融激励，导致地方政府为争夺重要的可销售资源和生产力而相互争斗，但由此产生的混乱也促进了事实上的市场化，并将全国的价格水平推到一个新的均衡。[13]

正如在第五章中所述，中国当代市场体制是在 20 世纪 90 年代中期的改革中建立起来的。改革派领导人提出的五花八门的改革举措，决定了近 20 年来的总体改革议程。1994 年 1 月，中央政府同时针对经济的不同领域实施了多项改革。汇率改革标志着汇率双轨制的结束，取而代之的是有管理的浮动汇率制度，允许人民币有小幅度的浮动。原本事实上与美元挂钩的汇率，从 1994 年起将保持标准汇率，并一直延续到 2005 年 7 月的重大汇率改革之前。外汇制度还要求绝大多数中国企业将其外汇收入出售给指定的外汇银行；因此，外汇储备的会计和管理职能被集中到国家银行体系。直到 2003 年，随着中国人民银行开始允许企业和个人在有管理的外汇市场进行外汇交易，这一强制结算制度才有所放松。[14]

随着外汇改革巩固了中央对外汇储备的控制，国际贸易体系的管理被国家统一起来，置于国家海关总署的垂直管理之下。随着中国于 2001 年 12 月全面加入世界贸易组织，分散在各地的贸易体系最终被重新集中，中央政府被授权启动其关税和贸易政策调整的宏大项目。外贸改革和长达 10 年的人民币与美元挂钩的制度，为国内最重要的财政和金融改革创造了有利条件。

1994年开始、1995年结束的国家银行体制改革，标志着向中央管理的金融体制迈出了决定性的一步。1994年，三家政策性银行，即国家开发银行、中国进出口银行和中国农业发展银行成立，它们从主要的国有商业银行手中接管了政策性贷款业务，从而将银行系统分成了两个功能区隔的子系统。另一项并行的金融改革是中央银行改革。朱镕基对此非常重视，他以中国人民银行行长的身份（1993年6月至1995年6月）亲自监督了整个改革进程。在朱镕基的两年任期即将结束时，中国人民银行被确认为中央银行，主要负责货币政策，或者说是宏观经济管理。到1995年，中央政府已经接管了金融系统的控制权。

最重要的是，1994年1月开始实行分税制，以取代中央和省级政府之间旧的可协商的大包干制度。在大包干制度中，中央政府和地方政府根据经济活动的性质，根据具体税种确定各自的收入，并从国家特定的税收中提取各自分享的部分。但大包干制度也引入了重大的变化。可协商的包干制被废除了，取而代之的是制度化的税收分享。自1994年以来，中央和地方税收由国税与地税这两个分离且相互独立的官僚机构进行管理。新税制还对税收结构和税种进行了重大改革。以生产增值税、企业所得税、营业税为主体的新税制最终取代了旧的国有企业"税利合一"的税收制度，成为基本税种，并且以增值税为主要税基。为了提高中央的财政能力，75%的增值税进入了中央国库。在新税制下，更高级别的行政单位享有更制度化、更稳定和更高质量的税基，而较低级别的地方政府则面临税基缩水和不安全的问题。[15]改革的直接结果是逆转了20世纪80年代和90年代初期的财政收入状况。中央财政收入占财政总收入的比重，由1993年的20%多一点上升到21世纪初的50%以上。1994—2012年，至少50%的地方税收进入了中央国库（见图7.1）。

1994年的这个改革年，的确是发生重大变化的一年。在接下来的几年里，中国几十年来第一次逐渐地形成了一个运作良好的宏观经济管理结构，中央银行、财政部和中央计划机构负责货币、财政和产业投资

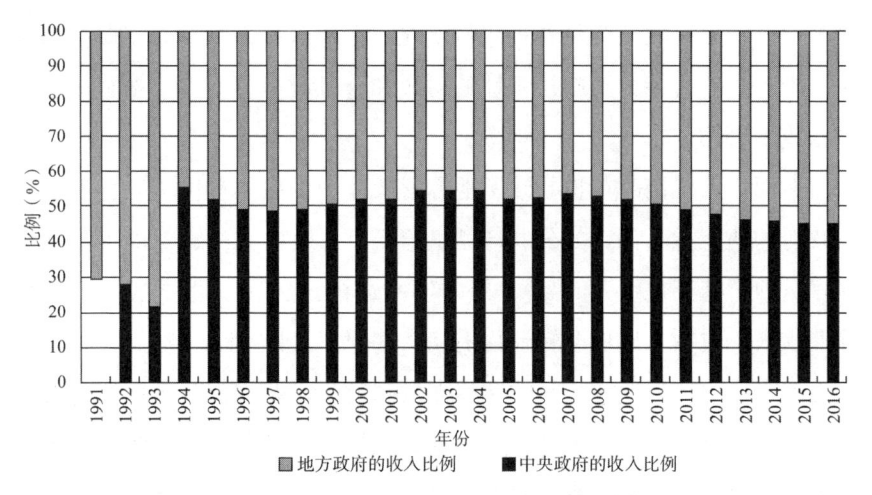

图 7.1　1991—2006 年中央政府和地方政府的收入比例

资料来源：作者根据国家统计局资料绘制而成。

政策。朱镕基政府时期，政府在 1994 年后的大部分政策调整，都是 1994 年改革的延续。但是后来的发展，特别是 1997—1998 年的亚洲金融危机，极大地改变了朱镕基执政后期改革政策的方向。

打造一个新的宏观经济结构

20 世纪 90 年代末和 21 世纪初的中国金融与财政改革，是在 1994 年改革成就的基础上进行的。1994 年，财政改革逐步建立起了可行的中央—地方财政平衡，以应对形势的变化。通过金融改革，中央政府逐步构建起一套行之有效的现代宏观经济管理体制。投资和计划体制改革的高潮是新成立的国家发展和计划委员会，这标志着以国家计划委员会为代表的中央计划体制在制度层面的结束。[16]

在财政改革领域，1994 年的分税制改革和后续措施带来了两个重要的制度后果。中央财政能力的迅速增强，为中央政府提供了有效的财政政策工具。新获得的财政能力很快在财政政策方面发挥了作用，使中央政府能够更有效地应付各种危机状况。在地区性需求严重下降的情况下，中央政府有能力实施扩张性的财政和金融政策，而不会造成太大的紧张或不平衡。

然而，分税制改革也导致了地方财政能力的根本性削弱，并导致地方政府的功能性失调，如公共产品供给不足，政府机构、党的干部和政府官员的"掠夺之手"，等等。经常不平衡的地方预算也造成了各种预算外收入，包括从出售或转让国有资产的收入到各项杂费。作为回应，中央政府将中央与地方之间的转移支付制度化，并将部分杂费转为有保障的税基。[17]从20世纪90年代末开始，与国有土地相关的新收入来源被创造出来，并转移到地方的国库，以缓解地方财政赤字。然而，这些方面的努力并没有取得明显的成功。

与财政改革一样，金融改革基本上遵循中央—地方关系的逻辑。自1994—1995年的中央银行体制改革以来，中央银行的主要任务是建立一个可行的货币政策制度。在这方面，中国人民银行的地方分行必须进行重组，以使其免受地方政府行政权力的影响。1998年，通过关闭大多数地方分行和创建9个区域性分行，这一目标得以实现，每个分行都像美国的地区联邦储备银行那样，覆盖多个省份。自成立以来，中国人民银行作为货币政策管理机构的角色已被证明相当有效。

在整个20世纪90年代，国有银行的关键问题是解决低效的国有企业重组和破产中产生的大量不良贷款。这些潜在的致命遗产阻止了银行发挥重要市场参与者的作用。朱镕基及其继任者温家宝用了将近10年的时间才完成这项艰巨的任务，处理的方式部分是通过直接用外汇储备填补财政资金，部分是通过向四家国有金融资产管理公司转移不良资产。与此同时，国有银行也进行了内部改革，以实现服务多样化和治理现代化，为其中最大的国有银行转型为在国内外股市上市的大型金融机构做最后的准备。[18]

最后，在1998年，中国还着手改革旧的中央计划体制的最后一类制度标志——负责各个工业部门的部委和两个主要的计划机构，即国家计划委员会（国家计委）和国家经济贸易委员会（国家经贸委）。当负责各工业部门的部委被废除或被企业化转变为央企时，计划机构却在改革中幸存下来，成为新的制内市场体制中新的治理上层建筑的重要组成部分。原来的国家计委变成了国家发展计划委员会，在"管理下的浮动"和批准长期投资等制度下，负责控制关键商品的价格。国家经贸委的两个继任者（国务院国有资产监督管理委员会和扩大后的商务部）在对整体宏观经济的管理以及对战略性国企和贸易部门的监督中，继续发挥综合性作用。但对这两个机构来说，控制的目标和范围都缩小了很多，仅限于少数战略性商品、长期投资项目和关键的工业部门。[19]换句话说，这些新机构现在位于做出大多数经济决策的市场行为者和企业构成的等级制的上方。

总之，1994年的金融、财政和计划体制改革，为中国的宏观经济管理奠定了制度基础。1998年，再集权的金融和财政体制成功地应对了宏观经济管理的第一个重大挑战，即帮助中国渡过了亚洲金融危机。[20]通过这些新成立的强大机构，中央政府能够制定全国性的货币、财政和投资政策，并直接控制经济，同时把经济增长和金融创新的工作交给地方政府。

新制度的后果

"九四体制"旨在建立一个中央集权、财政强大的国家和有效的市场经济。用当时两位学者的话来说，它试图缔造出"强大的国家能力，从而更好地为经济服务，巩固政府的权威"。[21]事实上，如果力量和效率用纯粹的数字来衡量的话，那么这两个目标都已经成功实现了。分税制改革后的第一个十年，中国经济实现了两位数的增长，而税收收入的增长也丝毫不逊色，与GDP的增长同步，甚至超过了GDP的增长，而中央国库所占的份额超过了所有省份和地方政府的总和。[22]正如我们刚才所描述的，中国宏观经济管理的结构似乎是完整的，它拥有一个强大的中央管理体制，与现代西方的标准没有什么不同。

"九四体制"的另一个意料之中的结果是，大型国有银行在新近整合的国家主导的金融部门中崛起，类似于金融领域改革后的央企。中国主要的国有银行和国有证券公司构成了国家主导的金融部门的主体，它们的行为方式与央企类似。它们也处于中间地带，因为它们在某些领域享有国家批准的垄断或寡头垄断特权。在这种受到规制的垄断或寡头垄断结构下，中国国有银行一直能够维持较大的利差，平均在2%以上，有时甚至高达3%。2011年，这种利差占到了中国五大国有商业银行净利润的75%。另一个不太明显但同样重要的新收入来源，是银行新发现的跨越两个市场的特权，这两个市场是传统的间接融资市场和新兴的直接融资市场。大型国有银行在相对开放地进入更具竞争力的金融市场的同时，还可以比较公开地获得大量且不断增长的国民储蓄。在经济增长的高峰时期，新兴金融市场为越来越多的高收益和高风险项目提供资金，有时也通过地下钱庄的私人贷款市场，为高风险的私人项目提供资金。

可以说，"九四体制"最重要的意外结果是地方政府的企业化。中国地方政府在承担风险能力、有效资产和债务、经济经营规模等方面，都表现得像大企业。[23]虽然以前在农村集体所有制企业的发展中，这种现象曾被低层级的政府注意到，但直到分税制改革后，它才成为一种主导趋势。由于分税制改革将大部分主要税收分配给了中央政府，且中央集权的制度要求高政绩（如经济发展），所以地方领导人一直在寻找预算外的资金来源，以推动地方经济的发展。通过1998年开始的土地拍卖制度进行的土地出让，以及10多项基于当地房地产的税收，为地方政府与开发商、银行家和其他企业家进行交换提供了一个理想的平台。根据土地的经济价值，城市土地的使用权被出让给房地产开发商。房地产开发商转而将这些出让的价值计入房地产的最终价格。2000—2012年，这一地方财政收入来源稳步上升，成为地方财政收入的首要来源，在许

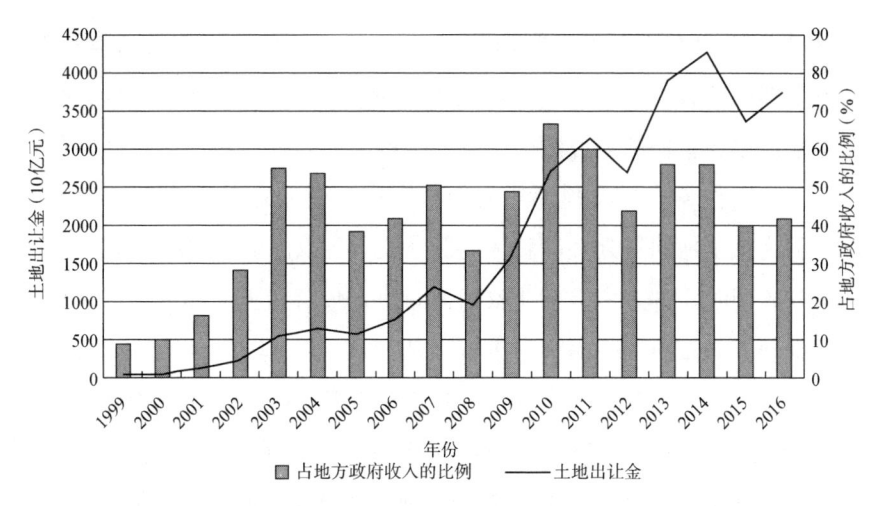

图 7.2　1999—2016 年土地出让金及其占地方政府收入的比例

资料来源：作者根据《中国国土资源年鉴》（1999—2013 年）、财政部和国家统计局官方数据绘制而成。

多年份里占地方政府收入的 50%，最近才开始下降到更合理的水平（图 7.2）。在地方政府的财政驱使下，中央政府的默许和外资流入的推动下，自 1998 年以来，土地和房地产的增值都超过了 GDP 的增长。[24]

除了将土地出让作为财政收入的直接来源外，由于金融集权使国有银行摆脱了地方的政治影响，地方政府还开始将国有城市土地作为抵押，通过一个被称为地方政府融资平台的专门平台来获得银行贷款。与通过土地使用权招标制度将土地直接出售不同，这些融资平台通过国有银行贷款，将地方政府的土地储备转化为现金流。到 2010 年底，地方政府融资平台的数量已从原本几乎可以忽略不计增至约 1 万家。[25] 通过这些融资工具筹集的资金连同土地出让金一起，再投资于发展各种基础设施，从而提高了未来的土地价格。因此，整个以土地为基础的发展周期可以持续到整个工业化和城市化进程完成为止。

地方经济增长的最终症状可以概括为 GDP 主义或 GDP 综合征。这里所谓的 "GDP 主义"，指的是对 GDP 增长的一种盲目崇拜。从改革开放初期开始，在各种社会经济指标中，增长数据和地方 GDP 增长一直是对地方政府干部的主要评价标准。[26]在 GDP 增长这一最高指令下，地方干部往往着力于吸引投资，提供各种优惠条件，如地方税收减免、零土地成本、宽松的环境法规，甚至招募廉价的劳动力。这些措施的目的，是为那些寻求更大利润的大型国有和私营企业创造有利的贸易条件，因为从土地租赁到环境破坏的额外成本可以由地方政府来承担。

与此同时，许多富有企业家精神的地方政府在土地和房地产价格飙升的推动下，做出了不明智的投资，从而在此过程中积累了巨额债务。根据审计署的一份报告，截至 2013 年 6 月底，地方政府债务总额已达 17.9 万亿元，约占 2012 年中国 GDP 的 33%。在这 17.9 万亿元中，10.9 万亿元是银行直接贷款，其余是地方政府担保或背书的债务。[27]

与第一个后果相关的另一个意想不到的后果，是地方政府全面控制下的以土地为基础的经济和房地产行业的快速发展。在过去的 20 年中，土地的变化与资源密集型发展模式下的价值创造紧密相关。这在土地使用权变化与 GDP 增长的关系中得到了证明。[28]最终，地方政府这个当地土地的实际所有者，成为这个巨大的价值创造过程的受益者。地方政府通过垄断土地市场，不断地将农地转为建设用地，从这场运动中获得了最大的财政收益。

新的激励机制给地方官员带来了巨大压力，迫使他们专注于有形基础设施、建设项目和房地产开发，以寻求正面的评价和晋升。中国大城市的天际线显示出了地方政府急于建造摩天大楼的速度。20 世纪 90 年代初，中国几乎没有多少座摩天大楼，就连上海著名的浦东天际线上也只有几座高楼，大多是矮层建筑，甚至还有农民的平房。截至 2017 年，中国 300 米以上的高层建筑有 59 座，200 米以上的高层建筑有 586 座，占世界高层建筑总数的一半以上。[29]在这些摩天大楼及其相关设施的背后，是一系列蓬勃发展的经济活动，从土地开发和拆迁，到钢铁、水泥、重型车辆和各种电子电气设备的电力供应和生产制造。

土地的货币化和房地产的兴起，代表了中国社会财富和权力的重新分配。从某种意义上说，就其范围和速度而言，这一相对较近的运动在人类历史上是独一无二的。总的来说，它重新分配了收入，从流动人口到当地居民，从适婚年龄的年轻人到有房的老年人，从房地产到金融部门。中国大城市中背负沉重抵押贷款的年轻中产阶级家庭，注定要承受沉重的经济负担，而工薪阶层家庭则由于高昂的房价，被禁止进入市场。例如，在北京，大学毕业生的平均工资为 5000—7000 元，农民工为 3000—4000 元，2012 年底平均房价约为每平方米 3 万元。自房价"大跃进"以来，住房成为城镇居民对社会不满的主要来源。[30]

新的财政制度也意味着，地方政府将没有足够的资源来为公共卫生、公共教育、全民养老金计划和综合公共住房体系等社会基础设施提供资金。这并不意味着社会政策的缺位，但肯定会存在地方经济发展与社会政策之间的不平衡，特别是对农村和流动人口而言。在毛泽东时代，城市和农村居民至少有一些基本的医疗保险，几乎免费的公共教育和得到补贴的住房。在 1994 年的体制下，所有的福利计划都被认为是财政负担而被市场化，从而为经济发展腾出空间。在胡锦涛时代（2002—2012 年），中央政府试图在"和谐社会"和民生的新理念下重建这些新制度，但成效有限，特别是与中国的东亚邻国相比。[31]由于地方政府已经高度企业化，提供福利被认为是一种成本和财政负担，而非经济增长的投资。在地方政府层面，福利支出只占地方政府支出很小的比重。

由于公共部门的雇员，特别是地方政府的雇员，可以不受中国低水平福利计划的实质性影响，如在医疗保健、基本养老金和公共住房方面，因为他们享有各种特权，例如，公务员较高的养老金和公共部门为自己的雇员建造的廉价住房，这就更加剧了在提供福利问题上的激励缺失。[32]结果，与经济改革和金融改革形成鲜明对比的是，地方一级的社会改革永远缺乏动力。我们将在下面讨论，每当经济发展和公共福利提供同时出现动力的时候，它更多是出于自上而下的政治和意识形态的考虑，而较少出于代表居民利益的考虑。

1994 年后的地方金融与现金纽带

政治与金钱之间的地方政府

当代中国财政—金融体制的演变，反映了中央—地方的一个动态过程。尽管中央拥有最高的指挥权，但大多数创新举措似乎都源自当地的实践。当通过中央管理的工具来调动资源时，地方干部往往面临一种两难的境地：为实现高增长而必须采取的过头行动，往往会受到约束和风险惩罚，而被动和低增长则会导致较少的晋升机会。在单一制国家体制下，中央政府始终能够发挥从属政治的作用，集中财政和金融资源。尽管地方政府不断面临资金压力，但在中国"行为联邦制"的制度安排下，它们也有机会进行制度创新。[33] 在改革年代，地方政府在发展和制度创新方面发挥了重要作用。

地方政府可以采取两种高度自治的方式：要么是有一个强有力的地方领导人，这些领导人通常是与中央政府关系密切的省级党政领导；要么是中央政府对地方发展特别感兴趣并准许破例，例如，20 世纪 80 年代的经济特区和 90 年代的上海浦东新区。在这种情况下，地方政府可以在不损害地方社会利益的情况下，在全国范围内调动经济资源，促进地方经济的快速发展，但这往往会侵犯地方私营企业的利益。如果地方领导人没有如此强大的政治关系，但仍偏好追求增长和收入最大化，地方发展模式往往是建立在政府与地方商业利益（最常见的是房地产开发商）之间的联盟之上的。当政治逻辑主导一切时，地方政府的行为就会更加自我约束，更加符合中央政府的政策。当金钱的逻辑主导一切时，地方政府就像纯粹的企业实体，将利润置于其他一切考虑之上。由于中央和地方政府都将 GDP 增长作为国家的优先级任务，这两种逻辑一直在趋同。

在讨论不同的地方财政和金融战略模式之前，有必要先澄清一下中国背景下的地方政府的概念。在中国，地方政府广义上包括省级、市级（直辖市的区级）、县级和乡镇级四个层次。尽管中国共产党的基层支部深入农村，但是村委会名义上仍是一个由选举产生的自治委员会。同样属于地方政府的还有副省级城市，包括一些重点省份的省会城市和计划单列市。这些重点城市作为财政和经济单位，由中央直接管理，在省内享有高度的自治权。[34]在如此复杂的地方政府体制下，很难同时跟踪所有这些不同层级的行为者。可以这样说，地方层级之间的互动就像国家层级之间的互动一样：省、市级政府聚集了最好的财政资源和国家资产，而县、乡级政府则必须满足于较少的国有资源份额。而且，在等级制度中地位较低的政府，其财政状况往往也会相应恶化。内陆欠发达地区基层政府的财政状况，严重削弱了其基本职能，导致它们完全依赖于上级政府。[35]换句话说，政治逻辑更有可能在地方系统的更高层级上运作。在更低层级一直到最基层的地方系统上，经济或金钱的动机往往占据了主导地位。

一些案例可以说明地方政府的财政战略和创新。政治逻辑的最佳案例是已经倒台的薄熙来领导下的重庆模式。地方金融中的经济逻辑案例则不胜枚举，都集中在以土地为基础的经济发展模式上。我们将审视其中一些案例，以考察它们各自的融资机制。在这两类案例中，我们可以观察到地方政府与中央参与者之间的互动，这些中央参与者包括了一些中央机关、国家部委、央企、著名的地方发展融资超级银行——中国国家开发银行。虽然本着"九四体制"精神，中央实行了彻底的集权和严格的管制监督，但值得注意的是，这一集权和管制的原则遭到了拥护其他发展原则的中央行为者的破坏。如前所述，20世纪90年代中后期，财政—金融改革的要点是取消地方对国有银行地方分行的控制，将最赚钱的国有资产的收入集中到中央国库。当以土地为基础的地方财政—金融纽带形成时，地方政府融资平台就被创建出来，成为负责将此类收入用于基础设施项目的公司实体。地方政府融资平台又被称为各种投资或开发公司，实际上是地方政府根据当前和未来的土地供应，从银行和投资者那里获取资金来源的平台。从某种意义上说，地方政府融资平台的存在，通过反复将地方政府控制的国有土地转化为现金和信贷，找到了一种规避金融集权制度的方式。

在许多其他省份，以及直辖市和副省级城市，地方政府融资平台以不同但同样重要的方式在发展。河北唐山的曹妃甸项目就是一个类似的奇迹。作为一个领先的开发区，曹妃甸项目于2003年启动。但直到全球金融危机期间，由于国有银行提供了宽松的信贷，曹妃甸才开始有了更大的野心，2009—2011年，曹妃甸的年均投资额达到了1000亿元。它承诺提供一个大型的石化工业综合体、一个大型的钢铁厂、一个大型的发电站、一个世界级的港口，甚至一个生态城市。这些项目大多是央企的新生产基地。即使是在产能过剩和产业升级的预警信号即将出现的时候，投资仍然源源不断地涌入，即便不是数千亿元，也有数百亿元之多。然而，自2012年以来，该地区的融资陷入了严重的困境，因为计划中的项目既没有实现，也没有带来预期的回报。现有贷款的利息已经达到每天1000万元，很难从地方财政中收回。[36] 未来似乎只有两种可能的解决方案：要么由中央政府出面解决问题，要么是缩减项目规模。

地方现金纽带：自然资源和房地产泡沫的诅咒

"九四体制"的一个长期结构性问题，是地方政府缺乏稳定的财政来源。对大多数地方政府来说，即使有了卖地的新收入，长期的财政约束也意味着一种挑战：要在实现合理增长的同时还要达到收支平衡。然而，这个规则有一个重大的例外。在中国内陆地区的深处，一些地方政府事实上在很短的时间内就改善了它们的资产负债表。当一个地区突然获得经济和财政上的意外之财时，就会出现这种情况。最常见的意外之财就是自然资源的发现。当这种外部条件的意外转变突然提供了一个额外的收入来源时，金钱的逻辑往往与地方增长的政治逻辑相互作用，产生一个瞬间的"奇迹"。而如果没有来自上面的强大政治支持，这些奇迹往往会迅速消失。

鄂尔多斯是位于内蒙古中部的地级市，位处黄河"几"字湾上。几十年来，这里一直是内蒙古最贫困的地区，也是中国最贫困的城市之一。但 1998—2012 年，鄂尔多斯的地方生产总值从 100 亿元增长到 3700 亿元，年均增长 29% 以上。与此同时，当地财政收入一直在以年均 40% 的速度增长。[37]

鄂尔多斯成功的秘诀就在于它的自然资源。它有丰富的煤炭、稀土和天然气储备。几十年来，这些资源的需求相对较低，它们基本上没有得到开发。21 世纪头 10 年，随着中国经济进入快速重工业化时期，自然资源的市场价格飙升至前所未有的水平。为了适应这一变化，从 2000 年开始，中国政府在能源定价方面引入了更多的市场机制。2000—2007 年，主要国有煤矿的煤炭标准价格大幅上涨，从每吨 123 元涨至 300 元，利润率从 3% 飙升至 44%。[38]

由于鄂尔多斯广阔的草原和农田下到处都是地下煤矿，为了实现煤炭产量的最大化，鄂尔多斯政府的战略是尽快清理出土地用于采矿。这一战略广受欢迎，尤其是受到当地居民的欢迎，因为它以巨额补偿的形式为牧民和农民带来了几乎是瞬间的财富。此外，通过取得开采权，还可以创造更大的财富机会。这进而促成了矿业投资的巨大浪潮。

尽管鄂尔多斯和中国的许多经济奇迹一样，严重依赖于对自然资源的投资，但由于 2004—2012 年壮观的房地产热潮，它变得更加出名了。房地产的繁荣首先是由住房的实际需求引发的，因为来自煤炭地区的牧民和农民重新定居，需要到城市寻找住房。但它很快发展成为最繁荣的行业，鄂尔多斯房地产的价格在内蒙古地区名列前茅。此外，投机的房地产市场鼓励了所有当地居民的参与。据估计，光是 2010 年一年，鄂尔多斯人均房地产销量就达到 15 平方米。[39]

许多地方政府因为缺乏资金而难以进行房地产开发，而鄂尔多斯还有房地产开发的其他激励措施。2008年，顶尖的全国性理论月刊《求是》杂志，将鄂尔多斯作为西部大开发和"科学发展观"的典范。"科学发展观"是胡锦涛时代领导层的政策目标。[40]作为欠发达地区经济成功的首要范例，鄂尔多斯政府除了一心一意追求增长外别无选择。在政府和地方私人资本的支持下，房地产开发似乎最能实现这一目标，因为在投资驱动的增长模式中，没有什么比房地产开发更能带来如此立竿见影的回报了。在超高速增长的年代，中央政府、地方政府和居民之间出现了罕见的增长大联盟。此外，10年的快速经济增长进一步增强了地方领导层的信心。在鄂尔多斯领导层试图继续这种增长模式的过程中，风险是巨大的。

2004年，随着煤矿税收的增加，当地政府决定在老城区的郊区投资一个新区。这个新计划很快就发展成了一个能容纳100多万人口的全面开放的新城市。其综合影响是住房供给过剩和房地产泡沫。2010年，《纽约时报》对"鬼城"康巴什新区的报道引起了全世界的关注。[41]最终，市场力量对摇摇欲坠的房地产行业施加了最后的打击。2011年末，房地产市场开始停滞；2013年初，平均房价下跌了70%，每平方米从1万元降至3000元。[42]

一个可以与鄂尔多斯类比的案例是陕西省神木县。虽然这个案例的规模小得多，但所谓的经济奇迹的本质是一样的。神木县位于内陆省份陕西的西北角，它是创造经济奇迹的有力候选地区。和鄂尔多斯一样，神木县也是一个贫困地区。直到20世纪90年代末，神木县的社会经济发展都远远落后于国家和陕西省内的标准。自21世纪初的能源价格改革以来，这一切都发生了变化，当时，神木500亿吨的煤炭储量突然成为该县经济迄今为止最大的资产。从那以后，这种天赐之财的根本变化，导致当地居民的经济命运和当地政府的财政命运发生了巨大变化。2011年是神木县财富的巅峰时期，这个陕西省内落后小地方的经济发展和政府收入都以17%的速度增长，与此同时，全县约有2000人的净资产超过1亿元。[43]与鄂尔多斯的案例类似，当地政府利用新获得的财富资助了一系列经济和社会项目，包括全县范围内的免费医疗、免费教育，以及为老年人和残疾人提供全面的国家保障。同样，神木县的经历也成为国家媒体中科学发展和民生项目的象征。[44]

然而，神木县后来发生的事情与鄂尔多斯发生的事情惊人地相似。在迅速的财富原始积累之后，全县掀起了一股地下高利贷和房地产投资的热潮。来自煤矿的现金流成为一场大规模房地产投资热潮的引擎，将这个省内落后地区的房价推到了前所未有的高度。与此同时，在煤矿、高利贷和房地产泡沫之外，现金充裕的地方政府无法为地区经济制订任何发展计划。2012年，煤炭价格在经历了10年的持续增长后出现大幅下跌，房地产泡沫瞬间破灭，当地经济陷入了困境。[45]

重庆的奇迹依赖于高层精英的政治网络，而神木县等地方奇迹则建立在私人网络基础之上。这些网络的中心人物人脉广泛，但有时却并不知名。一个很能说明问题的案例是一位名叫龚爱爱的神木女子。在她的故事被曝光后，她被愤世嫉俗的网友们称为"房姐"。龚爱爱出身于一个农民家庭，高中毕业后就在当地一家国有信用联社（神木县农商行的前身）的大柳塔分社从事基层信贷员的工作。作为一名低级别的信贷员，龚爱爱发展出了独特的投资才能，并对煤炭行业有了深入了解。2004年，神木县的私营煤矿进入爆炸式扩张时期，开始寻求大量的银行信贷。但由于国家监管和烦琐的官僚程序，大型国有银行的地方分行还没有准备好提供帮助。取而代之的是，龚爱爱积极吸纳当地的煤炭大亨，并迅速与各大煤矿建立起了一个金融网络。[46]

即使在她最富有、最有权力的时候，龚爱爱也只不过是神木农村商业银行的副行长。神木农村商业银行是一家当地的股份制银行，在神木地下金融最繁荣的时候成立。但考虑到她持有该银行11%的股份（以及可能还有其他从事非法高利贷的信贷公司），她无疑是镇上最富有的女人。除了信贷业务，龚爱爱还控制了陕西榆林的几座重点煤矿，并获得了很大一部分利润。[47]通过煤矿开采和私人信贷业务，龚爱爱每年可以获得数百万元的红利，并在短时间内积累了巨额财富。凭借新获得的现金，龚爱爱在中国各地购买了300多套房产，其中包括北京的41套豪华公寓，总面积接近1万平方米，这些都是依靠伪造的身份证件进行的。[48]当她拥有这些北京公寓的消息被曝光后，她的财富故事引起了全国的强烈抗议，尤其是在年轻的中产阶级网民中，因为他们甚至连首都郊区的一套破旧公寓都买不起。但是，即使被媒体曝光，龚爱爱仍然设法避开了法律调查，这当然要归功于当地某种程度的保护。然而，这种保护被证明是有限的，因为媒体的曝光已经达到了全国性层面。2013年9月，龚爱爱被控伪造身份证件，被判处三年有期徒刑。这一判决引发了公众对龚爱爱真实身份和权力的猜测，因为法院认定她只是一名合同工，而不是正式的公务员。[49]后来，《瞭望东方周刊》的一篇报道又给这个故事增加了一个戏剧性的转折。原来，龚爱爱也是神木奇迹的受害者：当非法集资者张孝昌从龚爱爱那里拿到了1.2亿元贷款后破产逃离时，她曾企图自杀。当愤怒的储户无法起诉龚爱爱时，他们就把她在北京拥有的公寓和伪造的身份证曝光给了大众媒体。[50]

龚爱爱的故事很有启发性，因为它清晰地勾勒出了地方经济在企业化和网络化模式下运作的机制。这个问题围绕着她设法与当地银行、煤矿、当地社会和地方政府官僚之间的现金纽带展开，尽管她不是当地的高级官员。与政治逻辑不同，经济逻辑要求地方政府顺从各种地方经济力量并与它们开展合作，这些经济力量可能比政府行为者更具冒进的投机性和机会主义。虽然龚爱爱在这场现金游戏中并不是政府的代理人，但她的身份和信用仍然深深根植于当地政府的金融体系中。在神木、鄂尔多斯和许多其他富裕的地方，这样的人物可能有成千上万，他们有必要的关系和能力把自己放置在当地金融纽带的节点上。

由于自然资源丰富，鄂尔多斯和神木都从中央政府那里获得了一定程度的经济自主权。这两个地方都曾一度被视为经济发展的典范。确实，这些地方不仅在经济增长方面，而且在提供公共服务方面都取得了巨大的飞跃，这与创建"和谐社会"的目标是一致的，正如《半月谈》和《求是》等顶级党刊的观点所证明的那样。但在这两个案例中，短暂的经济奇迹都以灾难性的房地产泡沫告终。

就像曹妃甸的项目一样，鄂尔多斯和神木也是地方财政—金融动员增长游戏的一部分。虽然像鄂尔多斯和神木这样幸运的地方缺乏类似重庆和曹妃甸这样的政治资源，但它们仍然可以在社会和经济发展的旗帜下调动自然资源。然而，对于大多数中国地方政府来说，这样的选择是不可行的。剩下的唯一选择就是谨慎地利用现有的丰富资源——主要是城市和城郊的土地，还有文化遗产、低廉的环境成本、廉价劳动力、旅游胜地，甚至是人的身体。[51] 简言之，GDP 主义有着不同的形式，存在于不同的层级。虽然在此过程中涉及市场机制，特别是金融机构，但它们是动员机制，而不是资源优化机制。

地方支持的地下钱庄和融资平台

正如中央政府对银行、证券和外汇的控制所证明的那样，20 世纪 90 年代中国金融改革的理论依据是集权和整合。这给地方和基层留下了很少的正式渠道。但正规的金融体系从来就不能满足社会对高收益投资渠道的需求。自全球金融危机以来，为了满足这种需求，大量私人金融机构如雨后春笋般涌现，它们从私人投资者那里筹集资金，并将这些资金投入高收益、高风险的短期投资。它们被统称为"地下钱庄"，与地方政府和正规金融体系之间往往存在着复杂的关系。此处，我们只讨论其中最流行的一种地下钱庄——基于互联网的 P2P 借贷平台，因为它们代表了地下钱庄的新趋势。

地下钱庄在中国的发展是为了满足私人投资者和资金不足的中小型私营企业家对高收益投资的结构性需求。2007 年，传统的贷款机构开始在互联网上搭建平台。这一进程在 2010—2013 年加快了步伐,因为越来越多的线下贷款人,包括一些欺诈性的和不合格的机构开始建立在线平台,导致 2013 年的风险激增和大批投资者遭受损失。[52] 2014 年,政府开始规范 P2P 行业。2015 年,当中央政府开始打击此类危险的金融方案时,司法系统查明了 3000 起案件,涉及 1500 亿元的私人投资。在这些案件中,e 租宝、卓达、泛亚事件因其对金融市场的巨大影响而被称为"地震"。[53] 它们之所以具有破坏性,是因为地方政府或国有银行参与其中,或者是因为它们的规模和影响力改变了这些工具的性质与重要性。换句话说,这些案件越过了自我规制的地下钱庄的边界,进入了国家—社会关系的危险中间地带。

泛亚事件表明了地下钱庄与政治经济的纠缠关系。泛亚有色金属交易所于 2011 年在云南昆明成立,是一个以互联网为基础的金属交易平台,主要经营铟、钴、钨等稀有金属。作为中国经济落后的西南地区的首个此类交易所,该交易所受到了大力宣传和官方支持,云南省和昆明市政府都将其视为一个重要的初创企业和潜在的税基。昆明市政府甚至成立了一个由当地财政和其他部门负责人组成的委员会来监督泛亚有色金属交易所。[54] 2013 年,泛亚与淘宝、百度等互联网巨头共同成为国家统计局"大数据战略合作框架协议"的 11 个签约方之一,它在有色金属交易数据领域具有公认的领先优势。[55] 在政府支持和背书的鼓动下,泛亚管理层声称控制了世界上 95% 的铟库存。铟是一种用于摄影液晶显示屏的需求小却不可或缺的原料。根据其声称的储备量,泛亚发行了一种名为"日金宝"的金融产品,承诺年化收益率为 13.68%。与其他类似项目不同,泛亚的卖点在于模糊了"国家"的概念,而带有明显的地方政府支持,这似乎在一定程度上为某些城市居民群体提供了对 P2P 投资风险的信心,这些居民投入了毕生积蓄,希望获得高额而稳定的收益。截至 2015 年初,泛亚平台已从来自全国 20 个省份的 22 万多名投资者那里筹集了约 400 亿元。[56]

泛亚声称垄断了铟的供应，结果证明毫无根据。但它确实创造了一个精明的商业模式。它以比公开市场高出25%—30%的价格买入铟，向卖方支付80%作为贷款，并保留20%作为保证金。与此同时，它从数百万名小投资者那里筹集资金，承诺的年化利率为13.68%。泛亚从13.5%的实付年化利率和20%的保证金之间的差额中获利。[57]铟的供应商则赚取了泛亚采购价格与市场价格之间的差额。泛亚并没有充当有色金属交易所的角色，而是将铟作为一种非流动性资产囤积起来，由于铟的收购价格总是过高，该公司从未将其卖回市场。泛亚的生存取决于铟的市场价格每年增长至少20%的预期。[58]因此，泛亚模式相当于一个庞氏骗局。投资者用现金换取流动性差的稀有金属库存，并假定它的价格会永远上涨。但2015年铟的价格暴跌，在中国和世界市场上从每千克700—800美元暴跌至300—400美元。[59]泛亚平台的地基轰然倒塌。

泛亚骗局方案得以成功的一个关键因素是地方政府的监管失灵。当投资者得知他们的储蓄可能会遭受损失时，他们动员起来反对泛亚管理层和昆明当地警方。但后者最初拒绝调查，理由是"上面"指示称，任何调查都会导致泛亚的破产。当地政府似乎早在这个方案失败之前就知道了它的性质。尽管昆明的金融监管机构在2011年出台了一项拼凑起来的监管草案，但在2012年就停止了对泛亚有色金属交易所的监督和监管，无视国务院及国务院办公厅先后发布的《国务院关于清理整顿各类交易场所　切实防范金融风险的决定》（国发〔2011〕38号）和《国务院办公厅关于清理整顿各类交易场所的实施意见》（国办发〔2012〕37号）对各类交易场所进行清理整顿、对所有潜在欺诈行为进行紧急调查的要求。自2013年11月起，云南省清整办组织云南省金融办、云南省证监局、云南省银监局等领导小组成员单位和昆明市清整办，共同组成验收检查小组，对泛亚有色金属交易所进行了联合现场检查验收，但调查结果却未发现泛亚违反上述两个文件的相关规定，未发现其开展的委托受托业务违反现行相关法律法规和有关规定，尽管它明显违反了国务院文件中提到的所有"底线"。[60]在投资者的报道和呼吁被置若罔闻之后，来自全国各地的数百名投资者开始组建维权组织，并向北京的相关政府机构请愿。在一年的时间里，他们上访了国家信访局、最高人民检察院和中国证券监督管理委员会。[61]最后，一个由新任省长领导的特别小组介入并逮捕了泛亚有色金属交易所的管理层。在对云南和昆明的党政领导层进行重大改组后，由新任省委书记陈豪领导的一个新的省级领导班子在2016年开始尝试应对危机带来的后果。[62]

泛亚是中国自2008年以来基于互联网的理财产品蓬勃发展的一个特例。说它是一个特例，是因为多数理财产品隶属于地方政府，建立在非金融交易平台上。此外，它们通常是更有经验的金融行为者，在缺乏金融服务的私营部门和热心的散户投资者之间提供有意义的金融中介服务。每年都有许多庞氏骗局被曝光，但它们肯定不占理财产品的大多数。理财产品也不是传统中国私营草根银行的继承者。相反，它们通常隶属于中国的大型国有银行、国有证券公司和两家国有证券交易所，从超级富豪和普通中产阶级家庭那里吸纳资金。与泛亚不同的是，2010—2014年，理财产品的利率通常只比基准存款利率高出2%—3%。大多数理财产品不是长期产品，绝大多数产品在9个月后就到期了。[63]因此，尽管理财产品或更大范围的影子银行体系仍在传统的国有银行轨道之外运作，但如果监管得当，它们未必会对金融稳定构成重大威胁。

与土地和房地产不同，影子银行部门通常不直接涉及国家权力，但如果与地方政府纠缠在一起，它可能会变得极其危险。当聪明的金融家利用政治资本，但缺乏控制金融市场的能力时，这种情况就会发生。尽管中国的影子银行部门近年来增长惊人，但与更加金融化的发达经济体相比，规模仍然很小。[64]然而，这些理财产品的大量涌现，表明了中国社会的过度货币化和金融化，因为整个社会都被卷入了这一过程。

结语：货币在"制内市场"体制和中国社会中的媒介作用

随着中国从高度去货币化和去金融化的计划经济向高度货币化和金融化的经济转型，货币化是中国引人注目的增长和结构变化的最重要引擎之一。在中国从一个农村经济占据主导地位的经济体向世界领先工业强国转变的过程中，货币化与城市化和工业化一样，具有同样重要的意义。在今天的中国，货币已经取代意识形态、权力和组织，成为中央和地方政府之间、国家和社会之间最有效的媒介。在这一新的体制下，中央政府不仅在法律和行政上主导着地方政府，而且还在分税制下通过占增值税大部分份额的财政和金融集权来控制地方政府。在政府梯队中，干部的考核标准包括GDP增长或投资、增收能力等绩效指标，以及资质、可靠性和经验等可比性较差的标准。在国家和地方社会之间，从土地和房屋的补偿到国家暴力受害者家庭的重新安置，各种各样的问题都是通过货币而不是通过法院来解决的。

但在货币化过程中，最显著的特征或许是中国以土地和自然资源为基础的地方发展模式及其显著的动员潜力。当政治和货币紧密交织在一起时，人们自然会期待一个经济奇迹的发展过程，因为数百万元（即使不是数万亿元）的投资将在短期内改变当地的面貌。地方政治和国家资金的这种联盟，是建立在城市土地事实上的地方所有权和发展至上主义之下国有银行信贷垄断的协作之上的。但是，当地方政府试图最大限度地增加其收入时，有时又不得不篡夺这一权利，从而与地方社区发生冲突。著名的"乌坎事件"就是如此，广东沿海的乌坎村村民罢免了该村的村支书，并通过投票选举出了他们自己的村民临时委员会，这一事件是由集体土地售卖和基层党政官员（即村支书及其亲信）的受贿引发的。[65]

在1994年的财政—金融改革后，中国社会的货币化催生了中央政府和地方市场之间的一大批中间地带的行为者。地方政府以其不同的企业化形式，组成了一个强大而自主的行为者群体，与央企等量齐观。由于它们的可变收入中有很大一部分来自土地，因此它们是高房价的既得利益群体。与地方政府关系密切的是房地产开发商及一系列与房地产建设和销售相关的下游行业。由于房地产开发商和政府官员有着根深蒂固的共同利益，他们往往会发展长期的隐性合作关系。除了开发商缴纳的土地出让金和各种税收外，房地产开发也为政府官员的腐败和寻租提供了很大的空间，金钱成为企业化的地方政府官僚机构和房地产行业之间最有效的润滑剂。由于房地产开发涉及一系列官僚机构，从土地供应方、城市规划者到市政府，地方官僚机构的几乎所有层级都存在较高的腐败风险。[66] 从结构上看，政府底层的一部分已经蜕变为一个以国家和普通民众利益为代价的自利网络。

从中央政府到地方政府，从房地产开发商到居民，从地下钱庄从业者到国有超级银行家，当代中国的货币运行体系是一个多层次、复杂的结构，包含了许多参与者。从国家不再完全控制货币供应的意义上讲，中国似乎与过去的毛泽东时代有了重大改变。与旧的体制相比，目前中国的财政和货币体制呈现出典型的转型经济形态，同时也还存在一些奇特之处。中国积累的巨额经常账户盈余和美元储备，进一步让人相信这种表面上的常态。但当今国家财经体制与旧的"物资本位"的连续性也很能说明问题：改革后的国家不再对要素和大宗商品进行控制，而是从对大宗商品的控制中退出，却保留甚至加强了对土地、基础设施、自然资源和信贷等关键生产要素的控制。[67]

过去，一个单一的、庞大的计划体制控制着所有的生产要素和商品，而今天，中央政府将生产要素的控制委托给了三个主要的代理人：把城市土地委托给地方政府；把战略性基础设施和自然资源委托给央企；把大部分信贷功能委托给国有大银行。中央政府把控制信贷扩张和通货膨胀放在首位，但在这种新的机构结构下，要做到这一点，难度要大得多，因为这三个指挥机构都有通过强有力的市场干预来扩大信贷和货币供应的动机。但正如神木等地方案例所表明的那样，大规模信贷动员和财富创造背后的真正驱动者，往往是在这一过程中拥有政治和经济利益的强大行为者。最后，这种三方结构允许地方和中央的政府机构创造信贷。中国经历了以银行、央企和地方政府为首的投资热潮，随后在2009年全球金融危机后的4万亿元投资热潮之后，又经历了一段高通胀时期。扩张性政策的规模远远超过财政刺激，因为中国的银行放松了闸门，提供了宽松的信贷，其中很大一部分流入地方政府融资平台，将地方债务推至极高的水平。2009—2014年，地方政府债务—收入比由200%提高到300%以上；只是由于中央政府的财政转移支付和中央管理的资金大幅提高了地方预算，才使实际债务—收入比保持在150%以下。[68]

中国地方金融和经济发展严重依赖于土地与自然资源的金融动员。因此，当代的地方现金纽带是毛泽东时代动员体制的延伸，它带来了快速工业化的强大承诺以及对社会的破坏性威胁。正如一位研究人员所指出的那样，这种以土地和自然资源为中心的地方发展模式，导致了对社会生产性产品的投资不足，如技术创新、公共教育和医疗保健，以及对廉价劳动力、低环境标准和高能耗的过度依赖。[69]换言之，地方发展模式是一种动员模式，它只能通过不断增加资源的调动来维持。从某种程度上说，现行体制与毛泽东时代的旧动员体制相似，只是原有的意识形态和组织形式被金钱与金融组织所取代。重庆、鄂尔多斯和神木都是这种大规模动员的典型案例。这种模式是否会继续下去，还有待观察。[70]如果这种模式无限期延续下去，当土地和自然资源枯竭时，中国经济将面临重大危机的风险。

第八章
国有资本：央企和经济主导

按照所有制进行正式划分的话，当代中国规模以上的企业可以分为国有企业和非国有企业。20世纪80年代，集体企业，尤其是乡镇企业占据了大多数。后来，外商投资企业（外资企业）和港澳台企业成为其他主要的非国有企业。许多外资企业与国有企业组建了合资企业，因此保留了国有企业的重要成分。在国有企业中，企业还可以进一步划分为中央政府管理的国有企业（央企）和省、市各级地方政府管理的国有企业。本章将主要讨论央企。

本章的目的不是要描述中国国企改革的过程。因为这是一个很大也很复杂的议题，超出了本研究的范围。中国国企改革的详细过程一直受到中国研究领域的密切关注，这方面的文献也越来越多。[1] 而且在前几章中，我们也概述了自1978年以来中国市场改革的基本过程。本章的任务是回答以下问题：为什么中国国有企业仍然是后改革时期政治经济的重要组成部分？为什么国企会以现在这样的方式进行组织？换句话说，我们想要找出国有企业（尤其是央企）改革背后的原因，并对改革的成果进行评估。在这些讨论的基础上，我们将对国有企业在国家对经济的整体主导中的作用提出一些看法。

正如在第二章中所论述的，在中国的政治哲学中，经济和国家不仅被视为是密不可分的，更重要的是，国家认为经济就是"经世济民"，而市场则是国家实现其经济和非经济目标的工具。在传统中国，人们期望国家通过对铁和盐等关键工业部门进行垄断来实现这些目标。值得注意的是，国家垄断并不意味着否认市场的作用。国家垄断或许不如私人所有制有效，但是国有部门和市场是可以共存的。事实上，正如第二章所论述的，国有企业往往是通过国家—私营伙伴关系或私营企业来经营的。在当代，国家在延续旧做法的同时，也对国有部门，特别是央企进行了重大改革。国有部门或许不完全是新鲜事物，但央企部门与传统的国有盐业和其他垄断企业或毛泽东时代的国有企业有很大的不同。传统上，大多数"国有企业"都是私营的，而如今央企则是由国家的官员来经营的。无需多言，现代国有部门的庞大规模是传统国有部门所不能比拟的。当代国有部门也不同于毛泽东时代。第一，大多数国有企业已经不再是毛泽东时代经济、政治、社会三位一体的实体，也不再直接承担毛泽东时代国有企业承担的各种社会服务。相反，政府让各种公办或民办的服务提供者来承担这些责任，如学校和医院。当代国有企业部分区别于国家，它们的行为更像是商业公司，而不是典型的政府机构。第二，与毛泽东时代没有全国性市场空间不同，当代的一些国有企业，特别是央企，不仅能够利用市场机制，而且还能够根据行业和产业政策，在自然市场上充当垄断、寡头或强势竞争者角色。全国性市场可能并不完美，但是它的确存在。

然而，国有企业也从其历史形态中继承了国家经济力量的地位和作用。虽然当代市场化改革的目的是从根本上转变毛泽东时代的动员经济，但这并不意味着中国的国有企业会像西方的私营企业那样在市场体制下运作。与传统中国一样，为了调动资源和主导经济，国有部门仍然是国家最重要的经济部门。国家将市场体制引入国有部门只是提高了国有部门追求经济财富的效率。对于国家来说，现在的问题不是市场是否应该存在，而是如何有效利用市场，同时通过其他手段继续维系对国有部门的主导。

在本章中，我们主要关注中国企业制度转型的两个相关过程。一方面，我们将讨论国有企业是如何区别于国家的；另一方面，我们将审视国家如何建立各种机制，并通过这些机制维系其对国有部门的主导。换句话说，我们想要探讨市场发展和政治主导之间的矛盾是如何得到处理的。探索国家对这些固有矛盾的管理或管理不善，将有助于我们看到当代政治经济体制是如何运作的，以及变革的动力是如何被创造出来的。从毛泽东时代的指令经济向很大程度上的市场经济转型，其中的一个重要过程就是中小型国有企业的民营化。这为私营企业的发展创造了条件。正如我们在第五章和第六章中所论述的那样，一些私营企业在政治上已上升到显著位置，并越来越多地为国家所包容。

本章的内容如下。第一，我们将把"家庭自留地"的经济实践概念化，并将"家庭自留地"这个毛泽东时代的经济制度与国有部门进行类比，以探讨国有部门存在的理由。第二，我们将简要考察国有企业与国家区分开来的过程，即央企的公司化过程。第三，我们将讨论国家如何建立各种机制来维系其对国有部门的主导。第四，我们将论述经济自由化和政治主导之间的矛盾以及变革的动力。

"家庭自留地"理论和国有部门

在第二章中，我们讨论了中国国有部门存在的哲学原因。在本章中，我们将进一步探讨中国政府努力建立一个强大的央企部门背后的实际政治和经济原因，以及国有部门如何在一个日益市场化的环境中繁荣起来。为此，我们首先将中国的"家庭自留地"经济实践概念化，并将家庭自留地制度与国有部门进行类比。

家庭自留地制度

家庭自留地制度是指农村集体单位（通常是生产大队或生产队）将

土地分配给其管辖下的每个家庭长期使用，且这些土地不受生产大队或生产队干预的一种土地制度。这是毛泽东时代中国特有的农村土地制度，但在中国历史上也曾出现这一制度的一些要素。[2]

1949年中华人民共和国成立后，共产党政权发动了一场大规模的全国性土地改革运动（1950—1952年），将地主拥有的土地分配给农村的个体家庭。[3]土地改革运动结束几年后，共产党政权又进一步发起了农业集体化运动，将生产大队或生产队所属的每户的土地收归集体所有。这场运动最终导致了人民公社制度的建立。

毛泽东时代集体化进程的特点，是将所有个人的需求同质化和均等化，需求不再由个人本身（内在力量）来界定，而是由权力和行为者（外在力量）来界定。这一制度的问题在于，人的本性不可能永远被外在的力量塑造成同质化和均等化，无论是物质的还是观念的。如果一个制度是强加给人民的，那么随着时间的推移，社会不满和危机就不可避免。尽管地方和中央的领导层都在努力消灭私人土地，但是个体家庭仍然对集体化运动表现出强烈的抵制。在许多地方，农民从集体中退出，回到集体化以前的制度。这些抵抗运动通常是暴力的。在这种情况下，家庭自留地制度作为一种妥协，在一些地方就被发明出来，并最终得到了共产党政权的承认。1955年11月，政府颁布了《农业生产合作社示范章程草案》，将家庭自留地制度合法化。草案规定，生产大队人均占有的农用地不得超过生产大队农用地总量的5%。政府不会对家庭自留地的产品进行征税。家庭自留地被定义为家庭副业，是农业集体化的一种补充制度，旨在吸收"剩余劳动力"和"剩余劳动时间"，以生产满足每个家庭农业需求的产品。换句话说，家庭自留地制度的目的是为了满足农业生产合作社无法满足的不同家庭的需要。对每个家庭来说，家庭自留地制度的本质是农村最低生活保障制度。农村集体所有制没有为其成员提供激励机制，生产力水平较低。农业生产合作社几乎不能生产足够的产品供其成员生存。如果没有家庭自留地制度，农业生产合作社甚至可能无以为继。

在人民公社运动期间，家庭自留地制度被认为是资本主义的残余，因此在许多地方，它都被激进的政策所废除。然而，废除家庭自留地的政策立刻对公社制度本身构成了威胁，以致在 20 世纪 60 年代以后必须恢复。20 世纪 60 年代和 70 年代，虽然国家规定了家庭自留地制度使用公社拥有的集体土地的上限为 5%—7%，但地方和基层的做法还是存在着区域差异。由于家庭自留地制度拥有极大的吸引力，一些地区将集体土地使用权的 20% 作为家庭自留地分配给了农民。[4]1981 年 3 月，改革年代的农业改革开始几年后，共产党政权发布了另一份政策通告，题为《关于积极发展农村多种经营的报告》，并扩大了家庭自留地制度的适用范围。在新政策下，一个农业单位的农村居民被允许拥有不超过该农业单位人均农业用地的 15%。由于家庭自留地的所有权归农村集体所有，个体农户只拥有自留地的使用权，没有转让权。在改革年代的领导人确立了家庭联产承包责任制后，家庭自留地制度的经济意义逐渐淡化。家庭自留地制度在很大程度上被纳入了家庭联产承包责任制。

作为经济制度的家庭自留地制度

将家庭自留地制度的诞生和发展视为一种制度，有助于我们理解中国国有部门存在的理由。农民发明了家庭自留地制度，以克服农村集体所有制带来的困难。但这并不是本研究的主题，我们感兴趣的是通过家庭自留地制度来审视中国的政治经济体制，从而理解家庭自留地制度的政治经济逻辑。通过对家庭自留地制度的探究，我们将能够明确关键的政治经济因素和制度，从而解释中国在历史上和当代的政治经济体制、经济增长以及存在的问题。尽管家庭自留地制度是一项非常简单的制度，不过就是每个农村家庭拥有一块土地而已，但它反映了中国国有部门经济的原则。在将家庭自留地和国有部门进行类比时，我们打算审视家庭自留地制度的以下几个关键方面。

第一，家庭是一个利己的理性行为者。家庭的目标总是在家庭自留地制度中将自己的利益最大化，但同时也受到该制度的约束。可以采用两种观点进行分析。从能动性的角度来看，我们可以看到农村家庭如何发明了家庭自留地制度来满足它们自己的利益，即在困难时期寻求让家庭成员生存下去，并在平常时期改善他们的福利。我们还可以看到共产党政权如何为了自身利益而接受这一制度，例如，在农户生计陷入困难时，这一制度可以减轻政权提供福利的负担。从结构的角度来看，我们可以看到家庭自留地制度是如何在约束农户行为的同时，给他们提供激励的。

第二，家庭自留地制度是一种产权制度。"家庭自留地"一词有时被翻译为"私人自留地"。这个翻译当然是不正确的。个体家庭对家庭自留地只有事实上的财产权，而没有法律上的权利。从法律上讲，这片自留地属于集体所有，家庭只有使用权。历史表明，集体或地方政府可以在需要时从家庭收回其使用权。由于家庭只有使用权，土地不能转让和交易，因此，事实上的财产权是家庭自留地经济中对家庭的一种制度性制约。

第三，家庭自留地制度是一种激励机制。家庭自留地制度是农村集体所有制的补充制度，它是由一个大型集体制度中的私人家庭来经营的。个体家庭将他们的劳动和时间分成两部分，一部分用于家庭自留地，另一部分用于集体。在这种情况下，很容易观察到这家人是怎样干活的。可以理解的是，家庭将大部分资源分配给了家庭自留地。例如，家庭成员把他们最宝贵的时间（如清晨的时候，这时候他们仍然精力充沛）投入家庭自留地中，他们在那里使用最好的肥料等生产要素。相比集体部门，事实上的产权导致了家庭自留地更高的生产力水平。

第四，家庭自留地制度是一种独特的交易模式。这些产品主要供家庭消费，只有盈余才会进入市场，实际上，有时产品甚至不允许在市场上出售。如果没有市场，家庭自留地制度中就不会发生交易。从这个意义上说，家庭自留地制度也是自给自足的，家庭之间没有"贸易"。当然，家庭和地方政府之间也没有发生"交易"，因为家庭对家庭自留地能够全权做主，国家也没有对家庭自留地征收任何税收。"无交易"意味着家庭自留地制度与其他制度（如市场、国家等）之间不存在任何正式制度。只有交易（如买卖）才会产生制度创新。

第五，家庭自留地制度是福利改善的一种形式。家庭自留地制度是农村生计经济的重要组成部分，在集体能够满足生计需求的情况下，它也可以成为高于生计经济水平的"福利"改善。通过家庭自留地制度，农村居民可以生产经济作物并饲养家畜（如生猪）供市场销售。

中国的国有部门：放大版的家庭自留地制度

可以把家庭自留地制度看成是一个小型的政治经济体制。如果把集体所有的公社土地比作放大版的整个国民经济，把共产党比作经营家庭自留地的农民，我们就可以假定，党领导下的国家在经济里也有自己的"家庭自留地"领域，无论是古代内务府掌控的传统皇家工厂，还是现代的中央或地方国有资产监督管理委员会（国资委）管理的国有企业。

这种放大版的家庭自留地制度背后的政治道理显而易见。在中国政治经济的结构层面，也可以将传统帝制经济的效用与当代的国有部门进行类比。这种放大版的家庭自留地制度是政治权力不可分割的一部分，旨在实现政权的自我维系。在西方，经济被认为是一个独立自主的社会领域，独立于政治之外。正如在第二章中所论述的，经济在传统中国被认为是"经世济民"，是皇权的组成部分。因此，经济受到皇权的支配。[5] 尽管帝制经济转型成了现代经济，但是政治权力对经济的主导地位依然维系着政权。可以说，经济是政权的命脉。尽管在其他的政治经济体制中，经济也服务于政权的政治目的，但在中国，经济是政权结构的组成部分。国有部门是政权经济可持续性的最低制度保障。国有部门的存在，意味着国家的生存可以不依赖于它与经济其他部门和整个社会的互动。

在下一个层面，国家需要经济中的国有部门承担其全面的治理职责。在这种情况下，国有部门不仅保证了政权的可持续性，而且也服务于政权管理社会的利益诉求。正如在第二章中所论述的，中国主流的古典政治哲学认为，为其子民提供经济福利是统治者的职责所在。从这个意义上说，国有部门不仅要为政权（放大版的家庭）创造收入，还要在保持整个经济健康方面发挥重要作用，如平衡其他经济部门，建设私营部门无法解决的重要经济基础设施，以及应对经济危机。

在国有部门经济的经营和管理方面，也可以把家庭自留地和国有部门相类比。国家不直接管理经济，而是由它的机构管理经济。这就存在一个委托—代理问题。在传统中国，帝制经济是由皇室成员和其他私人代理人进行管理的，而当代的国有部门是由中国共产党的干部和政府官员进行管理的。委托—代理问题很重要，因为它经常扭曲帝制经济的目的，即可持续性。国有经济的代理人往往有自己的既得利益，他们寻求满足自己的利益，而不是国家的利益。他们对经济资源和权力的获取，成为实现自身利益最大化的有效工具。这种偏离不可避免地损害了国家利益。当代的国有部门也是如此。在追求自身利益的过程中，国有部门很容易偏离国家利益。正如我们将在后面讨论的，当国有部门由于其公司化改革而与国家有所区分时，尤其如此。对于帝制国家或党领导下的国家而言，主要的问题是如何运用其对国有部门的主导，因为国有部门总是试图避免国家的主导，以将其在市场体制中的企业利益最大化。

家庭自留地制度和"制内市场"

更重要的是，家庭自留地制度揭示了传统中国和当代中国的国家与市场关系的本质。在第二章中，我们讨论了皇权如何主导经济。尽管政治权力发生了现代转型，但这种主导仍在继续。在现代，大多数西方国家都发展出了强大的公共部门。国家通过这些公共部门提供公共服务。

中国的国有部门与西方的公共部门相似，也提供一些公共服务。但在中国，公共部门的主要职能并不是提供公共服务。在许多重要方面，国有部门与公共部门存在差异。第一，中国政府本身的行为就像一个公司，因为它拥有大量的企业。这方面与其他市场经济国家有很大的不同。第二，中国的国有部门主要是为国家服务的，或者更准确地说，是为国家的代理人服务的，尤其是为中央政府部门服务的。通过国有部门，国家不仅能够调节市场，而且有能力将市场置于国家的权力之下。因此，中国的政治经济体制具有本书所说的"制内市场"的特征。虽然扩大版的家庭自留地制度的存在并不否认市场的存在，但市场的目的是为国家服务，至少在理论上是这样。国家在利用市场为其目的服务的同时，也将确保市场处于其政治控制之下。第三，正如已经讨论的，国有部门使国家能够主导经济的其他部门。在西方，国家已经发展出了金融和货币手段来调节经济。而在中国，国家主导经济的主要手段则是国有部门。金融和货币手段对经济的调节是近来才在中国出现的。

如前所述，"制内市场"的基本原理是通过国家主导的市场机制为国家的财政和政治利益服务。与"制内市场"这一逻辑相一致，国家自留地制度还规定，国家作为一个自利的经济行为者，要将最大最好的资源分配给自己。通过国有部门，国家获得了用于生产和再生产的社会资源的关键部分。对关键产业和商业的垄断只是这个大图景的一部分。国有部门也将部分财政收入直接上缴中央国库。因此，中国的财政体制不同于西方，因为它有自己的财政资源，独立于由家庭和私营部门主导的社会。因此，国家允许私营（非国有）部门的存在，不是为了满足国家的财政需要，而是为了支持社会的基本就业和物质需要。正如我们将要在本章中讨论的，非国有部门由较小的和战略上不重要的行为者组成，它们对市场几乎没有控制力。因此，即使私营部门出现衰退，放大版的家庭自留地制度也能够确保国家有能力在短时间内调动各种资源来促进经济。这在"场内国家"的日常情况下是不可想象的，除非是在战争的特殊环境下。

放大版的家庭自留地制度最明显的一个方面，就是缺乏制度建设或创新的内生动力。由于其独特的交易模式，放大版的家庭自留地制度明显缺乏将国有机构发展为市场行为者的强烈动机。这不同于当代西方"场内国家"的实践。在这些经济体中，国家需要培育诸如产权、法治、监管框架和金融体系等制度，以便征收足够的税收来提供各种公共服务。相比之下，在放大版的家庭自留地制度中，国家的收入来自利润和税收，这些收入来自由其银行提供资金的投资。这些交易主要在扩大后的国有部门内进行，并由其各种代理人指导。在这个领域，国家和市场之间有限的交易意味着几乎没有制度创新的激励。

然而，家庭自留地制度独特的交易模式和制度创新的缺乏，往往导致较低的生产率和技术发展水平。这种制度有利于经济的粗放扩张，而不是经济的集约增长。因此，可持续发展往往成为问题，经济发展很快就会达到增长的瓶颈。

在当代中国的政治经济中，国有部门最重要的组成部分是100多家央企。它们不仅是国有部门的中流砥柱，而且还明显具有家庭自留地制度的特征。因此，本章主要关注这些大型企业集团。虽然接下来讨论的不是央企改革的历史，但我们将从这些政治和经济巨人的形成与现状的一些背景出发来讨论问题。

国有企业改革

中国的国有企业改革始于20世纪70年代末。当时，大多数国有企业效率低下，盈利能力很差，提供基本社会福利和就业的负担沉重。从管理层到个体工人，几乎都没有动力去努力工作以取得良好的业绩。从1978年开始，第一轮国企改革的特征是所谓的"放权让利"，中央部委逐渐将部分决策权转移给国企。与家庭联产承包责任制类似，国有企的管理者被授予权力，在生产、投资、人事任命以及对企业绩效负责等方面做出关键决策。这些改革基本上是不成功的。这项激励计划并没有提高生产率和盈利能力，未能有效地鼓励生产力发展，而留存的利润又往往被用于员工的工资和福利发放。[6]

1984年，随着城市经济改革的全面开始，国企改革的重点转向了财政和金融方面。这一时期，改革者的目标是将国有企业转变成更自治、更自律，但仍是严格国有的经济实体。这些努力包括所谓的"利改税"，这项改革重构了国有企业与政府之间的财政关系。此外，政府还敦促国有企业摆脱对预算支持的依赖，转而依靠银行贷款。1987年，国有企业改革的另一项里程碑是引入了新的包干制度。在新的制度下，国有企业的管理人员被赋予了管理企业的自由，条件是他们必须按照包干规定向政府上缴一定数额的税款。但这些改革通常也不成功。尽管中央部委削弱了其对国有企业的控制，但强大的地方政府完全有理由通过迫使银行为其提供资金，支持其辖区内的地方国有企业。1993—1996年，银行贷款激增，呆账、坏账、严重，财政状况恶化。其导致的结果，就是执行不力的金融纪律、持续的亏损和巨额银行贷款的累积。[7]

从1993年开始，第二阶段的改革在时任副总理朱镕基的领导下开展。1992年，中国共产党第十四次全国人民代表大会正式将"国营企业"更名为"国有企业"。1993年11月，十四届三中全会将国有企业改革的目标正式确定为建立现代企业制度。1995年，中央政府提出"抓大放小"这一新的大战略，通过合并大型国有企业和选择性地民营化中小型国有企业来精简整个国有企业部门。

这个大战略的第一部分，即"抓大"战略，涉及战略性和重工业部门的大型企业集团。新成立的企业通常由原来负责各个工业部门的部委、其主要的部门、下属单位和附属研究机构组成。这些企业根据其核心业务进行重组，并以各种方式进行了资本重组，特别是通过股份制改革将其转变为股份制公司，建立了母公司控股省、区域、功能性子公司

表 8.1 战略性市场上的主要部门一览表

序号	部　　门	序号	部　　门
1	煤矿采选	7	医疗及制药
2	石油和天然气开采	8	黑色金属冶炼和压延
3	黑色金属矿采选	9	有色金属冶炼和压延
4	有色金属矿采选	10	电力、蒸汽和热水
5	烟草加工	11	燃气生产和供应
6	石油加工及炼焦	12	自来水生产和供应

的新制度。表 8.1 列出了被认定为位于战略性市场的主要国有部门。石油、核能和电信行业就是最好的例子。改革的结果是，在资本密集型行业和制造业领域，出现了几百家大型国有企业集团，它们为这个领域竖立起了强大的行政和经济准入门槛。

这个大战略的第二部分，即"放小"战略，旨在把国家从竞争性部门中拉出来，特别是从私营企业家享有明显比较优势的行业里拉出来。这里最好的例子，就是隶属于轻工业部和纺织工业部地方分公司的成千上万亏损的中小企业。这些私营企业家大多数是这些企业原来的管理人员，通过出售和购买国有资产，他们有机会以极低的价格来收购这些企业。这一战略催生了私营企业和股份制企业数量的飞跃。与此同时，大部分重组企业的任务被下放给了地方政府，地方政府出于自身的财政动机，通常会保留效率更高、利润更高的企业，而出售效率低下、亏损严重的企业，这与中央政府"抓大放小"的政策是一致的。由此形成的工业所有制结构，是一种由资本密集型的国有部门和资本密集型程度低得多的私营部门构成的结构。2009 年，国有企业平均资产是非国有企业平均资产的 16 倍，约高出 1998 年 3 倍。虽然这个百分比后来有所下降，但在 2013 年的时候，仍保持在 12 倍左右（见图 8.1）。换句话说，在 1998—2008 年的 10 年里，国有部门的资产规模就比非国有部门扩大

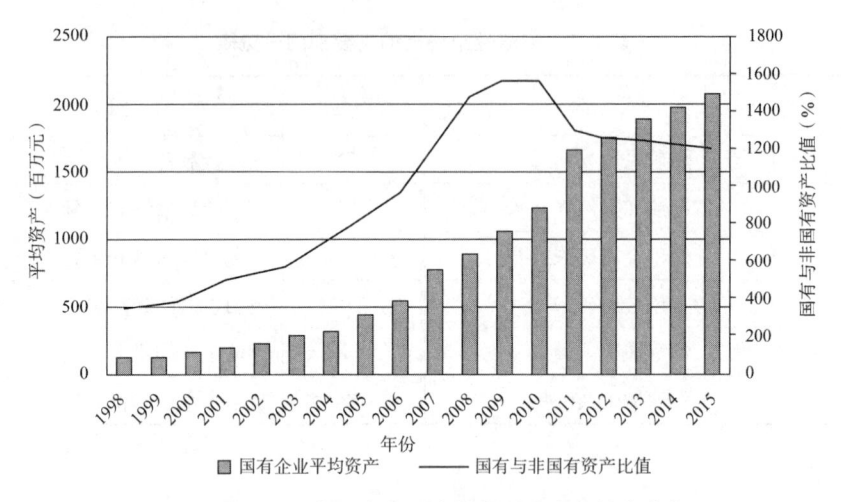

340 / 制内市场：中国国家主导型政治经济学

图8.1　1998—2015年国有及国有控股制造企业的资本化

资料来源：作者根据国家统计局资料绘制而成。

了5倍以上。

自20世纪90年代中期以来，改革在一些关键目标上取得了相当大的成功。最重要的是，这些改革成功地减少了国有企业的就业人数，同时又没有导致国有部门的总产出被边缘化。如图8.2所示，1999—2014年，国有企业在城市就业中的占比从40%下降到不足16%，而在2011年，国有企业在总产出中的占比仍然为经济的1/4以上。

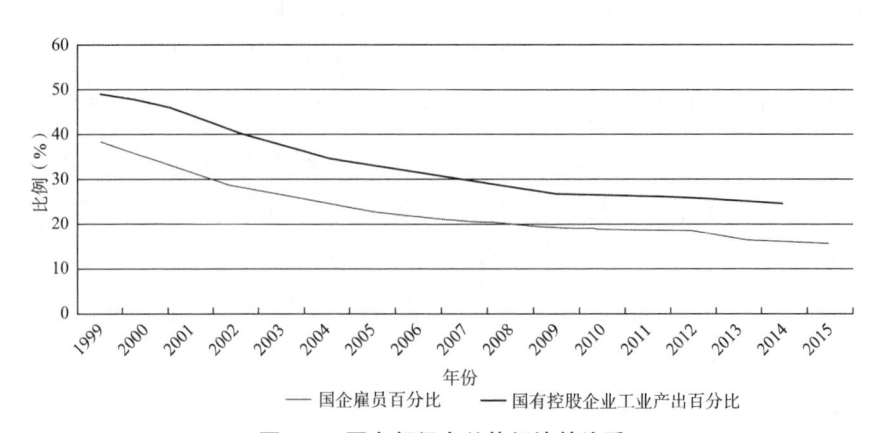

图8.2　国有部门占总体经济的比重

资料来源：作者根据国家统计局资料绘制而成。

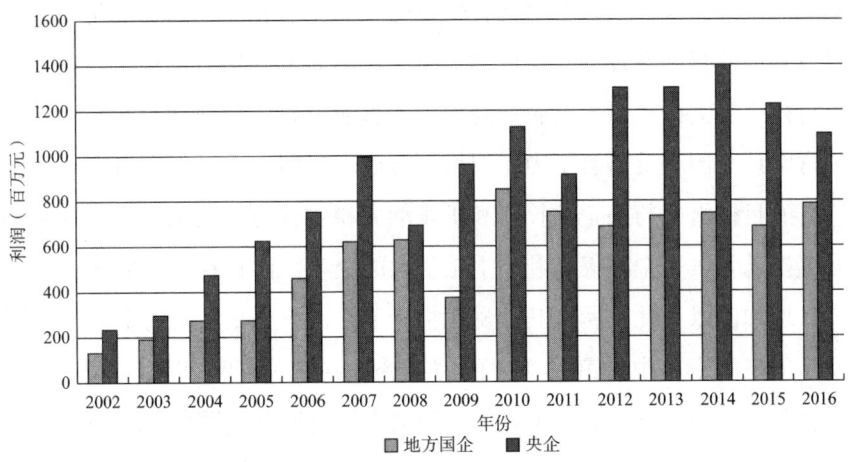

图 8.3　2002—2016 年央企和地方国企的利润示意图

资料来源：作者根据国有资产监督管理委员会数据绘制而成。

与此同时，制造业的整体宏观管理制度也发生了重大的结构性变化。到 20 世纪 90 年代末，几乎所有的负责各个工业部门的部委（除了铁道部，它在 2013 年之前一直都存在）都被废除或公司化，成为部级的国企。[8] 至少在纸面上，中央和地方管理的国企都成为自主的企业行为者。它们与国家的关系不再由行业的等级制来调节，而是由一个代表国家作为最终所有者和监管者的新机构来调节，这个新机构就是国务院下属的国有资产监督管理委员会。2013 年，所有这些剩下的国有企业都被置于中央的国资委或其地方（省、市、县）分支机构的监管之下。央企被界定为中央国资委直接监督的企业。它们既有政治和行政维度，也有经济维度。从政治和行政意义上说，它们完全由全民所有，在政治上由党进行管理。它们在行政级别上最高相当于一个部委，因为这些企业中有些是由原来负责各个工业部门的部委公司化转型而来的。从经济意义上说，它们是最大、最具主导性的企业，在各自的工业部门里拥有巨大的资源和垄断地位。如图 8.3 所示，近 10 多年来，央企总利润一直高于地方国企。

央企的崛起，在某种程度上是对以国资委为中心的软弱的国家监管框架的一种回应。与在其名义管辖下的大型企业相比，国资委是一个相对较弱的监督和管理的官僚体制。虽然它的名义管辖范围很大，但它缺乏对财大势大的大型国有企业施加重大影响的政治权威和行政资源。人们常常认为国资委监管不力，但另一方面，当国资委确保国有资产稳定增长的目标恰好与央企的投资和扩张动力相吻合时，它又是一个成功的发展推动者。央企不仅在利润上是最大的企业，而且在销售收入、总资产、增加值以及几乎所有其他量化指标上，也一直是最大的企业。[9] 以财富净值来衡量，中国最具实力的国有企业在 2017 年《财富》全球 500 强企业中巩固了自己的地位，使上榜的中国内地企业数量达到前所未有的 89 家。[10] 毫不奇怪，这些大型国有企业中的大多数是央企集团和国有银行，属于利润最高、最具战略意义的国家主导行业，如银行业、能源、电力和保险业。近年来，中国最大的三家央企，即中石化、中石油和国家电网，跻身全球十大企业之列。[11]

央企的扩张

早在 2008 年全球金融危机之前，央企的迅速扩张就已显而易见。自 2003 年以来，央企的总利润和总资产都增长了 4 倍（图 8.4）。在同一时期内，国内生产总值增长了 2 倍，制造业企业总资产增长了 4 倍。中国领先的国有制造业企业构成了央企的主体，它们创造的利润通常占全国 40 万—45 万家规模以上制造业企业（即主营业务收入在 2000 万元以上的企业）利润的 1/4 以上。

虽然世界上大多数企业都将全球金融危机视为祸患，但中国的央企肯定将其视为一个巨大的扩张机会。尽管它们的利润在 2008 年确实经历了短暂的大幅下滑，但投资和资产积累仍有增无减。在中国新的经济体制下，央企是国家经济权力的一部分，有义务贯彻中央政府关键的宏观经济目标，特别是经济增长和结构调整。

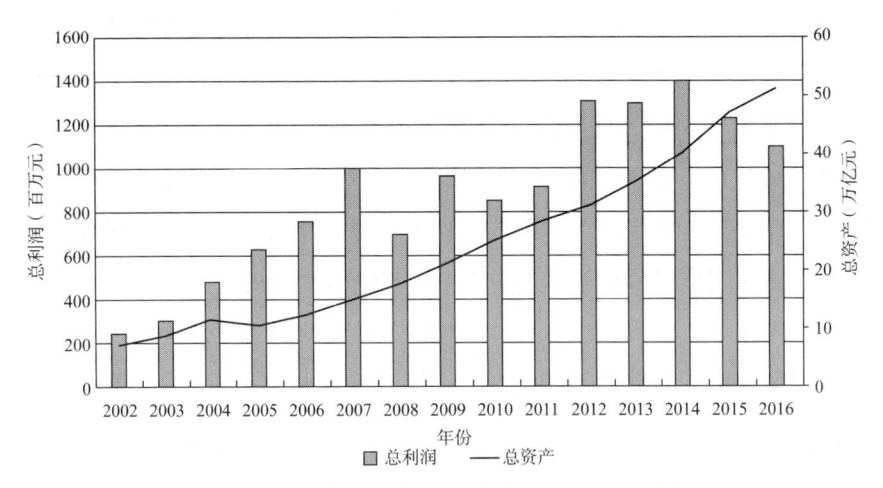

图 8.4　2002—2016 年央企的总资产和总利润

资料来源：作者根据国有资产监督管理委员会数据绘制而成。

尽管 2009 年是 4 万亿元救市计划实施后的重大投资项目丰收年，但实际上央企并不是这场投资热潮的主角。2009 年，如果光看央企的总投资，只增长了 15%，远远低于全国 30% 的增幅。此外，这些投资中有 61% 的资金来自它们自己的利润，而非银行贷款。[12] 与此相对，央企得到了结构性的扩张。这场危机从两个方面帮助了央企。第一，央企加强了自己相较于其他参与者的地位，因为这些参与者面临着危机刚刚结束时金融和经济状况快速恶化的环境。第二，央企的金融地位进一步得到加强，因为政府被迫推行一项痛苦的信贷紧缩政策，以抑制前几年宽松的信贷政策造成的通货膨胀。在这两种情况下，中小型企业都是主要的受害者，其次是较小的国有企业，甚至地方政府的金融地位也遭受损害。央企通过对关键行业的垄断，充分利用了其强大的金融地位。2008—2013 年，央企的总资产翻了将近一番，可见其扩张的规模之大。

尽管几乎所有大型央企都加强了对各自市场的控制，并在主营业务之外开拓了新的领域，但最明显的例子或许是国家电网。据《商务周刊》杂志的一篇调查文章，国家电网总经理刘振亚曾有打造中国西门子的愿景,他加快了公司在输配电机械、小水电站甚至风电的控制制造领域的大力扩张。[13]尤其值得一提的是,尽管中国机械工业联合会提出了抗议,但在2008年金融危机爆发之初,国家电网仍成功收购了两家领先的电气制造商——许继集团和高平集团,这两家公司均在金融危机中遭受了巨额亏损。[14]在实现大垄断的过程中,国家电网采取了一系列激进的措施来确保其控制和利益,包括禁止外部风力发电机进入电网,推迟输配分开的进一步改革,并与五大发电厂进行咄咄逼人的价格谈判,以获得可观的利润。这种做法在2011年无意中造成了几个月的严重电力短缺。[15]

与此同时,国家电网一直是该行业技术改造的领军力量。电网的核心系统正在快速向超高压输电系统转型,为规划中的国家集成智能电网做准备,这是国家电网管理层自2007年以来倡导的下一代电网的前瞻性战略。国家电网经常跻身《财富》全球500强企业之列,在各个方面都在迅速重塑国家电力行业。国家电网也一直站在全球变革的前沿。例如,2015年9月26日,在纽约举行的联合国可持续发展峰会上,它提出要建立全球绿色和可再生能源电力需求网络。正如徐一冲(Xu Yi-chong)在其对国家电网的研究中所指出的那样,国家电网并没有充当中央政府的代理人,而是在全球业务上自己采取了主动,而国家则利用了它的主动性。[16]在这种情况下,依赖逻辑通常是相反的。

如果说国家电网只是将其扩张战略指向了一个围绕自身行业的体系,那么其他一些规模更大的央企则明确转向了赤裸裸的利润最大化。最好的案例就是2008年全球金融危机后央企在房地产领域的扩张,房地产行业是所有主要行业中收入和利润增长最快的。据报道,10个最昂贵的土地租赁合同中,就有7个是在央企和地方政府之间签订的。这一消息传来之际,中央政府和媒体正严重关注不断膨胀的土地和房地产泡沫,这个问题在城市居民中引发了严重的经济和社会担忧。[17]

在煤炭行业,国家取消了以前发给经营着数百个小型煤矿的私营的个体和公司的许可证，以便通过重新国有化使该行业"合理化"。带头实施这一事实上的国有化政策的，是中国煤炭行业最大的中央和省级国有企业，如神华集团。类似地，在内蒙古，煤炭行业的重组也没有涉及私人投资者；这些煤矿被重新分配给大约 20 家大型国有企业，其中以神华集团和华电国际为首。[18]

很明显，中国已经见证了一种新的国企范式的崛起，这种模式与毛泽东时代的计划时期以及邓小平改革初期的旧国企截然不同。作为一种新型的经济组织，新的国企范式承担的社会责任要少得多，但在政治和经济上的分量却丝毫不减。更重要的是，新国有企业与老国有企业的区别在于，新国有企业享有很高程度的自主权，在很大程度上不受市场经济力量的影响，也不受中央政府的财政和行政控制。从这个意义上说，它们不再代表一种模糊的国家利益，而是代表它们自身的企业利益。这在一定程度上源于新的国有企业与国内其他重要经济利益集团之间发展起来的一种自治与相互依赖的关系。

新国有企业的崛起对中国的领导层提出了重大挑战。自 2009 年以来，央企一直是媒体严厉批评的对象。一些自由派经济学家和观察人士将它们描述为事实上的非国有企业，因为它们受到官僚资本家阶级的控制。[19] 结果，一系列与国企相关的政策指令被作为控制央企的象征性姿态发布出来，但迄今为止还没有实施任何具体的改革。正如我们将在后面讨论的那样，通过加强监管或法律框架来采取更系统化的方法，也可能存在重大缺陷。更具体地说，监管部门和法律部门对政治力量强大的大型国有企业似乎缺乏政策执行力。

作为财政体制的央企

新国有企业的崛起是中国政治经济中最深刻的结构性变化的一部分，这个结构性变化就是政府在国家经济生活中的复苏。从很多方面来

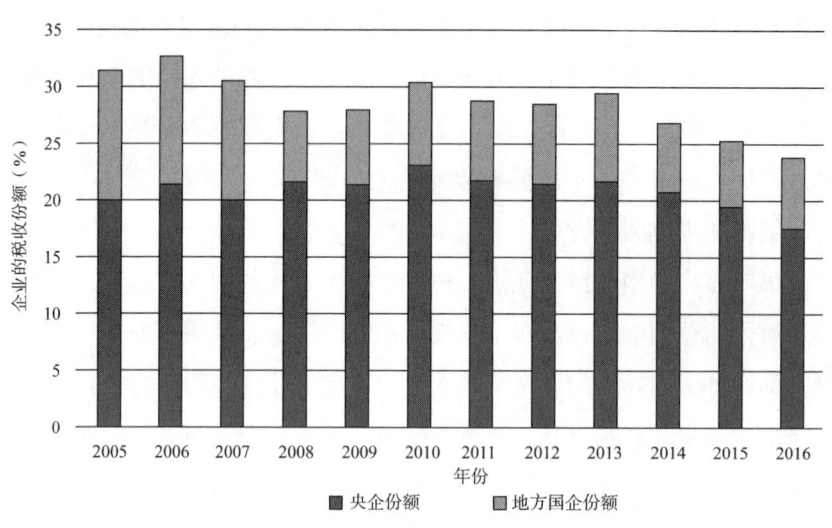

图 8.5　2005—2016 年国企对税收的贡献份额

资料来源：作者根据国家统计局资料绘制而成。

看，这是 20 世纪 90 年代中期朱镕基改革的结果，尽管并非有意为之。事实上，真正使得新的国家经济体制区别于 20 世纪 50 年代中期以来实行的共产主义经济体制的是，尽管改革者们描绘了宏伟蓝图，来创造一个高效、促进增长和中央协调的体制，以补充和支持市场，就像在东亚新兴工业经济体中的案例一样，但其结果却催生了一个强化政府主导市场能力的金融体制。如图 8.5 所示，尽管 2005—2016 年，国有企业（包括国有控股公司）在政府收入中所占的份额有明显下降，但总体而言，国有部门，尤其是央企，仍然是政府收入的支柱，占当前政府收入的 1/5—1/4。因此，即便国家允许非国有部门快速扩张，并通过增值税和其他税收（如营业税和企业所得税）分享这一扩张带来的红利，国家也仍然可以通过对少数央企的主营业务征税，来实现税基的稳定，因为央企的垄断或寡头垄断性质，将确保其主营业务获得更加稳定的收入流。

央企的扩张既是国家 10 年扩张的结果，也是国家 10 年扩张的重要驱动力。自 1998 年前后国有企业开始盈利以来，20 世纪 90 年代亏损的国有企业依赖政府救助的单向依赖状态已经逆转。自21世纪初以来，中央政府一直将央企作为最稳定、最安全的税收来源。以2010年为例，所有国有企业合计占全国税收总收入的31%，仅122家央企就占了23%。央企税收收入的持续增长，为央企与中央政府之间的财政纽带增添了新的力量。在现行的分税制下，中央政府要求央企缴纳全部的公司税和约75%的增值税，而来自央企的税收通常占中央财政收入的30%以上。[20] 央企的市场表现与国库之间的财政联系，为中央政府确保国有企业能够胜任这一任务提供了强大的激励。具有讽刺意味的是，目前有限的国家控制、部分市场化和监管框架松散的做法，似乎最有利于国库：基于国企的税收继续在国家融资中发挥主导作用，因为国家鼓励国企扩大收入，同时保留大部分利润用于再投资。这是中国政治经济中的周期性模式的一个经典案例。在这种模式下，国家对国有企业收入的依赖，迫使它给予国有企业管理层更多的操作空间。

央企在与地方政府的互动中似乎也占据了主导地位，这要归功于它们所掌握的资源。与中央政府和央企相比，地方政府的预算相对紧张，但却有推动经济增长的最大动力。在这种盛行的激励结构下，央企利用其政治自主性和经济垄断性，发挥了自己的优势。全球金融危机后，央地合作的项目数量迅速增加。地方政府曾在20世纪90年代向港台企业示好，在加入WTO以后，则向外国企业示好。在2008年之后的几年里，得到金融赋权的央企成为地方官员最青睐的合作伙伴。这类合作合同通常包括地方政府提供的廉价土地、基础设施，有时还包括宽松的环境标准。央企能够以较低的进入成本和几乎为零的政治风险进入当地市场，这一点远比外国企业要成功。

央企最成功的投资对象最初是中西部地区的政府，特别是经济发展处于中等水平区间的省份，包括安徽、河南、湖南、江西、辽宁、湖北和重庆。但自2008年底以来，广东、浙江、山东和江苏等发达经济省份也加入了竞争。以安徽省为例，截至2011年5月，该省与央企签订了 585 项投资协议，总价值达 1.6 万亿元。[21] 在这 585 项投资计划中，至少有 20 项超过 600 亿元。安徽创下的纪录很快就被广东打破了。借着 2011 年全国人大会议，地方、中央、各行各业和党的其他精英在北京济济一堂的时候，广东与 71 家央企签订了价值 2.5 万亿元的合同。[22] 或许这些投资中只有一小部分会最终实现，但它们的规模和扩张趋势仍然令人震惊。由于央企的垄断利润和潜在的金融实力与地方政府对于经济增长的狂热携手共进，这些新兴的结构性相互依存关系很可能会成为中国国有经济的一种新模式。

央企崛起成为与地方政府关系密切的经济中强大的参与者，产生了许多意想不到的结果。央企已经获得了很大的自主权，随着一些最强大的国有企业的子公司涉足房地产领域，它们开始改变作为央企制度基础的功能分化。从 2009 年末到 2010 年初，当房地产热达到顶峰时，122 家央企中，有 78 家参与了狂热的扩张。[23] 尽管它们不是房地产行业的主力军，但他们在最贵的 10 宗土地交易中，占了 7 宗。2009 年，据报道，除了复杂的金融部门外，一些现金充裕的央企还创建了自己的内部银行，此举意味着央企的金融自主权进一步增强，与其他东亚国家的产业—金融集团类似（如日本和韩国的财阀），是自给自足的企业集团。

作为政治行为者的央企

自从国企改革以来，中国最大的国有企业经历了许多重要的变化，使它们更像东亚经济体的企业集团。但是，东亚经济体的产业—金融集团和中国的央企之间仍然存在一个重要的区别，即央企与党中央领导下的国家之间的制度联系。尽管国资委可能缺乏对央企实施正常行政控制的权力，但中国共产党的中央机关始终存在，它任命并管理着央企的最高管理者。国有企业的公司化削弱了它们与国家的联系，但并没有削弱它们与党的联系，这两种关系的变化是不一样的。相反，在精英代表和流动方面，央企似乎获得了新的重要性，因为党倾向于奖励经济绩效，并承认拥有自主权力来源的行为者。

事实上，由于国有企业干部的重要性，中国共产党一直在国有部门里坚持"党管干部"的原则。[24]虽然由于经济的市场化，中国共产党发生了许多变化，但这一原则仍然被奉为中国共产党执政的圭臬。在真正的市场经济中，包括首席执行官、首席财务官、首席运营官、董事长和董事会成员在内的企业高管都是由市场进行分配的人力资源。然而，在中国，国企高管被视为党领导下的国家干部。他们中的大多数人是党员，有些甚至是中共中央委员或候补委员。例如，2009年的中央委员会中，有17名候补委员和2名正式委员来自央企。[25]所有对中国重要央企集团高管的任命，都是由中国共产党的中央干部任命制度做出的（见本章末的附录）。

由于央企的精英管理层也是党的高级干部，中共中央组织部对他们的职位有合法的管辖权，并对他们的职位任命行使相当大的自由裁量权。[26]中国共产党还控制着部级的国资委，即在国资委内设立了党组，这强化了这种组织性的制高点。国资委正式行使央企的所有权，而中组部则会同国资委对所有央企的高层人员进行管理。同样，省、市组织部门会同当地国资委，对省、市国有企业的人事实行对应的管理。一般来说，中组部比国资委有更深的资历和更大的权限，因为它任命了党内所有重要组织的所有干部，包括政府、人大、政协、工会和高等教育机构。除了每个部门的人事问题，中组部还负责这些垂直系统之间的干部轮换。

根据《中共中央关于加强党的执政能力建设的决定》[27]的精神，中共中央委员会定期轮换不同职位和地点的干部，使他们获得广泛的经验，并接触中国政治体制运作的各个方面。2006年8月6日，中共中央办公厅颁布了《党政领导干部交流工作规定》，正式确立了干部在地方之间、部门之间、地方与部门之间、党政机关与国有企业之间以及党领导下的国家的各种辅助性组织（共青团、妇联、官方工会和各种公益性组织）之间进行轮换的制度。该条例第十六条规定："实行党政机关与国有企业事业单位之间的干部交流。选调国有企业事业单位领导人才到党政机关任职，推荐党政领导干部到国有企业事业单位任职。"从那时起，国企和地方政府之间的干部轮换加快了。

随着中央（部委）、地方（省、市）、工业部门（央企）之间的精英流动带来的干部晋升逐渐成为干部任命制度中的规范，许多央企的高层管理者成为地区或国家的领导人。例如，截至2011年底，中国263位现任省委书记、省长和副省长中，有43人有国企背景，其中多数是央企背景。[28]在央企中表现出色，很可能为进入省级领导层提供一个理想的起点。

除了轮岗外，国企高管还将参加一个全面的干部培训体系，该体系由6个机构组成：中央党校，国家行政学院，浦东、井冈山、延安三所"中国干部学院"，中国大连高级经理学院。它们构成了全国一流的干部培训机构，除了中央党校，其余都是由中组部进行管理的。在这6所学校中，中国大连高级经理学院专门为中国共产党培训国有企业高管或企业干部。受训者是企业高管，但他们首先是党的干部。他们不仅仅是由市场分配的人力资源，而且还是中国统治精英的一部分。

国企集团是中国政治舞台上不可忽视的力量。"石油帮"是一个主要的例子，它形成于毛泽东时代，在2013年开始的反腐败运动中遭到了巨大的打击。除了这个派系，当今的许多高层领导人都有经营国企的经验。例如，2012年，在中国共产党第十八次全国代表大会召开之前，28名政治局委员中有10名（40%）、9名政治局常委中有3名（1/3）至少有过一些管理国企的经验。最近的反腐败运动，往往针对的是从国企一把手转型为地方和中央领导人的干部，尤其是那些与周永康有关联的人，但这种非常举措并不必然意味着精英流转模式的根本改变。2017年党的十九大代表名单中，央企代表有53人，比2012年党的十八大时还多了1人。[29]

央企与党领导下的国家之间的制度联系有着重要的影响。理论上，由于央企所有的人事任命都是由党领导下的国家做出的，因此两者之间的关系是委托—代理关系。当双方有不同的利益和不对称的信息时（代理人拥有更多的信息），就会出现委托—代理问题。这样一来，委托人就不能直接确保代理人总是在为委托人的最佳利益行事，特别是当对委托人有用的行为对代理人来说却是代价高昂，以及代理人所做的某些事情对委托人来说代价高昂的时候。然而，这两者之间的互动往往是互惠的，形成了一种"相互问责"的关系。谢淑丽（Susan Shirk）曾用"相互问责"这个术语来描述中央领导人和省级政府官员之间的关系。[30]在这种情况下，领导人选择官员，官员也选择领导人。央企对中央领导层的政治影响，意味着后者必须给予前者更大的经营和决策余地，远比委托人能给代理人的还要多。更重要的是，央企实际上是中央政府的"家庭自留地"，为中央政府提供重要的收入来源。因此，不难发现央企"绑架"中央政府的现象。正如我们将会看到的，央企在国内市场上经常会违背社会利益，在国际市场上也会违背中国的国家利益。它们还使得中央政府无法对国有部门建立有效的监管制度。

作为经济行为者的央企

尽管中国的国有企业，尤其是央企，拥有巨额的收入和利润，但它们经常被批评为资源配置不当的主要根源、公司治理不善的温床，以及收入差距不断扩大的罪魁祸首。[31]尽管所有这些批评可能都在一定程度上经受住了进一步的检验，但解决方案却并不简单，因为国企的根本问题与中国政治经济中更深层次的结构性问题有着千丝万缕的联系。

治理问题

尽管自1998年以来，中央和地方的国有企业的经济业绩都有了显著提升，但考虑到它们所控制的金融资源数量，它们在提供单位就业、投资效率、生产率、附加值和技术创新等所有其他竞争力指标上仍然落后。尽管利润和可用资产迅速增长，但央企的利润—资产比一直很低，近年来要么是负增长，要么仅是略有增长。[32]虽然有些低下的效率可以被认为是提供公共产品的成本，但缺乏竞争和糟糕的公司治理更有可能导致业绩不佳。

根据中国一所领先的民间经济研究机构的研究，以平均股本回报率衡量，国有部门的整体经济表现远远落后于非国有部门（图8.6）。从2001年开始，名义上看，国有企业和非国有企业之间的差距似乎相当小，但如果将包括对资本、土地和能源的补贴在内的全部补贴计算在内，这一差距将扩大到惊人的10—17个百分点。最糟糕的一年是2009年，回报率差距回到了2005年以前的水平，超过了15%。尤其是在央企占主导地位的部门效率最低，最严重地导致了这种回报率差距。[33]尽管这种衡量方法可能低估了资本密集型的国有部门相对于非国有部门的回报率，但毫无疑问，这两个部门在资本使用方面存在巨大的效率差距。

除了效率低下，公司治理不善和国有部门的高腐败率也一直吸引着国内外分析人士的注意力。大型央企的最高管理层时常出现引人注目的腐败案件。仅在2008年前后，两名部长级的国有企业巨头，即中国核工业集团公司原总经理康日新和中国石油化工集团公司原总经理陈同海，就双双因挪用数亿元国有资产而被捕。最近，中国证券监督管理委员会对中国领先的国有白酒制造商五粮液进行了另一项调查，原因是该公司存在严重的财务不当行为，导致国有资产损失严重。[34]鉴于过去几年发生的众多国企财务欺诈案件，这绝不是一个孤立的案例。

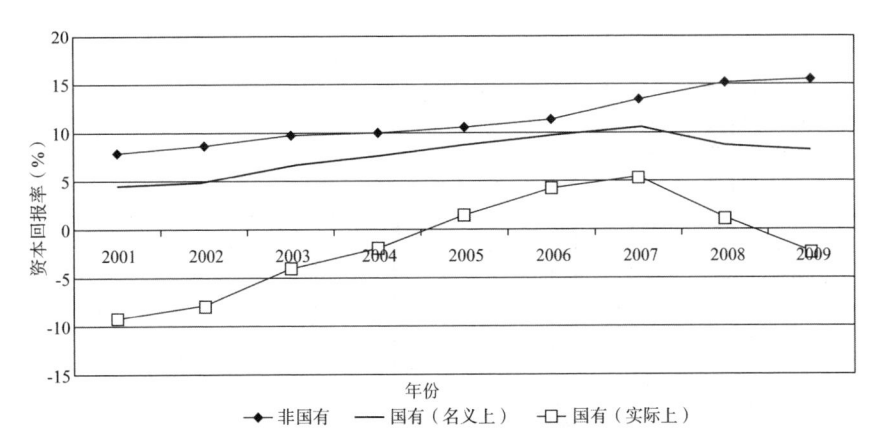

图 8.6　2001—2009 年国有企业和非国有企业的资本回报率

资料来源：改编自 Sheng Hong and Zhao Nong, *State-Owned Enterprises in China: Nature, Performance and Reform* (Singapore: World Scientific, 2012), p. 81。

收入分配

国有部门，尤其是央企，对收入分配的影响在两个层面引起了人们的关注：高管收入和整个社会的收入分配。第一个层面相对简单。自从国有企业部分公司化，特别是大型国有企业上市以来，高管们一直享有与其业绩挂钩的过高工资和奖金。这个问题引起了国有企业内部乃至更广泛的社会的不满。2014 年 8 月，中国新领导层采取措施限制了这些高工资以及其他的津贴和福利。[35]

国有企业造成的分配后果要棘手得多，因为它们涉及数百万名（如果不是数千万名的话）城市劳动力。官方对收入分配有过相关的调查，但这些调查很少关注国有企业对收入分配的影响。根据 2008 年的收入调查，包括政府机构和公共服务机构（如公共教育和医疗保健部门）在内，国有部门的平均工资水平比私营部门高出 63％，比全国平均工资水平高出 17％。[36]

2009 年浙江省统计局进行的一项全省调查发现，在金融这个由国有银行控制的行业和能源、电信这两个由央企控制的行业里的工人工

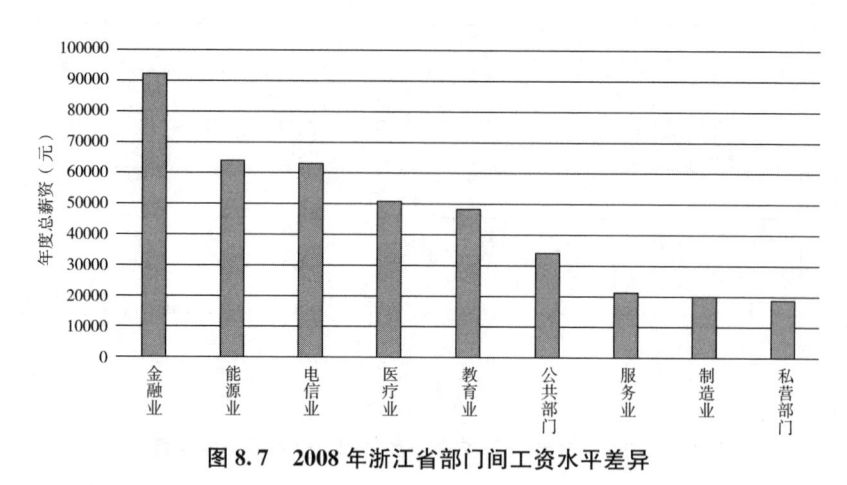

图 8.7　2008 年浙江省部门间工资水平差异

资料来源：作者根据浙江省统计局 2009 年数据绘制而成。

资，在整个经济部门中是最高的，而制造业和非制造业的私营部门的工人的工资最低（见图 8.7）。垄断行业的国有企业员工与其他企业和行业员工之间的实际收入差距可能还会持续下去，因为国有企业员工的实际收入水平和福利待遇远超过明面上的工资水平。[37]

一个更令人担忧的发展是隐性收入的差距在快速扩大，隐性收入也就是众所周知的"灰色收入"，它很少出现在官方的收入统计调查中。与官方收入差距一样，灰色收入差距也是市场控制和寻租的结果。王小鲁是中国收入分配研究的领军学者，他领导的一个研究小组进行了两项研究，将国有企业的垄断列为通过无数"灰色"来源（如住房补贴和各式各样的福利收益）导致中国收入不平等程度严重的五大因素之一。[38] 2007 年，观察人士注意到一个引人注目的事实：仅中石化和中石油这两家最大的国有石油公司，就获得并保留了 1000 亿元的总利润，几乎是中国用于农村和城市最低生活保障金额的 5 倍，后者总计刚刚超过 200 亿元。[39]

长期以来，国务院一直敦促国有企业将部分利润划拨给国家社会保障基金。2007 年，国务院要求央企至少要将利润的 5％上缴财政部，用于社保基金。但在最近四年中的三年时间里，国有企业甚至连5%的最低要求都达不到，而上缴社保基金的利润还只不过是其社会责任的象征性贡献，更遑论其他了。除2009年外，央企上缴国家的利润平均仅占其总利润的2%。因为即使是最低标准，央企也很少能够达到，所以有人怀疑，央企是否会交出10%—15%的利润来满足国务院2012年以后的要求。

国有企业造成的分配结果具有重要的政治意义。国内一些经济学家正确地指出，既然国企名义上是国有实体，它们就应该为国家所有公民的福利做出贡献，而不是将税后利润以高薪和福利金的形式在内部重新分配给员工，更不用说管理层出现的公然腐败和贪污了。[40]除非政府能够找到将国有企业税后利润重新分配给社会的机制，否则国有企业必然会在社会和政治层面遭受更大的批评。

价格扭曲

央企的垄断定价行为尤其令人担忧。一些央企作为能源和交通服务的唯一供应商，经常被报道利用其垄断地位抬高关键产品的价格。此外，中石化和中石油对汽油供应网络的垄断，排斥了当地的私人零售供应商，使得市场在供应短缺时，无法迅速对价格信号做出反应，尤其是在出口导向更强的南方地区。这些因素导致了2010年严重的"油荒"。[41]如前所述，这种人为造成供应短缺的做法在电力行业更为普遍，因为国家电网控制着中国电力网络的主要部分。国家电网对其全国输电系统的控制以及由此导致的电力价格结构已经导致持续的电力短缺，同时它以消费者和发电商的利益为代价，赚取着巨额利润。

同样，垄断定价行为在国有电信行业也普遍存在，例如，中国网通和中国电信将互联网宽带的价格定在其运营成本的300%以上。[42]根据一项关于移动通信与中国社会的联合研究的初步结果，中国人均移动通信支出占其收入的5.4%；对于那些年收入低于1万元的人来说，这一比例高达个人收入的 5%—10%，而在发达国家，这一比例为 1%—2%。[43] 其背后含义是，由央企提供的必需品价格，就像一种累退间接税。虽然对于垄断企业来说，价格上涨通常会举行公开听证会，但大多数听证会徒有形式。

价格扭曲的一个隐藏来源，来自垄断的外部成本，如环境污染和公共卫生。中国的石油公司已被认定为北京等城市空气污染的主要来源，因为它们的炼油厂的环保标准较低。[44]具有讽刺意味的是，这些规定是由全国石油产品和润滑剂标准化技术委员会（石化标委会）制定和监督的，该委员会主要由国有石油系统的代表组成（中石化和中石油是其中的主要成员）。[45]委员会很自然地得出结论，坚持旧的不利于环境的标准符合它们的利益。烟草行业也是如此。公共卫生的后果和禁烟监督的责任落在了国家烟草系统的肩上。结果，普通烟草的价格在中国非常低。这种安排在很大程度上把健康危害的隐性成本单独转移给了消费者，甚至是全体中国人。

海外市场

当国有企业成为海外市场的全球行为者时，它们矛盾的本性就暴露出来了。就像在国内市场一样，它们既打市场牌，也打国家牌，这对它们有利。在追求利润的时候，它们甚至在违背国家利益的情况下也要打市场牌。当面临损失和失败时，因为中央政府将承担这些成本，它们又愿意打国家牌。

中石化与中石油在苏丹的纠纷就是一个典型案例。这两家石油巨头是由中国石油部及其地区子公司通过公司化转型而形成的寡头垄断企业。中石油长期以来一直被认为是中国中央政府保障苏丹石油稳定的主要代理人，在上游石油开采，特别是海外油田的开采方面具有更强的专业性。[46]但在 2000 年，中石化决定与一家马来西亚石油公司合作，参与两个项目的关键竞标，而此时中石油已经几乎在这两个项目中获得了预期中的多数份额。结果，中国整体进口的石油比预期的要少。即使商务部对中石化施压，要求其与中石油以国家的名义进行合作，中石化领导层也没有动摇，与中石油的谈判也从未跨越讨论的阶段。[47]

与能源行业相比，寻求海外项目的中国国有企业在基础设施行业中更具竞争力。在许多案例中，大型国有建筑公司似乎更关心获得合同和拓展海外市场，而不是追求利润。这导致许多公司在竞争激烈的合同竞标中表现得过于激进。中铁集团在波兰和沙特阿拉伯遭受的严重损失就是典型的案例。在这两个案例中，中国中铁集团的海外子公司都故意压低报价，以确保能够拿到合同，却忽略了合同的细节。最终，由于无法支付成本，中方不得不违约，放弃了这些项目。最后，完全国有的中国中铁集团不得不为其亏损的子公司纾困。

如果我们更清楚地来审视的话，国有企业可能是其独特海外投资风格的受害者。在波兰高速公路项目的案例中，中国海外工程公司故意压低报价，因为该公司相信，在推进项目的过程中，自己能够以某种方式控制并降低总体成本，就像在国内市场通常能够做到的那样。据报道，它们对成本压缩空间自信过头了。这意味着它们甚至没有详细地研究或说明条款和条件。[48]事实上，中国海外工程公司不仅无法在欧洲的制度框架下重新谈判成本，而且由于对环境问题和特殊地质条件等研究不足，产生了与此相关的意外成本，大大增加了最后的实际费用。[49]最后，中国海外工程公司别无选择，只能放弃这些项目。据报道，总损失达到了4.7亿元。[50]

央企的监管困境

政府对许多针对国有企业的批评，尤其是央企的批评，至多也只能说是不冷不热。一方面，政府清楚地认识到问题的关键本质所在，并一再重申其对未来改革的承诺。温家宝政府时期国务院的一项政策指令要求对大量的私营中小企业提供更多的政策支持。新政策包括让它们更平等地获得银行贷款,以及向国内私人资本开放更多以前由国有企业主导的行业。[51]但是即便如此,几乎仍然看不到任何系统性改革的迹象,系统性改革需要对整个制度进行彻底审视。观察人士和批评人士提出了三种方法,即监管方法、经济方法和立法方法。

监管方法旨在加强现有的监管和监督制度。这将要求目前的监管机构国资委实施严格的管理,并进行必要的国企改革。但在目前的制度设计下,国资委似乎很难成为进一步推进国企改革的工具。值得注意的是,虽然国家发改委和其他部委越来越关注与国有企业相关的问题,但国资委似乎不愿对国有企业进行更多的责难。国资委在2009年发布的五年评估报告中,一直强调其管理的资产从7.3万亿元增至21万亿元的成就,却几乎没有强调收入不平等和国有企业过多涉足房地产市场等关键问题。[52]

在促进国有资产增长方面,国资委与所有国有企业建立了共生关系,并从其不断扩大的规模和明显的繁荣中获得了许多政治优势。尽管在2002—2012年,国有企业的大举扩张招致了许多批评,但国资委倾向于为它们的内部治理实践进行有力的辩护,而不是谴责它们的渎职和管理不善。例如,在回应针对国有企业管理层因垄断利润而获得超高奖金的批评时,国资委负责人表示,鉴于国有企业利润的大幅增长,如果不向央企的最高管理层发放适当的奖金,他会感到遗憾。[53]

随着监管控制的削弱,央企在一定程度上脱离了政府的宏观经济和社会管理轨道。中央政府对央企缺乏有效控制,生动地表现在未能限制这些扩张性的国有企业涉足房地产行业。鉴于房地产泡沫日益严重,国资委命令78家主营业务非房地产的央企在2010年3月之前撤出房地产投资。[54]但有报道称,迟至2010年12月初,在78家央企中,只有7家真正剥离了它们的房地产子公司。鉴于"央企退房令"无效,政府随后命令国有银行机构拒绝向这些国有企业的房地产业务提供贷款。但这一政策也无法约束国有企业,因为大多数国有企业可以用自己的利润为房地产投资提供资金。[55]

尽管像国资委这样的一般性监管机构不太可能成功,但在当前的制度安排下,设立一个专门的、独立的监管机构也并非更好的选择。迄今为止,对国家级监管机构的唯一尝试是国家电力监管委员会对电力市场的监管。它是由电力工业部通过公司化来组建的副部级机构,负责监管国家电网、南方电网、五大国有发电企业和其他电力市场主体在电力市场上的行为。尽管它是国务院直属的独立机构,但在行政级别、非正式支持和正式的法律支持方面,其实力完全无法与强大的国家电网的政治影响力相比。[56]尽管国家电力监管委员会对国家电网新的超高压项目表示担忧,但国家电网的雄心已顺利纳入国家政策。[57]事实上,随着国家发改委的进一步改革,央企在与中央政府的谈判中只会变得更有影响力。

尽管对国有企业的监管方法可能不是很有效,因为中央监管机构可能很容易从监管者变成既得利益者的保护者,但对垄断和公司治理进行立法管理的方法也好不到哪里去。甚至在 2007 年 8 月中国颁布一部包容性很强的《中华人民共和国反垄断法》(以下简称《反垄断法》)之前,学者们就已经对《反垄断法》对中国大型国有企业的适用性提出了严重质疑。[58]自那以来,反垄断成功的案例少之又少,以至于很少有法律学者认为,《反垄断法》是一种可强制执行的法律工具,可以驯服大型央企。[59]

尽管法律制度本应规范国内外公司的垄断行为,但它很少适用于国有垄断企业。第一起备受关注的反垄断案件发生在 2009 年 5 月,当时中国商务部警告中国联通和中国网通计划中的合并违反了《反垄断法》。[60]然而,仔细审视这个案例就会发现,这是一个例外,而不是一个常规事件。即使是在中国商务部敢于站出来的具体案例中,国资委也迅速介入,为其支持下的两大电信巨头开脱,辩称国有资产的合并和重组不属于中国商务部反垄断局的管辖范围。[61]因此,采取法律手段对国有企业进行监管的空间是非常有限的，尤其是对规模最大的央企。

一些自由派学者提出的另一种更激进的方法是，让国有企业对全国人大和地方人大负责，就像政府和司法机关对人大负责一样。例如，一家民营经济研究所提出，在全国人大之下设立"国有资产治理委员会"，对国有企业进行监督管理。这种方案希望通过将国有资产的监管权力从政府转移到人大，使得国有企业的管理变得更对人民负责。[62]从许多方面看，这种立法的方法甚至比法律的方法更加牵强和不切实际，因为它需要对政治制度进行根本的变革，以改革现有的立法制度。

任何违背国有企业既得利益的政治举措，都会遭遇强大的政治阻力。归根结底，央企体现了"公有制"，在"三个代表"中代表了"先进生产力"，是经济体制的精华。"三个代表"是在2000年由时任总书记江泽民提出的，并写入了国家的宪法和中国共产党的章程。与以往的许多案例一样，最近的政策指令表明，针对国企的实质性改革依然困难重重。如前所述，这与国有企业管理层的巨大政治权力和影响力有关。大型国企的政治资本是国企深层次改革的巨大障碍。

作为中国国家主导型发展中的一个重要制度现象，国有企业的崛起既显著也问题重重，凸显了中国发展模式总体上面临的一个严峻难题。国家将国有企业列为其最重要的经济代理人，在对国有企业缺乏有效控制的情况下，逐渐对其产生了依赖，尤其是在国有企业分享垄断利润方面。这是一个很有意思的发展，因为也只不过是在本书写作的10多年前，那时候的依赖关系是倒过来的，是亏损的大型国有企业向政府寻求保护。

尽管在目前这个时候，激进的国有部门对经济增长的影响仍存在争议，但这种增长的质量无疑是令人担忧的。要系统性地解决这一问题，需要有很大的政治决心和制度创新。在这方面，即使是最全面的政策指令，也需要实现新的政治动力，这些政策指令原本旨在增加以前由国家主导的部门的私人资本。不幸的是，2008年的全球金融危机本可以为这种动力的产生提供一个机会，但却产生了完全相反的效果。

结语：国有企业与国家主导的动力

在改革前，中国的国有企业是包罗万象的党领导下的国家的工厂和经济部门。然而，自改革开放缔造了市场以来，国有企业的角色经历了一个高度不确定的转变和变化时期。在市场约束下，多数国有企业遭受了损失，不得不接受国家的救助，这导致了20世纪90年代中后期的财政—金融危机。一些经济学家曾经认为，除了少数国有企业外，所有国有企业都应该被民营化，它们的命运应由市场来决定。从那以后，国有企业的命运得到了决定性的改善；它们成为中国乃至世界上强大和盈利丰厚的企业。由于其规模和产业定位，国有企业特别是央企，自然而然地成为中央政府和地方市场之间的巨大制度空间的上限。

仔细审视后会发现，将国有企业视为中国最重要的经济力量来源的国家主义观点，是值得追问的。国有企业的职能主要不是经济方面的，尤其是央企。它们由中央政府精心挑选和培养，目的是充分利用市场，垄断资源，服务国家。国有企业并不真正容易受到市场规则的全面影响，比如非国有企业遇到的自由市场准入问题和来自全球的行为者（跨国公司）在国内市场面临的竞争问题。与此同时，它们还可以使用国有土地、自然资源和公共资金，最重要的是，它们还可以在国家的关键决策机构中占有一席之地。换句话说，它们有一系列的市场和国家机制。在实践中，这些国有企业战略性地、有选择地（和象征性地）利用市场来巩固其抵制国家管控的地位，例如，抵挡国家对其利润的要求和对其公司管理的约束，正如国家及其整个中央和地方官僚机构采用机制，以战略性地、有选择地（同样也是象征性地）确保来自市场的利益一样。对于最强大的央企来说，监管者实际上站在了它们一边；地方政府大多只是充当了一个卑微的商业伙伴；甚至国务院和中央委员会也免不了受到它们的影响。只有从纯粹的短期或中期财政角度来看，国有企业才直接符合国家利益。

但市场原教旨主义者对国有企业的指责也不准确，他们认为国有企业只是效率低下、缺乏竞争力的市场行为者。一方面，当代中国市场不是一个自主的、自我平衡的、自我调节的体制。中国的市场通过一个多元的国家体系运作并与之交织，它应被理解为一套受制于国家财政和政治利益的机制。因此，中国市场的运作已经假设将国家和国有企业的内在结构作为先决条件。的确，私营中小企业比国有企业更有效率，但是，大多数私营企业经营的下游市场的有效运作，实际上是由上游央企的顺利运作来保障的。国有企业与私营企业是同一制度中相互独立但又无法相互取代的部分。在政治制度中，一个仅有服从市场的中小企业，却没有具有政治影响力的国有企业（它们处于中央政府和实质性的地方市场之间），是不现实的。然而，如果中央政府允许私营企业参股央企，例如，当前政府正在进行的国企混改试验，即公私伙伴关系（PPP），私营企业可以在国家管理的市场体制中发挥有效的作用。

因此，中国央企的这种政治经济，在经济和政治领域都呈现出一种独特的制度演进模式。对于国有企业和许多其他中间地带的行为者来说，政治约束制度化和市场化往往是同步进行的。当前领导层的做法似乎包括了更严格的政治和纪律约束，以及一些混改的试验。国有企业改革的最新进展再次证明了这一模式。2017年7月，随着大型央企中国联通集团获得国资委批准，引入14家战略投资企业（包括阿里巴巴、腾讯和百度等中国最大的互联网巨头）作为其关键子公司中国联通（中国最大的国有电信运营商之一）的股东，混改的争论最终尘埃落定。这些私人投资者将持有35％的股份，[63]但此举不应被视为国家失去了对企业的管理权；相反，这可能取决于国有企业政治约束的进一步制度化。8月中旬，有报道称，在香港证券交易所上市的中国国有企业在其公司章程中加入了一条关于党的领导的规定。[64]如果党想要通过增加私有股份和可能的有效管理话语权的方式来实现央企的市场化，那么只有在巩固了对央企甚至是最大的私营企业的管理控制权之后才能做到这一点。

后苏联时期俄罗斯国有企业的私有化方案与中国的国有企业改革形成了鲜明的对比，并提示了中国没有采取的其他国企改革方案。俄罗斯经济中没有国有企业或强大的国家权力，但在叶利钦时代的俄罗斯，预想中的数百万中小企业自由公平竞争的美好景象却并没有出现。相反，俄罗斯经济中很快出现了一种经济组织的等级制度，在最上层是十几个寡头集团，它们是由人脉广泛的苏联干部和新贵经营的私人企业，控制着经济中最重要的行业。这些大企业大多依赖于古老的非市场的非正式做法，包括物物交换的链条和与政府的非正式交易。[65]在叶利钦时代，寡头们不仅发展了垄断控制，而且还获得了强大的政治影响力，足以影响政策，甚至操纵选举等政治进程。[66]与中国的央企一样，这些寡头集团主要是国内企业，几乎没有参与国际竞争的意图。但与中国国有企业不同的是，这些寡头在苏联解体后的政治经济中既没有成为遵守法律的市场行为者，也没有为中央政府提供稳定的税收收入。自21世纪初以来，俄罗斯对寡头的全面镇压以及随后在弗拉基米尔·普京领导下的整合，可以被视为对这种混乱的市场化造成的破坏和社会代价的一种政治回应。但这场运动的结果没有导致大多数行业里的寡头消失，而是围绕普京形成了一种高度个人化的控制形式，使普京成为胡萝卜和大棒的最后仲裁者。[67]这与中国的经验有着本质区别，在中国，国家及其经济代理人之间存在着一定程度的制度性约束。毕竟，中国的央企仍然是制度性框架的一部分，以保持中央政府和市场经济之间更稳定的平衡。

央企跨越国家和市场，它们有时选择其正在玩的游戏，并制定自己的规则。从这个意义上说，它们的行为类似于其他行为者，如地方政府、大型私营企业、国有金融机构和其他国有企业行为者。就此而言，它们不同于西方强大的大型私营企业，后者对政治权力和公共资源的获取，取决于它们的市场表现。但是，央企也许是这一群体中的典型案例，因为它们可以进入一系列国家和市场机制，从行政级别到排他性的有限的市场准入权，再到对自身收入的索取权。因此，它们相对于中央政府和任何地方市场，也享有最高程度的自治。央企几乎不受任何监管机构的管辖，有时还会直接损害中央政府在许多关键领域的利益，比如社会平等和污染控制。收入分配日益不受控制的不对称格局，在很大程度上就是这种失调的产物。然而，所有这些问题都没有简单快速的解决方案。国有企业已经成为体制中的一个重要组成部分。因此，可以说，央企是对中国"制内市场"体制最根本的挑战。[68]

附录：2013 年前后由中央任命干部的中国央企集团（不包括金融业）

序号	企　业[69]	行　业
1	中国核工业集团公司[70]	核能
2	中国核工业建设集团公司[71]	核能
3	中国航天科技集团公司	航天
4	中国航天科工集团公司	航天
5	中国航空工业集团公司	航空
6	中国船舶工业集团公司[72]	造船
7	中国船舶重工集团公司[73]	造船
8	中国兵器工业集团公司（中国北方工业集团有限公司）	兵器
9	中国兵器装备集团公司（中国南方工业集团公司）	汽车
10	中国电子科技集团公司	电子
11	中国石油天然气集团公司	石油和天然气
12	中国石油化工集团公司	石油和天然气
13	中国海洋石油集团公司	石油和天然气
14	国家电网公司	电力供应
15	中国南方电网有限责任公司	电力供应
16	中国华能集团公司	发电
17	中国大唐集团公司	发电
18	中国华电集团公司	电力
19	中国国电集团公司[74]	电能
20	中国电力投资集团公司[75]	电力投资
21	中国长江三峡工程开发总公司	电能
22	神华集团有限责任公司[76]	化学
23	中国电信集团公司	电信
24	中国联合网络通信集团有限公司	电信
25	中国移动通信集团公司	电信

续表 1

序号	企　业	行　业
26	中国电子信息产业集团公司	电子器件
27	中国第一汽车集团公司	汽车
28	东风汽车公司	汽车
29	中国第一重型机械集团公司	机械
30	中国第二重型机械集团公司	机械
31	哈尔滨电气集团公司	电力设备
32	中国东方电气集团有限公司	电力设备
33	鞍钢集团公司	钢铁
34	上海宝钢集团公司[77]	钢铁
35	武汉钢铁（集团）公司[78]	钢铁
36	中国铝业集团公司	铝
37	中国远洋运输（集团）总公司[79]	船运
38	中国海运（集团）总公司[80]	船运
39	中国航空集团公司	航空
40	中国东方航空公司	航空
41	中国南方航空集团公司	航空
42	中国中化集团公司	化学
43	中粮集团有限公司	食品
44	中国五矿集团公司	金属
45	中国通用技术（集团）控股有限责任公司	装备和技术
46	中国建筑工程总公司	建筑
47	中国储备粮管理总公司	粮食
48	国家开发投资公司	投资和建筑
49	招商局集团有限公司	交通和物流
50	华润（集团）有限公司	零售、食品
51	中国旅游集团有限公司暨香港中旅（集团）有限公司	旅游

续表2

序号	企　业	行　业
52	国家核电技术有限公司[81]	核能
53	中国商用飞机集团公司	航空

资料来源：由作者编纂而成。感谢柏思德（Kjeld Erik Brødsgaard）分享相关信息。

总　结

本书从概念、历史和当代的视角，讨论了中国政治经济的基本结构。第一章和第二章通过将中国的经济体制与几种主要的西方模式进行对比，提出了一个比较分析的框架。在第三章和第四章中，我们集中讨论了从帝制中国到改革开放前夜时期的市场与国家关系的历史演变。这本书的主体部分是第五至第八章。我们对当代中国的政治经济进行了全面的分析，包括基层市场、私人资本、财政和金融体制以及央企。"制内市场"贯穿了我们整个分析的始终。我们用"制内市场"作为一个总体概念框架来解释中国政治经济的基本逻辑。

正如整本书都在讨论的，我们认为"制内市场"模式是一种在历史中演进的政治经济体制。这一体制源远流长，从汉初法家—儒家之争的古老形式，发展到后来更为成熟的帝制综合体形式。在过去的两个世纪里，它在战争和革命的现代国家构建过程中生存下来，并发展成为当代改革开放后的形态。总的来说，"制内市场"是一种政治经济模式，在这种模式中，市场的基本逻辑在结构上服从于国家的政治命令。它在概念上不同于在现代欧美占据主导地位的"场内国家"模式，也不同于东亚新兴工业经济体的发展模式。

在西方主流经济话语和政策实践中盛行的"场内国家"模式，要求国家严格按照社会契约、产权和法治等市场原则来运作。在政治生活中，这些原则是通过自由选举、多数统治和议会审议的多党制民主来实现的。议会制通过全民投票和利益集团的结合，将选民的政治选择转化为国家行动。在财政方面，国家财政收入主要来自富人和大公司的直接税。在某种意义上，这一制度往往允许资本成为控制或规避国家主权的有效手段，特别是在当前盛行的新自由主义意识形态下。在这种情况下，国家的自主权可能会受到政治和商业精英的组织化利益的严重损害，因为后者可以策略性地主导政策过程，如在当代美国。[1]

与西方"场内国家"模式的国家相比，东亚新兴工业经济体的发展型国家在国家与国民经济行为者之间构建了更紧密的联盟或共同利益。这样的愿景也可以容纳法治和产权，但不一定能容纳全面的自由选择和竞争。在允许自由市场主导国内经济的地方，国家与私营部门的联盟是在全球市场开展竞争的指导原则。这种逻辑在一个稳定的政治核心中最为有效，而这个政治核心具有清晰的意识形态愿景和强大的组织性权力，例如，在多党制或强大的威权主义政权中，只有一个占据主导地位的政党。对于发展型国家来说，同样重要的是根据利益一致的原则，将国家和市场行为者绑定在一起的制度安排，以便使市场行为者在全球舞台上得到国家的充分支持。正如在第一章中所论述的，这种模式在战后的日本很有效，因为政治精英、官僚机构和企业通过像经连会这样的商业机构联盟，与类似于通商产业省这样的中央机构协同工作，促进经济增长。[2]东亚的新兴工业经济体，尤其是所谓的"四小龙"，即韩国、新加坡及中国的台湾和香港地区，也遵循了这种模式。

与"场内国家"模式和发展型国家不同，"制内市场"体制赋予国家对国内市场行为者的绝对主权。这一原则在制度上得到了支持，即国家通过其经济部门（如国有企业、国有银行和地方政府）对工业、金融和土地进行控制，以及对强大的私人行为者进行全面吸纳。在这种安排下，国家拥有必要的资源和机制，使市场成为一种工具而非意识形态权威和政治原则的来源。正如本书所讨论的，虽然"制内市场"模式确实允许市场机制发挥一定作用，但这种模式很难完全采用在西方盛行的重要和基本的资本主义制度,如法治、私有制和产权。因此,虽然"制内市场"模式有利于挖掘市场在调动资源方面的潜力,但在建立以创新为基础的经济发展模式方面却不那么成功。此外,在"制内市场"的条件下,市场化并不必然导致国家的衰落。事实上,正如本书所讨论的,它甚至可以为国家权力的扩张创造有利的条件。

在当代世界,没有任何一个现代国家能够像中国国家那样,以中国共产党的领导为核心,管理如此庞大的市场网络。"制内市场"模式在当代的兴起,产生了许多关键的经济影响。正如本书所讨论的,这种模式从 20 世纪 70 年代末开始演变,当时国家全然接受了美国领导的全球化浪潮,并将其动员结构的性质从军事—政治转变为经济。中国的经济转型是当代世界历史上最重要的发展之一。在不到 40 年的时间里,中国已经从以农村腹地为基础的计划经济,转变为以现代制造业和服务业为主导的充满活力的市场经济。1979—2009 年,中国经济以接近 10% 的惊人速度增长,被称为"中国经济奇迹",有力地证明了经济改革所释放和构建的强大动力。

这种高速增长也是一个快速工业化的过程,以现代工业的增长和传统农业的相对衰落为标志。自改革开放以来,制造业和服务业的增速明显快于第一产业。制造业和建筑业已成为经济实力最强的行业之一。20 世纪 90 年代中期以来制造业的加强,符合主要增长动力从消费到投资的根本变化。产业结构的全面变化也与就业结构的变化相对应。1978—2008 年,特别是从 20 世纪 90 年代中期以来,产业结构出现了从初级部门向现代部门,特别是第三部门转移的持续和重大的转变。随着中国经济的现代化和工业化,现代部门的就业比例增加了一倍多。现代企业的所有制结构也发生了变化。国有企业的就业在 20 世纪 90 年代末收缩最快,当时中小国有企业在朱镕基改革下经历了私有化。自 20 世纪 90 年代中期以来,私营部门崛起成为城市劳动力的主要雇主,这是中国混合经济的显著特征。

同样重要的是，中国经济依然保持了政治控制市场的逻辑，并在过去30年中经受住了三次重大危机，即1989—1992年的政治经济困难、1997—1998年的亚洲金融危机和2008年的全球金融危机。每一次，该体制都朝着选择性市场化、有针对性的国家控制和适应全球化的方向加强。无需多言，中国经济的崛起在很大程度上就是这种模式的产物。

然而，"制内市场"在当代中国的兴起也产生了许多社会和政治后果。事实上，"制内市场"的社会和政治后果就算没有恶化，也同样具有深远的影响和破坏性。一方面，虽然现代中国国家已经将其直接影响下的中国社会的部分改造得翻天覆地，但这种模式也暗中标志着旧的帝制经济、社会和国家模式的回归。在本研究的主体部分，我们几乎没有讨论过"制内市场"模式的社会和政治后果。考虑到中国在全球舞台上的崛起，这些显然是重要的话题，但这样的讨论所占的空间将超出本研究的范围和目标。在这最后的总结章里，我们将集中讨论这个问题，并从理论和政策的角度总结出"制内市场"模式的一些社会和政治后果。

"制内市场"的社会后果

在讨论"制内市场"体制的时候，社会是一个我们还没有涉及的概念。社会如何融入或不能融入这个模式？这显然是一个重要的理论问题。第一，在现代中国的政治格局中，思考社会的意涵是有意义的。一般来说，中国的"社会"概念在概念上并不等同于西方使用的"社会"。在古汉语中，"社会"这个词指的是农村社会一年一度的农业节日。在帝制晚期和民国时期，"社会"被用来指代诸如秘密教派和秘密社会等社会组织。"社会"作为一个非国家单位的概念，是20世纪早期在西方"社会"的概念影响下才出现的。[3]

当代中国的社会概念有两个重要的含义，尤其是当它与国家相对时。在官方话语中，"社会"等同于"民间"，即不受国家直接控制的各种社会组织,其中比较重要的成员包括私营企业家。[4] 但是在口语中,"社会"通常指的是社会中无组织的,因而有潜在危险的各种要素。它与"江湖"的流行概念相似,意思是"游民的世界"或"草莽的土地"。当代话语中的"国家"往往带有积极和正式的内涵,而"社会"的概念则传达了一种混乱和无序的感觉。这与西方自由主义的公民社会概念相反,但与霍布斯的自然状态很类似。因此,在官方和大众话语中,最真实的中国的社会概念是一个无政府主义的边缘社会,不受国家权力的控制。换句话说,社会是国家权力薄弱甚至退出的领域。

现代的社会话语掩盖了中国国家与社会关系的真相。事实上,中国国家对社会进行直接的组织和管治,已经形成了一种规范。在前现代的中国,正如本书主体部分所简要论述的那样,帝制国家通过其基层组织和财政机构来控制社会,包括户籍制度和对重点行业的垄断。在现代中国,党领导下的国家通过一系列广泛的基础性权力来管控社会,从基层党组织,到户籍制度,再到计划生育。此外,国家通过共青团、工商联、妇联等政府管控的社会团体来组织社会。近期,中国共产党甚至开始在非政府组织中建立自己的基层组织。[5] 社会作为一个非国家行为者,只意味着间接的而不是直接的控制。甚至在不受控制的秩序这个意义上,社会也往往带有贬义而非积极的内涵。但是,即使是这种广泛的社会控制制度,也只是前改革时代更加广泛和集中的社会控制制度的残余,后者已经远远超越了对基层组织的控制,深入每一个家庭单位。

从这个角度,我们可以看到中国的市场观和社会概念之间的一个关键的相似性。自治市场只存在于基层,超出了国有企业和财政机构的覆盖范围,而自治"社会"只存在于国家组织和控制的整个社会制度的边缘。随着市场组织和社会组织向更高、更复杂的层次发展,它们不可避免地卷入和介入国家权力这一主导性的组织力量。在中国社会的最高层次上,市场和社会的概念与党领导下国家的意识形态和组织有着千丝万缕的联系,无论是资本主义的市场观念还是社会主义的社会观念。但正如我们在本研究中所讨论的，在国家和市场之间存在着一个巨大的、灰色的中间地带领域，在这个领域里，国家和市场行为者的身份往往是混合的，难以区分。国家和社会之间也有相似的领域，在这些领域里，国家权力为社会提供直接的保护，其形式是国家控制的社会服务部门和国家资助的社会福利，后者中最典型的就是毛泽东时代国家资助的劳保制度与"赤脚医生"。

20世纪90年代以来的市场改革在两个重要方面标志着这种社会秩序的终结。第一，它用更复杂的管控制度取代了更严格的国家控制。在过去的20年里，国家逐渐放弃了以前占据主导地位的直接社会控制模式，减少了它的意识形态和组织控制制度，包括借由户籍制度强加的流动控制这一标志性制度。第二，它还重构了此前的社会保护和社会福利提供的形式。毛泽东时代单位制度下建立的福利国家在改革期间被终止，除了一个小得多的国有部门中的一小部分得以保留——这意味着一些政治精英，如一些公务员和国有企业管理层，仍然享受着缩减的福利制度。[6] 现在，国家利用市场来共同主导社会福利的提供。换句话说，在当前的格局中，市场的地位次于国家，而社会则服从于市场和国家。强调这种国家、市场和社会之间的平衡转移的一些社会后果，是非常重要的。

在市场化改革之前，社会和市场都完全是由国家主导的。虽然毛泽东对社会持肯定态度，并试图释放社会自主力量的政治潜力，如在"文化大革命"时期，但他对通过市场进行政治动员就不那么乐观了。然而，这正是改革年代所发生的事情，市场成了有利的动员工具，使社会得以市场化。与19世纪末西方自由主义的兴起不同，这种市场化只服务于国家的权力和"制内市场"体制的重建。与大约一个世纪前欧洲和北美的情况相比，在这种背景下发生的事情在某种程度上更具破坏性，但也更具可塑性。

自20世纪90年代中期以来，"制内市场"体制所造成的最严重后果之一，就是不同部门、职业和社会群体之间的收入差距迅速扩大。以数字衡量，多数经济学家估计中国的基尼系数在 0.45—0.50 之间，远高于 0.40 的国际红线。[7] 这种程度的收入不平等使中国有别于东亚邻国，不平等程度超过日本和韩国等大多数发达国家，以及印度和俄罗斯等发展中国家。

这种倾斜性分布的另一面是农村人口做出了不成比例的牺牲，他们承受着中国发展成本的主要冲击。虽然这几乎是所有形式的市场经济的铁律，但中国的问题因国家在医疗、教育和环境等社会福利领域的迅速撤退而加剧，特别是在农村地区，这种市场化进程被证明是最为致命的。这在农村年轻人的高中辍学率中表现得很明显。尽管中国法律规定适龄儿童必须接受九年义务教育，而且农村家庭收入也一直在增加，但最近的调查显示，63%的农村学生从未完成初中教育，其原因要么是在劳动力市场获得更高收入的理性计算，要么是短期的资金困难。[8]

在这种背景下，重新审视波兰尼看待资本主义发展的逻辑是有益的。在《大转型》一书中，波兰尼探讨了市场经济崛起期间英国发生的社会和政治剧变。他认为，现代市场经济和现代国家不应被理解为离散的元素，而应被理解为一个单一的人类发明，他称之为"市场社会"。他的理由是，需要一个强大的现代国家来推动社会结构的变化，从而形成有竞争力的资本主义经济，而资本主义经济需要一个强大的国家来减轻其更恶劣的影响。如果任其自生自灭，市场社会是不可持续的，因为它对其赖以生存的人类环境和自然环境具有致命的破坏性。

在评估国家在释放市场力量方面的作用时，波兰尼强调了 19 世纪市场经济的历史新意及其随之而来的意识形态扭曲。他认为，自由放任是规划好的，走向市场社会的运动是一种有意识和有计划的现象，在这个过程中，国家的行动是驱动力。这个演进过程不是自然而然发生的。正是国家权力通过行动为自由市场扫清了道路。另一方面，与小心谨慎地建设市场社会相反，反向运动或社会保护主义则是自发的、没有计划的，它们来自社会的各个部门，以回应市场的破坏性影响。波兰尼认为，建设一个"自我调节型"市场，需要将社会分为经济和政治两个领域。自我调节型市场虽然带来了前所未有的物质财富，但经济和政治的这种分离也导致了大规模的社会混乱和社会自发的自我保护行动。自由市场资本主义一旦把土地、劳动力和货币当作"虚拟商品"，就把社会的本质置于自我调节型市场的专制法则之下。当自由市场试图脱离社会结构时，社会保护主义是社会的自然反应，这是一种波兰尼称之为"反向运动"的反应。[9]

根据波兰尼的观点，这种保护主义的反向运动是一场以普遍福利为目标的普遍利益运动；它尤其包括了工人，但也包括资本家，因为所有人都在寻求某种形式的保护，以应对自我调节型市场的变幻莫测和社会风险。反向运动所获得的保护阻碍了自我调节型市场的效率，这反过来又催生了更严峻的经济条件和另一轮的保护需求。市场制度是不稳定的，它的不稳定导致了恐惧和行动。从历史和比较的视角看，波兰尼证明了市场的侵蚀和政治压迫会立即激发抗争与反叛。因此，对波兰尼来说，经济不确定性和市场萎靡的社会需求，给国家施加了巨大的压力，要求其进行政治干预。随之而来的国家行动必须至少在名义上提供一些救济和保护。一个对政治和经济体制都进行民主控制的社会必须取代市场社会。这些市场机构不能再控制社会，而应该由社会来控制市场。因此，国家对社会的保护，或者说波兰尼所理解的社会主义，是基于市场的工业社会与生俱来的。[10]

中国作为社会主义国家，坚持不懈地推动以市场为导向的经济增长方式，但在制定一套应对市场发展的社会后果的社会政策方面却相对缓慢。这导致了社会的冲突和抗议，甚至导致了一些社会边缘部门的不稳定。1990—2006年（这是唯一可以获得官方数据的时期），中国的群体性事件从3200起增加到87000起。[11]虽然目前的官方数据缺失，但预计这一数字自那时以来已经大幅增长。此外，近些年来，少数民族地区的暴力已成为中国涉恐事件的主要来源。这在一定程度上是由于少数民族的民族文化无法适应"制内市场"体制带来的强有力的、自上而下的社会经济变化。这些抗争和随之而来的暴力是中国经济崛起引发的社会危机的症状。

这轮社会抗争和动荡更多的是政治上的而非经济上的。抗争和动乱的最危险来源不是那些一无所有的经济和社会阶层，而是受到侵犯的地方社区和边缘化地区的族裔群体。三种类型的社会抗争和动荡尤为突出：反对地方政府强行征用国有城市土地和集体所有的农村土地用于基础设施建设与房地产开发的抗争；针对有可能造成环境恶化的工业项目或工厂的抗争；暴力抗议甚至是一些边缘地区少数民族极少数人所从事的恐怖袭击。所有这些抗争都直接与不停地调动资源和缺乏充分的社会保护有关。[12]

历史一再地证明，如果社会得不到保护，政治混乱就会随之而来。[13]在现代世界历史上，就有很多这样的教训，不少国家尽管此前经济繁荣，但在国家构建的尝试中失败了。在大多数这些案例中，国内社会危机和最终的政治危机的最重要根源是经济不平等与社会不公正。事实上，中国历史也以王朝周期律的形式提供了这样的教训：当政治权力维持了经济繁荣，而经济繁荣反过来又无法抵挡革命时，所有的经济繁荣都只不过是镜花水月。中国的经济转型，乃至最终的社会转型和政治转型能否持续并最终实现，关键取决于"制内市场"体制对自身造成的社会危机的回应。

要回应波兰尼的命题，社会，尤其是社会中最弱的部分，必须从市场的破坏性力量中得到保护。保护社会不仅是一项经济任务，更重要的还是一项政治任务。这就把我们引向了一个关于中国政治转型的更重要的研究议程。

"制内市场"与中国政治体制

中国经济与政体之间的关系一直是争论不休的话题。中国经济体制的历史发展没有取得重大突破,这就引出了另一个同样重要的问题:为什么中国不能发展出西方的那种政治体制或现代国家?中国的朝代更迭频繁,但变化模式基本一致:每一次朝代更迭大多是由农民起义引发的,新的王朝政权在没有任何结构变化的情况下建立。人们当然可以把这个问题与20世纪关于"东方专制主义"的辩论联系起来。卡尔·马克思关注社会经济基础,并将高度中央集权国家的产生归因于他所称的"亚细亚生产方式"。[14]相比之下,马克斯·韦伯倾向于强调导致这种制度的政治因素,他称中国(还有印度)是一个"水利官僚制国家"。[15]卡尔·魏特夫分析了灌溉工程在亚洲的作用、维护灌溉工程所需的官僚结构以及它们对社会的影响。在他看来,像中国这样的亚洲社会严重依赖大型灌溉工程的建设;为了成功地做到这一点,国家不得不组织广大民众进行强迫劳动。这就需要一个庞大而复杂的官僚机构,由能干和有文化的官员组成。这种结构具有独特的地位,可以粉碎民间社会和任何其他能够动员起来反对国家的力量。这样的国家必然是专制的、强大的、稳定的、富有的。[16]

关于为什么以及如何建立和发展这个高度中央集权的制度(水利社会),至今在中国仍是颇具争论的话题。[17]迄今为止,也还没有令人满意的答案。事实上,关于"水利社会"这个命题,我们可以提出许多问题。如果我们关注国家实际上做了什么,我们可以质疑大规模的基础设施建设(如灌溉工程)是否是中国高度中央集权制度的主要原因,或者这种中央集权制度是否仅仅是国家对中国地理环境做出反应的结果。但是,如果我们转换到观念因素,我们就可以探讨这种中央集权制度是否主观地建立在中国的经济哲学基础之上——这种哲学从规范上证明了国家与市场、国家与社会之间的关系。当然，我们也可以问，这种高度中央集权的制度是否是中国自然地理环境和中国统治者哲学互动的结果。我们认为，历史对未来的探索永远是开放的。

"水利社会"命题可以延伸到当代。如果按照马克思的观点，经济是基础，政治是上层建筑，那么经济的变化必然会导致政治的变化。在当代中国，情况却似乎并非如此。许多学者仍然在努力回答一个问题：为什么近代以来快速的社会经济转型没有导致中国的政治转型？事实上，研究当代中国的学者们又提出了一个古老而重要的问题：中国古代的"水利社会"命题今天还会自我重复吗？还是中国能够避免这一历史铁律？

当中国在20世纪70年代末开始实行改革开放政策时，国内外许多人都认为，这项新政策将使中国走向经济自由化和政治民主化，与西方进行大融合。人们还认为，与市场经济和民主政体一起出现的，还有一个更美好的社会，一个富裕和平等的社会。然而，经过40年的改革开放，中国并没有成为许多人所期望的那种国家；相反，它已经演化成了一种不为世界所知的不寻常的事物。正如本书所讨论的，许多在西方发生的经济与政治之间的联系，在中国却并没有发生。相反，中国的经历与西方的截然不同。经济奇迹与许多"意料之外"的后果相关。在经济领域，不断增长的市场经济并没有削弱国家相对于市场的权力；相反，国家通过经济转型增强了自身的权力。在政治上，尽管市场经济得到了发展，但中国的体制仍然是高度威权主义的。事实上，在官方话语中，中国仍然是一个社会主义国家。在社会层面，市场经济确实导致了中国内部的多元化和不均衡，但社会分化和不平等的程度出人意料地高。所有这些问题的答案，都可以部分地从中国市场经济与其政治体制之间的联系中找到。

当然，西方人眼中的"有中国特色的资本主义"并没有带来战后西方和日本在现代化进程中出现的法治、民主等预期后果。在西方历史上，法治和民主都与资本主义的兴起密切相关。米尔顿·弗里德曼和弗里德里希·哈耶克等自由主义经济学家认为，经济自由是公民自由和政治自由产生与持续的必要条件。自由主义经济学家认为，经济自由只能在市场经济中实现，特别是自由市场经济。此外，他们还认为，通过价格机制和私有产权，在市场正常运作的经济中可以实现充分的经济自由。对这些思想家来说，经济自由度越高，一个社会享有的公民自由和政治自由就越多。弗里德曼认为："经济自由是政治自由的必要条件。让人们在没有强制或中央指令的情况下相互合作，会减少政治权力的行使范围。"[18]

因此，我们不难理解，为什么仅依靠中国特色的市场经济，并没有、也不会给中国带来民主化。许多政治学家做了很大的努力来探究，为什么中国市场经济的发展没有导致政治民主。高敏（Mary Gallagher）发现，中国的经济自由化和民主化之间并没有明显的关系。尽管中国的市场改革和与全球资本主义的进一步融合带来了前所未有的经济增长与社会变革，但中国依然得以在没有民主化的情况下成功地实现经济自由化。[19]尽管私有制和私营企业家在世界其他地区的政治自由化与民主化中发挥了重要作用，但同样的情况并没有发生在中国。蔡欣怡（Kellee S. Tsai）在对中国私营部门的研究中，反驳了私有化会导致民主化的假设，并表示相信中国企业家不会鼓动民主化。[20]事实上，许多其他学者已经展示了中国的政权是如何成功地吸纳企业家的，无论他们是"红色资本家"还是私营资本家。在对中国共产党的广泛研究中，狄忠蒲（Bruce J. Dickson）挑战了西方学界的传统观念，即经济发展正在催生中国的政治变革，或者中国的私营企业家正在帮助推动民主化。相反，狄忠蒲认为，他们已经成为执政的中国共产党的合作伙伴，一方面促进经济增长，同时保持政治现状。事实可能会证明，中国企业家并不是变革的潜在推动者，而是中国共产党议程的关键支持者。狄忠蒲阐明了中国共产党将私营企业家纳入政治体制的战略，还阐明了中国共产党和私营部门的共同利益、个人关系和共同观念是如何创造出一种"裙带共产主义"形式的。[21]

这个术语显然起源于"裙带资本主义"。"裙带资本主义"被用来描述这样一种经济体，在这种经济体中，商业的成功取决于商人和政府官员之间的密切关系。它可以表现为在分配法律许可、政府津贴、特别税收减免或其他形式的国家干预方面的偏袒。"裙带资本主义"被广泛用于解释东亚新兴工业经济体的政治经济体制。[22]中国国内的经济学家，如吴敬琏，也运用这一概念来探讨经济改革的许多负面后果。[23]然而，如果"裙带资本主义"或"裙带共产主义"的概念意味着政府与商业之间的密切联系，那么它们就无法解释中国的政治发展。在东亚，许多被描述为"裙带资本主义"的经济体，如日本、韩国和中国台湾地区，也是民主政体，但政府和商业之间的密切关系并没有阻止民主化的发生。中国存在某种形式的"裙带资本主义"，但人们需要解释，为什么它的表现与其他东亚经济体不同。

我们在本研究中的发现，当然支持这些不断增长的关于市场经济和政治体制之间关系的文献。我们已经证明，中国政府有能力利用资本主义来促进经济增长，同时"消化"其带来的政治后果。然而，通过指出中国市场体制的层级结构，即三层市场，我们为这些文献增添了新的价值。我们认为，这种市场层级结构使中国政府有能力容纳市场，同时保持对市场的控制。

然而，"制内市场"体制中的国家、市场和社会之间的根本矛盾依然存在。2008年9月23日，温家宝总理接受了美国有线电视新闻网（CNN）记者法里德·扎卡里亚（Fareed Zakaria）的采访。在回答扎卡里亚有关市场和社会主义的问题时，温家宝说：

> 完善经济政策制定，就是要在政府的宏观调控指导下，充分发挥市场在资源配置中的基础性作用。过去30年，我们有

一个重要的经验,就是要让"看得见的手"和"看不见的手"都充分发挥调节市场的作用。如果你熟悉亚当·斯密的经典著作,你就会知道他有两部著名的著作,一本是《国富论》,另一本是《道德情操论》。《国富论》更多地涉及市场力量这只看不见的手,另一本书是关于社会公平和正义的。如果一个国家的大部分财富集中在少数人手中,那么这个国家就很难实现和谐与稳定。

温家宝在这里谈到了两个行为者,市场和政府,或者说金钱和权力。在金钱和权力的这个等式中,社会并不重要。然而,在同一场采访中,温家宝还提到他对斯多葛派哲学家马可·奥勒留(Marcus Aurelius)《沉思录》的深刻印象,并问道:"那些曾经伟大的人在哪里?他们都走了,只留下一个故事,甚至半个故事。只有人能创造历史,书写历史。"[24]

监管还是灭亡。这是我们可以从 2008 年美国的全球金融危机中吸取的教训。问题是谁来监管谁。尽管政府可以监管市场,但是两者也可以互惠互利。如果是这样,那么就没有道德或社会正义了。没有人能管制金钱,也没有人能管制权力。如果我们援引温家宝对《沉思录》的论述,我们可以得出这样的结论:只有社会才能规制金钱和权力,只有把社会纳入这个等式,才能实现社会正义。问题是,社会如何才能被赋予控制金钱和权力的权力?这显然是一个政治问题。

这是中国在未来几十年必须回答的政治问题。目前,在这个三角关系中,社会方面的力量还太弱,无法建立起一个稳定的秩序。市场化改革使国家和市场主导社会成为可能。这种安排最大限度地提高了现代国家和市场动员社会资源的能力,同时使中国社会的自治秩序变得非常脆弱。中国目前由收入不平等、社会抗议和环境恶化所引发的社会危机是社会相对弱化的最好指标。在最近一波向外的全球移民潮中,中国中产阶级专业人士和企业家大量流失，他们发现，尽管国内有着增长潜力和就业机会，但生活在其中的吸引力在减弱，这进一步加剧了社会的弱势地位。[25]通过进一步削弱中产阶级，原本能够对抗扭曲的市场化所带来弊端的社会政策改革只能被继续推迟。

全球背景下的"制内市场"体制

最后，当代中国"制内市场"体制的社会、经济和政治层面，应当放在全球背景下进行理解。这个问题的重要性当然值得系统地对待，但是如此广泛的分析将会超出我们有限的研究范围。但是，作为一个关键因素，这一全球性的层面不能被简单地忽视。我们对中国政治经济的现代转型问题进行了初步探讨，在此，我们将勾勒出一个简单的全球分析框架，作为当代中国"制内市场"体制的基本外部条件，进而探讨中国在这一全球背景下的转型。

新兴的全球政治经济联盟由10多个大型经济体和数百个小型经济体组成，但其关键的政治参与者寥寥无几：美国、欧洲、中国和东亚新兴工业经济体。这一制度的运作主要取决于它们在经济和政治两个层面上的互动。作为全球多重参与者体制中唯一的"制内市场"体制，中国的市场和国家与外部世界的互动也是独特的。此外，在这些国家级参与者之间，还有强大的跨国公司、跨国贸易和金融网络，以及在更大程度上流动的移民劳动力。由于没有一个有效的世界政府能够全面控制这些流动，全球资本主义体系没有"政治外壳"，在产生巨大财富的同时，也造成了巨大的不平等和环境灾难。[26]

在"制内市场"体制下，中国社会转型时期所引发的市场力量渗透到全球经济和发达国家的国民经济中，即便中国的市场行为者受到了更严格的国家管制，这些行为者包括了在全球经济中发挥着越来越重要作用的私营企业家和农民工。当中国国家权力试图强化市场纪律，并对国内市场行为者（以及越来越多的全球行为者）施加政治管控时，它还能够让中国在一定程度上免受全球市场制度性规则的影响，除非是出于政治目的特殊安排。当中国政府试图利用全球市场进行自己的工业化和现代化项目时，它可以更有力地争取吸引全球公司，促进外向型经济的增长，同时为全球生产过程提供数亿名训练有素的劳动力。尽管改革开放前的经济和现行的"制内市场"体制之间存在巨大差异，但国家的明确角色仍然没有改变。在这两种情况下，政治逻辑都具有至高无上的重要性。

因此，当这种类型的政治经济与全球市场交织在一起时，就出现了一种有趣的"资本主义多样性"模式。与美国和欧洲的"场内国家"体制和东亚发展型国家不同，中国的"制内市场"体制与全球市场的整合往往是自下而上的，而不是更普遍的自上而下模式。换句话说，与中国最强大的经济力量，如国有企业，甚至一些大型私营企业相比，"制内市场"的基层、下游或市场参与者与全球市场的整合要紧密得多。这在一定程度上造成了对中国企业在财富"500强"中激增的误解。虽然中国在出口型经济体中排名第一，在大型企业数量上排名第二，但大多数排名靠前的中国企业在全球的影响力其实非常有限，因为主要由国内央企构成的国有企业总是在榜单上占据主导地位。

激发中国经济活力、重振中国在全球市场地位的，不是中国的大型国有企业，而是外国资本。自20世纪80年代末以来，随着中国市场向全球市场开放，大量的全球经济行为者、投资和技术涌入中国。这种模式早在中国加入世贸组织和出口爆炸式增长之前就存在了。20世纪90年代，中国就已经是亚洲最依赖外国直接投资（FDI）的开放经济体之一。[27]外国直接投资对中国最重要的影响之一就是出口能力的迅速增长。从20世纪80年代初到21世纪头10年，外资企业对中国出口的贡献稳步增长，达到了前所未有的55.2%。[28] 2008—2013年，外商投资企业仍然主导着中国的出口，占据了出口总额的46%，但2013年，私营企业的份额大幅增长至约35%,国有企业贡献了大约17%。[29]但由于中国私营企业的平均资产较少,使用的劳动密集型技术也比国有企业多,因此私营部门可能会扮演类似于外商投资企业的角色,它们利用借来的技术加工生产,并向发达市场供应成品。

1980—2013年,中国的出口以惊人的年均15.6%的速度增长,其中大部分是商品出口,从重型机械到耐用消费品。与此同时,中国的制造业增加值也以类似的速度增长了15.1%。[30]在大约30年的时间里,中国从一个封闭的、半工业化和半农业的经济体发展成为世界工厂,这依靠的是市场化,但最重要的是,中国还能进入新开放的全球市场。中央和地方政府努力促进制造业的发展,包括努力使关键生产要素保持在有竞争力的价格,从土地和劳动力的低成本到免税和出口补贴,以及不严格执行环境保护和知识产权保护政策,这些举措都维持了这种增长模式。正如在第六章和第七章中所讨论的,这些工作主要由地方政府开展,它们分享了GDP、工业产出、就业和财政收入短期增长的大部分好处。但同样的模式也有利于可以利用中国廉价要素价格的全球企业家,以及享受中国廉价出口产品的外国消费者。

但是,这种利益一致也会对收入分配产生重要影响。创造工业能力的全面努力并没有得到消费和家庭平均收入相应增长的支持。事实上,尽管中国经济在1992—2008年进入了增长最快的阶段,但家庭收入占GDP的比重从67%降至58%,消费占GDP的比重从48%降至35%。[31]这一相对消费水平不仅与发达经济体70%—80%的水平形成了鲜明的对比,也与印度和俄罗斯等发展中国家50%—60%的水平形成了不利的对比。换句话说,许多增长的成果并没有分配到普通家庭。我们分析了"制内市场"体制是如何在中国社会造成收入不平等的。在收入不平等和消费受到抑制的双重影响下,加之考虑到中国经济的增长规模,中国中下阶层的受益是相对较少的。尽管2013年中国人均GDP增长到7000美元左右,但即便是在上海,家庭平均年收入也只有4700美元,其他地方则还要低得多。[32]

自20世纪90年代中期以来，家庭收入和消费相对于GDP和贸易的缓慢增长，对中国经济产生了长期负面的结构性影响。一方面，它造成了一种恶性循环，因为收入和消费的减少导致国内需求的减少，那么为了创造足够的增长和就业，就进一步需要世界市场。同样的增长模式只会导致同样的自我循环的收入分配结构。这就是1994—2008年全球金融危机爆发期间的增长模式。此后，中国发现自己陷入了一个更严重的困境。为了应对危机后中国出口长期需求的骤降，国家决定推出4万亿元的刺激计划，主要集中在基础设施投资上。尽管这一及时的干预在几年时间里挽救了经济增长，但中国经济目前还承受着货币超发和沉重债务水平的负担，而且近年来经济增长率也在大幅下降。

全球金融危机预示着当代全球政治经济模式中更大的危机。在过去的几十年里，随着快速工业化的中国寻求拥抱全球市场，美国以接触战略将中国吸引到自己的体系中，这种模式运作良好。这一制度是在第二次世界大战之后创立的，在冷战初期得到巩固，然后在20世纪70年代得到修正。正如在第四章中所讨论的，也正是在这个时期，中国将自己的现代国家进行转型，从一种政治动员形式转型为一种经济动员形式。从20世纪70年代末到21世纪初，以美国为中心的秩序越来越多地以新自由主义的名义将崛起的中国纳入其中。

但近年来，随着贸易增长的停滞，以美国为中心的"场内国家"模式已经不能完全容纳"制内市场"的工业能力。造成这种结构性失衡的原因有两个。第一，旧的全球失衡体系变得不可持续。在2008年全球金融危机爆发10多年后，欧洲和北美的发达经济体仍在努力恢复其旧有的消费模式。近年来出现的非常规增长，在很大程度上是基于量化宽松和低利率，但这两种措施很快就会失灵。随着全球需求的放缓，中国将无法再指望这个外部的增长引擎。此外，随着中国面临劳动力供应减少和土地耗竭等资源约束，要素价格的大幅上涨也将终结出口驱动型增长。[33]

第二，同样重要的是，中国惊人的经济增长导致了中国国家的扩张，包括财政和地缘政治影响力的扩张，而非促进一个充满活力的市民社会的发展。"制内市场"体制中固有的经济发展动员方式与全球资本主义的逻辑很好地配合起来，使其能够在没有出现社会和政治力量相互对抗的情况下，满足其利润动机。最终，中国模式自身的现代化政治体制将会继续演进，甚至演化成为一个影响力深远的地缘政治体制。对美国而言，这不仅意味着经济优势的丧失，还意味着地缘政治利益和意识形态主导地位的丧失。

2008年的全球金融危机从美国的次贷危机扩展到经济和贸易问题领域，重塑了全球地缘政治和政治经济。自奥巴马的第二届任期以来，美国一直在寻求修改全球贸易的游戏规则。2012—2016年，以跨太平洋伙伴关系协定（TPP）为准则的新的贸易和投资框架明显地证明了这一点，该框架实际上将中国排除在新规则之外。唐纳德·特朗普当选美国总统后，美国放弃了TPP的制度性方案，开始考虑采取更具对抗性的措施，包括对中国发动贸易战。[34]作为回应，中国寻求加强和扩大以中国为中心的贸易秩序。2014年，中国发起了自己的"一带一路"倡议，其中包括在东南亚、欧亚大陆、东太平洋和印度洋等地建设庞大的基础设施，加强贸易关系。为了给这些基础设施项目提供资金，中国还发展了替代性金融机构，例如，中国主导的亚洲基础设施投资银行（AIIB），它迄今已经吸引了除日本和美国之外的所有主要经济体。[35]

中国经济和世界经济正处于一个关键的转折点。在危机迫近的背景下，中国"制内市场"体制中的社会、市场和国家之间的国内再平衡具有全球意义。一个更强大、受到更好保护的社会将能够增强国内的需求，培育一个更强大的市民社会。如果社会与国家之间、社会与市场之间的平衡能够向社会倾斜，那么"制内市场"体制就会变得更加稳定和可持续。"制内市场"体制将失去一些能力，但人们将不会再看到动员型国家和无情的市场化的激进发展。随着社会相对于市场和国家的崛起，中国的体制也将在公民权利方面接近全球标准。这将是解决中国自身危机和中美之间任何全球性冲突的最好办法。

注　释

序言

1. 此书英文原版名为 *Globalization and State Transformation in China*，剑桥大学出版社 2004 年版；中文译本为《全球化与中国国家转型》，浙江人民出版社 2009 年版。——译者注

2. 此书英文原版名为 *The Chinese Communist Party as an Organizational Emperor：Culture，Reproduction and Transformation*，罗特里奇出版社（Routledge）2010 年版；中文译本为《组织化皇权：中国共产党的文化、再造和转型》，香港城市大学出版社 2018 年版。——译者注

3. 受本书的两位作者委托，对这一术语的翻译做个说明和解释。"market in state"最初被翻译成"府内市场"，但"府"很容易被误解为"政府"，这样就会变成"政府内市场"。显然这并非两位作者的本意，因为英文中"state"的概念远远大于"政府"的概念，政府"只是众多国家制度中的一种制度体系"。在本书中，作者用"state"的概念来表达一整套国家制度体系。因此，"market in state"可以直译为"嵌入国家制度体系的市场"，简称"制内市场"。

导论

1. 当然，中国对西方经济学的接受并非一个简单的线性发展过程。相反，它受到了各种政治力量和制度环境的干预和影响。但是，19 世纪末 20 世纪初的整体趋势，是全面拥抱经济研究并将其本土化。参见 Paul B. Trescott, *Jingjixue：The History of Introduction of Economic Ideas to Modern China*（Hong Kong：Chinese University Press，2007）。

2. "政治经济学"一词在当今中国主要用于指马克思主义政治经济学理论。但是，帝制中国的确存在以政策为导向的政治经济学研究的传统，以"经济"为名，字面意思是（儒家的）经世济民。

3. 最近一次重申这一立场的是特朗普政府，具有讽刺意味的是，特朗普政府恰恰在许多场合拒绝了自由贸易的想法。参见 "US Seeks to Deny China's Market Economy Status in the WTO," *Financial Times*, November 30, 2017。

4. Jonathan R. Woetzel, "Reassessing China's State-Owned Enterprises," *The McKinsey Quarterly*, July 2008, p. 1.

5. James Fallows, *More Like Us: Making America Great Again* (New York, NY: Houghton Mifflin, 1989).

6. David Pilling, "Round Two in America's Battle for Asian Influence," *The Financial Times*, April 1, 2015.

7. Kenneth Pomeranz, *The Great Divergence: China, Europe, and the Making of the Modern World Economy* (Princeton, NJ: Princeton University Press, 2000), p. 1.

8. 例如：David Faure, *China and Capitalism: A History of Business Enterprise in Modern China* (Hong Kong: Hong Kong University Press, 2006), pp. 11-12。

9. Ian Morris, *Why the West Rules -For Now: The Patterns of History and What They Reveal About the Future* (London: Profile Books, 2011), pp. 11-13.

10. 在1850年写的《国际述评（一）》中，马克思、恩格斯把中国称作"世界上最古老最巩固的帝国"，就它的落后性来说，甚至是"最反动最保守的堡垒"（《马克思恩格斯全集》第10卷，人民出版社1998年版，第277页）；在1862年写的《中国记事》中，马克思直接把中国称为"活的化石"（《马克思恩格斯全集》第15卷，人民出版社1963年版，第545）。——编者注

11. 详见马克思于1853年6月10日为《纽约每日论坛报》写的文章《不列颠在印度的统治》："的确，英国在印度斯坦造成的社会革命完全是受极卑鄙的利益所驱使，而且谋取这些利益的方式也很愚蠢，但是问题不在这里。问题在于，如果亚洲的社会状态没有一个根本的革命，人类能不能实现自己的命运呢？如果不能，那么英国不管干了多少罪行，它造成的这个革命毕竟是充当了历史的不自觉的工具。"（《马克思恩格斯全集》第28卷，人民出版社1963年版，第258—265页）——编者注

12. Karl August Wittfogel, *Oriental Despotism: A Comparative Study of Total Power* (New Haven, CT: Yale University Press, 1957).

13. J. K. Fairbank, A. Eckstein, and L. S. Yang, "Economic Change in Early Modern China: An Analytic Framework," *Economic Development and Cultural Change* 9 (1960), p. 2.

14. Ibid., pp. 4 – 5.

15. Joseph Needham, *Science and Civilization in China* (Cambridge: Cambridge University Press, 1954 – 2008). 截至目前，这套书已经出版了 27 卷。

16. Kenneth Pomeranz, *The Great Divergence* (Princeton, NJ: Princeton University Press, 2000). 有关历史背景和概念化的论述，参见《大分流》一书的《导论》；有关历史偶然性的论述，参见《大分流》一书的《结论》。

17. 这个学术团体最具代表性的著作是多卷本的《中国资本主义发展史》（三卷本），这套书由中国社会科学院出版，由许涤新和吴承明主编。第一卷用马克思主义的分析框架讨论了明清中国资本主义低度发展的问题。第一卷的英文版，参见 Xu Dixin and Wu Chengming, eds., *Chinese Capitalism, 1522 – 1840*, (London: Macmillan Press Ltd, 2000)。英文版由 Li Zhengde, Liang Miaoru 和 Li Siping 翻译，由柯文南（C. A. Curwen）编辑和缩写注释。

18. 王毅：《中国皇权制度研究》，北京：北京大学出版社，2007 年，第 986—990 页。

19. 有关更完整的论述，参见 H. Lynman Miller, "The Imperial Chinese State," in David Shambaugh, ed., *The Modern Chinese State* (New York, NY: Cambridge University Press, 2001), pp. 16 – 40。

20. Chris Bramall and Peter Nolan, "Introduction: Embryonic Capitalism in East Asia," in Xu and Wu, eds., *Chinese Capitalism*, pp. xiii – xl.

21. Xu and Wu, eds., *Chinese Capitalism*, p. 18.

22. Bramall and Nolan, "Introduction: Embryonic Capitalism in East Asia," p. xviii.

23. 例如：Eric Jones, *The European Miracle: Environments, Economies and Geopolitics in the History of Europe and Asia*, 3rd ed. (Cambridge: Cambridge University Press, 2003)。

24. 研究这一领域的文献体量日益庞大。有关这一领域研究的概述，参见 Barry Naughton, *The Chinese Economy: Transition and Growth* (Cambridge, MA: MIT Press, 2007) and Loren Brandt and Thomas G. Rawski, eds., *China's Great Economic Trans-formation* (New York, NY: Cambridge University Press, 2008)。

25. 林毅夫：《创新经济学理论，为和谐社会做贡献——在北京论坛闭幕式上的主题发言》，2006 年 10 月 29 日，http://theory.people.com.cn/GB/40557/72701/72717/4971204.html（访问时间：2009 年 5 月 3 日）。

26. 例如：Justin Yifu Lin, Fang Cai, and Zhou Li, *The China Miracle:*

Development Strategy and Economic Reform, A Friedman Lecture Fund Monograph, published for the Hong Kong Centre for Economic Research and the International Centre for Economic Growth by The Chinese University Press, 1996。

27. 例如：20 世纪 90 年代中期，巴里·诺顿（Barry Naughton）认为，1989 年政治风波之后，市场经济道路是中国不可避免的经济发展结局。参见 Barry Naughton, *Growing Out of the Plan: Chinese Economic Reform, 1978–1993* (New York, NY: Cambridge University Press, 1995), pp. 278–288。

28. 例如：刘国光：《谈经济教学和研究中的一些问题》，http://www.mjjx.cn/Article/ArticleShow.asp? ArticleID＝677（访问时间：2009 年 5 月 3 日）。

29. Huang Yasheng, *Capitalism with Chinese Characteristics: Entrepreneurship and the State* (Cambridge and New York, NY: Cambridge University Press, 2008), pp. 233–240, 256–260.

30. 中国国家统计局数据库。http://www.stats.gov.cn/tjsj/ndsj/（访问时间：2015 年 4 月 15 日）。

31. 本研究是我们"中国研究三部曲"中的第二部，"三部曲"系列关注的是中国及其当代转型。在第一本书里，我们探究了中国政权的当代转型。参见 Zheng Yongnian, *The Chinese Communist Party as Organizational Emperor: Culture, Reproduction and Transformation* (London and New York, NY: Routledge, 2010)。当下的这项研究关注的是中国的政治经济体制及其当代转型。在第三本书中，我们将关注中国的国家—社会关系及其当代转型。

32. Christian L. Glossner and David Gregosz, *The Formation and Implementation of the Social Market Economy: Incipiency and Actuality* (Berlin: Konrad Adenauer Stiftung, 2011), pp. 32–33.

33. 例如：Thomas Piketty, *Capitalism in the Twenty-First Century*, translated by Arthur Goldhammer (Cambridge, MA: Harvard University Press, 2014)。皮凯蒂最重要的观察之一，就是 21 世纪资本主义向传统世袭财富和阶级分化的回归。——译者注

第一章　市场、国家和资本主义：政治经济学理论与中国

1. "The Rise of State Capitalism: The Emerging World's New Model," *The Economist*, January 21–27, 2012.

2. D. Brendan Nagle, *The Household as the Foundation of Aristotle's Polis* (New York: Cambridge University Press, 2006), pp. 300 – 301.

3. 有关经院哲学的经济学，参见 Joseph Schumpeter, *History of Economic Analysis* (London: George Allen & Unwin Ltd., 1954), pp. 82 – 107。

4. 因为重农主义者认为财富是物质产品，财富的来源不是流通而是生产。——译者注

5. 有关两个阵营代表人物及其历史背景的论述，参见 Henry William Spiegel, ed., *The Growth of Economic Thoughts* (Durham, NC: Duke University Press, 1991), pp. 171 – 198.

6. 例如，阿尔弗雷德·马歇尔是国家干预最热心的支持者之一，但国家干预的作用只是为了确保市场为公共产品服务。参见 Simon J. Cook, *Foundations of Alfred Marshall's Science of Economics: A Rounded Globe of Knowledge* (New York: Cambridge University Press, 2009), pp. 129 – 133。

7. Karl Polanyi, *The Great Transformation: The Political and Economic Origins of Our Time* (Boston, MA: Beacon Press, 1944), p. 135.

8. Robert Layton, *Order and Anarchy: Civil Society, Social Disorder and War* (Cambridge: Cambridge University Press, 2006), p. 3.

9. John Locke, *Two Treaties of Government* (Cambridge: Cambridge University Press, 1960) (first published in 1689); and Adam Ferguson, *An Essay on the History of Civil Society* (Cambridge: Cambridge University Press, 1995) (first published in 1767).

10. Layton, *Order and Anarchy*, p. 9.

11. Adam Smith, *The Wealth of Nations* [1776] (New York: Modern Library, 1937), p. 651.

12. Ibid., p. 651.

13. Ibid., p. 681.

14. Arthur O'Sullivan and Steven M. Sheffrin, *Economics: Principles in Action* (Upper Saddle River, NJ: Pearson Prentice Hall, 2003), p. 28.

15. M. Callon, "Introduction: The Embeddedness of Economic Markets in Economics," in Michel Callon, ed., *The Laws of the Markets* (Oxford and Malden, MA: Basic Blackwell, 1998), p. 2.

16. Robert L. Heilbroner, *21st Century Capitalism* (New York, NY: W. W. Norton & Company, 1993), p. 96.

17. Ibid., p. 30

18. Ibid., p. 34.

19. Ibid., p. 46.

20. Adam Smith and Edwin Cannan, eds., *An Inquiry into the Nature and Causes of the Wealth of Nations* (Chicago, IL: Chicago University Press, 2009), pp. 195–196.

21. John E. Elliot, "Introduction," in Joseph A. Schumpeter, *The Theory of Economic Development* (New Brunswick, NJ and London: Transaction Books, 1983), pp. xxvii–xxviii.

22. Richard Swedberg, "Markets as Social Structures," in Neil Smelser and Richard Swedberg, eds., *The Handbook of Economic Sociology* (Princeton, NJ: Princeton University Press, 1994), p. 258.

23. J. Peck, "Economic Geographies in Space," *Economic Geography* 81: 2 (2005), pp. 129–175.

24. J. K. Gibson-Graham, *Postcapitalist Politics* (Minneapolis, MN: University of Minnesota Press, 2006), p. 2.

25. Polanyi, *The Great Transformation*, p. 71.

26. Polanyi, *The Great Transformation*; Fernand Braudel, *Civilization and Capitalism, 15th–18th Century*, vol. 1: The Structures of Everyday Life, vol. 2: The Wheels of Commerce, and vol. 3: The Perspective of the World, translated from the French by Siân Reynolds (New York, NY: HarperCollins, 1981, 1982, 1985); Robert L. Heilbroner, *The Nature and Logic of Capitalism* (New York, NY: W. W. Norton & Company, 1985).

27. 此书中译本名为《十五至十八世纪的物质文明、经济和资本主义》，与英文译名略有不同。——译者注

28. Cf Braudel, *Civilization and Capitalism*, vol. 1.

29. Cf Braudel, *Civilization and Capitalism*, vol. 2.

30. Heilbroner, *21st Century Capitalism*, pp. 50–52.

31. Polanyi, *The Great Transformation*, p. 3.

32. Ibid., p. 33.

33. Ibid., pp. 45–46; 133.

34. Ibid., pp. 66–67.

35. Ibid., p. 161.

36. Ibid., pp. 211–215.

37. Pierre Bourdieu, *Acts of Resistance: Against the Tyranny of the Market*

(New York, NY and London: The New Press, 1999), p. 95.

38. Heilbroner, *21st Century Capitalism*, p. 68.

39. Ibid., p. 84.

40. Ibid., p. 85.

41. Ibid., p. 86.

42. Friedrich Hayek, *The Collected Works of F. A. Hayek* (Chicago, IL: University of Chicago Press, 1989), p. 202.

43. 例如：在世界银行对中国近期一揽子刺激计划的研究中，世界银行的经济学家不断采用凯恩斯主义的分析框架，发现了这一揽子计划成功执行的根源和有待改进的空间。参见 Shahrokh Fardoust, Justin Yifu Lin, Xubei Luo, "Demystifying China's Stimulus Package," *Policy Research Working Paper* No. 6221 (Washington, DC: World Bank, October 2012), pp. 1-25。在另一篇讨论文章中，马尔科姆·华纳 (Malcolm Warner) 记述了中国改革时期凯恩斯主义和后凯恩斯主义的持续的学术兴趣和政策影响，但他似乎察觉到了西方理论与中国政策实践之间的差距。参见 Malcolm Warner, "On Keynes and China: Keynesianism 'with Chinese Characteristics'," *Cambridge Judge Business School Working Paper* No. 2/2014 (Cambridge: University of Cambridge, 2014)。

44. Ronald Coase, "The Nature of the Firm," *Economica* 4: 16 (1937), pp. 386-405; and "The Problem of Social Cost," *Journal of Law and Economics* 3 (1960), pp. 1-44.

45. 由于新制度经济学的文献还在持续快速发展，因此可以在这个列表中添加更多的内容。在剑桥大学出版社出版的"制度与决策的政治经济学"系列丛书中，已经出版了大量关于新制度经济学的著作。詹姆斯·E. 阿尔特 (James E. Alt) 和道格拉斯·C. 诺斯 (Douglass C. North) 是它的创始编辑；现在的编辑是兰德尔·卡尔弗特 (Randall Calvert) 和思拉恩·埃格特森 (Thrainn Eggertsson)。

46. 有关这一观点的总结，参见 Qian Yingyi, "How Reform Worked in China", *William David Working Paper* No. 473, June 2002, pp. 1-50。

47. 哥伦比亚大学经济史和法律史学家曾小萍 (Madeleine Zelin) 指出，在国家干预最小的情况下，基于合同的企业制度仍然可以发挥作用，参见 Madeleine Zelin, "A Critique of Property Rights in Prewar China," in Madeline Zelin, Jonanthan K. Okco, and Robert Gardella, eds., *Rights of Property in Early Modern China* (Stanford, CA: Stanford University Press, 2004), pp. 30-

33. 但这并不是说国家只是一个边缘角色。对具有重大制度创新的地方快速工业化典型的研究，参见 Madeleine Zelin, *The Merchant of Zigong: Industrial Entrepreneurship in Early Modern China* (New York, NY: Columbia University Press, 2006)。

48. Donald Clark, Peter Durrell, and Susan Whiting, "The Role of Law in China's Economic Development," in Loren Brandt and Thomas Rawski, eds., *China's Great Economic Transformation* (New York, NY: Cambridge University Press, 2008), pp. 420 – 422.

49. Huge Patrick, "The Future of the Japanese Economy: Output and Labor Productivity," *Journal of Japanese Studies* 3: 2 (Summer 1977), p. 239.

50. Edward Chen, *Hyper-Growth in Asian Economies: A Comparative Study of Hong Kong, Japan, Korea, Singapore and Taiwan* (London: Macmillan, 1979), p. 41.

51. Chen, ibid., p. 185.

52. Milton Friedman and Rose Friedman, *Free to Choose: A Personal Statement* (New York, NY: Harcourt Brace Jovanovich, 1980), p. 57.

53. Robert Wade, *Governing the Market: Economic Theory and the Role of Government in East Asian Industrialization*, 2nd edn. (Princeton, NJ: Princeton University Press, 2004). p. 5.

54. 查默斯·约翰逊在发展型国家问题上著述甚广。他在这一主题上的著述包括："MITI and Japanese International Economic Policy," in Robert A. Scalapino, ed., *The Foreign Policy of Modern Japan* (Berkeley, CA: University of California Press, 1977), pp. 227 – 279; *MITI and the Japanese Miracle: The Growth of Industrial Policy, 1925 – 1975* (Stanford, CA: Stanford University Press, 1982), pp. 305 – 307; "Political Institutions and Economic Performance: A Comparative Analysis of the Government-Business Relationship in Japan, South Korea, and Taiwan," in F. Deyo, ed., *The Political Economy of the New Asian Industrialism* (Ithaca, NY: Cornell University Press, 1987), pp. 227 – 279; and "The Developmental State: Odyssey of a Concept," in Meredith Woo-Cumings, ed., *The Developmental State* (Ithaca, NY: Cornell University Press, 1999), pp. 32 – 60。

55. 有关这些对"四小龙"的简要介绍，参见 Ezra F. Vogel, *The Four Little Dragons: The Spread of Industrialization in East Asia* (Cambridge, MA: Harvard University Press, 1991)。

56. Parvez Hasan, *Korea, Problems and Issues in a Rapidly Growing Economy* (Baltimore, MD: Johns Hopkins University Press, 1976), p. 29.

57. Edward S. Mason, Mahn Je Kim, Dwight H. Perkins, Kwang Suk Kim, and David Cole, *The Economic and Social Modernization of the Republic of Korea* (Cambridge, MA: Harvard University Press, 1980), p. 24.

58. Wade, *Governing the Market*, p. 7.

59. Ibid., p. 26.

60. The World Bank, *The East Asian Miracle: Economic Growth and Public Policy* (New York, NY: Oxford University Press, 1993), p. 5.

61. Wade, *Governing the Market*, p. 29.

62. Dwight H. Perkins, *East Asian Development: Foundations and Strategies* (Cambridge, MA: Harvard University Press, 2013). 此外，还参见Vu Minh Khuong, *The Dynamics of Economic Growth: Policy Insights from Comparative Analyses in Asia* (Cheltenham: Edward Elgar, 2013)。姜明武（Vu Minh Khuong）将关注点放在国家的经济治理上，从而提供了一个更全面的分析。

63. Justin Lin Yifu, *New Structural Economics: A Framework for Rethinking Development Policy* (Washington, DC: The World Bank), pp. 28–29.

64. Gordon White, ed., *Developmental States in East Asia* (London: The Macmillan Press, 1988); and Gordon White, "Developmental States and Socialist Industrialization in the Third World," *Journal of Development Studies*, 21: 1 (1984), pp. 97–120.

65. Gordon White and Robert Wade, "Developmental States and Markets in East Asia," in Gordon White, ed., *Developmental States in East Asia*, p. 26.

66. 经连会（Keiretsu）指的是日本式的企业组织。——译者注

67. Heilbroner, *21st Century Capitalism*, p. 69.

68. C. B. MacPherson, *The Political Theory of Possessive Individualism: From Hobbes to Locke* (Oxford: Clarendon Press, 1962), p. 3.

69. Swedberg, "Markets as Social Structures," p. 258.

70. David Harvey, *A Short History of Neoliberalism* (Oxford: Oxford University Press, 2005).

71. Karen Bakker, "Neoliberalizing Nature? Market Environmentalism in Water Supply in England and Wales," *Annals of the Association of American*

Geographers 95: 3 (2005), pp. 542 – 565.

72. Karl Marx, "The Communist Manifesto," in Robert C. Tucker, ed., *The Marx - Engels Reader* (New York, NY: W. W. Norton, 1972).

73. Immanuel Wallerstein, *The Modern World-System I: Capitalist Agriculture and the Origins of the European World-Economy in the Sixteenth Century* (New York, NY: Academic Press, 1974); *The Modern World System II: Mercantilism and the Consolidation of the European World-Economy, 1600—1750* (New York, NY: Academic Press, 1980); and *The Modern World-System III* (San Diego, CA: Academic Press, 1989).

74. 有关20世纪全球资本主义扩张的系统性研究，参见 Jeffry R. Frieden, *Global Capitalism: Its Fall and Rise in the Twentieth Century* (New York, NY: W. W. Norton, 2006)。亦可参见 Robert Gilpin, *Global Political Economy: Understanding the International Economic Order* (Princeton, NJ: Princeton University Press, 2001)。

75. Timothy Mitchell, *Rule of Experts* (Berkeley, CA: University of California Press, 2002), p. 270.

76. 有关经济发展局（Economic Development Board）在推动新加坡经济发展中的作用，参见 Linda Low, Toh Mun Heng, Soon Teck Wong, Tan Kong Yam, and Helen Hughes, *Challenge and Response: Thirty Years of the Economic Development Board* (Singapore: Times Academic Press, 1993)。

77. F. List, *The National System of Political Economy* [1885] (New York, NY: Augustus Kelley, 1966), p. 131.

78. Peter A. Hall and David W. Soskice, *Varieties of Capitalism: The Institutional Foundations of Comparative Advantage* (New York, NY: Oxford University Press, 2001).

79. Callon, "Introduction."

第二章 制内市场：一个中国的政治经济学理论

1.《中共中央关于全面深化改革若干重大问题的决定》，http://news.xinhuanet.com/politics/2013 - 11/15/c_118164235.htm（访问时间：2017年4月13日）。

2. Jacques Gernet, "Introduction," in Stuart R. Schram, ed., *The Scope of State Power in China* (Hong Kong: The Chinese University of Hong Kong Press,

1985), p. xxxli.

3. Ibid.

4. Wang Gungwu, "A Revolution is a New Mandate," in Wang Gungwu, *Renewal* (Hong Kong: The Chinese University of Hong Kong Press, 2013), pp. 85-106.

5. Gernet, "Introduction," p. xxxli.

6. 转引自 Yanqi Tong and Shaohua Lei, *Social Protest in Contemporary China, 2003-2010: Transitional Pains and Regime Legitimacy* (Routledge: London and New York, 2014), p. 28。

7. John Fairbank and Edwin Reischauer, eds., *China: Tradition and Transformation* (George Allen & Unwin, Sydney, 1979), p. 44.

8. Gernet, "Introduction," p. xxxi.

9. Ibid.

10. Marianne Bastid, "The Structure of the Financial Institutions of the State in the Late Qing," in Schram, ed., *The Scope of State Power in China*, p. 51.

11. Ibid.

12. Ibid., p. 52.

13. 所有引用都来自 *Discourses on Salt and Iron: A Debate on State Control of Commerce and Industry in Ancient China*, translated from the Chinese of Huan Kuan with Introduction and Notes by Esson M. Gale (Taipei: Ch'eng-Wen Publishing Company, 1967)。

14. 有关这个世界历史上第一次出现的国家构建过程的简短政治分析,参见 Francis Fukuyama, *The Origin of Political Order: From Prehumen Times to the French Revolution* (New York, NY: Farrar, Straus and Giroux, 2012), pp. 111-124。

15. Zhao Dingxin, *Confucian-Legalist State: A New Theory of Chinese History* (New York, NY: Oxford University Press, 2015), p. 239.

16. 有关"盐铁会议"的政治背景和生死攸关的问题,参见 Michael Loewe, "The Former Han Dynasty," in John K. Fairbank and Denis Twitchett, eds., *The Cambridge History of China* vol. 1: The Chin and Han Empires, 221 BC-AD 220 (Cambridge and New York, NY: Cambridge University Press, 1986), pp. 179-190。从这次会议的政治背景来看,鲁惟(Loewe Michael)正确地指出了它的历史意义:它表明,以所谓的法家为基础的极权主义(我们将其定义为一种国家统制主义的路径)永远不足以统治像汉朝这样的大国。在几十年的时间

里，这种平衡将向儒家倾斜；将法家的国策与儒家的方法相结合，将变得更加普遍，正如继位的汉宣帝的政策所证明的那样。这不仅在汉朝如此，而且在未来以中国本土为中心的帝国中也继续存在。

17. Ibid., pp. 74 – 75.

18. 这并不意味着只有这两个学派。在这一时期里，墨家学派和原始的道家黄老学派都是重要的学派，但从长远来看，由于先秦墨家和黄老学派的基本要素被儒家和法家所吸收，它们对中国传统经济思想的影响较小。此外，在各家思想的形成阶段，法家学派和儒家学派之间并没有明显的区别，这一点从盐铁会议上就可以清楚地看到。事实上，荀子是公元前 4 世纪的一位著名儒家学者，他在礼和法的基础上，发展了一种融合的治国理论，并通过他的弟子，即法家理论家韩非和政治家李斯，对法家思想做出了重大贡献。参见 Zhao Jing, "Fu Guo Xue and the 'Economics' of Ancient China," in Cheng Li, Terry Peach, and Wang Fang, eds., *The History of Ancient Chinese Economic Thought* (London and New York, NY: Routledge, 2014), pp. 73 - 74。

19. Yang Lien-sheng, "Economic Justification for Spending – An Uncommon Idea in Traditional China," *Harvard Journal of Asiatic Studies* 20 (1957), pp. 36 – 52.

20. 转引自 "Introduction," *Discourses on Salt and Iron*, p. XXIII.（此处翻译成现代白话文为：诸侯和大夫，不必担心自己的百姓得到的少，而应担心分配不均衡。——译者注）

21. Ibid.（此处翻译成现代白话文为："生产财富的人要多，消耗财富的人要少；财富生产得要快，用得要慢，这样就可以永远保持富足了。"——译者注）

22. Ibid.（这是孟子的话，翻译成现代白话文为：我可以为国君开疆拓土，充实国库。——译者注）

23. John Fitzgerald, *Awakening China: Politics, Culture, and Class in the Nationalist Revolution* (Stanford, CA: Stanford University Press, 1996); and Yongnian Zheng, *Discovering Chinese Nationalism in China: Modernization, Identity, and International Relations* (Cambridge and New York, NY: Cambridge University Press, 1999).

24. Michael Loewe, "Attempts at Economic Co-ordination during the Western Han Dynasty," in Schram, ed., *The Scope of State Power in China*, pp. 244 – 245.

25. *Discourses on Salt and Iron*, pp. 30 – 33.

26. Ibid., p. 12.（此处翻译成现代白话文为：国君应该控制自然资源，管理关卡集市，掌握平衡物价的权力，守候时机，根据轻重之策来管理百姓。丰收的年岁，就储存粮食以备饥荒；灾荒的年岁，就发行货币和物品，用积贮的货物来调剂物品的不足……所以，实行均输法所积累起来的货物和国库里的钱财，并不是从老百姓那里收来专供军队使用，也是为了救济百姓，防备水旱灾荒。——译者注）

27. 转引自"Introduction," *Discourses on Salt and Iron*, p. XXIII. （此处翻译成现代白话文为：如果百姓富足，国君怎么会不富足呢？如果百姓不富足，国君又怎么会富足呢？——译者注）

28. Ibid.

29. Ibid., pp. 13-17.

30. *Discourses on Salt and Iron*, p. 77.〔此处翻译成现代白话文为：要想获得让国家安定、百姓富足的治国方法，在于回到根本的（礼义）上去，有了礼义这一根本，治国的方法就会产生了。——译者注〕

31. Ibid., pp. 5-6. （此处翻译成现代白话文为：国家拥有肥沃富饶的土地，但它的百姓却可能吃不饱，原因在于缺乏足够的农具供应。一个国家可能拥有山林大海出产的丰富物产，但百姓却可能缺乏财富，原因在于工商业的发展不足。——译者注）

32. Ibid., p. 6. （此处翻译成现代白话文为：通过市场统一解决各方面的需求，招徕四方百姓，聚集各种货物，使农民、商人、工匠都能在这里得到各自所需的东西，互相交换之后便各归其职。《易经》上说："促进商品交换，这样就可以使百姓努力生产。"因此，没有工业，就没有农具；商业不发展，物资就不能流通。农具一旦匮乏，粮食就不能增产；物资不流通，政府财政就困难。所以实行盐铁官营和均输法，正是为了流通积压的货物，供给急迫的需求。——译者注）

33. J. L. Kroll, "Toward a Study of the Economic Views of Sang Hung-Yang," *Early China* 4 (1978-1979), pp. 11-18.

34. *Discourses on Salt and Iron*, p. 6. （此处翻译成现代白话文为：所以，圣人制造船、桨，通行于江河峡谷，驾驭牛马，通行于山陵内陆；甚至到达边远地区，深入穷乡僻壤，为的是流通各种货物，便利百姓……盐、铁、均输法是全国百姓所拥戴并赖以取得生活必需品的政策，是不能轻易废除它们的。——译者注）

35. Ibid., pp. 9-10. （此处翻译成现代白话文为：过去各郡国诸侯把本地特产作为贡品运到京城，往来既麻烦又困难，货物大多数很低劣，有的东西的价值还不足以抵偿它的运费。因此，在各郡国设置均输官来帮助运输，便利于远方缴纳贡品，所以叫作均输。在京城设立仓库，用来收购和贮存货物，物价低时就买入，物价高时就卖出。因此，政府手里掌握着实物，商人不能牟取暴利，所以叫作平准。实行平准，百姓就能各安其业；实行均输，百姓的劳逸就均衡得当。所以，平准、均输是为了平抑物价而方便百姓，绝不是打开牟利的门路，而成为人们犯罪的阶梯。——译者注）

36. Ibid., p. 8.（此处翻译成现代白话文为：如果统治阶级追求自己的利益呢？……"诸侯好利，大夫就卑鄙。大夫卑鄙，士就贪婪。士若贪婪，百姓就会偷盗。"因此，这就是打开了求利的大门，给百姓提供了犯罪的阶梯。——译者注）

37. 此处原文为："古者之赋税于民也，因其所工，不求所拙。农人纳其获，女工效其功。今释其所有，责其所无。百姓贱卖货物，以便上求。"意思是说，古时向百姓征税，是征收他们劳动所获，而不会征收他们不擅长生产的货物。因此农民缴纳田地收获，而女工则缴纳纺织品。而现在政府不征收老百姓所生产的货物，而去征收老百姓不生产的货物。老百姓就只好贱卖手中的货物，以满足政府的要求。在这里，儒家强调了在劳动分工的情况下，国家干预可能带来的负面影响，即政府征税不是按照分工来征缴的，而是按照自己的私利来制定不合理的征税政策。——译者注

38. Ibid., p. 18.（此处翻译成现代白话文为：因此，货物多的地方，百姓就会繁衍生息；宅邸靠近市场的地方，家庭就会殷实富有。致富依靠的是会做生意，而不在于体力劳动；利润取决于所处的环境，而不在于繁重的耕作。——译者注）

39. Ibid., pp. 23-24.（此处翻译成现代白话文为：孟子说过："不误农时，粮食就吃不完。按时养蚕种麻，布匹丝绸就穿不完。在适宜的时节进山伐木，木材就用不完。按照一定的季节打猎捕鱼，鱼和禽兽的肉就吃不完。"如果一味装饰宫室，增建亭台房舍，木工把大木料砍小，将圆的变成方的，在房屋上刻绘和云彩一样的花纹，在下面则堆造着假山林，那么木材就会不够用。男人放弃农业生产去从事工商业，雕镂刻画各种飞禽走兽，并力求和真的一样，变化万状，那么粮食就会不够吃。——译者注）

40. Ibid., p. 92.（此处翻译成现代白话文为：内地人口众多，水源牧草不能满足需要，并且气候温暖潮湿，不适宜饲养牛马。百姓脚踏着木犁耕种，肩挑着担子走路，精疲力尽而收获甚少。因此，老百姓贫穷困苦，衣服和粮食都不足。老人和小孩拉着车子在路上行走，甚至公卿和大夫有的还乘坐着牛车。——译者注）

41. Ibid., p. 100.（此处翻译成现代白话文为：治理国家的办法，是由内到

外，从近的开始。近的归顺了，然后再团结远的；内地百姓先要丰衣足食，然后才去安抚边远地区。——译者注）

42. Ibid., pp. 25 - 26.（此处翻译成现代白话文为：货币流通，货物交换，但百姓的生活必需品却依然供给不足，是因为有人把财物垄断了。根据农业收入计量支出，百姓应该是够用的，但百姓依然还有挨饿的，是因为有人把粮食囤积起来了。聪明的人有以一当百的能力，愚蠢的人却连老本也捞不回。国君如果不加以调节，百姓中就会出现互相侵害别人利益来发财致富的现象。这就是为什么有的人储藏了够百年使用的粮食，而有的人却连糟糠都吃不饱的原因。民众太富裕了，国家就不能以薪俸来掌控他们；民众的势力太强了，就不能以刑罚来威服他们。不分散囤积，平均利益，百姓的生活水平就不能相齐。所以，朝廷储备粮食，掌握货币，限制富裕之人，救济贫乏之人，禁止拥有过多的财富，抑制获取利益的途径，这样，百姓就家家户户不愁吃穿了。——译者注）

43. Ibid., p. 26.（此处翻译成现代白话文为：由于做官的人开始违背礼义而去互相争夺财利，大小互相吞并，激烈地互相倾轧。这就是为什么有的人积蓄了百年以上的财富，而有的人却吃不饱、穿不暖的原因。古代做官的人不种庄稼，打猎的人不捕鱼，守门和守夜之人各守其职，不允许同时兼得财物。这样，愚笨的人和聪明的人才能同样有收获，不会相互倾轧……说的就是不能垄断全部的财物。——译者注）

44. 这场发生在中华帝国建立时期的儒法之争，很像反联邦党人（后来的共和党人）与联邦党人在美国建国时期有关联邦银行和国债等重要政策问题上的辩论。我们也可以就它们之间的相似之处来类比这个案例，即在有关国家政治的概念上，儒家主张更少的中央集权（反联邦党人），法家则主张更多的中央集权（联邦党人）。有关早期美国的案例，参见 George William Van Cleve, "The Anti-Federalist's Toughest Challenge: Paper Money, National Debt, and the Ratification of the Constitution," *Journal of the Early Republic* 34: 4 (2014), pp. 529 - 560。

45. *Discourses on Salt and Iron*, pp. 27 - 28.（此处翻译成现代白话文为：古时候，有市场，但没有钱币，百姓都用自己所拥有的东西来换取自己所没有的东西，比如用布帛去交换蚕丝。后来才有龟壳、贝壳、铜钱作为交换媒介在市场上使用。频繁变化的货币滋长了民众的虚伪。因此，要用本真来纠正虚假，要实行礼义来防范错误。——译者注）

46. Ibid., p. 27.（此处翻译成现代白话文为：风俗败坏要变法，但并不是为了要变乱古法，而是要纠正错误，挽救衰败的社会。因此，教化应当跟随风俗的改变而变化，货币也应当跟随时代的变迁而变化……如果不对铸币加以限制，

就会使真钱和假钱同时流通。大臣富足，就会互相攀比奢侈，豪民独占财利，就会互相倾轧。——译者注)

47. Ibid., pp. 30-31.（此处翻译成现代白话文为：吴王刘濞垄断了山林湖泊的富饶资源，通过减轻赋税、救济穷困百姓的手段收买人心，以提高个人威望。个人威望提高了，叛逆朝廷之心就产生了。不及早杜绝它的根源，而只是担忧其后果，就好像掘开吕梁山，让黄河泛滥，所带来的危害必然很大。姜太公说："一家不择手段地追求私利，就会损害百家的利益；百家不择手段地追求私利，就会损害诸侯的利益；诸侯不择手段追求私利，就会损害国家的利益；这就是为什么要制定王法来禁止它。"现在让豪民自由追逐权力和利益，废除盐铁官营的政策去壮大凶暴强横的人，满足他们的贪婪，那么各种心怀不轨之徒将聚集到一起，豪门将结成党羽，那么，将愈发无法制服豪强，于是就形成了搞垄断兼并的奸徒。——译者注)

48. Ibid., pp. 40-41.（此处翻译成现代白话文为：从前，商鞅做秦国宰相的时候，对内制定了法令制度，严明了刑罚，整饬了政令和教化，使奸恶作伪之人无处藏身。对外采取了许多增加国家收入的措施，向开发山林湖泊的产业征税，因而国富民强，农具和兵器完备，物资储备充足有余。因此，去征服敌人，攻打敌国，夺取土地，开拓疆域，不必向百姓征收赋税，军队的给养就很充足……盐、铁官营获得的利润……满足了军队的用度，努力积蓄物资以防匮乏，受益之人很多，既有利于国家，又无害于个人。——译者注)

49. Ibid., pp. 41-44.（此处翻译成现代白话文为：况且，利益既不是从天上掉下来的，也不是从地下长出来的，完全取自于民间……商鞅用严刑峻法作为秦国统治的基础，所以秦朝二世而亡。刑罚已经很严峻了，商鞅又制定了连坐法，定了"诽谤"罪，增加了肉刑，弄得老百姓胆战心惊，不知手脚往哪里放才好。苛捐杂税已经很繁重了，还要对外禁止私自开发山林湖泊的资源，对内又把获利百倍的产业收为国营，百姓没有地方发表自己的意见。重视财利而轻视礼义，提倡武力且奖励军功，这并不是说不能扩充领土，增加地盘，但这就好像病人患了水肿，喝水越多病就越重。——译者注)

50. Ibid., pp. 85-88.［此处翻译成现代白话文为：（朝廷）统筹盐、铁官营，开发山河资源，物资不断地丰富起来。因此，朝廷费用充足，百姓也不穷困，农业和工商业都得到发展，朝廷和百姓都相应地富足起来了。所有这些都是善于筹划计算的结果，并不是光靠种田、养蚕、农业所能取得的……国家有了豪强恶霸，百姓就吃尽苦头……治理国家的原则，首先要肃清奸邪，铲除豪强，这样，百姓才能贫富均衡，安居乐业……让强大的人不敢欺负弱小的人，人多的不敢欺凌人少的……垄断天下盐、铁等各种利益，以排挤富商大贾的势力，用官、赎罪的办法，来削减有钱的人，补助贫乏的人，从而使百姓贫富均衡。所以尽管军队东征西讨，在没有增加税收的情况下，费用却仍然充足。——译者注]

51. Ibid., pp. 86-88.（此处翻译成现代白话文为：礼义是治国的根基，而追逐权力和利益就会使国家衰败……如今要想劫富济贫，结果也只能是富的更富，穷的更穷。单靠严峻的刑罚，以为这样就可以绝禁暴徒，防范奸邪，然而作奸犯科之徒还是层出不穷。——译者注）

52. Ibid., pp. 81-82.[此处翻译成现代白话文为：所以国家领土狭小的，所需的财用就少；事情繁多的，需要的财用就大。所以朝廷开辟园池，统一管理山海，把所得到的财利用来补助征税的不足，并兴修水利，广泛发展农业，扩大农牧用地，繁盛园林……现在你们（儒家）想要废除这些制度，这就断绝了收入的来源，堵塞了税收的渠道，使上至朝廷、下至百姓的财用全部枯竭，造成贫困。你们虽然喜欢少做事情，节约费用，但这种做法怎么能行呢？——译者注]

53. Ibid., pp. 82-84.（此处翻译成现代白话文为：古时候实行井田制，足以养活百姓，百姓足以供奉君主。国家设置没有用的官吏，做一些不急需的事情，使风气变得奢侈腐化起来，没有功劳而享受着朝廷俸禄的人很多，因此对上造成朝廷费用不足，对下造成百姓贫困。现在不从根本上解决问题，反而想从枝节上做文章，设立盐、铁官营，发展农业和畜牧业，与百姓争夺茂盛的牧草，与商人争夺市场利益，这不是发扬君主的仁德和辅佐国家的办法。男子耕田，女子织布，这是天下的根本大业。所以古时候的土地用分封的办法来管理，按照井田制行事。因此，国家没有不产粮的土地，也没有无事做的百姓。现在朝廷开设了许多园林、公田、池泽，名义上出租收税的是朝廷，实际上财利都落到官吏手里。长安京畿附近的三辅地区靠近华山、黄河，地少人多，四面八方的人都汇集在这里，造成粮食、柴火、蔬菜都供不应求。随着公田的出租，桑树、榆树、蔬菜、果木都不能种植，土地得不到充分利用。我们认为这样做是不对的。我们主张把武帝所开设的园林、池塘，分给百姓，朝廷只是征税就行了。这样，租税和赋税看起来名称不一样，其实是一回事。如此一来，男子可以尽力种田，女子可以尽力纺织。荒田得到开辟，麻丝得到纺织，朝廷和百姓都富足有余，哪里还会有贫困呢？——译者注)

54. 从学术上说，这种分离是导致西方不同学科发展的一个重要因素。它在经济学、政治学和社会学等不同学科之间产生了分工，从而促进了它们的发展。

55. 此处，我们要感谢施坚雅（William Skinner）对四川自然形成的市场等级制度的阐述，我们将在本章后面和下一章讨论这一点。但我们的构想与施坚雅的有着本质的区别，因为它涉及经济体制的概念维度。施坚雅的方案，可以被看作是我们在这里讨论的三层市场中较低的一层。

56. Karl Wittfogel, *Oriental Despotism: A Comparative Study of Total Power* (New Haven, CT: Yale University Press, 1957).

57. Pierre-Etienne Will, "State Intervention in the Administration of a Hydraulic Infrastructure: The Example of Hubei Province in Late Imperial Times," in Schram, ed., *The Scope of State Power in China*, p. 295.

58. Ibid., p. 346.

59. Loewe, "Attempts at Economic Co-ordination during the Western Han Dynasty," in Schram, ed., *The Scope of State Power in China*, p. 246.

60. Thomas A Metzger, "The Organizational Capabilities of the Ch'ing State in the Field of Commerce: The Liang-huai Salt Monopoly, 1740–1840," in W. E. Willmott, ed., *Economic Organization in Chinese Society* (Stanford, CA: Stanford University Press, 1972), pp. 9–46.

61. Ibid., p. 19.

62. Ibid., p. 20.

63. Paolo Santangelo, "The Imperial Factories of Suzhou: Limits and Characteristics of State Intervention during the Ming and Qing Dynasties," in Schram, ed., *The Scope of State Power in China*, pp. 269–294. 亦可参见 E-Tu Zen Sun, "Sericulture and Silk Textile Production in Ch'ing China," in Willmott, ed., *Economic Organization in Chinese Society* (Stanford, CA: Stanford University Press, 1972), pp. 79–108。

64. Ibid., p. 270.

65. Ibid., p. 280.

66. W. E. Willmott, "Introduction," in Willmott, ed., *Economic Organization in Chinese Society*, p. 3.

67. Ibid., p. 287.

68. Willmott, "Introduction," in Willmott, ed., *Economic Organization in Chinese Society*, p. 4.

69. Susan Mann Jones, "Finance in Ningbo: The 'Ch'ien Chuang,' 1750–1880," in Willmott, ed., *Economic Organization in Chinese Society*, p. 50.

70. 这里不是详细审视票号机构的地方。有关票号的详尽研究，参见黄鉴晖：《山西票号史》，太原：山西经济出版社，1992年；张正明、孙丽萍、白雷主编：《中国晋商研究》，北京：人民出版社，2006年。有关票号原始资料的汇编，参见中国人民银行山西省分行、山西财经学院《山西票号史料》编写组编：《山西票号史料》，太原：山西经济出版社，1990年。

71. 有关徽商的详尽研究和分析，参见张海鹏、王廷元：《徽商研究》，合肥：安徽人民出版社，1995年。

72. R. Bin Wong, *China Transformed: Historical Change and the Limits of European Experience* (Ithaca, NY: Cornell University Press, 1997); Kenneth Pomeranz, *The Great Divergence: China, Europe, and the Making of the Modern World Economy* (Princeton, NJ: Princeton University Press, 2000).

73. William G. Skinner, "Marketing and Social Structure in Rural China," *Journal of Asian Studies* 24: 1-3 (1964), p. 65.

74. William G. Skinner, ed., *The City in Late Imperial China: Studies in Chinese Society* (Stanford, CA: Stanford University Press, 1977).

75. Jones, "Finance in Ningbo," p. 77.

76. 有关上海钱庄的发展，参见中国人民银行上海市分行编：《上海钱庄史料》，上海，1960年第1版，1978年重印版。

77. 同上。

第三章　帝制中国的国家和市场

1. Stuart R. R. Schram, ed., *The Scope of State Power in China* (Hong Kong: Chinese University Press, 1985), and *Foundations and Limits of State Power in China* (Hong Kong: Chinese University Press, 1987); H. Lyman Miller, "The Late Imperial State," in David Shambaugh, ed., *The Modern Chinese State* (New York, NY: Cambridge University Press, 1999), pp. 15-40.

2. Joseph A. Schumpeter, "The Crisis of the Tax State," reproduced in Joseph A. Schumpeter, *The Economics and Sociology of Capitalism*, ed. R. Swedberg (Princeton, NJ: Princeton University Press, 1991), p. 101.

3. 参见金观涛、刘青峰：《兴盛与危机：论中国社会超稳定结构》，香港：香港中文大学出版社，1992年，第19—62页。

4. 有关帝制中国经济史的文献日益增多。晚期帝制中国的政治经济，长期蒙受方法论和意识形态辩论的阴影。参见 Albert Feuerwerker, *Chinese Social and Economic History: From the Song to 1900: Report of the American Delegation to a Sino-American Symposium on Chinese Social and Economic History* (Ann Arbor, MI: The Center for Chinese Studies, University of

Michigan, 1982)。20 世纪 80 年代，中国社会科学院出版了晚期帝制中国的资本主义发展史，参见 Xu Dixin and Wu Chengming, translated by Li Zhengde, Liang Miaoru, and Li Siping, edited and annotated by C. A. Curwen, *Chinese Capitalism, 1522-1840* (New York, NY: Saint Martin's Press, 2000)。中国学者近年来关于这方面最全面的汇编，是一套 9 卷 16 本的丛书《中国经济通史》，北京：经济日报出版社，2007 年。在《剑桥中国史》的各卷中，都有关于帝制中国各朝代经济的一般经验史。英语、日语和汉语文献中，都有关于经济国家主义和政治经济的其他具体问题的讨论。近几十年来最具影响力的综合性著作来自加州学派，尤其是：Kenneth Pomeranz, *The Great Divergence: China, Europe and the Making of the Modern World Economy* (Princeton, NJ: Princeton University Press, 2000) and Wong Bin, *China Transformed: Historical Change and Limit of European Experience* (Ithaca, NY: Cornell University Press, 1997)。所有这些著作的概念关注点，都是经济增长和结构变化的历史过程，而不是国家与市场之间的概念和历史关系。在这项研究中，我们的重点更多放在对帝制中国政治经济的概念化，而不是放在经济条件、经济增长和停滞的原因这些历史问题上，我们并不打算全面地讨论这类文献，尽管我们经常提到它。

5. 有关帝国在经济事务中的组织能力的普遍论述，以及有关中国这方面的论述，参见 S. N. Eisenstadt, *The Political Systems of Empire: The Rise and Fall of the Historical Bureaucratic Societies* (New York, NY: The Free Press of Glencoe, 1963), pp. 33-51. 有关帝制国家在基层的触达范围，参见 Kung-Chuan Hsiao, *Rural China: Imperial Control in the Nineteenth Century* (Seattle, WA: University of Washington Press, 1960)。

6. http://ctext.org/book-of-poetry/decade-of-bei-shan（访问时间：2017年 4 月 30 日）。

7. 刘泽华、汪茂和、王兰仲：《专制权力与中国社会》，长春：吉林文史出版社，1988 年，第 28—30 页。

8. 亩是面积的基本单位；丁是男性劳力从成熟到退休年龄之间的财政单位；户是家庭单位；口是人头税的人口单位。亩的精确面积和丁的年龄范围随时间变化而变化。在所有情况下，这些都是财政单位，而绝不是指由帝制国家实际控制的开垦地区、劳动力或人口。参见：侯家驹：《中国财金制度史论》，台北：联经出版事业公司，1989 年，第 55—56 页。

9. 同上，第 67—78 页。

10. Mark C. Elliot, *The Eight Banners and Ethnic Identity in Late Imperial*

China (Stanford, CA: Stanford University Press, 2001), pp. 193-195.

11. Preston Tobert, *The Ching's Imperial Household Department: A Study of its Organization and Principal Functions, 1662-1792* (Cambridge, MA: Harvard University Press, 1977), pp. 75-76.

12. 周伯棣：《中国财政史》，上海：上海人民出版社，1981年，第157—159页。

13. 正如之后的讨论将进一步阐明的，王莽和王安石的改革都追求制度上的创新，将国家的有效控制扩展到经济生活的各个领域，如国有银行、国有贸易机构和有利可图的制造业垄断。有关11世纪王安石改革与西方的国家社会主义之间的比较，参见黄仁宇：《资本主义与二十一世纪》，北京：三联书店，2001年，第459—463页。

14. 事实证明，这些间接形式的税收更加稳定和持久。参见侯家驹：《中国财金制度史论》，台北：联经出版事业公司，1989年，第55—56页。

15. 各个朝代的物品差异很大。在清王朝最鼎盛的时期，大约一半的收入用于支持军队，20%用于帝国官僚体系，10%—15%用于皇室，其余的储存起来用于救灾。参见周育民：《晚清财政与社会变迁》，上海：上海人民出版社，2000年，第二章中关于清王朝早期的国家收入。

16. William Guanglin Liu, *The Chinese Market Economy, 1000-1500* (New York, NY: SUNY Press, 2015), pp. 5-6.

17. Huge R. Clark, "The Southern Kingdoms between Tang and Song," in Denis Twitchett and Paul Jakov Smith, eds., *Cambridge History of China*, vol. 5 (Cambridge and New York, NY: Cambridge University Press, 2009), pp. 181-182.

18. 可以将这种方法描述为"量入为出"，也就是说，赚多少就花多少。其潜台词就是，帝制国家的开支不能超过其账簿中所列的所有财政单位的资源，这类似于英王威廉一世时代著名的《末日审判书》。然而，除了人口核算外，由于涉及的信息成本较大，动态的财政登记账簿几乎没有随着经济的扩张而变化。

19. 黄宗羲提出了这种家庭模式最系统的制度框架之一。参见 *Waiting for the Dawn, a Plan for the Prince: Huang Tsung-his's Ming-i-tai-fang-lu*, translated with an introduction by Wm Theodore De Barry (New York, NY: Columbia University Press, 1993), pp. 151-160。

20. 参见 Alley Rickett, *Guanzi: Political, Economic and Philosophical Essays from Early China* (Princeton, NJ: Princeton University Press, 1985), vol. 1, pp. 1-9.

21. 有关儒家在这一问题上的典型观点，参见 Huang Zongxi, *Waiting for*

the Dawn, pp. 95 - 97.

22. Nicolas Tackett, *The Destruction of Medieval Chinese Aristocracy* (Cambridge, MA: Harvard University Asian Center, 2016 reprint), pp. 235 - 238.

23. 有关对"游民"这一集体性的新社会事物的中文描述，参见王学泰：《游民文化与中国社会》，北京：同心出版社，2007年。从经济角度看，游民的基本特征是与经济生产脱节的货币经济。因此，游民是晚期帝制中国第一个脱离传统的宗法土地和宗族仪式支柱而转向"现代"社会身份的社会范畴。

24. 有关科举制度的社会过程的描述，参见 Benjamin Elman, *A Cultural History of China's Civil Examinations in Late Imperial China* (Berkeley, CA: University of California Press, 2000), pp. 15 - 17。

25. Roy Bin Wong, *China Transformed: Historical Changes and the Limit of European Experience* (Ithaca, NY: Cornell University Press, 1997), pp. 120 - 121.

26. 有必要指出的是，基于共同的出身和意识形态，文官社会化并形成自己的自治组织已成为常态。但这些与他们的经济资源没有多少关系。在严格的土地经济条件下，在主导的保守主义意识形态统治下，文官除了作为地主外，没有可支配的经济范围。

27. 帝制晚期对白莲教的回应，其实指的就是宋元时期对白莲教运动的回应。事实上，明朝的建国者部分源于元末白莲教的反叛者，并与之交融。参见 B. J. Ter Haar, *The White Lotus Teaching in Chinese Religious History* (Leiden: Brill, 1991), pp. 125 - 131。

28. 除了那些短命的王朝，大多数朝代都有这样的激进改革者，如王莽（两汉之间）、刘晏（唐）、王安石（北宋）、贾似道（南宋）、脱脱（元）、张居正（明）、雍正皇帝（清初）以及晚清的改革者们。但是，除了王莽和王安石试图建立一种新的帝制国家理论外，其他所有这些改革都只不过是结构调整。

29. 对组织依附的一个经典案例研究，是黄仁宇对明朝盐业垄断制度的研究，明朝的盐业垄断制度被迫从完全处在政府控制下的家庭模式转变为受控制较少的市场模式。参见 Ray Huang, *Taxation and Government Finance in Sixteenth Century China* (New York, NY: Cambridge University Press, 1974), pp. 195 - 204。

30. Derk Bodde, "The State and Empire of Qin," in Denis Twichett and Michael Loewe, eds., *The Cambridge History of China*, vol. 1, History of Qin and Han (Cambridge and New York, NY: Cambridge University Press, 1986), pp. 34 - 39.

31. Nishijima Sadao, "The Economic and Social History of Former Han," in

Twichett and Loewe, eds., *Cambridge History of China*, pp. 601 – 605.

32. Michael Loewe, "The Former Han," in Twichett and Loewe, eds., *Cambridge History of China*, pp. 204 – 205.

33. 徐复观：《周官成立之时代及其思想性格》，台北：台湾学生书局，1980年，第 265—267 页。

34. Sadao, "The Economic and Social History of Former Han," pp. 601 – 605.

35. Ibid., pp. 628 – 230.

36. Ibid., p. 632.

37. Ibid., pp. 601 – 605.

38. Hsu Choyun, *Han Agriculture: The Formation of China's Agrarian Economy* (Seattle, WA: University of Washington Press, 1980), pp. 152 – 153.

39. [日]内藤湖南著、夏应元译：《中国史通论》，北京：社会科学文献出版社，2004 年，第 14—15 页。

40. 侯旭东：《北朝村民的生活世界：朝廷、州县与村里》，北京：商务印书馆，2005 年，第 188—199 页。

41. Dieter Kuhn, *The Age of Confucian Rule: The Song Transformation of China* (Cambridge, MA: Harvard University Press, 2009), pp. 217 – 219.

42. Angus Maddison, *The World Economy: A Millennial Perspective*, OECD, 2001, p. 15.

43. Paul Jakov Smith, "Shen Tsung's Reign and the New Policies of Wang An-Shih," in Denis Twitchett and Paul Jakov Smith, eds., *Cambridge History of China*, vol. 5 (Cambridge and New York, NY: Cambridge University Press, 2009), pp. 419 – 424.

44. 漆侠：《王安石变法》，上海：上海人民出版社，1979 年，第 196 页。

45. 关于王安石的历史角色、政治理想和作为改革者的表现的争论，与宋初中国特定的历史视角有着千丝万缕的联系，并由其决定。从宋朝到清朝，帝制中国晚期的历代史学家都强烈谴责王安石是机会主义者，是危机的始作俑者。这些负面评价最终导致了乾隆的官方定论，宣布王安石是中国历史上最糟糕的宰相之一。这种批评的共同理由是，王安石破坏了秩序（政治秩序），并违反了晚期帝制国家的方式（意识形态学说）。对王安石的正面评价是在晚清以后才开始的，当时现代国家建设又成为一个重要的主题。梁启超称赞王安石是中国历史上最伟大的政治人物。这与他对晚清中国现代化和国家建设紧迫性的深刻把握有很大关系。后来的历史学家，特别是民国时期和 20 世纪 80 年代的历史学家，也给予了王安石很高的评价，因为他试图使帝制国家现代化和对帝制国家赋权。即使在今天，更为客观和平衡的历史辩论，仍然是由国家主义（新左派）和反国家主义（新自由主义）的话语所塑造的。有关对王安石的这些不同评判视角的详细说明，参见李华瑞：《王安石变法研究史》，北京：人民出版社，2004年。

46. John Dardess, "Shunti and End of Yuan Rule in China," in *Cambridge History of China*, vol. 6 (Cambridge and New York, NY: Cambridge University Press, 2009), p. 566.

47. Richard von Glahn, *Fountains of Fortune: Money and Monetary Thoughts in China, 1000 – 1500* (Berkeley, CA and Los Angeles, CA: University of California Press, 1998), pp. 56 – 60.

48. Ray Huang, *China: A Micro-History* (Armonk, NY: M. E. Sharp, 2000), pp. 132 – 133.

49. 例如：在明初中国的中部省份，大致相当于今天的湖北和湖南地区，有40%—80%的人口是来自江西和其他地方的移民。参见曹树基：《中国移民史》（第5卷），福州：福建人民出版社，1997年，第80—100页。

50. Jiang Yonglin, *The Mandate of Heaven and the Great Ming Code* (Seattle, WA and London: University of Washington Press, 2012), pp. 13 – 15.

51. 张佳：《新天下之化：明初礼俗改革研究》，上海：复旦大学出版社，2014年，第275—278页。

52. 赵世瑜：《卫所军户制度与明代中国社会——社会史的视角》，载《清华大学学报（哲学社会科学版）》，2015年第3期，第114—127页。

53. William Guanglin Liu, *The Chinese Market Economy 1000 – 1500* (New York, NY: SUNY Press, 2015), p. 6.

54. von Glahn, *Fountains of Fortune*, pp. 71 – 75.

55. Ibid.

56. 胡铁球：《明清歇家研究》，上海：上海古籍出版社，2015年，第599—600页。

57. Zheng Zhenman, Michael Szonyi trans., *Family Lineage Organizations in Ming and Qing Fujian* (Honolulu, HI: University of Hawai'i Press, 2001), p. 235.

58. Nishijima Sadao, *Chugoku Keizaiji Kankyu* (Study on Economic History of China), 2nd ed. (Tokyo: Tokyo University Press, 1982), pp. 862 – 864.

59. William Skinner, *Marketing in Rural China* (Ann Arbor, MI: Association for Asian Studies, 1964), pp. 38 – 39.

60. Dieter Kuhn, *The Age of Confucian Rule: The Song Transformation of China* (Cambridge, MA: Harvard University Press, 2009), pp. 244-245.

61. Brook Timothy, *The Troubled Empire: China in the Yuan and Ming Dynasties* (Cambridge, MA: Harvard University Press, 2008), pp. 153-154.

62. 对这一控制机制长期演化的研究，参见 Jae Ho Chung, "The Evolving Hierarchy of China's Local Administration: Tradition and Change," in Jae Ho Chung and Tao-chiu Lam, eds., *China's Local Administration: Tradition and Change* (London and New York, NY: Routledge, 2010), pp. 1-13。

63. 沈大明：《〈大清律例〉与清代的社会控制》，上海：上海人民出版社，2007年，第109页。

64. Ray Huang, *Taxation and Government Finance in 16th Century Ming China*, pp. 178-179.

65. Madeleine Zelin, *The Magistrate's Tael: Rationalizing Fiscal Reform in Qing China* (Berkeley, CA: University of California Press, 1992), pp. 117-118.

66. Chu Tung-Tzu, *Local Government in China under Qing* (Cambridge, MA: Harvard University Press, 1962), pp. 182-183.

67. Yuri Pines, *Everlasting Empire: The Political Culture of Ancient China and Its Imperial Legacy* (Princeton, NJ and Oxford: Princeton University Press, 2012), pp. 123-133.

68. 这种倾向被称为"官无封建，而吏有封建"。

69. 有关日本地方自治案例的研究，参见 Harold Botho, "The Han," in John Whitney Hall, ed., *Cambridge History of Japan*, vol. 4 (Cambridge and New York, NY: Cambridge University Press, 1991), pp. 205-225。

70.《管子》可能是战国晚期（前4—前3世纪）齐国稷下学宫（稷下学宫可能是世界上第一个政策智库）的一部政策计划和哲学论文集。这些观点反映了在秦国商鞅集权改革取得成功的政治紧张气氛下，所进行的各种国家建设计划。《管子》的完整英文译本及英文导论，参见 Allyn Pickett, *Guanzi: Political, Economic, and Philosophical Essays from Early China, a Study and Translation* (Princeton, NJ: Princeton University Press, 1985)。

71. 据传这一制度在2014年才结束。参见 http://www.bloomberg.com/news/articles/2014-11-20/china-to-end-salt-monopoly-dating-back-to-ancient-times（访问时间：2017年5月12日）。

72. John Evans, *Tea in China: The History of China's National Drink* (Westport, CT: Greenwood Press, 1992), pp. 58-59.

73. 黄鉴晖：《山西票号史》，太原：山西经济出版社，1992年，第159—160页。

74. William Atweh, "Ming and the Emerging World Economy," in Denis Twitchett and Frederick W. Mote, eds., *Cambridge History of China*, vol. 8 (Cambridge and New York, NY: Cambridge University Press, 1988), pp. 377–378.

75. Takeshi Hamashita, *Intra-East Asian Trade in Ming Times* (Ithaca, NY: Cornell University Press, 1997), pp. 269–270.

76. Xu Dixin and Wu Chengming, translated into English by Li Zhengde, Liang Miaoru, and Li Siping, edited and annotated by C. A. Curwen, *Chinese Capitalism, 1522–1840* (New York, NY: Saint Martin's Press, 2000), p. 375.

77. 黄启臣、庞新平：《明清广东商人》，广州：广东经济出版社，2001年，第307—308页。

78. 明代宦官二十四衙门，见杜婉言、方志远：《中国政治制度通史》（第九卷·明代），北京：人民出版社，1996年，第342—343页。关于清朝内务府，后面有专门介绍。

79. 王毅：《中国皇权制度研究（上下）》，北京：北京大学出版社，2007年，第656—660页。

80. Preston M. Torbert, *The Ch'ing Imperial Household Department: A Study of Its Organization and Principal Functions, 1662–1796* (Cambridge, MA: Harvard University, 1977), pp. 177–178.

81. Kang Chao, *Man and Land in Chinese History: An Economic Analysis* (Stanford, CA: Stanford University Press, 1986), pp. 2–3.

82. William Skinner, *Marketing and Social Structure in Rural China* (Ann Arbor, MI: Association for Asian Studies, 2001), pp. 36–37.

83. Ibid., pp. 46–47.

84. 赵冈：《从宏观角度看中国的城市史》，载《中国城市发展史论集》，北京：新星出版社，2006年，第29页。

85. 任放：《明清长江中游市镇经济研究》，武汉：武汉大学出版社，2003年，第277—290页。

86. Liang Fangzhong, translated by Wang Yu-chuan, *The Single Whip Law of Taxation in China* (Cambridge, MA: Harvard University Press, 1956), pp. 36–37.

87. Yang Lien-shen, *Money and Credit in Ancient China* (Cambridge, MA: Harvard University Press, 1962), pp. 98–99.

88. William T. Rowe, *China's Last Empire: The Great Qing* (Cambridge, MA: Harvard University Press, 2007), pp. 164 – 165.

89. Pierre Etienne-Will and Roy Bin Wang, *Nourish the People: The State Civilian Granary System in China, 1650 – 1850* (Ann Arbor, MI: University of Michigan Press, 1991), pp. 13 – 14.

90. 黄鉴晖:《山西票号史》,太原:山西经济出版社,1992年,第 51—52 页。

91. Ibid., pp. 175 – 176.

92. Hsiao, *Rural China*; Wang Fei-ling, *Organizing through Division and Exclusion: China's Hukou System* (Stanford, CA: Stanford University Press, 2005), pp. 36 – 37.

93. Huang, *Taxation and Government Finance in 16th Century Ming China*, pp. 21 – 23.

94. Ibid., pp. 36 – 37.

95. 李光涛:《明季流寇始末》,台北:"中央"研究院历史语言研究所,1965年,第 30—31 页。

96. 孔飞力 (Phillip Kuhn) 对 1768 年巫术恐慌的研究,给我们提供了一个极好的案例研究,参见 *Soul Stealers: The Chinese Sorcery Scare in 1768* (Cambridge, MA: Harvard University Press, 1990), pp. 223 – 234。

97. Benjamin A. Elman, *A Cultural History of Civil Examination in Late Imperial China* (Berkeley, CA: University of California Press, 2000), pp. 15 – 17.

98. 例如:Ho Ping-ti, *The Ladder of Success in Imperial China: Aspects of Social Mobility, 1368 – 1911* (New York, NY: University of Columbia Press, 1962), pp. 12 – 16; Chung-li Chang, *The Chinese Gentry: Studies on Their Role in Nineteenth-Century Chinese Society* (Seattle, WA and London: University of Washington Press, 1955)。

99. Richard John Lufrano, *Honorable Merchants: Commerce and Confucian Self-Cultivation in Late Imperial China* (Honolulu, HI: University of Hawai'i Press, 1997), pp. 177 – 180.

100. Hilary J. Beattie, *Land and Lineage in China: A Study of T'ung-Ch'eng County, Anhui, in the Ming and Ch'ing Dynasties* (Cambridge and New York, NY: Cambridge University Press, 1977), pp. 127 – 130.

101. David Faure, *Capitalism in China: A History of Modern Business Enterprise in China* (Hong Kong: Hong Kong University Press, 2006), p. 181.

102. Max Weber, translated, edited, and with an introduction by H. H.

Gerth and C. Wright Mills, *From Max Weber: Essays in Sociology* (New York, NY: Oxford University Press, 1958), pp. 92 - 93.

103. Hoff Toby, *The Rise of Early Modern Science: Islam, China and the West* (Cambridge and New York, NY: Cambridge University Press, 2003), pp. 157 - 158.

104. 查尔斯·蒂利（Charles Tilly）对这类国家与中国近代早期国家进行了非常权威的比较，参见 *Coercion, Capital and European States, AD 990 - 1992* (Cambridge, MA: Blackwell, 1990), pp. 127 - 130。

第四章　现代中国政治经济的起源：地缘政治、大众动员和国家构建

1. 在经济发展和政治经济学的主流理论中，无论是中文的还是英文的文献，对中国经济史的关注主要是比较其内部动力，如中国早期的现代市场发展、全球贸易和资源禀赋。参见 Kenneth Pomeranz, *The Great Divergence: China, Europe and the Global Economy*, 2nd ed. (Princeton, NJ: Princeton University Press, 2001), and Giovanni Arrighi, *Adam Smith in Beijing* (New York, NY: Verso, 2009)。在考虑全球因素时，它们通常遵循世界体系的方法，即以要素流动等结构性因素为中心，而不是以地缘政治变化为中心。参见 Andre Gunter Frank, *Reorient: Global Economy in the Asian Age* (Oakland, CA: University of California Press, 1998)。事实上，中国力量的复苏首先是军事和战略上的。1840—1914 年，中国几乎输掉了所有重大的国际冲突，但自 1914 年以来，一次也没有输掉过。这些冲突，特别是冷战所带来的战略上的意外收获，为中国剧烈的经济转型铺平了道路。即使是对中国政治经济和现代国家构建的研究，也往往侧重于现代国家构建中的国内政治，而非战争和地缘政治的重要性。参见 Kent Deng, *China's Economy in Modern Times: Changes and Economic Consequences, 1800 - 2000* (London: Routledge, 2011); Michel Aglietta and Guo Bai, *China's Development: Capitalism and Empire* (London: Routledge, 2012)。

2. 有关唐朝灭亡后形成的这一基本的长期地缘政治形势，参见 Frederic W. Mote, *Imperial China, 900 - 1800* (Cambridge, MA: Harvard University Press, 1999), pp. 23 - 29。

3. Kent Deng, *China's Economy in Modern Times: Changes and Economic Consequences: 1800 - 2000* (London: Routledge, 2011), pp. 6 - 7.

4. Ho Ping-ti, *Studies on the Population of China, 1368 - 1953* (Cambridge,

MA: Harvard University Press, 1959), pp. 278 - 280.

5. 彭信威:《中国货币史》,上海:上海人民出版社,2007年,第609—610页。

6. Robert B. Marks, *China: Its Environment and History* (Lanham, MD: Rowman & Littlefield, 2011), pp. 206 - 207.

7. C. A. Bayly, *The Birth of the Modern World, 1780 - 1914* (Oxford: Blackwell Publishing, 2004), p. 7.

8. Immanuel C. Y. Hsu, *The Rise of Modern China* (New York, NY: Oxford University Press, 1999), pp. 430 - 439.

9. Ting-Yee Kuo and Kwang Ching Liu, "Self-Strengthening: The Pursuit of Western Technology," in *Cambridge History of China*, vol. 11 (Cambridge: Cambridge University Press, 1978), pp. 522 - 523;许涤新、吴承明:《中国资本主义发展史》(第二卷),北京:社会科学文献出版社,2007年,第380—381页。

10. Samuel Chu and Kwangchi Liu, *Li Hung-Chang and China's Early Modernization* (Armonk, NY: M. E. Sharp, 2000), pp. 9 - 12.

11. 许涤新、吴承明:《中国资本主义发展史》(第二卷),北京:社会科学文献出版社,2007年,第385—386页。

12. 马敏、朱英等:《中国经济通史》(第九卷),长沙:湖南人民出版社,2003年,第181—182页。

13. 同上,第185页。

14. 同上,第189页。

15. 同上,第191页。

16. Yen-Ping Hao and Ern-Min Wang, "Changing Chinese Views of the Western Relations, 1840 - 95," *Cambridge History of China*, vol. 10 (Cambridge: Cambridge University Press, 1978), pp. 193 - 194.

17. Hsu, *The Rise of Modern China*, pp. 86 - 87.

18. 光绪二十九年(1903年),置商部,光绪三十二年,商部、工部等合并而成农工商部,掌全国农工商政并森林、水产、河防、水利、商标、专利诸事。——译者注

19. Zhu Ying, "On Late Qing Economic Laws and Regulations," in Douglas R. Reynolds, ed., *China, 1895 - 1912 State Sponsored Reforms and China's Late-Qing Revolution: Selected Essays from Zhongguo Jindai Shi* (Modern Chinese History, 1840 - 1919) (New York, NY: M. E. Sharpe, 1995), pp. 101 - 106.

20. 周志初：《晚清财政经济研究》，济南：齐鲁书社，2002 年，第 99—100 页。

21. 同上，第 102—103 页。

22. 许涤新、吴承明：《中国资本主义发展史》（第二卷），北京：社会科学文献出版社，2007 年，第 380—381 页。

23. 王奎：《清末商部研究》，北京：人民出版社，2008 年，第 107—108 页；K. K. Chan Wellington, "Government, Merchant and Industry to 1911," in *Cambridge History of China*, vol. 11 (Cambridge: Cambridge University Press, 1978), pp. 441–442.

24. 参见 Qin Shao, *Culturing Modernity: The Nantong Model, 1890–1930* (Palo Alto, CA: Stanford University Press, 2003), pp. 21–34。

25. Wenkai He, *Paths towards the Modern Fiscal State: Britain, Japan, and China* (Cambridge, MA: Harvard University Press, 2013), pp. 186–187.

26. 周育民：《晚清财政与社会变迁》，上海：上海人民出版社，2000 年，第 39、384 页。

27. 有关对内战经济层面的评述，参见 Suzanne Pepper, *Civil War in China: The Political Struggle, 1945–1949* (Berkeley, CA: University of California Press, 1978), pp. 95–132。

28. Albert Feuerwerker, "Economic Trend, 1912–1949," in John K. Fairbank, ed., *Cambridge History of China*, vol. 13 (Cambridge: Cambridge University Press, 1979), p. 101.

29. Linsun Cheung, *Banking in Modern China: Entrepreneurs, Professional Managers and the Development of Chinese Banks, 1897–1937* (Cambridge: Cambridge University Press, 2007), pp. 113–114.

30. Ibid., pp. 102.

31. Kashiwai Kisao, *Kindai Shina Zaiseishi* (Fiscal History of Modern China) (Tokyo: Tokyo Kyoiku Tosho, 1942), pp. 63–64.

32. 有关公共产品供给不足如何影响私人工业资本发展的区域性研究，参见 Madeleine Zelin, *The Merchants of Zigong: Industrial Entrepreneurship in Early Modern China* (New York, NY: Columbia University Press, 2005)。

33. Arthur Waldron, *From War to Nationalism: China's Turning Point, 1924–1925*, 2nd ed. (Cambridge: Cambridge University Press, 2002), pp. 119–142.

34. 孙中山：《倡议钱币革命对抗沙俄侵略通电》，载《孙中山全集》（第二卷），北京：中华书局，1982 年，第 544—546 页。

35. Tony Saich, *The Origin of the First United Front in China* (Leiden： Brill Academic Press, 1997), pp. 213-215.

36. 更详细的论述，参见 Yongnian Zheng, "Nationalism and Statism： Chinese Perceptions of the Crisis of State Power," in *Discovering Chinese Nationalism in China：Modernization, Identity, and International Relations* (Cambridge：Cambridge University Press, 1999), pp. 21-45。（此书中文版见郑永年著、陈纳慧译：《郑永年论中国：中国民族主义新解》，北京：东方出版社，2009年。——译者注）

37. Marie-Claire Bergère, "The Chinese Bourgeoisie, 1911-1937," in John K. Fairbank, ed., *The Cambridge History of China*, vol. 13 (Cambridge：Cambridge University Press, 1979), p. 795.

38. 胡其瑞：《近代广州商人与政治（1905—1926）》，硕士论文，台北：台湾政治大学，2003年，第176—179页。

39. Zanasi Margherita, *Saving the Nation：Economic Modernity in Republican China* (Chicago, IL：University of Chicago Press, 2010), pp. 81-85.

40. Tomoko Shiroyama, *China During the Great Depression：Market, State and World Economy* (Cambridge, MA：Harvard University Press, 2008), pp. 114-116.

41. 20世纪30年代，中国的主导货币仍然是20世纪前10年北京政府发行的各种银圆或大洋，它们完全可以兑换成白银。银行发行的所有主要的纸币，也都是以"元"来计价的。

42. Parks M. Coble, Jr., *The Shanghai Capitalists and the Nationalist Government, 1927-1937* (Cambridge, MA：Harvard University Press, 1980), pp. 176-177.

43. 许涤新、吴承明：《中国资本主义发展史》（第三卷），北京：社会科学文献出版社，2007年，第197—209页。

44. Feuerwerker, "Economic Trend, 1912-1949," pp. 54-55.

45. Nagakane Katsuji, "Manchukou and Economic Development," in Peter Duus, Ramon H. Meyers, and Mark R. Peattle, eds., *The Japanese Informal Empire in China* (Princeton, NJ：Princeton University Press, 1989), pp. 141-145.

46. 有关清末新政改革后典型的乡村衰落的论述，参见 Prasenjit Duara, *Culture, Power, and the State：Rural North China, 1900-1942* (Palo Alto, CA：Stanford University Press, 1988), pp. 217-243.

47. 关于中国共产党领导的农民运动及其与早期农民自治运动的区别，参见

Lucien Bianco, "Peasant Movements," in John K. Fairbank, ed., *Cambridge History of China*, vol. 13 (Cambridge: Cambridge University Press, 1979), pp. 305–329。

48. Peter Zarrow, *China in War and Revolution: 1895–1949* (London: Routledge, 2006), pp. 281–282. [此书中译本译名为《战争与革命交织的近代中国（1895—1949）》, 北京：中国人民大学出版社, 2016 年。——译者注]

49. 王建华：《中央革命根据地的财政动员》,《东南学术》2017 年第 5 期, 第 72 页。

50. William Kirby, "Continuity and Change in Modern China: Economic Planning in Taiwan and China, 1943–1958," *The Australian Journal of Chinese Affairs* 24 (1990), pp. 125–126.

51. Qian Changzhao, "Liangnianban chuangban zhonggongye zhi jingguo ji ganxiang" (Experience and Thoughts of Building Heavy Industry in the Last Two and Half Years), *New Economy Biweekly* 2 (1939), pp. 29–31.

52. 彭泽益编：《中国近代手工业史资料》（第四卷）, 北京：中华书局, 1962 年, 第 135 页。

53. 刘志英：《汪伪政府粮政述评》,《抗日战争研究》1999 年第 1 期, 第 135—153 页。

54. Sasagawa Yuji and Okumura Satoshi, *Tougo no Chugoku Shakai, Chunichi senso shita no sodoin to nozo* (Chinese Society Led by the Guns: Total Mobilization and Countryside during the Sino-Japanese War) (Tokyo: Iwanami Books, 2007), p. 233.

55. Arthur Young, *China's Wartime Finance and Inflation, 1937–1945* (Cambridge, MA: Harvard University Press, 1965), pp. 221–222.

56. Ibid., pp. 146–147.

57. 陈真编：《中国近代工业史资料》（第四辑）, 上海：生活·读书·新知三联书店, 1961 年, 第 1422 页。

58. Morris L. Bian, *The Making of the State Enterprise System in Modern China: The Dynamics of Institutional Change* (Cambridge, MA: Harvard University Press, 2005), pp. 142–149.

59. Schran Peter, *Guerrilla Economy: The Development of Shanxi-Gansu-Ningxia Region* (New York, NY: SUNY Press, 1976), pp. 184–185.

60. Lyman Von Slyke, "The Chinese Communist Movement during the Sino-Japanese War 1937–1945," in John K. Fairbank, ed., *The Cambridge History*

of China, vol. 12 (Cambridge: Cambridge University Press, 1983), p. 795.

61. Huang Yanjie, "Constructing A National Oikonomia: China's Great Monetary Revolutions, 1942–1952," *EAI Working Paper* No. 161. East Asian Institute, National University of Singapore, January 18, 2013, pp. 3–5.

62. 唐滔默:《抗日战争时期陕甘宁边区的财政》,载财政部财政科学研究所:《革命根据地的财政经济》,北京:中国财政经济出版社,1985年,第96—97页。

63. Feuerwerker, "Economic Trends 1912–1949," p. 97.

64. Lloyd Eastman, *Seeds of Destruction: Nationalist China in War and Revolution, 1937–1949* (Stanford, CA: Stanford University Press, 1984), pp. 205–228.

65. Chang Kia-ngau, *The Inflation Spiral: The Experience in China* (Cambridge, MA: MIT Press, 1958), p. 155.

66. Eastman, *Seeds of Destruction*, p. 134.

67. Chang, *The Inflation Spiral*, pp. 87–88.

68. Eastman, *Seeds of Destruction*, pp. 186–193.

69. 这个故事之所以为世人所知,很大程度上是由于参加淮海战役的中共高级将领、后来的上海市首任市长陈毅对苏联驻中国大使说的一句话:"淮海战役的胜利,是500万农民用独轮车推出来的。"

70. 李炜光:《中国财政史述论稿》,北京:中国财政经济出版社,2000年,第255页。

71. 董志凯:《解放战争时期的土地改革》,北京:北京大学出版社,1987年,第95—96页。

72. 朱建华主编:《东北解放区财政经济史稿》,哈尔滨:黑龙江人民出版社,1987年,第356—357页。

73. Sasagawa Yuji and Okumura Satoshi, *Tougo no Chugoku Shakai, Chunichi senso shita no sodoin to nozo* (Chinese Society Led by the Guns: Total Mobilization and Countryside during the Sino-Japanese War) (Tokyo: Iwanami Books, 2007), p. 233.

74. Huang, "Constructing A National *Oikonomia*," pp. 4–11.

75. 陈云:《过去一年财政和经济工作的状况》(一九五〇年十月一日),载《陈云文集》(第二卷),北京:中央文献出版社,2005年,第177页。

76. 陈云:《关于经济形势、调整工商业和调整税收诸问题》(一九五〇年六月十五日),载《1949—1952中华人民共和国经济档案资料选编》(综合卷),北京：中国城市经济出版社，1990 年，第 743—744 页。

77. 这是因为中国在 1950 年 10 月卷入了朝鲜战争，商品市场再次受到投机的冲击，所有基本生活必需品的价格突然上涨。在 1950 年的最后几个月，政府似乎再次失去了对棉布价格的控制。

78. Yoko Izutani, *Chūgoku kenkoku shoki no seiji to Keizai：taishu undō to shakai shugi taisei* (Politics and Economy in Early PRC：Mass Movement and the Socialist System) (Tokyo：Ochanomizu Books, 2007), p. 72.

79. 政务院财政经济委员会：《关于实行棉布计划收购和计划供应的命令》，载《1953—1957 中华人民共和国经济档案资料选编》（商业卷），北京：中国物价出版社，2000 年，第 54—55 页。

80. 同上，第 146—150 页。

81. 余鑫炎：《中国商业史》，北京：中国商业出版社，1987 年，第 331—334 页。

82. 这可以通过迅速增加的军队动员人数来衡量。1937 年，中国军队约为 230 万人；1945 年，约为 630 万人；1949 年，约为 550 万人，1950 年最终增至 630 万人。这还不包括资源和非战斗人员的动员，这部分人员的数量在 1950 年肯定要比 1945 年高得多。

83. 有关毛泽东时代的探索对当代中国市场经济形成影响的简要论述，参见 Robert K. Schaeffer, *Red Inc.：Dictatorship and the Development of Capitalism in China, 1949-1999* (New York, NY：Routledge, 2011), pp. 1-12.

84. 事实上，我们可以认为，由于中国经济在国内外都服从于地方政府和大型工业企业的计划，因此当代中国更大规模地进行了符合现代经济学原理和管理思想的理性经济计划。我们将在以后的章节中讨论这个问题。

85. 邓小平在"南方谈话"中指出，社会主义制度和资本主义制度都使用计划体制，因此这两种社会制度也都可以把"市场"作为发展经济的工具。

86. 林蕴晖：《向社会主义过渡：中国经济与社会的转型（1953—1955）》，"中华人民共和国史"系列（第二卷），香港：香港中文大学出版社，2009 年，第 388 页。

87. 同上，第 424—425 页。

88. 同上，第 430—431 页。

89. Yiqing Wu, *The Cultural Revolution at the Margins：Chinese Socialism in Crisis* (Cambridge, MA：Harvard University Press, 2014), pp. 26-28.

90. 事实上，在政治上，"公民权"被定义为对党，特别是对毛泽东本人的"忠诚"，人民的权利是一种政治上的分配。不同社会群体之间对"公民权"的激烈竞争常常导致暴力，特别是在"文化大革命"期间。参见 Yang Lijun, *Social Structure and the Cultural Revolution in China: Citizenship and Collective Violence* (in Japanese) (Tokyo: Ochanomizu Shobo, 2003).

91. 有关对单位的经济功能的描述，参见 Lu Xiaobo, "Minor Public Economy," in Lu Xiaobo and Elizabeth Perry, eds., *Danwei: The Changing Chinese Workplace in Historical and Comparative Perspective* (New York, NY: M. E. Sharpe, 1999), pp. 11–37。

92. 史云、李丹慧：《难以继续的"继续革命"：从批林到批邓（1972—1976）》，"中华人民共和国史"系列（第八卷），香港：香港中文大学出版社，2008年，第504—505页。

93. Chen Jian, *Mao's China and the Cold War* (Chapel Hill, NC: University of North Carolina Press, 2001), pp. 156–161.

94. Joseph C. H. Chai, *An Economic History of Modern China* (London: Edward Elgar, 2011), p. 122.

95. 林蕴晖：《乌托邦运动：从大跃进到大饥荒（1958—1961）》，"中华人民共和国史"系列（第四卷），香港：香港中文大学出版社，2008年，第200页。

96. 同上，第205页。

97. Judith Shapiro, *Mao's War against Nature: Politics and Environment in Revolutionary China* (Cambridge and New York, NY: Cambridge University Press, 2001), pp. 78–79.

98. Frank Dikötter, *Mao's Great Famine: The History of China's Most Devastating Catastrophe, 1958–62* (New York, NY: Walker Co, 2010), pp. 156–157. 事实上，1958年以前，中国共产党的采购水平已经比国民党高出至少200%，参见 Sasagawa Yuji and Okumura Satoshi, *Chogo no Chugoku Shakai, Chunichi Senso shitano Sodoin to nozon* (Chinese Society Behind the Guns: Total Mobilization and the Countryside during the Sino-Japanese War) (Tokyo: Iwanami Books, 2007), p. 233。

99. 这种倾向导致了在1959年的庐山会议之前，毛泽东和大多数其他领导人之间定期展开辩论。高潮出现在1959年4月5日召开的八届七中全会上，毛泽东批评了所有"反冒进"的领导人，包括这些高级别的领导人，并强调他自己掌握着最高权力和主要的真理，参见林蕴晖：《乌托邦运动：从大跃进到大饥荒（1958—1961）》，第412—417页。

100. Lowell Dittmer, *Liu Shaoqi and the Chinese Cultural Revolution*,

revised edition (New York, NY: M. E. Sharpe, 1998), pp. 32 - 35.

101. 张素华:《变局——七千人大会始末》,北京:中国青年出版社,2006年,第277页。

102. 有关20世纪60年代初党内斗争的详细描述,参见 Roderick MacFarquar, *The Origins of the Cultural Revolution*, vol. 3 (1961 - 1966) (New York, NY: Columbia University Press, 1999).

103. Frederic Teiwes, "The Maoist State," in David Shambaugh, ed., *The Modern Chinese State* (Cambridge and New York, NY: Cambridge University Press, 2000), pp. 146 - 149.

104. 正如林彪自己的著作所指出的那样,最后岁月里的林彪不仅是儒家思想的追随者,而且还是苏联计划经济的支持者,尽管他确实强调了一些战略上的考虑,但为了在当时的政治激流中生存下来,在"大跃进"和"文化大革命"期间,林彪只是跟着毛泽东走,没有反对毛泽东的经济政策。这再次证明了毛泽东时代的动员方法压倒一切的政治属性。只分析毛泽东的"经济战略"是完全不可能的,因为它与政治和战略考虑息息相关。

105. Chen Yinghong, *Creating the New Man: From Enlightenment Ideals to Socialist Realities* (Honolulu, HI: Hawaii University Press, 2004), pp. 101 - 106.

106. 史云、李丹慧:《难以继续的"继续革命":从批林到批邓(1972—1976)》,"中华人民共和国史"系列(第八卷),香港:香港中文大学出版社,2008年,第226—227页。

107. 同上,第228页。

108. 同上,第229—230页。

109. 同上,第200—302页。

110. Susan Shirk, *The Political Logic of Economic Reform in China* (Berkeley, CA: University of California Press, 1993), p. 55.

111. 周恩来:《政府工作报告》,载《人民日报》(1975年1月21日)。

112. Michel Bonnin, translated by Krystynya Horko, *The Lost Generation: The Rustication of Chinese Youth (1968 - 1980)* (New York, NY: Columbia University Press, 2013), p. iv. 参见中文版,[法]潘鸣啸著、欧阳因译:《失落的一代:中国的上山下乡运动1968—1980》(增订版),北京:中国大百科全书出版社,2013年。

113. 中国经济改革研究基金会:《中国改革与发展报告》,北京:中国经济出版社,2002年,第89—91页。

114. 史云、李丹慧:《难以继续的"继续革命":从批林到批邓(1972—

1976）》，"中华人民共和国史"系列（第八卷），香港：香港中文大学出版社，2008 年，第 529 页。

115. 同上，第 551—553 页。

116. Jin Zheng, *State-Led Privatization in China: The Politics of Economic Reform* (London: Routledge, 2013), pp. 29 – 30.

117. 根据世界银行的报告，1979 年中国的人均 GDP 为 260 美元，与塞拉利昂、坦桑尼亚、海地和巴基斯坦持平，仅为美国 10630 美元和苏联 4110 美元的一小部分。在收入方面，中国被列为低收入国家。参见 World Bank, *World Development Report 1981* (Oxford: Oxford University Press, 1981), p. 134.

118. 到 20 世纪 70 年代末，中国人出生时的预期寿命为 64 岁，婴儿死亡率为 9.4‰，成人识字率为 66%。就这些数据而言，中国与中等收入国家的水平是相当的。Ibid., pp. 134 and 174.

119. 林超超：《苏联经济核算制与中国计划经济》，载《史林》2016 年第 1 期，第 171—172 页。

120. Xuezhi Guo, *China's Security State: Politics, Philosophy and Evolutions* (Cambridge: Cambridge University Press, 2012), p. 226.

121. 参见 James C. Mulvenon, *Soldiers of Fortune: The Rise and Fall of the Chinese MilitaryBusiness Complex, 1978 – 1998* (Armonk, NY: M. E. Sharpe, 2001), pp. 51 – 77。

122. 1953—1989 年，中国的军费开支经常超过 GDP 的 5%，有时甚至高达 8%。而 1989—2014 年，中国的军费开支不到 GDP 的 2%。与大多数世界强国（如英国、法国、俄罗斯或美国）相比，这一比例被认为相对较低。

第五章　基层资本和市场化：当代市场改革的动力

1. http://news.xinhuanet.com/2013lh/2013 – 03/10/c_114968104.htm（访问时间：2014 年 4 月 17 日）。

2. Dwight Perkins, *Market Controls and Planning in Communist China* (Cambridge, MA: Harvard University Press, 1966), pp. 75 – 76.

3. Andrew H. Wedeman, *From Mao to Market: Rent Seeking, Local Protectionism, and Marketization in China* (New York, NY: Cambridge University Press, 2003), pp. 40 – 41.

4. 有关在宏大历史背景下对这一事件的分析叙述，参见 Kent G. Deng, *China's Political Economy in Modern Times: Changes and Economic*

Consequences, *1800 – 2000* (London and New York, NY: Routledge, 2011), pp. 75 – 77。

5. 参见 Joseph Fewsmith, *Dilemmas of Reform in China: Political Conflict and Economic Debate* (London: Routledge, 1994), pp. 60 – 61。

6. Ibid., pp. 62 – 65.

7. 欧阳淞、高永中主编：《改革开放口述史》，北京：中国人民大学出版社，2014 年。在线版本见：http://fuwu.12371.cn/2014/01/14/ARTI1389669347440974_8.shtml（访问时间：2014 年 6 月 15 日）。

8. 有关意识形态转变的论述，参见 Yongnian Zheng, *Globalization and State Transformation in China* (Cambridge: Cambridge University Press, 2004), pp. 72 – 79。（此书中文版见郑永年著、郁建兴译：《全球化与中国国家转型》，杭州：浙江人民出版社，2009 年。——译者注）

9. Yasheng Huang, *Capitalism with Chinese Characteristics: Entrepreneurship and the State* (New York, NY: Cambridge University Press, 2008), pp. 295 – 298.

10. Hu Angang and Wang Shaoguang, *The Chinese Economy in Crisis: State Capacity and Tax Reform* (New York, NY: M. E. Sharpe, 2001), pp. 125 – 128.

11. 有关对这一问题的评价，参见 Chen Yun, *Transition and Development in China: Towards a Shared Growth* (London: Ashgate, 2008), pp. 184 – 191。

12. Dali Yang, *Remaking the Chinese Leviathan* (Stanford, CA: Stanford University Press, 2004).

13. Teresa Wright, *Accepting Authoritarianism: State – Society Relations in China's Reform Era* (Stanford, CA: Stanford University Press, 2010), pp. 49 – 52.

14. 在 20 世纪 80 年代中期，甚至在宁波这样的沿海城市，很多这样的"暴发户"在城市人群中的名声也不好。参见国务院办公厅调研室编：《个体经济调查与研究》，北京：经济科学出版社，1986 年，第 69 页。

15. 有关年广久早年生活的描述，参见 Wenxian Zhang and Ilan Alon, *Biographical Dictionary of New Chinese Entrepreneurs and Business Leaders* (Cheltenham: Edward Elgar Publishing, 2009), pp. 129 – 130。

16. 邱健：《年广久与"傻子瓜子"的两次沉浮》，载《炎黄春秋》2000 年第 4 期，第 43 页。

17. 同上，第 44 页。

18. 同上，第 45 页。当时，私人雇主不得不引用马克思对资本主义剥削性企业的经典定义，即雇用的工人超过 7 人才算剥削，以此来证明他们的雇用不是资本主义，没有剥削性。

19. 邓小平：《在中央顾问委员会第三次全体会议上的讲话》，载《邓小平文选》（第三卷），北京：中央文献出版社，1993年，第91页。

20. 邱健：《年广久与"傻子瓜子"的两次沉浮》，载《炎黄春秋》2000年第4期，第46页。

21. 邓小平：《在武昌、深圳、珠海、上海等地的谈话要点》，载《邓小平文选》（第三卷），北京：中央文献出版社，1993年，第371页。

22. 国家统计局、国家工商总局：《2013年全国市场主体发展报告》，北京：国家工商总局，2014年，第2页。

23. 如今，中国最成功的企业家来自所谓的"下海人群"（字面意思是那些"跳进商业海洋的人"），后者出现的时间比年广久晚，但也有例外。最具传奇色彩的案例是娃哈哈董事长宗庆后。宗庆后与年广久不同，他最初在一家国有企业担任销售，这意味着他拥有更成熟的社会资本。

24. Bruce Gilley, *Model Rebels: The Rise and Fall of China's Richest Village* (Berkeley and Los Angeles, CA: University of California Press, 2001), p. 13.

25. Ibid., pp. 6–7.

26. Ibid., pp. 21–23.

27. Ibid., pp. 103–104.

28. Ibid., pp. 136–137; 141–142.

29. 李漠：《今日大邱庄》，载《小康》2007年第9期，第55—57页。

30. 同上，第52—53页。

31. William A. Byrd and Lin Qingsong, eds., *China's Rural Industry: Structure, Development, and Reform* (Oxford: Oxford University Press, 1990); John Wong, Rong Ma, and Mu Yang, eds., *China's Rural Entrepreneurs: Ten Case Studies* (Singapore: Times Academic Press, 1995).

32. Barry Naughton, *Growing Out of the Plan: Chinese Economic Reform 1978–1993* (New York, NY: Cambridge University Press, 1995), p. 140.

33. 农业部乡镇企业局编：《中国乡镇企业统计资料：1978—2002》，北京：中国农业出版社，2003年，第15页。

34. 中华人民共和国国家统计局：《中国统计年鉴2013》，北京：中国统计出版社，2013年。

35. Lawrence Lau, Qian Yingyi, and Gerard Rolland, "Reform without Losers: An Interpretation of China's Dual Track to Transition," *Journal of*

Political Economy 108：1 (2000)，pp. 135 – 136.

36. 有关包干责任制作为改革初期政治经济基本路径的分析，参见 Susan Shirk, *The Political Logic of China's Reform* (Berkeley, CA：University of California Press，1993)。

37. 详细的论述可参见张军：《"双轨制"经济学：1978—1992》，上海：上海三联书店、上海人民出版社，1997 年。

38. Lin Yi-min, "The Institutional Context of Rent-Seeking in Economic Transition," in TakWing Ngo and Wu Yongping, eds., *Rent Seeking in China* (London：Routledge, 2000), pp. 61 – 63.

39. 何增科：《中国转型期腐败和反腐败问题研究》（上篇），载《经济社会体制比较》2003 年第 1 期，第 23—24 页。

40. 有关军队市场化的详细研究，参见 James Mulvenon, *The Soldiers of Fortunes：The Rise and Fall of the Chinese Military Business Complex*，1978 - 1998 (New York, NY：M. E. Sharpe, 2000), pp. 78 – 138.

41. Christine Wong and Richard Bird, "China's Fiscal System：A Work in Progress," in Loren Brandt, Thomas Rawski, and John Sutton, eds., *China's Great Economic Transformation* (New York, NY：Cambridge University Press, 2008), pp. 432 – 433.

42. Huang Yasheng, *Inflation and Investment Control in China：The Political Economy of Central - Local Relations in the Reform Era* (New York, NY：Cambridge University Press, 1996), pp. 317 – 334.

43. 这种现象被称为"脑体倒挂"（体力劳动者和知识劳动者工资比例的倒转）。有一首流行的打油诗是这么说的："搞原子弹的不如卖茶叶蛋的，拿手术刀的不如拿剃头刀的。"虽然这听起来像是个笑话，但却是对双轨制下令人困惑的收入不平等现象的真实描述。20 世纪 80 年代末，科学家或医生的平均月收入只有 400—600 元，远低于个体户的月收入（1200 元）或专业美发师的月收入（2000 元）。

44. 学生们的抗议活动背后，是复杂的社会和政治问题，这些抗议活动往往被过分简单化为争取民主化的社会运动的一部分。事实上，抗议活动最重要的原因之一是，大学毕业生是文化精英，市场行为者在文化上处于劣势，但前者的经济前景却比后者黯淡许多。

45. Ezra Vogel, *Deng Xiaoping and the Transformation of Modern China* (Cambridge, MA：Harvard University Press, 2013), pp. 652 – 653.

46. 有关傅高义（Ezra Vogel）对邓小平南方视察的历史描述，参见 Deng

Xiaoping and the Transformation of Modern China, pp. 664 – 690; 亦可参见: John Wong, *The Political Economy of Deng's Nanxun: Breakthrough in China's Reform and Development* (Singapore and London: World Scientific, 2014); John Wong and Zheng Yongnian, eds., *The Nanxun Legacy and China's Development in the Post-Deng Era* (London and Singapore: World Scientific/Singapore University Press, 2001).

47. Yongnian Zheng, *Globalization and State Transformation in China* (Cambridge: Cambridge University Press, 2004), pp. 76 – 77.

48. 中华人民共和国国家统计局:《中国统计年鉴2002》, 北京: 中国统计出版社, 2002 年。

49. Jason Young, *China's Hukou System: Market, Migrant and Institutional Changes* (London: Palgrave Macmillan, 2013), p. 69.

50. Lee Branstetter and Nicolas Lardy, "China's Embrace of Globalization," in Loren Brandt, Thomas Rawski, and John Sutton, eds., *China's Great Economic Transformation* (New York, NY: Cambridge University Press, 2008) pp. 634 – 640.

51. Zheng, *Globalization and State Transformation in China*, pp. 93 – 97.

52. Huang Yanjie and Zheng Yongnian, "China's Centrally-Managed State-Owned Enterprises," in Eric Kjelk Brødsgaard, ed., *Globalization and Public Sector Reform in China* (London: Routledge, 2014), pp. 125 – 127.

53. 有关这些央企的经济和政治属性的更多讨论, 见第八章。

54. 这就是我们所说的"GDP 主义", 这是一种非正式的政策规则, 将 GDP 增长置于经济发展和政府政策的核心地位。对中国与 GDP 的密切关系进行批判的书籍, 参见刘伟、蔡志洲:《走下神坛的 GDP: 从经济增长到可持续发展》, 北京: 中信出版社, 2006 年。

55. 有关中国私营企业家政治地位的详细研究, 参见陈家喜:《改革时期中国民营企业家的政治影响》, 重庆: 重庆出版社, 2007 年, 第51—73 页。

56. 有关"三个代表"的英文在线版本, 参见 http://english.cpc.people.com.cn/66739/4521344.html。

57. 王家范:《中国历史通论》, 台北: 五南图书出版公司, 2002 年, 第254—255 页。

58. 唐力行:《商人与中国近世社会》, 台北: 台湾商务印书馆, 1997 年, 第25—26 页。

59. Barry Naughton, "Cities in the Chinese Economic System: Changing

Roles and Conditions for Autonomy," in Debora Davis et al., eds., *Urban Space in Contemporary China: The Potential for Autonomy and Community* (Washington, DC: Woodrow Wilson Center Press and Cambridge University Press, 1995), pp. 61 - 89.

60. Martin King Whyte, "The Paradox of Urban - Rural Inequality in Contemporary China," in Martin King Whyte, ed., *One Country, Two Societies: Rural - Urban Inequality in Contemporary China* (Cambridge, MA: Harvard University Press, 2010), pp. 7 - 12.

61. Martin Levine, *Worker Rights and Labor Standards in Asia's Four New Tigers: A Comparative Perspective* (New York, NY: Springer, 1997), pp. 95 - 110.

62. Wang Yanlin, "Cheap Labor and China's Export Capacity," in Kelvin Zhang Honglin, ed., *China as a World Factory* (London: Routledge, 2006), p. 73.

63. 中华人民共和国国家统计局：《2013年全国农民工监测调查报告》，http://www.stats.gov.cn/tjsj/（访问时间：2014年6月18日）。

64. 中华人民共和国国家统计局：《中国统计年鉴2013》，北京：中国统计出版社，2013年。

65. Makoto Itoh, "Theoretical Possibility of a Socialist Market Economy," in Nobuharu Yokokawa, Jayati Ghosh, and Bob Rowthorn, eds., *Industrialization in China and India: Their Impact on the World Economy* (London: Routledge, 2013), p. 163.

66. Pei Minxin, *China's Trapped Transition: The Limit of Developmental Autocracy* (Cambridge, MA: Harvard University Press. 2009), p. 200.

67. 有关政府对工人采取的策略，参见 Cai Yongshun, *The State and Laid-Off Workers: The Silence and Collective Action of the Retrenched* (London: Routledge, 2006), pp. 82 - 100。

68. Huang Yanjie, "China's Young Generation and How It Augurs for China's Future," in Zheng Yongnian and Gore Liangping Lance, eds., *China Entering Xi Jinping Era* (London: Routledge, 2014), p. 11.

69. 这类企业家不应与改革初期的赤脚企业家混为一谈。他们的成功模式始终与政府政策和国家控制的资源紧密相连。详细分析请见第六章。

70. 对企业家和政府官员之间的紧密联系开展的民族志研究，参见 Liu Xin, *The Otherness of Self: A Genealogy of the Self in Contemporary China* (Ann Arbor, MI: University of Michigan Press, 2002), pp. 30 - 50。

71. Ren Xuefei, *Urban China* (London: John Wiley & Sons, 2013), pp. 130-132.

72. Scott A. Hipsher, *The Private Sector's Role in Poverty Reduction in Asia* (Oxford: Chandos Publishing, 2010), pp. 107-111.

73. 在3亿名城镇职工中，只有3000万人是国家工作人员，也许只有一小部分国家工作人员真正能够享受到小康地区和国有企业公务员所特有的较高水平的工资和福利待遇。

74. 这仅限于国家资助的正规的福利计划。如果农民碰巧生活在城市中心的边缘地带，他们有时会从房地产拆迁中受益。就社会保障、教育和医疗保健方面的福利补贴而言，大多数农民家庭通常比城市居民获得的要少得多。

75. 杨俊峰：《我国城市土地所有制的演进和由来》，载《南方周末》2007年6月13日。

76. 王铼利：《中国房地产之厄》，香港：天行健出版社，2011年，第226页。

77.《土地财政有多重要》，载《中国经济周刊》2014年第14期，在线版本见 http://finance.people.com.cn/n/2014/0415/c1004-24896199.html（访问时间：2014年6月12日）。

78. 国土资源部：《2013年土地市场动态监测分析报告》，在线版本见 http://www.mlr.gov.cn/xwdt/jrxw/201307/t20130730_1246849.htm（访问时间：2014年6月12日）。

79. 王玉光、赵芃、郎雅琼，《小产权房倒逼土地改革》，载《财经国家周刊》2012年第7期，第36—38页。

80. 曹海东：《煤改轮回》，载《南方周末》2008年11月6日，在线版本见 http://www.infzm.com/content/19532（访问时间：2015年4月15日）。

81. 回溯起来，4万亿元刺激计划中可能有一半用于高速铁路的建设。仅在2010年，对高速铁路的投资就达到了8320亿元（1450亿美元）。由于其规模之大、期限之长，任何私人投资者都不会进行这种投资。

82. 蔡灵跃、刘守谦、陈明衡：《温州民间资本的发展与引导研究》，载《浙江金融》2005年第1期，第26页。

83. 2017年7月15日，国务院金融稳定发展委员会成立。委员会主任由国务院副总理刘鹤担任，中国人民银行副行长易纲担任副主任，这个新组织负责确保整体的金融稳定，并协调现有的金融监管机构，包括人民银行、银监会、证监会和保监会。(2018年3月，第十三届全国人民代表大会第一次会议表决通过了关于国务院机构改革方案的决定，将中国银行业监督管理委员会和中国保险监督管理委员会的职责整合，组建中国银行保险监督管理委员会，作为国务院直属事业单位。——译者注）

84. 有关这段时期中国移民的分析性描述，参见 Adam Mckeown，*China Migration Networks and Cultural Change* (Chicago, IL: University of Chicago Press, 2001), pp. 1-24.

85. William Kirby, "China's Early Internationalization in Early People's Republic: The Dream of a Socialist World Economy," in Julia Strauss, ed., *The History of the People's Republic of China, 1949-1976* (Cambridge: Cambridge University Press, 2007), p. 34.

86. Jiuli Huang, "Foreign Trade, Interregional Trade, and Regional Specialization," in Ming Lu, Zhao Chen, Zhu Xiwen, and Xu Xianxiang, eds., *China's Regional Development: Review and Prospect* (London and New York, NY: Routledge, 2015), pp. 174-175.

87. Ye Min, *Diasporas and Foreign Direct Investment in China and India* (New York, NY: Cambridge University Press, 2014), p. 66.

88. Doug Guthrie, *China in the Global Economy* (London: Routledge, 2006), pp. 115-117.

89. 中国社会科学院：《中国贸易发展报告（2012）》，第17页。在线版本见 http://www.iwep.org.cn/upload/2013/03/d20130307160336894.pdf（访问时间：2014年6月12日）。

90. 同上，第31页。

91. 黄玖立、李坤望：《出口开放、地区市场规模和经济增长》，载《经济研究》2006年第6期，第37页。

92. John Pomfret, "Beijing Tries to Push beyond Made in China to Find Name-Brand Innovation," *Washington Post*, May 25, 2010.

93. Mona Haddad, "Trade Integration in East Asia: The Role of China and Production Networks," *World Bank Policy Research Paper*, No. 4160, March 2007.

94. 但是互联网和房地产等行业则是例外，在这些行业里，新生的企业可以寻求国家支持或与地方政府合作。这些案例将在第六章里进行讨论。

95. 一项研究有力地展现了中国对中小企业的金融抑制和不断增长的外汇储备，相对于中小企业而言，国有企业生产效率较低但资金充裕，它们的整体萎缩导致了国内储蓄被用于投资外国资产。参见 Zheng Song, Kjetil Storesletten, and Fabrizio Zilibotti, "Growing Like China," *American Economic Review* 101:1 (2011), p. 237。

96. http://finance.people.com.cn/n/2013/0203/c1004-20414645.html

（访问时间：2014年6月16日）。

97. 这个数据需要进一步澄清。根据《中国统计年鉴2013年》，在3.71亿名城市工人中，私营企业只雇用了7000万人。但这在很大程度上不包括农民工，他们大多不是城市居民，但大多在城市的私营企业里工作。根据中国社会科学院一位研究员的研究，2011年，私营部门雇员占城乡劳动力总数的31%，而国有部门的雇员占了9%。参见冯兴元：《中国民营企业的生存环境》，FT中文网，2012年12月11日，http：//www.ftchinese.com/story/001047949?full=y（访问时间：2014年6月16日）。

98. http：//www.saic.gov.cn/zwgk/tjzl/zhtj/xxzx/201407/t20140709_146608.html（访问时间：2014年6月16日）。

99. Ba Shusong, "Report on Small and Micro Business: Chinese Experience and Asia Paths," *Boao Review* (April 25, 2014), p. 13.

100. 除了主要针对国有部门和地方政府的4万亿元刺激计划外，国家还采取了干预措施，降低企业税率，提高出口企业的退税率。

101. 笔者根据财政部"全国国有及国有控股企业经济运行情况"计算得来：http：//qys.mof.gov.cn/zhengwuxinxi/qiyeyunxingdongtai/201401/t20140121_1037861.html（访问时间：2014年6月16日）。

102. 郝春虹：《中国税收流失规模估测》，载《中央财经大学学报》2004年第11期，第15—16页。

第六章　中间地带：国家和私营企业之间的纽带

1. Yasheng Huang, *Capitalism with Chinese Characteristics: Entrepreneurship and the State* (New York, NY: Cambridge University Press, 2008), pp. 164 - 167.

2. Kelle Tsai, *Capitalism without Democracy: The Private Sector in Contemporary China* (Ithaca, NY: Cornell University Press, 2007), pp. 46 - 48.

3. Wei Zhou, "The Changing Face of Rural Enterprises," *China Perspectives* 50 (2006), p. 22.

4. 随着市场进一步往自由化的方向发展，这一制度经历了几次重要的变动。今天，虽然只有政府和集体有权征用和出售农业用地，但考虑到农业家庭可以在城市谋生，他们可以自由地搬到城市，把土地租给租用农地的农民。就连户籍制度也基本上被取消了，除了在大城市地区。

5.《国务院关于发展社队企业若干问题的规定（试行草案）》（1979年7月3

日），http：//fgk. chinalaw. gov. cn/article/xzfg/197907/19790700268333. shtml。

6. 同上。

7. 俞雷：《追寻商业中国》，北京：中信出版社，2009 年，第 25—27 页。

8. 同上，第 30 页。

9. 陈宝荣：《中国个体经济》，上海：上海社会科学院出版社，1990 年，第 1—2 页。

10. 在许多情况下，乡镇企业和它们的城市伙伴，即城市集体所有制企业，都伪装成了私营企业。这是在不改变规则的情况下提高生产率的有效策略。参见 Wing Thye Woo, "Improving the Performance of Enterprises in Transition Economies," in Wing Thye Woo, Stephen Parker, and Jeffrey Sachs, eds., *Economies in Transition: Comparing Asia and Eastern Europe* (Cambridge, MA: MIT Press, 1997), pp. 315-316。

11. 盛世豪、郑燕伟：《"浙江现象"：产业集群与区域经济发展》，北京：清华大学出版社，2004 年，第 210—211 页。

12. Jean Oi, *Rural China Takes Off* (Berkeley, CA: University of California Press, 1999), pp. 14-15。

13. 有关邓小平南方视察对中国经济影响的分析，参见 John Wong, *The Political Economy of Deng's Nanxun: Breakthrough in China's Reform and Development* (Singapore and London: World Scientific, 2014)。

14. Zheng Yongnian, "Ideological Decline, the Rise of an Interest-Based Social Order, and the Demise of Communism in China," in John Wong and Zheng Yongnian, eds., *The Nanxun Legacy and China's Development in the Post-Deng Era* (London and Singapore: World Scientific/Singapore University Press, 2001), pp. 173-195.

15. Kai He, *Institutional Balancing in Asia-Pacific: Economic Interdependence and China's Rise* (Abingdon and New York, NY: Routledge, 2009), pp. 32-34。

16. Lin Yifu, Cai Fang, and Zhou Li, *State-Owned Enterprise Reform in China* (Hong Kong: Chinese University Press, 2001), pp. 65-66。

17. 国家统计局在线数据库。

18. 我们将在第八章讨论由此产生的国有资本的部门分配问题。目前，可以说国家仍然控制着需要土地、自然资源、信贷和全国性基础设施等关键生产要素的上游部门。

19. Zhou Xueguang, *State and Life Chance in China: Redistribution and*

Stratification, 1949 - 1994 (Cambridge and New York, NY: Cambridge University Press, 1999), p. 42.

20. 黄孟复编：《中国民营经济发展报告（2005—2006）》，北京：社会科学文献出版社，2006 年。

21. 国家统计局在线数据库。

22. Victor Nee and Sonja Opper, *Capitalism from Below: Markets and Institutional Change in China* (Cambridge, MA: Harvard University Press, 2012), p. 120.

23. 王钦敏编：《中国民营经济发展报告（2012—2013）》，北京：社会科学文献出版社，2013 年。

24. 改革年代的温州"老板"中，有相当一部分人信奉基督教。温州的创业基督徒通过利用一种非政治化的基督教，在他们的信仰中注入了类似韦伯新教伦理的现代企业家精神。参见 Nanlai Cao, *Constructing China's Jerusalem: Christians, Power, and Place in Contemporary Wenzhou* (Palo Alto, CA: Stanford University Press, 2010), pp. 34 - 40。

25. 有关 20 世纪 80 年代温州模式发展的论述，参见 Yongnian Zheng, *De Facto Federalism in China* (Singapore and London: World Scientific, 2007), pp. 204 - 210。（此书已有中文版，参见郑永年著、邱道隆译：《中国的"行为联邦制"：中央—地方关系的变革与动力》，北京：东方出版社，2013 年。——译者注）

26. 史晋川、金祥荣等著：《制度变迁与经济发展：温州模式研究（修订版）》，杭州：浙江大学出版社，2002 年，第 27 页。

27. 同上，第 154 页。

28. 同上，第 157 页。

29. 同上，第 158 页。

30. 希望编：《"温州模式"的历史命运》，北京：经济科学出版社，2005 年，第 148—150 页。

31. 有关从中央—地方关系视角对苏州模式早期发展进行的详细论述，参见 Zheng, *De Facto Federalism in China*, pp. 145 - 151。

32.《苏州工业园区欲于今年率先基本实现现代化》，载《中国工业报》2012 年 1 月 12 日。

33. Alexius A. Pereira, *State Collaboration and Development Strategies: The Case of the China Singapore Suzhou Industrial Park (1992 - 2002)* (London: Routledge, 2003), p. 67.

34. 例如，1994年以来苏州的7位市委书记都晋升为省委书记或国务院的部长。参见王俊：《"省长摇篮"苏州走出过哪些重量级官员？》，载《新京报》2016年1月14日。

35. Saw Swee Hock and Ge Yun, "Advancing Education Collaborations between China and Singapore," in Saw Swee Hock and John Wong, eds., *Advancing Sino-Singapore Relations* (Singapore: Institute of Southeast Asian Studies, 2014), p. 274.

36. "The NETDZ as Engine for Creativity," *People's Daily*, July 5, 2012.

37. Ling Zhijun, translated by Martha Avery, *The Lenovo Affair: The Growth of China's Computer Giant and Its Takeover of the IBM-PC* (Singapore: Wiley, 2005), pp. 32-33.

38. 2018年8月23日，华为完成新一届公司董事会换届选举，梁华已接替孙亚芳出任新任董事长。——译者注

39.《为何深圳能出华为腾讯》，载《长江日报》2013年3月25日。

40. Crystal Chang, "The Emergence of the Independent Chinese Auto Industry," available on Globaltrade.net, pp. 17-18.

41.《比亚迪雄心依旧》，载《新世纪》2010年11月29日。

42.《比亚迪：以电动车之名 从民间开向政府》，载《时代周报》2013年7月24日。

43. Cecily Liu, "Electric Bus Pioneer Pulls into Wider European Market," *China Daily (Europe)*, December 14, 2016.

44. 2016年，户县改为鄠邑区。

45.《地方引资心切 比亚迪西安项目违规案遭国土部督办》，载《第一财经日报》2010年7月16日。

46. Yongnian Zheng, *Technological Empowerment: The Internet, State, and Society in China* (Stanford, CA: Stanford University Press, 2008).（此书已有中文版，参见郑永年著、邱道隆译：《技术赋权：技术赋权：中国的互联网、国家与社会》，北京：东方出版社，2014年。——译者注）

47. BDA China, "Taobao: China's E-Commerce Revolution: An Overview of China's Dynamic E-Commerce Sector," *BDA China Analyst Note*, January 11, 2010.

48. http://www.reuters.com/article/2015/05/27/us-alibaba-bank-idUSKBN0OC0SI20150527（访问时间：2015年5月29日）。

49. Sherman So and J. Christopher Westland, *Red Wired: China's Internet*

Revolution (London and Singapore: Marshall Cavendish, 2010) pp. 46–48.

50. Xiao Qiang, "Baidu's Internal Monitoring and Censorship Document Leaked," China Digital Times, April 30, 2009, available at http://chinadigitaltimes. net/2009/04/baidusinternal-monitoring-and-censorship-document-leaked/（访问时间：2015年3月15日）。

51. "Saying No to Authoritarians: Google Shifts to Hong Kong," *Apple Daily*, March 24, 2010.

52. *Bloomberg News*, "A Tale of Two Search Engines: Why Google Is Winning, Baidu Isn't," April 30, 2013.

53. Zhang Xiaoling, *Transformation in Political Communication in China* (London: Routledge, 2010), pp. 113–114.

54. 颜强：《邓亚萍的"即刻"消失?》，载英国《金融时报》中文网2013年11月27日。

55. 根据StatCounter的数据，百度在市场上保持着不可动摇的领先地位（77.4%），其次是好搜（8.1%）、神马（7.5%）、搜狗（3.7%）和谷歌（1.7%）。http://gs.statcounter.com/search-engine-market-share/all/china（访问时间：2017年8月15日）。

56. 中华人民共和国国土资源部：《中国全国土地和自然资源报告（2011）》，北京：国土资源部，2012年1月；中华人民共和国国家统计局：《中国统计年鉴2012》，北京：中国统计出版社，2012年。

57. Qin Shao, *Shanghai Gone: Domicile and Defiance in a Chinese Megacity*, (Lanham, MD: Rowman & Littlefield, 2013), pp. 151–154.

58. Zheng, *Technological Empowerment*, pp. 128–130.

59. Malcolm Moore, "The Rise of Wang Jianlin, China's Richest Man," *Daily Telegraph*, September 21, 2013.

60. 张瑛：《曾成杰：生前死后》，载《瞭望东方周刊》2013年7月22日。

61. 杨琳：《通钢事件悲剧背后：工人缺乏利益表达渠道》，载《瞭望新闻周刊》2009年8月10日。

62. 我们概述尚德案例只是为了分析之便。英语世界中关于无锡尚德太阳能电力的概览，参见 Charlie Zhu and Bill Powell, "Special Report: The Rise and Fall of China's Sun King," *Reuters*, May 18, 2013。

63. Qiao Liu, *Corporate China 2.0: The Great Shake Up* (New York, NY: Palgrave Macmillan, 2016), pp. 93–95.

64. 《中国可再生能源路在何方?》，载《中国产经新闻》2013年8月8日。

65.《多晶硅价格跳水 冲击中国企业 8 成停产》，载《人民日报》2012 年 7 月 24 日。

66. Alfred Marcus, *Innovation in Sustainability* (Cambridge: Cambridge University Press, 2015), pp. 96–97.

67. http://english.caijing.com.cn/2013-03-21/112610390.html（访问时间：2017 年 8 月 13 日）。

68. 王赫：《游走在红线上的无锡城投》，载《证券市场周刊》2012 年 6 月 16 日。

69. Koh Gui Qing, "Is China's Debt Nightmare a Province called Jiangsu?" *Reuters*, July 24, 2013.

70. Harry Harding, *China's Second Revolution: Reform after Mao* (Washington, DC: The Brookings Institute, 1987), pp. 56–67.

71. Zheng Yongnian, "Technocratic Leadership, Private Entrepreneurship and Party Transformation," in Zheng Yongnian, *Will China Become Democratic? Elite, Class and Regime Transition* (Singapore: Eastern Universities Press, 2004), pp. 253–281.

72. "First Tycoon in CCP Elite Ranks?" *The Straits Times*, August 8, 2012.

73. www.acfic.org.cn/zzjg_327/nsjg/hyb/hybsjgk/201704/t20170424_3664.html（访问日期：2018 年 4 月 14 日）。

74.《中国企业家从政"三部曲"：从工商联、政协到人大》，http://biz.jrj.com.cn/2013/07/31092815609828.shtml。

75. 同上。

76. 陆学艺、李培林、陈光金主编：《社会蓝皮书：2013 年中国社会形势分析与预测》，北京：社会科学文献出版社，2012 年，第 146 页。

77. Michael Forsythe, "Billionaire Legislators Ensure the Rich are Represented in China's Legislature," *The New York Times*, March 2, 2015.

78.《"富二代"进党校培训，学习课程包括党史政府关系》，载《时代周报》2013 年 9 月 19 日。

79. Yanqi Tong and Shaohua Lei, *Social Protest in Contemporary China, 2003–2010* (New York, NY and London: Routledge, 2014).

80. Bruce Dickens, *Dictator's Dilemma: The Chinese Communist Party's Strategy for Survival* (New York, NY: Oxford University Press, 2016), pp. 92–93.

81. 徐琳玲：《温州煤老板的命运》，载《南方人物周刊》2009 年 11 月 24 日。

82.《淘宝"大战"工商总局,你支持谁》,上观新闻,http://web.shobserver. com/news/detail? id=3515(访问时间:2016年5月29日)。

83. Chen Jie and Bruce J. Dickenson, *Allies of the State: China's Private Entrepreneurs and Democratic Change* (Cambridge, MA: Harvard University Press, 2010), pp. 2-3.

84. Rachel Wang, "Why China's Rich Want to Leave," *The New Atlantic*, April 11, 2013.

85. 事实上,在国家主导的市场经济中,"政策"的概念往往等同于对现行法律法规的例外。因此,国家对私营企业的政策规定,通常简单来说就是"优惠待遇"或"特别许可"。

第七章 货币体制:财政和货币改革及其限度

1. 2017年7月,中国人民银行的资产达5.2万亿美元,超过美联储(4.4万亿)、欧洲央行(4.9万亿)和日本央行(4.5万亿),这些资产主要以外汇储备为基础。Edward Yardeni and Mali Quantana, "Global Economic Briefing: Central Bank Balance Sheets," *Yardeni Research*, August 21, 2007.

2. 国家统计局国民经济综合统计司编:《新中国六十年统计资料汇编》,北京:中国统计出版社,2010年,第21页。

3. 参见 Huang Yanjie, "Constructing a National Oikonomia: China's Great Monetary Revolution, 1942-1950," *EAI Working Paper* No. 161, East Asian Institute, National University of Singapore, January 2013。

4. 魏礼群等主编:《社会主义市场经济与计划模式改革》,北京:中国计划出版社,1994年,第295页。

5. Jinyan Li, *Taxation in the People's Republic of China* (New York, NY: Green Wood, 1991), pp. 13-14.

6. 张光:《中国政府间财政关系的演变(1949—2009)》,载《公共行政评论》2009年第6期,第31—32页。

7. 杨志勇、杨之刚:《中国财政制度改革30年》,上海:上海人民出版社,2008年,第78—81页。

8. Lou Jiwei, "The Reform of Intergovernmental Fiscal Relations in China: Lesson Learnt," in The World Bank, *Public Finance in China: Reform and Growth for a Harmonious Society* (Washington, DC: The World Bank, 2009), p. 156.

9. Jean C. Oi, "Fiscal Reform and the Economic Foundations of Local Corporatism in China," *World Politics* 45: 1 (1992), pp. 118-122.

10. Nicolas Lardy, *China's Unfinished Economic Revolution* (Washington, DC: The Brookings Institute, 1998), pp. 62-64.

11. Andrew Wedeman, *From Mao to Market: Rent Seeking, Local Protectionism, and Marketization in China* (New York, NY: Cambridge University Press, 2003), pp. 53-55.

12. 郑永年：《朱镕基新政：中国改革的新模式》，新加坡：新加坡八方文化企业公司，1999年。

13. 有关这一过程的详细论述，参见 Wedeman, *From Mao to Market*, pp. 241-258。

14. Xin Li and Dianqing Xu, *From Trade Surplus to Dispute over the Exchange Rates* (Singapore: World Scientific, 2016), p. 149.

15. 有关分税制的建立及其后果的详细研究，参见 Christine Wong and Richard Bird, "China's Fiscal System: A Work in Progress," in Loren Brandt and Thomas G. Rawski, eds., *China's Great Economic Transformation* (New York, NY: Cambridge University Press, 2008), pp. 429-460。

16. 有关朱镕基时代经济制度变革的论述，参见 Yongnian Zheng, *Globalization and State Transformation in China* (Cambridge: Cambridge University Press, 2004), pp. 109-135。

17. Wong and Bird, "China's Fiscal System," pp. 455-457.

18. Franklin Allen, Jun Qian, and Meijun Qian, "China's Financial System: Past, Present and Future," in Brandt and Rawski, eds., *China's Great Economic Transformation*, pp. 527-530.

19. Dali Yang, *Remaking the State Leviathan: Market Transition and the Politics of Governance in China* (Stanford, CA: Stanford University Press, 2004), pp. 39-41.

20. Wang Mengkui, *China in the Wake of Asia's Financial Crisis* (London and New York, NY: Routledge, 2009), pp. 19-22.

21. 王绍光、胡鞍钢：《中国国家能力报告》，沈阳：辽宁人民出版社，1993年。

22. Jiwei Lou and Wang Shulin, *Public Finance in China: Reform and Growth for a Harmonious Society* (Washington, DC: The World Bank, 2008), pp. 158-159.

23. 地方政府经济运行的规模可以从地方政府的债务规模中推断出来。2004年，地方政府债务总额仅约1万亿元；但官方估计，到2017年底，地方政府债务总额预计将增至11.5万亿元。参见http：//yss. mof. gov. cn/2017zyys/201703/t20170324_2565725. html（访问时间：2017年8月15日）。

24. Lijian Sun and Shengxing Zhang, "An Externally Dependent Economy and Real Estate Bubbles," in Ross Garnaut and Ligang Song, eds., *China: Linking Markets for Growth* (Canberra: Asia Pacific Press, 2007), pp. 360 - 361.

25. 中国人民银行：《中国区域金融运行报告》（2011年），中国人民银行官网：http：//www. pobc. gov. cn。

26. Hongbin Li and Li-an Zhou, "Political Turnover and Economic Performance: The Incentive Role of Personnel Control in China," *Journal of Public Economics*, 86 (September 2005): 9 - 10, p. 1761.

27. *China Daily*, "Local Debt Surges to 3 Trillion," December 30, 2013.

28. Canfei He, Zhiji Huang, and Rui Wang, "Land Use Change and Economic Growth in Urban China: A Structural-Equation Analysis," *Urban Studies* 50 (2013), p. 15.

29. http：//www. skyscrapercenter. com/countries（访问时间：2018年5月3日）。

30. 根据《中国城市政府公共服务能力评估报告（2013年）》，高房价和公立医院被列为中国34个主要城市中的城市居民的最大不满。参见何艳玲等主编：《中国城市政府公共服务能力评估报告（2013年）》，北京：社会科学文献出版社，2013年，第24页。

31. Chack Kie Wong, "The Evolving East Asian Welfare Regimes: The Case of China," in Zhao Litao, ed., *China's Social Development and Policy* (London and New York, NY: Routledge, 2013), pp. 224 - 225.

32. Zheng Yongnian and Huang Yanjie, "Political Dynamics of China's Social Policy Reform," in Zhao Litao, ed., *China's Social Development and Policy* (London and New York, NY: Routledge, 2013), pp. 183 - 184.

33. 有关中国"行为联邦制"的基本动力，参见Yongnian Zheng, *De Facto Federalism in China: Reforms and Dynamics of Central - Local Relations* (Singapore and London: World Scientific, 2007), pp. 31 - 71.（此书已有中文版，参见郑永年著、邱道隆译：《中国的"行为联邦制"：中央——地方关系的变革与动力》，北京：东方出版社，2013年。——译者注）

34. 目前，副省级城市共有16个：沈阳、大连、哈尔滨、长春、南京、杭州、青岛、济南、宁波、厦门、武汉、成都、西安、广州、深圳。其中，大连、青岛、宁波、厦门和深圳是沿海计划单列市，其余的都是省会城市。

35. Victor Shih and Zhang Qi, "Who Receive the Subsidies? A Look at County Levels in Two Time Periods," in Vivienne Shue and Christine Wong, *Paying for Progress in China：Public Finance, Human Welfare and Changing Patterns of Inequality* (London：Routledge, 2007), pp. 160 – 161.

36. 贺军：《曹妃甸——政府推动大开发区的最后挽歌》，载安邦集团《每日经济》2013年5月26日，在线版本见http：//www. hibor. com. cn/docdetail _ 1026114. html。

37.《卓越的成就 深刻的变迁——数说鄂尔多斯市改革开放35年》，参见http：//www. ordostj. gov. cn/TJFX/201312/t20131218 _ 1029970. html（访问时间：2015年6月13日）。

38. 王宏英、堀井伸浩主编：《中国的能源市场·价格制度改革——山西省试点改革的案例分析》，*Joint Research Program Series* No. 146, Institute of Developing Economics, Japan External Trade Organization, 2008。在线版本见https：//www. ide. go. jp/English/Publish/Download/Jrp/146. html。

39.《"鬼城"鄂尔多斯或负债4000亿》，载《新京报》2013年8月31日。相比中国人均城市住房面积只有18平方米左右这个事实，15平方米的数字就显得更加令人震惊了。

40.《西部地区科学发展的成功探索——关于鄂尔多斯模式的思考》，在线版本见：http：//theory. people. com. cn/GB/49154/49155/7248949. html；另见《鄂尔多斯经济飞奔神话：每16人就有1个千万富翁》，参见http：//finance. people. com. cn/money/GB/15666854. html（访问时间：2013年8月15日）。

41. David Barboza, "Chinese Cities Have Many Buildings but Few People," *New York Times*, October 19, 2010.

42.《新京报》2013年8月31日。

43. 天津高和股权投资基金管理有限公司：《中国民间资本投资调研报告——陕北篇》，第4页。

44. 例如，中共中央宣传部的思想半月刊《半月谈》，称赞神木县的免费福利实验是中国地方福利改革的一个突破。参见《解读民生改革："神木现象"给我们什么启示》，载《半月谈》2009年第22期。

45. 康正：《神木怎么办》，载《瞭望东方周刊》2013年第18期，第2—3页。

46. 贺宝利：《房姐隐形商业帝国浮现》，载《法治周末》2013年1月30日。

47. 高龙：《"煤老板"龚爱爱的黑金王国》，载《南方都市报》2013 年 3 月 6 日。

48. http：//finance. sina. com. cn/china/20130131/154714465742. shtml（访问时间：2013 年 8 月 30 日）。

49. 王传宝：《"房姐"案不涉房，应给质疑更多回应》，载《环球时报》2013 年 9 月 30 日。

50. 康正：《神木怎么办》。

51. 所谓的"血浆经济"就是这类案例中的一个，"血浆经济"基于贫困农民"自愿"献血所获得的收入。这类"献血"在 20 世纪 90 年代末的河南广泛开展，由于共用注射器针头，造成了上千例艾滋病毒感染病例。据一份评估报告估计，14 万—47 万名河南献血者以这种方式感染了艾滋病毒；同一份报告还强调，在其研究阶段结束时，即 2004 年，大多数受害者几乎得不到任何医疗保健。参见张可：《河南艾滋病五年调查报告》，电子版见 http：//www. usc. cuhk. edu. hk/PaperCollection/Details. aspx？id＝4955（访问时间：2017 年 8 月 17 日）。

52. Naiwen Zhang and Yangjie She，"The Evolution of Peer to Peer Lending in China，" *Crowdfund Insider*，September 12，2014，available at http：//www. crowdfundinsider. com/2014/09/48954-evolution-p2p-lending-china/（访问时间：2017 年 8 月 20 日）。

53. 吴红、毓然、韩祎：《集资骗局大爆发》，载《财新周刊》2015 年第 49 期，第 3 页。

54. http：//finance. sina. com. cn/zl/bank/2016－02－07/zl-ifxpfhzk9066908. shtml（访问时间：2017 年 8 月 20 日）。

55. 《"泛亚数据"纳入国家大数据库建设》，载《云南日报》2013 年 11 月 21 日。

56. 吴如加：《断崖人生：泛亚投资者群像》，载《凤凰周刊》2016 年第 5 期，第 1—2 页。

57. 13.5％的数字与此前的 13.68％有出入，应该是当时支付给储户的费用去掉佣金后折算出来的实际利率。——译者注

58. 谭娜：《中国版庞氏骗局分析——泛亚交易模式之我见》，在线版本见：http：//www. 750208. com/14245. html（访问时间：2017 年 8 月 20 日）。

59. http：//www. theatlas. com/charts/4kY＿GyTR（访问时间：2017 年 8 月 20 日）。

60. 郭芳、何方竹：《泛亚模式：又一个"庞氏骗局"？》，载《中国经济周

刊》2015 年第 37 期，第 21—25 页。

61. 郭长海：《中国钱局》，台北：财大出版社，2016 年，第 74—75 页。

62. 同上，第 75—76 页。（陈豪于 2014 年 10 月任云南省委副书记、代省长；2015 年 1 月任省委书记、省长；2016 年 8 月任省委书记。此处说的新任省长和新任书记指的都是陈豪。——译者注）

63. Emily Perry and Florian Weltewitz, "Wealth Management Products in China," *Bulletin of the Reserve Bank of Australia*, June 2015, pp. 64-65.

64. Douglas Elliot, Arthur Kroeber, and Yu Qiao, "Shadow Banking in China: A Primer," *Brookings Papers*, March 2015, pp. 16-17.

65. Minnie Chan, "Probes Confirm Villagers' Complaints," *South China Morning Post*, January 10, 2012.

66. Jiannan Zhu, "The Shadow of Skyscrapers: Real Estate Corruption in China," *Journal of Contemporary China* 21 (2012), pp. 251-259.

67. 1982 年的《宪法》修正案就是一个很好的例子。事实上，整个 20 世纪 80 年代，国家并没有对城市用地建立特别严格的控制，因为在城市规划、国土和自然资源、建筑和建设等领域都没有设立相关部门。城市国有土地和农村集体所有土地之间的界限也很小。例如，当地人在城市郊区征用土地用于私人建筑项目的情况仍然很普遍。然而，从 20 世纪 90 年代开始，特别是近年来，国家对土地和其他生产要素的控制越来越严格，并通过建立新的官僚机构使其更加规范化。

68. Xun Wu, "An Introduction to China's Local Government Debt," *MIT Golub Center for Finance and Policy Working Papers*, October 2015, pp. 6-7, available at http://gcfp.mit.edu/wp-content/uploads/2013/08/Policy-Report-of-Chinese-Local-Government-Debt-final.pdf（访问时间：2017 年 8 月 17 日）。

69. 王炼利：《中国房地产之厄》，香港：天行健出版社，2012 年，第 16 页。

70. 事实上，新领导层严厉打击腐败的政策对地方上的现金纽带产生了很大的影响。因此，一些地方官员不愿意通过基础设施、土地出售和工业项目参与信贷创造，担心加剧政治风险。根据国家统计局的在线数据库，固定资本形态（投资）的增长率从 2003—2012 年的 20.1% 下降到 2013—2016 年的 14.5%，从而大大降低了 GDP 的增长。但随着经济增速大幅放缓，中央政府是否会再次放松调控，仍有待观察。

第八章 国有资本：央企和经济主导

1. 有关 20 世纪 90 年代中国学者对国企改革的经典论述，参见 Justin Lin

Yi-fu et al., eds., *State-Owned Enterprise Reform in China*（Hong Kong：Chinese University of Hong Kong Press，1999）。有关国企改革更具争议的研究和案例研究，参见 Edward S. Steinfeld, *Forging Reform in China：The Fate of the State-Owned Enterprises*（New York，NY：Cambridge University Press，1998）。有关国企改革的社会学视角，参见 You Ji, *China's Enterprise Reform：Changing State/Society Relations after Mao*（New York，NY：Routledge，1998）。有关国企改革的近期论文集，参见 Juan Antonio Fernandez, and Leila Fernandez-Stembridge, eds., *China's State-Owned Enterprise Reforms：An Industrial and CEO Approach*（New York，NY：Routledge，2007）。有关国企改革的政治视角研究，参见 Jin Zeng, *State-Led Privatization in China：The Politics of Economic Reform*（London：Routledge，2013）。

2. 在集体所有制计划下，家庭自留地是由私人自留地转变而来的。在周代的井田制中，一块土地被分成九块大小相同的地块。中间的那块地是公地，另外八块地是私地。根据其定义，公地提供税收，而其他 8 块地的收入则归私人所有。虽然这一制度被誉为孟子以来儒家创造的最公正的土地制度，但它并不是一个有效的制度，因为农民往往只关注私有土地而忽视公有土地。除了王莽的一次失败的试验外，井田制在 2000 多年的时间里并没有得到实施。但是，毛泽东时代的集体化制度把井田制给倒过来了：现在，绝大多数土地将是公共的，只有一小部分土地才事实上被保留为家庭自留地。有关对孟子的井田制观点的论述，参见 Kung-chuan Hsiao, *History of Chinese Political Thought*，vol. 1（Princeton，NJ：Princeton University Press，2015），pp. 172–174，and Mark Edward Lewis, *The Construction of Space in Early China*（New York，NY：SUNY Press，2005），pp. 248–249。

3. 1947 年 10 月，在共产党的领导下，中国的土地改革从华北和东北的农村开始。1949 年共产党控制了中国大部分地区，土地改革也随之扩展到全国各地。1950 年 6 月，中国共产党颁布了《土地改革法》，强制规定地方政府实施土地改革，并将其作为一项优先任务。到 1953 年初，中国本土的土地改革已经完成。整个 20 世纪 50 年代，类似的改革在西藏、新疆和西南地区实施。有关土改的经典概述，参见 John Wong, *Land Reform in the People's Republic of China：Institutional Transformation in Agriculture*（New York，NY：Praeger Publishers，1973）。

4. 高王凌：《中国农民反行为研究（1950—1980）》，香港：香港中文大学出版社，2013 年，第 155—161 页。

5. 在古代模式中，我们可以假设皇权还有"经济"之外的其他领域，比如

"祭祀"的领域，这个领域是管理疆域和上苍之间关系的，以及"军事"领域，这个领域是管理疆域的有形边界，然后还有经济领域。

6. Holz A. Carlson, *China's Industrial State-Owned Enterprises: Between Profitability and Bankruptcy* (Singapore: World Scientific, 2006), pp. 63–64. 亦可参见 Andrew Walder, *Communist Neo-Traditionalism: Work and Authority in Chinese Industry* (Berkeley, CA: University of California Press, 1988), pp. 228–229。

7. Barry Naughton, *Growing Out of the Plan: Chinese Economic Reform 1978–1993* (Cambridge: University of Cambridge Press, 1996), p. 64.

8. 2013年，铁道部也进行了同样的改革。随着这项改革的推进，铁道部被废除了。政府成立了一个新的国家铁路局，以监督铁路管理职能，隶属于交通运输部。同时，新成立的中国铁路总公司接手铁道部之前履行的商业职能。

9. 央企数量随着时间的推移而减少。2003年国资委成立时，这类国有企业有190多家；但截至2017年8月，只有98家央企。参见 http://www.sasac.gov.cn/n2588035/n2641579/n2641645/index.html（访问时间：2017年8月30日）。

10. 在上榜的89家中国内地企业中，有47家是央企，另外12家是国有银行或金融企业。详细的清单可以参见 http://en.wikipedia.org/wiki/Fortune_Global_500。

11. 按照收入，2016年，国家电网、中石化和中石油分列全球第二、第三和第四位，参见 http://fortune.com/global500/list/（访问时间：2017年8月27日）。

12. 国资委：《中国国有资产监督管理年鉴2010》，第7页，在线版本见 http://www.sasac.gov.cn（访问时间：2011年6月15日）。

13. 王强：《国网帝国》，载《商务周刊》2010年第5期，第31—37页。

14. 樊婷：《国家电网垄断扩张》，载《财经国家周刊》2010年第2期，第21页。

15. 《"电荒"：垄断这笔账怎么算》，载《光明日报》2011年5月20日。

16. Yi-chong Xu, *Sinews of Power: Politics of the State Grid Corporation of China* (Corby: Oxford University Press, 2017), p. 301.

17. 《房价已经抛弃普通人 央企地王谁不该惶惶?》，载《南方日报》2010年4月12日。

18. Wang Xiaolu, *Grey Income and Income Inequality in China* (Beijing: National Economic Research Institute of China Reform Foundation, 2010), pp. 75–76.

19. 关于这个话题的文献与日俱增。参见吴敬琏：《中国改革进入深水区：挑战权贵资本主义》，载《绿叶》2010 年第 1、2 期合刊，第 90—95 页；郑永年、黄彦杰：《中国"国家主义经济模式"何处去》，载《中国企业家》2009 年第 18 期，173—177 页；许小年：《我们现在大步往回走 走向权贵资本主义》，载《南风窗》2010 年第 16 期，参见 https：//www. nfcmag. com/article/2249. html（访问时间：2014 年 8 月 15 日）。

20. 根据国资委的《五年回顾》，央企税收总额达到 1.4 万亿元，这相当于政府税收总额的 19%。在这 1.4 万亿元中，中央获得的税收超过 1.1 万亿元，约占中央总体税收的 35%。国资委：《中国国有资产监督管理年鉴 2010》，在线版本见 http：//www. sasac. gov. cn（访问时间：2015 年 7 月 6 日）。

21. 完整报告的在线版本见 http：//gb. takungpao. com/place/anhui/2011-05-12/802179. html（访问时间：2011 年 8 月 30 日）。

22. 李鹏：《央企入粤潮涌》，载《财经国家周刊》2011 年第 7 期。

23. 《78 家央企退出房地产业务 四大悬念成为关注焦点》，新华社 2010 年 3 月 25 日。

24. 20 世纪 90 年代末以来，这一"原则"被扩大到"党管人才"，而不论人才是否为党员。

25. Kjeld Erik Brødsgaard, "Politics and Business Group Formation in China：The Party in Control?" *China Quarterly* 211 (September 2012), pp. 624-648.

26. 省委组织部负责管理市级的国企干部。

27. 《决定》在 2004 年 9 月 19 日中国共产党第十六届中央委员会第四次全体会议上通过。

28. Lance Gore Liang-Ping, "China Recruits Top SOE Executives to the Government," *EAI Background Brief* No. 661, East Asian Institute, National University of Singapore, September 30, 2011.

29. http：//news. takungpao. com. hk/mainland/focus/2017-07/3472025. html（访问时间：2017 年 8 月 27 日）。

30. Susan L. Shirk, *The Political Logic of Economic Reform in China* (Berkeley, CA：University of California Press, 1993), pp. 82-84.

31. The Unirule Institute of Economics, *The Nature, Performance and Reform of the State-Owned Enterprises*, Beijing, March 2011.

32. 《央企全年利润将超 1 万亿元》，载《经济日报》2010 年 12 月 29 日。

33. The Unirule Institute of Economics, *The Nature, Performance and Reform of the State-Owned Enterprises*, pp. 49-51.

34. 上海一家报纸报道了这起丑闻的第一条新闻：《证监会调查五粮液有玄机》，载《第一财经日报》2009年9月24日。下一篇相关报道在20个月后的2011年5月27日同样发表在《第一财经日报》上。对五粮液的起诉和惩罚似乎远低于公众的预期。

35. http：//politics. people. com. cn/n/2014/0830/c1024 – 25569328. html（访问时间：2015年6月12日）。

36. The Unirule Institute of Economics, *The Nature, Performance and Reform of the State-Owned Enterprises*, pp. 56 – 57.

37. 任重、周云波：《垄断对我国行业收入差距的影响到底有多大?》，载《经济理论与经济管理》2009年第4期，第25—30页。

38. Wang Xiaolu, *Grey Income and Income Inequality in China* (Beijing: National Economic Research Institute of China Reform Foundation, 2010), pp. 75 – 76.

39. 傅子恒：《如何使央企真正国有》，载《南方日报》2011年1月2日。

40. The Unirule Institute of Economics, *The Nature, Performance and Reform of the State-Owned Enterprises*, p. 97.

41. 王康鹏：《油荒迷局：意外与必然》，载《财经国家周刊》2010年第24期，第41—45页。

42. 有趣的是，这种批评首先来自顶级的官方媒体刊登的"读者来信"。参见《读者聚焦·垄断行业收费之宰你没商量》，载《人民日报》2010年9月21日第19版。但更有趣的是，2011年11月9日，中央电视台（CCTV）利用一个热门的社会调查节目，对两家国有电信公司垄断宽带互联网服务定价进行了批评。这一次，国有电信公司通过官方的、部委所属的《人民邮电报》进行反击。随后，《人民日报》和新华社也加入了央视的行列。外界普遍猜测，这些批评来自主要的国有媒体及其党内主管部门对中国电信和中国联通垄断互联网的日益不满。在这场斗争中，官方媒体似乎占了上风，因为中国最高的经济监管机构国家发改委已经对这两家国家电信运营商提起了垄断定价案。但据《第一财经日报》报道，由于两家央企承认了自己的过错并同意降低上网价格，三方似乎达成了协议。（中国网通现在已经不存在了，2009年1月7日，经国务院同意，中国联合通信有限公司与中国网络通信集团公司重组合并，新公司名称为中国联合网络通信集团有限公司，即中国联通。——译者注）

43. http：//tech. sina. com. cn/t/2011 – 01 – 07/11225070502. shtml（访问时间：2011年9月1日）。

44. Tom Orlik, "Cost of Clean Air Fogs Outlook for Sinopec," *The Wall*

Street Journal, February 4, 2013.

45. 叶檀:《贪婪造就低标准成品油》,载《新京报》2013年2月4日。

46. Liou Chin-shian, "Bureaucratic Politics and Overseas Investment by Chinese State-Owned Oil Companies: Illusory Champions," Asian Survey 49: 4 (2009), pp. 682 – 683.

47. Ibid.

48.《怎样搞砸海外项目》,载财新《新世纪》2011年7月25日,完整版见 http://finance.sina.com.cn/chanjing/sdbd/20110725/121810202007.shtml(访问时间:2015年5月20日)。

49. 同上。

50. 同上。

51.《国务院关于进一步促进中小企业发展的若干意见》(国发〔2009〕36号),在线版本见 https://www.gov.cn/zwgk/2009-09/22/content_1423510.htm(访问时间:2012年10月12日)。

52. 国资委:《中国国有资产监督管理年鉴2009》,第26页。

53. 李荣融:《国资委要把央企培养成"巨星"》,载《南方日报》2009年8月5日。

54.《央企撤出的最后期限》,载《每日经济新闻》2010年3月20日。

55.《非房地产主业央企被限制发放开发贷》,载《中国青年报》2010年12月7日。

56. Tsai Chung-min, "The Reform Paradox and Regulatory Dilemma in China's Electricity Industry," Asian Survey 51: 3 (2011), pp. 535 – 536; 亦可参见 Lin Kun-Chin and Mika M. Purra, Transforming China's Industrial Sectors: Institutional Change and Regulation of the Power Sector in the Reform Era, Lee Kuan Yew School of Public Policy, Working Paper No. 10 – 12, pp. 25 – 29。

57. Tsai, ibid., p. 537.

58. Bruce M. Owen, "Anti-Trust in China: The Problem of Incentive Incompatibility," SIER Paper No. 340, Stanford Institute of Economic Research, 2009, pp. 37 – 38.

59. Lin Shi, "Research on the Efficiency of China's Anti-Trust Laws," Asian Social Sciences 5 (2009), pp. 97 – 100.

60. 参见商务部官员对中国联通—网通合并案的评论,载《经济观察报》2009年5月1日。

61. 参见 http://ccnews.people.com.cn/GB/87320/7611027.html(访问

时间：2011 年 8 月 26 日）。

62. The Unirule Institute of Economics, *The Nature, Performance and Reform of the State-Owned Enterprises*, p. 187.

63. Bien Perez, "China's Unicom Parent Firms Get Go-Ahead for Mixed-Ownership Reform," *South China Morning Post*, July 15, 2017.

64. Jennifer Hughes, "Chinese Communist Party Writes Itself into Company Law," *Financial Times*, August 14, 2017.

65. 有关这些机制的论述，参见 Alena V. Ledeneva, *How Russia Really Works: The Informal Practices that Shaped Post-Soviet Politics and Business* (Ithaca, NY: Cornell University, 2006), chapter 5。

66. 有关寡头崛起和影响的论述，参见 David E. Hoffman, *The Oligarchs: Wealth and Power in the New Russia* (New York, NY: Public Affairs, 2011)。有关寡头的案例研究，参见 Andrew Barnes, *Owning Russia: The Struggle over Factories, Farms, and Power* (Ithaca, NY: Cornell University Press, 2006), pp. 209-227。

67. David Szakonyi, "Why Russian Oligarchs Remain Loyal to Putin," *Moscow Times*, December 1, 2017.

68. 以习近平同志为核心的领导层深刻认识到了这一问题的政治重要性。在过去一轮的反腐败运动中，习近平整肃了强大的石油工业体系的全部领导层，其中包括中石油前董事长和国资委前主任蒋洁敏，他与周永康的老关系让领导层心存疑虑。但只要国企继续充当党领导下的国家的经济职能部门，这种措施就不会完全改变现状。参见 Te-Ping Chen and Aredy James, "Jiang Jiemin Trial Links Key Officials in China's Corruption Crackdown," *The Wall Street Journal*, April 13, 2015。

69. 根据 2017 年 7 月 18 日《国务院办公厅关于印发中央企业公司制改制工作实施方案的通知》（国办发〔2017〕69 号），2017 年底前，除中央金融、文化企业外，按照全民所有制工业企业法登记、国资委监管的中央企业全部改制为按照公司法登记的有限责任公司或股份有限公司。改制完成后，下表央企名称中的"公司"改为"有限公司"。因表格是两位作者按照 2013 年的情况制定的，故译文中保留此前的"公司"称谓，而非现在的"有限公司"称谓，此问题后续不再单独做解释。——译者注

70. 2018 年 1 月 31 日，经报国务院批准，中国核工业集团有限公司与中国核工业建设集团有限公司实施重组，中国核工业建设集团有限公司整体无偿划转进入中国核工业集团有限公司，不再作为国资委的直接监管企业。——译

者注

71. 同上。——译者注

72. 2019年10月25日，经报国务院批准，中国船舶工业集团有限公司与中国船舶重工集团有限公司实施联合重组。2019年11月26日，中国船舶集团有限公司（中国船舶集团）在京正式揭牌成立。——译者注

73. 同上。——译者注

74. 2017年8月28日，经报国务院批准，中国国电集团公司与神华集团有限责任公司合并重组为国家能源投资集团有限责任公司。——译者注

75. 2015年5月29日，经报国务院批准，中国电力投资集团公司与国家核电重组成立国家电力投资集团公司。——译者注

76. 2017年8月28日，经报国务院批准，中国国电集团公司与神华集团有限责任公司合并重组为国家能源投资集团有限责任公司。——译者注

77. 2016年9月22日，国资委同意宝钢集团与武汉钢铁（集团）实施联合重组，2016年12月1日，宝钢集团与武钢集团对外宣布战略重组5个多月后，新组建的中国宝武钢铁集团有限公司在上海揭牌成立。——译者注

78. 同上。——译者注

79. 2015年12月11日，国资委官方网站发布消息，经报国务院批准，中国远洋运输（集团）总公司与中国海运（集团）总公司实施重组。——译者注

80. 同上。——译者注

81. 2015年5月29日，经报国务院批准，中国电力投资集团公司与国家核电重组成立国家电力投资集团公司。——译者注

总结

1. Martin Gilens and Benjamin I. Page, "Testing Theories of American Politics: Elites, Interest Groups, and Average Citizens," *Perspectives on Politics* 12: 4 (2014), pp. 575–576.

2. 例如，参见 Chalmers Johnson, *MITI and the Japanese Miracle: The Growth of Industrial Policy, 1925–1975* (Stanford, CA: Stanford University Press, 1982)。

3. 金观涛、刘青峰：《观念史研究：中国现代重要政治术语的形成》，北京：法律出版社，2009年，第187—192页。

4. 在中国古典乃至现代的政治词汇中，"社会"的一个更为常见的同义词是"民"，并与国家的代理人"官"相对。这种对社会的概念化，生动地证明了帝

制国家或党领导下的国家在定义"社会"中的中心地位。

5. 在最近印发的《中国共产党党组工作条例》中，党委被界定为社会组织和其他组织的领导机构。这里的社会组织必然包括了非政府组织，甚至包括了外国的非政府组织。2015 年 7 月，厦门市海沧区首次在非政府组织中成立了党组织。这种党建模式有望进一步扩大。

6. Zheng Yongnian and Huang Yanjie, "Political Dynamics of Social Policy Reform in China," in Zhao Litao, ed., *China's Development and Social Policy: Into the Next Stage* (London: Routledge, 2013), pp. 171 - 172.

7. 对中国基尼系数的估计是一个有争议的研究领域，因为据报道，国家统计局和其他官方机构提供的官方收入数据也存在低估收入差距的问题。例如，根据不同的来源和计算方法，基尼系数的估计值可能在 0.43—0.55 之间变动。不过，经济学家一致认为，中国的收入差距是亚洲最高的，与美国相当。

8. Yaojiang Shi, Linxiu Zhang, Yue Ma, Hongmei Yi, Chengfang Liu, Natalie Johnson, James Chu, Prashant Loyalka, and Scott Rozelle, "Dropping Out of Rural China's Secondary Schools: A Mixed-Methods Analysis," *The China Quarterly* 224 (December 2015), pp. 1065 - 1066.

9. Ibid., p. xxviii.

10. Karl Polanyi, *The Great Transformation: The Political and Economic Origins of Our Time* (Boston: Beacon Press, 2001 reprint), pp. 242 - 243.

11. Carl Minzner, *Social Instability in China: Causes, Consequences, and Implications*. Center for Strategic and International Studies, available at http://csis.org/files/media/csis/events/061205_mizner_abstract.pdf（访问时间：2015 年 7 月 22 日）。有关社会抗争兴起的概况，参见 Yongnian Zheng, *Contemporary China: A History Since 1978* (Oxford: Wiley-Blackwell, 2014), pp. 101 - 119。

12. 有关社会抗争的新近研究，参见 Yanqi Tong and Shaohua Lei, *Social Protest in Contemporary China, 2003 - 2010: Transitional Pains and Regime Legitimacy* (London and New York, NY: Routledge, 2014)。

13. Yongnian Zheng, "Society Must Be Defended: Reform, Openness and Social Policy in China," *Journal of Contemporary China* 19: 67 (2010), pp. 799 - 818, 以及郑永年：《经济主义的局限性》，载《保卫社会》，杭州：浙江人民出版社，2011 年，第 1—3 页。

14. 马克思的亚细亚生产方式理论是魏特夫思想的重要基础。有关马克思的理论及其影响，参见 Maurice Meisner, "Despotism of Concepts: Wittfogel and

Marx on China," *The China Quarterly* 16 (1963), 99 – 111。

15. 有关马克斯·韦伯的思想，参见 Richard Swedberg, *Max Weber and the Idea of Economic Sociology* (Princeton, NJ: Princeton University Press, 1989), pp. 70 – 72。

16. Karl August Wittfogel, *Oriental Despotism: A Comparative Study of Total Power* (New Haven, CT: Yale University Press, 1957).

17. 有关对这一问题历次辩论的概述，参见秦晖:《"治水社会论"批判》，http://www.chinaelections.org/NewsInfo.asp?NewsID=104095（访问时间：2009年9月5日）。

18. Milton and Rose Friedman, *Free to Choose: A Personal Statement* (New York, NY: Harcourt Brace Jovanovich, 1980), pp. 2 – 3.

19. Mary Elizabeth Gallagher, *Contagious Capitalism: Globalization and the Politics of Labor in China* (Princeton, NJ: Princeton University Press, 2005).

20. Kellee S. Tsai, *Capitalism without Democracy: The Private Sector in Contemporary China* (Ithaca, NY and London: Cornell University Press, 2007).（此书已有中文版：[美]蔡欣怡著，黄涛、何大明译：《绕过民主：当代中国私营企业主的身份与策略》，杭州：浙江人民出版社，2013年。——译者注）

21. Bruce Dickson, *Wealth into Power: The Communist Party's Embrace of China's Private Sector* (Cambridge and New York, NY: Cambridge University Press, 2008) and *Red Capitalists in China: The Party, Private Entrepreneurs, and Prospects for Political Change* (Cambridge and New York, NY: Cambridge University Press, 2003). 亦可参见 Jie Chen and Bruce Dickson, *Allies of the State: China's Private Entrepreneurs and Democratic Change* (Cambridge, MA: Harvard University Press, 2010)。

22. 例如：David C. Kang, *Crony Capitalism: Corruption and Development in South Korea and the Philippines* (New York, NY and Cambridge: Cambridge University Press, 2002)。

23. 例如：Jinglian Wu, *Understanding and Interpreting Chinese Economic Reform* (Mason, OH: Thomson, 2005)。

24. CNN, "Transcript of interview with Chinese Premier Wen Jiabao," 在线版本见 http://www.cnn.com/2008/WORLD/asiapcf/09/29/chinese.premier.transcript/index.html（访问时间：2008年10月1日）。

25. "China's Brain Drain May Be the World's Worst," *China Daily*, July 29, 2013.

26. 此处我们借用了吴国光的措辞，他恰如其分地将日益覆盖全球经济的体系描述为"没有政治外壳的全球资本主义"，参见 Guoguang Wu, *Globalization Against Democracy: A Political Economy of Capitalism after Its Global Triumph* (New York, NY: Cambridge University Press, 2017), pp. 235-230。

27. Yasheng Huang, *Selling China: Foreign Direct Investment in the Reform Era* (New York, NY: Cambridge University Press, 2005), p. 10.

28. Chunlai Chen, *FDI in China Local Determination, Investor Difference and Economic Impact* (Westchester, OH: Edward Elgar Publishing, 2011), p. 15.

29. 中国国家统计局在线数据库：http://www.stat.gov.cn。

30. 根据世界银行数据库计算得出。

31. Nicolas Lardy, *Sustaining China's Economic Crisis after the Global Financial Crisis* (Washington, DC: Peterson Institute of International Economics, 2012), pp. 60-61.

32. Edward Wang, "Survey in China Reveals a Wide Gap in Income," *New York Times*, July 19, 2013.

33. Jae Wan Chung, *Global Economic Disparity: Dynamic Forces in Geo-economic Competition of Superpowers* (Lanham, MD and New York, NY: Lexington Books, 2015), pp. 25-26.

34. Shawn Donnan, "Trump Trade War with China May Not Be Imminent but It's Coming," *Financial Times*, August 7, 2017.

35. Gabriel Wildau and Charles Clover, "AIIB Launch Signals China's New Ambitions," *Financial Times*, June 29, 2015. (2019年7月13日，亚投行理事会批准贝宁、吉布提、卢旺达加入亚投行，亚投行成员总数达到100个。——译者注)

参考文献

英文文献：

1. Aglietta, Michel, and Bai, Gao. *China's Development: Capitalism and Empire*, London: Routledge, 2012.

2. Arrighi, Giovanni. *Adam Smith in Beijing*, New York, NY: Verso, 2009.

3. Atweh, William. "Ming and the Emerging World Economy," in Denis Twitchett and Frederick W. Mote, eds., *The Cambridge History of China*, Vol. 8, Cambridge: Cambridge University Press, 1988, pp. 376–416.

4. Ba, Shusong. "Report on Small and Micro Business: Chinese Experience and Asia Paths," *Boao Review*, April 25, 2014.

5. Bai, Gang, ed. *General History of China's Political Institutions*, Vol. 5, Beijing: Renmin Publishing House, 1996.

6. Bakker, Karen. "Neoliberalizing Nature? Market Environmentalism in Water Supply in England and Wales," *Annals of the Association of American Geographers*, 95: 3 (2005), pp. 542–565.

7. Barboza, David. "China Boss's Fall Puts Focus on a Business Ally," *New York Times*, August 21, 2013.

8. Barnes, Andrew. *Owning Russia: The Struggle over Factories, Farms, and Power*, Ithaca, NY: Cornell University Press, 2006.

9. Bayly, C. A. *The Birth of the Modern World, 1780–1914*, Oxford: Blackwell Publishing, 2004.

10. Beattie, Hilary J. *Land and Lineage in China: A Study of T'ung-Ch'eng County, Anhui, in the Ming and Ch'ing Dynasties*, Cambridge: Cambridge University Press, 1977.

11. Bergère, Marie-Claire. "The Chinese Bourgeoisie, 1911–1937," in John K. Fairbank, ed., *The Cambridge History of China*, Vol. 13, Cambridge:

Cambridge University Press, 1979, pp. 721-825.

12. Bian, Morris L. *The Making of the State Enterprise System in Modern China: The Dynamics of Institutional Change*, Cambridge, MA: Harvard University Press, 2005.

13. Bianco, Lucien. "Peasant Movements," in John K. Fairbank, ed., *The Cambridge History of China*, Vol. 13, Cambridge: Cambridge University Press, 1979, pp. 270-328.

14. Bodde, Derk. "The State and Empire of Chin," in Denis Twichett and Michael Loewe, eds., *The Cambridge History of China*, Vol. 1, Cambridge: Cambridge University Press, 1986, pp. 20-103.

15. Bonnin, Michel. *The Lost Generation: The Rustication of Chinese Youth* (1968-1980), Krystynya Horko (trans.), New York, NY: Columbia University Press, 2013.

16. Botho, Harold. "The Han," in John Whitney Hall, ed., *Cambridge History of Japan*, Vol. 4, Cambridge: Cambridge University Press, 1991, pp. 193-234.

17. Bourdieu, Pierre. *Acts of Resistance: Against the Tyranny of the Market*, New York, NY: The New Press, 1999.

18. Branstetter, Lee, and Lardy, Nicolas. "China's Embrace of Globalization," in Loren Brandt, Thomas Rawski, and John Sutton, eds., *China's Great Economic Trans-formation*, New York, NY: Cambridge University Press, 2008, pp. 633-681.

19. Braudel, Fernand. *Civilization and Capitalism, 15th-18th Century*, in 3 volumes, Sian Reynold (trans.), New York, NY: HarperCollins, 1981-1985.

20. Brødsgaard, Kjeld Erik. "Politics and Business Group Formation in China: The Party in Control?" *China Quarterly*, 211 (September 2012), pp. 624-648.

21. Brook, Timothy. *The Troubled Empire: China in the Yuan and Ming Dynasties*, Cambridge, MA: Harvard University Press, 2008.

22. Byrd, William A., and Qingsong, Lin, eds. *China's Rural Industry: Structure, Development, and Reform*, Oxford: Oxford University Press, 1990.

23. Cai, Yongshun. *The State and Laid-Off Workers in Reform China: The Silence and Collective Action of the Retrenched*, London: Routledge, 2006.

24. Callon, M. "Introduction: The Embeddedness of Economic Markets in

Economics," in Michel Callon, ed., *The Laws of the Markets*, Hoboken, NJ: Basic Blackwell, 1998, pp. 1 – 57.

25. Cao, Nanlai. *Constructing China's Jerusalem: Christians, Power, and Place in Contemporary Wenzhou*, Palo Alto, CA: Stanford University Press, 2010.

26. Carsten, Holz A. *China's Industrial State-Owned Enterprises: Between Profitability and Bankruptcy*, Singapore: World Scientific, 2006.

27. Chai, Joseph C. H. *An Economic History of Modern China*. London: Edward Elgar, 2011.

28. Chan, Wellington K. K., "Government, Merchant and Industry to 1911," in John K. Fairbank, ed., *The Cambridge History of China*, Vol. 11, Cambridge: Cambridge University Press, 1978, pp. 416 – 462.

29. Chang, Chung-li. *The Chinese Gentry: Studies on Their Role in Nineteenth-Century Chinese Society*, Seattle, WA: University of Washington Press, 1955.

30. Chang, Kia-ngau. *The Inflation Spiral: The Experience in China*, Cambridge, MA: MIT Press, 1958.

31. Chao, Kang. *Man and Land in Chinese History: An Economic Analysis*, Stanford, CA: Stanford University Press, 1986.

32. Chen, Chunlai. *FDI in China Local Determination, Investor Difference and Economic Impact*, Westchester, NY: Edward Elgar Publishing, 2011.

33. Chen, Edward. *Hyper-Growth in Asian Economies: A Comparative Study of Hong Kong, Japan, Korea, Singapore and Taiwan*, London: Macmillan, 1979.

34. Chen, Jian. *Mao's China and the Cold War*, Chapel Hill, NC: University of North Carolina Press, 2001.

35. Chen, Jie, and Dickson, Bruce. *Allies of the State: China's Private Entrepreneurs and Democratic Change*, Cambridge, MA: Harvard University Press, 2010.

36. Chen, Teping, and Aredy, James. "Jiang Jiemin Trial Links Key Officials in China's Corruption Crackdown," *The Wall Street Journal*, April 13, 2015.

37. Chen, Yinghong. *Creating the New Man: From Enlightenment Ideals to Socialist Realities*, Honolulu, HI: Hawaii University Press, 2004.

38. Chen, Yun. *Transition and Development in China: Towards a Shared Growth*. London: Ashgate, 2008.

39. Cheung, Linsun. *Banking in Modern China: Entrepreneurs, Professional Managers and the Development of Chinese Banks, 1897 – 1937*, Cambridge: Cambridge University Press, 2007.

40. Chu, Samuel, and Liu, Kwang-ching. *Li Hung-Chang and China's Early Modernization Armonk*, New York, NY: M. E. Sharp, 2000.

41. Chu, Tung-Tzu. *Local Government in China under Qing*, Cambridge, MA: Harvard University Press, 1962.

42. Chung, Jae Ho. "The Evolving Hierarchy of China's Local Administration: Tradition and Change," in Jae Ho Chung and Tao-chiu Lam, eds., *China's Local Administration: Tradition and Change*, London and New York, NY: Routledge, 2010, pp. 1 – 13.

43. Chung, Jae Wan. *Global Economic Disparity: Dynamic Forces in Geo-Economic Competition of Superpowers*, Lanham, MD and New York, NY: Lexington Books, 2015.

44. Clark, Donald, Durrell, Peter, and Whiting, Susan. "The Role of Law in China's Economic Development," in Loren Brandt and Thomas Rawski, eds., *China's Great Economic Transformation*, New York, NY: Cambridge University Press, 2008, pp. 375 – 427.

45. Clark, Hugh R. "The Southern Kingdoms between Tang and Song," in Denis Twitchett and Paul Jakov Smith, eds., *The Cambridge History of China*, Vol. 5, Cambridge and New York, NY: Cambridge University Press, 2009, pp. 907 – 979.

46. Coase, Ronald. "The Nature of the Firm," *Economica*, 4: 16 (1937), pp. 386 – 405.

47. "The Problem of Social Cost," *Journal of Law and Economics*, 3 (1960), pp. 1 – 44.

48. Coble, Parks M. Jr. *The Shanghai Capitalists and the Nationalist Government*, 1927 – 1937, Cambridge, MA: Harvard University Press, 1980.

49. Cook, Simon J. *Foundations of Alfred Marshall's Science of Economics: A Rounded Globe of Knowledge*, New York, NY: Cambridge University Press, 2009.

50. Dardess, John. "Shunti and End of Yuan Rule in China," in Herbert

Frank and Denis C. Twitchett, ed., *The Cambridge History of China*, Vol. 6 (Cambridge and New York, NY: Cambridge University Press, 1994, pp. 561-586.

51. Deng, Kent. *China's Economy in Modern Times: Changes and Economic Consequences, 1800-2000*, London: Routledge, 2011.

52. Denyer, Simon. "Chinese Entrepreneurs, Unsettled, Speak for Reform," *Washington Post*, August 26, 2013.

53. Dickson, Bruce J. *Red Capitalists in China: The Party, Private Entrepreneurs, and Prospects for Political Change*, Cambridge and New York, NY: Cambridge University Press, 2003.

54. *Wealth into Power: The Communist Party's Embrace of China's Private Sector*, Cambridge and New York, NY: Cambridge University Press, 2008.

55. Dittmer, Lowell. *Liu Shaoqi and the Chinese Cultural Revolution*, revised edition, New York, NY: M. E. Sharpe, 1998.

56. Dikötter, Frank. *Mao's Great Famine: The History of China's Most Devastating Catastrophe, 1958-62*, New York, NY: Walker Co., 2010.

57. Donnan, Shawn. "Trump Trade War with China May Not Be Imminent but It's Coming," *Financial Times*, August 7, 2017.

58. Duara, Prasenjit. *Culture, Power, and the State: Rural North China, 1900-1942*, Palo Alto, CA: Stanford University Press, 1988.

59. Eastman, Lloyd. *Seeds of Destruction: Nationalist China in War and Revolution, 1937-1949*, Stanford, CA: Stanford University Press, 1984.

60. Eisenstadt, S. N. *The Political Systems of Empire: The Rise and Fall of the Historical Bureaucratic Societies*, New York, NY: The Free Press of Glencoe, 1963.

61. Elliott, Douglas, Arthur Kroeber, and Yu Qiao. "Shadow Bank in China: A Primer," *Brookings Papers*, March 2015.

62. Elliot, Mark C. *The Eight Banners and Ethnic Identity in Late Imperial China*, Stanford, CA: Stanford University Press, 2001.

63. Elliot, John E. "Introduction," in Joseph A. Schumpeter, *The Theory of Economic Development*, New Brunswick and London: Transaction Books, 1983, pp. vii-lx.

64. Elman, Benjamin. *A Cultural History of China's Civil Examinations in Late Imperial China*, Berkeley, CA: University of California Press, 2000.

65. Etienne-Will, Pierre, and Wong, Roy Bin. *Nourish the People: The State Civilian Granary System in China, 1650 - 1850*, Ann Arbor, MI: University of Michigan Press, 1991.

66. Evans, John. *Tea in China: The History of China's National Drink*, Westport, CT: Greenwood Press, 1992.

67. Fairbank, J. K, Eckstein, A., and Yang, L. S. "Economic Change in Early Modern China: An Analytic Framework," *Economic Development and Cultural Change* 9 (1960), pp. 1 - 26.

68. Fairbank, John, and Reischauer, Edwin, eds. *China: Tradition and Transformation*, Sydney: George Allen & Unwin, 1979.

69. Fallows, James. *More Like Us: Making America Great Again*, New York, NY: Houghton Mifflin, 1989.

70. Fardoust, Shahrok, Yifu Lin, Justin, and Luo, Xubei. "Demystifying China's Stimulus Package," *Policy Research Working Paper* No. 6221 (Washington, DC: World Bank, October 2012).

71. Faure, David. *China and Capitalism: A History of Business Enterprise in Modern China*, Hong Kong: Hong Kong University Press, 2006.

72. Ferguson, Adam. *An Essay on the History of Civil Society*, Cambridge: Cambridge University Press, 1995.

73. Fernandez, Juan Antonio, and Fernandez-Stembridge, Leila, eds., *China's State-Owned Enterprise Reforms: An Industrial and CEO Approach*, New York, NY: Routledge, 2007.

74. Feuerwerker, Albert. "Economic Trends, 1912 - 49," in John K. Fairbank, ed., *The Cambridge History of China*, Vol. 13, Cambridge: Cambridge University Press, 1979, pp. 28 - 127.

75. *Chinese Social and Economic History: From the Song to 1900: Report of the American Delegation to a Sino-American Symposium on Chinese Social and Economic History*, Ann Arbor, MI: The Center for Chinese Studies, University of Michigan, 1982.

76. Fewsmith, Joseph. *Dilemmas of Reform in China: Political Conflict and Economic Debate*, London and New York, NY: Routledge, 1994.

77. Fitzgerald, John. *Awakening China: Politics, Culture, and Class in the Nationalist Revolution*, Stanford, CA: Stanford University Press, 1996.

78. Forsythe, Michael. "Alibaba I. P. O could be Bonanaza for the Scions of

Chinese Leaders," *New York Times*, July 20, 2014.

79. "Wang Jianlin, a Billionaire at the Intersection of Business and Power in China," *New York Times*, April 28, 2015.

80. Frank, Andre Gunter. *Reorient: The Global Economy in the Asia Age*, Berkeley and Los Angeles, CA: University of California Press, 1998.

81. Frieden, Jeffry R. *Global Capitalism: Its Fall and Rise in the Twentieth Century*, New York, NY: W. W. Norton, 2006.

82. Friedman, Milton, and Friedman, Rose. *Free to Choose: A Personal Statement*, New York, NY: Harcourt Brace Jovanovich, 1980.

83. Fukuyama, Francis. *The Origin of Political Order: From Prehuman Times to the French Revolution*, New York, NY: Farrar, Straus and Giroux, 2012.

84. Gallagher, Mary Elizabeth. *Contagious Capitalism: Globalization and the Politics of Labor in China*, Princeton, NJ: Princeton University Press, 2005.

85. Gibson-Graham, J. K. *Postcapitalist Politics*, Minneapolis, MN: University of Minnesota Press, 2006.

86. Gilens, Martin, and Page, Benjamin I., "Testing Theories of American Politics: Elites, Interest Groups, and Average Citizens," *Perspectives on Politics* 12: 4 (2014), pp. 564–581.

87. Gilley, Bruce. *Model Rebels: The Rise and Fall of China's Richest Village*, Berkeley and Los Angeles, CA: University of California Press, 2001.

88. Gilpin, Robert. *Global Political Economy: Understanding the International Economic Order*, Princeton, NJ: Princeton University Press, 2001.

89. Glossner, Christian L., and Gregosz, David. *The Formation and Implementation of the Social Market Economy: Incipiency and Actuality*, Berlin: Konrad Adenauer Stiftung, 2011.

90. Gore, Lance Liang-Ping. "China Recruits Top SOE Executives to the Government," *EAI Background Brief* No. 661, East Asian Institute, National University of Singapore, September 30, 2011.

91. Guthrie, Doug. *China in the Global Economy: The Social, Economic, and Political Transformation of the Chinese Society*, London: Routledge, 2006.

92. Guo, Xuezhi. *China's Security State: Politics, Philosophy and Evolutions*, Cambridge: Cambridge University Press, 2012.

93. Haddad, Mona. "Trade Integration in East Asia: The Role of China and

Production Networks," *World Bank Policy Research Paper*, No. 4160, March 2007.

94. Hall, Peter A., and Soskice, David W. *Varieties of Capitalism: The Institutional Foundations of Comparative Advantage*, New York, NY: Oxford University Press, 2001.

95. Hamashita, Takeshi. *Intra-East Asian Trade in Ming Times*, Ithaca, NY: Cornell University Press, 1997.

96. Harding, Harry. *China's Second Revolution: Reform after Mao*, Washington, DC: The Brookings Institute, 1987.

97. Hartford, Kathleen, and Goldstein, Steven M. *Single Sparks: China's Rural Revolutions*, New York, NY: M. E. Sharpe, 1989.

98. Hao, Yen-ping, and Wang, Ern-Min. "Changing Chinese Views of the Western Relations, 1840 – 1895," in Fairbank, John K. ed., *The Cambridge History of China*, Vol. 10, Cambridge: Cambridge University Press, 1978, pp. 142 – 201.

99. Harvey, David. *A Short History of Neoliberalism*, Oxford: Oxford University Press, 2005.

100. Hasan, Parvez. *Korea, Problems and Issues in a Rapidly Growing Economy*, Baltimore, MD: Johns Hopkins University Press, 1976.

101. Hayek, Frederick. *The Collected Works of F. A. Hayek*, Chicago, IL: University of Chicago Press, 1989.

102. He, Canfei, Huang, Huang Zhiji, and Rui, Wang. "Land Use Change and Economic Growth in Urban China: A Structural-Equation Analysis," *Urban Studies* 50 (2013), pp. 2880 – 2898.

103. He, Kai. *Institutional Balancing in the Asia-Pacific: Economic Interdependence and China's Rise*, Abingdon and New York, NY: Routledge, 2009.

104. He, Wenkai. *Paths towards the Modern Fiscal State: Britain, Japan, and China*, Cambridge, MA: Harvard University Press, 2013.

105. Heilbroner, Robert L. *The Nature and Logic of Capitalism*, New York, NY: W. W. Norton & Company, 1985.

106. *21st Century Capitalism*, New York, NY: W. W. Norton & Company, 1993.

107. Heng, Kuan, and Gale, Esson M. (trans.) *Discourses on Salt and*

Iron: *A Debate on State Control of Commerce and Industry in Ancient China*, Taipei: Ch'eng-Wen Publishing Company, 1967.

108. Hipsher, Scott A. *The Private Sector's Role in Poverty Reduction in Asia*, Oxford: Chandos Publishing, 2010.

109. Ho, Ping-ti. *Studies on the Population of China*, 1368 – 1953, Cambridge, MA: Harvard University Press, 1959.

110. *The Ladder of Success in Imperial China*: *Aspects of Social Mobility*, *1368 – 1911*, New York, NY: University of Columbia Press, 1962.

111. Hoffman, David E. *The Oligarchs*: *Wealth and Power in the New Russia*, New York, NY: Public Affairs, 2011.

112. Hsiao, Kung-Chuan. *Rural China*: *Imperial Control in the Nineteenth Century*, Seattle, WA: University of Washington Press, 1960.

113. *History of Chinese Political Thought*, Vol. 1, Princeton, NJ: Princeton University Press, 2015 (reprint).

114. Hsu, Choyun. *Han Agriculture*: *The Formation of China's Agrarian Economy*, Seattle, WA: University of Washington Press, 1980.

115. Hsu, Immanuel, C. K. *The Rise of Modern China*, New York, NY: Oxford University Press, 1999.

116. Hu, Angang, and Wang, Shaoguang. *The Chinese Economy in Crisis*: *State Capacity and Tax Reform*, New York, NY: M. E. Sharpe, 2001.

117. Huang, Jiuli. "Foreign Trade, Interregional Trade, and Regional Specialization," in Ming Lu, Zhao Chen, Zhu Xiwen, and Xu Xianxiang, eds., *China's Regional Development*: *Review and Prospect*, London and New York, NY: Routledge, 2015, pp. 169 – 210.

118. Huang, Ray. *Taxation and Government Finance in Sixteenth Century China*, New York, NY: Cambridge University Press, 1974.

119. *China*: *A Micro-history*, Armonk, NY: M. E. Sharp, 2000.

120. Huang, Yanjie. "China's Young Generation Comes of Age: Generation Shift and How It Augurs for China's Future," in Zheng, Yongnian and Gore Liangping Lance, eds., *China Entering the Xi Jinping Era*, London: Routledge, 2014, pp. 235 – 254.

121. Huang, Yanjie, and Yongnian, Zheng. "China's Centrally-Managed State-Owned Enterprises," in Eric Kjelk Brødsgaard, ed., *Globalization and Public Sector Reform in China* (London: Routledge, 2014), pp. 125 – 127.

122. Huang, Yasheng. *Inflation and Investment Control in China: The Political Economy of Central – Local Relations in the Reform Era*, New York, NY: Cambridge University Press, 1996.

123. *Selling China: Foreign Direct Investment in the Reform Era*, New York, NY: Cambridge University Press, 2005.

124. *Capitalism with Chinese Characteristics: Entrepreneurship and the State*, Cambridge and New York, NY: Cambridge University Press, 2008.

125. Huang, Zongxi, and De Barry, Wm Theodore (trans.). *Waiting for the Dawn, a Plan for the Prince: Huang Tsung-his's Ming-i-tai-fang-lu*, New York, NY: Columbia University Press, 1993.

126. Hughes, Jennifer. "Chinese Communist Party Writes Itself into Company Law," *Financial Times*, August 14, 2017.

127. Itoh, Mokoto. "The Theoretical Possibilities of a Socialist Market Economy," in Nobuharu Yokokawa, Jayati Ghosh, and Bob Rowthorn, eds., *Industrialization of China and India: Their Impact on the World Economy* (London: Routledge, 2013), pp. 151–169.

128. Izutani, Yoko. *Chūgoku kenkoku shoki no seiji to Keizai: taishu undō to shakai shugi taisei* (Politics and Economy in Early PRC: Mass Movement and the Socialist System), Tokyo: Ochanomizu Books, 2007.

129. Jiang, Yonglin. *The Mandate of Heaven and the Great Ming Code*, Seattle and London: University of Washington Press, 2012.

130. Johnson, Chalmers. "MITI and Japanese International Economy Policy," in Robert Scalopino, ed., *The Foreign Policy of Modern Japan*, Berkeley, CA: University of California Press, 1977, pp. 227–281.

131. *MITI and the Japanese Miracle: The Growth of Industrial Policy, 1925–1975*, Stanford, CA: Stanford University Press, 1982.

132. "Political Institutions and Economic Performance: A Comparative Analysis of the Government-Business Relationship in Japan, South Korea, and Taiwan," in F. Deyo, ed., *The Political Economy of the New Asian Industrialism* (Ithaca, NY: Cornell University Press, 1987), pp. 136–164.

133. "The Developmental State: Odyssey of a Concept," in Meredith Woo-Cumings, ed., *The Developmental State* (Ithaca, NY: Cornell University Press, 1999), pp. 32–60.

134. Jones, Eric. *The European Miracle: Environments, Economies and*

Geopolitics in the History of Europe and Asia, 3rd ed., Cambridge: Cambridge University Press, 2003.

135. Kashiwai, Kisao. *Kindai Shina Zaiseishi* (Fiscal History of Modern China), Tokyo: Tokyo Kyoiku Tosho, 1942.

136. King, David C. *Crony Capitalism: Corruption and Development in South Korea and the Philippines*, New York, NY and Cambridge: Cambridge University Press, 2002.

137. Kirby, William. "Continuity and Change in Modern China: Economic Planning in Taiwan and China, 1943–1958," *The Australian Journal of Chinese Affairs* 24, pp. 121–141.

138. "China's Internationalization in the Early People's Republic: The Dream of a Socialist World Economy," *The China Quarterly* 188 (2006), pp. 870–890.

139. Koh, Gui Qing. "Is China's Debt Nightmare a Province Called Jiangsu?" *Reuters*, July 24, 2013.

140. Kroll, J. L. "Toward a Study of the Economic Views of Sang Hung-Yang," *Early China* 4 (1978–1979), pp. 11–18.

141. Kuhn, Dieter. *The Age of Confucian Rule: The Song Transformation of China*, Cambridge, MA: Harvard University Press, 2009.

142. Kuhn, Phillip. *Soul Stealers: The Chinese Sorcery Scare in* 1768, Cambridge, MA: Harvard University Press, 1990.

143. Kuo, Ting-Yee and Kwang, Ching Liu. "Self-Strengthening: The Pursuit of Western Technology," in John K. Fairbank and Liu Kwang Ching, eds., *The Cambridge History of China*, Vol. 11, New York, NY: Cambridge: Cambridge University Press, 1978.

144. Lardy, Nicholas R. *China's Unfinished Economic Revolution*, Washington, DC: The Brookings Institute, 1998.

145. *Sustaining China's Economic Crisis after the Global Financial Crisis*, Washington, DC: Peterson Institute of International Economics, 2012.

146. Lam, Willy. "Chinese Leaders Revive Marxist Orthodoxy," *Jamestown China Brief* 10: 9, April 29, 2010, available at http://www.jamestown.org/uploads/media/cb_010_36.pdf [Accessed on January 10, 2014].

147. Lau, Lawrence, Qian, Yingyi, and Rolland, Gerard. "Reform without Losers: An Inter-pretation of China's Dual Track to Transition," *Journal of Political Economy* 108: 1 (2000), pp. 120–143.

148. Layton, Robert. *Order and Anarchy: Civil Society, Social Disorder and War*, Cambridge: Cambridge University Press, 2006.

149. Ledeneva, Alena V. *How Russia Really Works: The Informal Practices That Shaped Post-Soviet Politics and Business*, Ithaca, NY: Cornell University, 2006.

150. Levine, Martin. *Worker Rights and Labor Standards in Asia's Four New Tigers: A Comparative Perspective*, New York, NY: Plenum Press, 1997.

151. Lewis, Mark Edward. *The Construction of Space in Early China*, New York, NY: SUNY Press, 2005.

152. Li, Hongbin and Zhou Li-an Zhou. "Political Turnover and Economic Performance: The Incentive Role of Personnel Control in China," *Journal of Public Economics* 86: 9 – 10 (September 2005), pp. 1743 – 1762.

153. Li, Xi and Xu, Dianqing. *From Trade Surplus to Dispute over the Exchange Rates*, Singapore: World Scientific, 2016.

154. Liang, Fangzhong and Wang, Yu-chuan (trans.). *The Single Whip Law of Taxation in China*, Cambridge, MA: Harvard University Press, 1956.

155. Lin, Kun-Chin and Mika M. Purra. *Transforming China's Industrial Sectors: Institutional Change and Regulation of the Power Sector in the Reform Era*, Lee Kuan Yew School of Public Policy Working Paper No. 8, 2012.

156. Lin Yifu, Justin. *New Structural Economics: A Framework for Rethinking Development Policy*, Washington, DC: The World Bank, 2010.

157. Lin, Yifu Justin, Cai, Fang, and Zhou, Li. *The China Miracle: Development Strategy and Economic Reform*, Hong Kong: The Chinese University Press, 1996.

158. *State-Owned Enterprise Reform in China*, Hong Kong: The Chinese University Press, 2001.

159. Lin, Yi-min. "The Institutional Context of Rent-Seeking in Economic Transition," in Tak-Wing Ngo and Wu Yongping, eds., *Rent Seeking in China*, London: Routledge, 2000, pp. 59 – 78.

160. Ling, Zhijun. *The Lenovo Affair: The Growth of China's Computer Giant and Its Takeover of the IBM-PC* (trans. Martha Avery), Singapore: John Wiley, 2005.

161. Liou, Chin-shian. "Bureaucratic Politics and Overseas Investment by Chinese State-owned Oil Companies: Illusory Champions," *Asian Survey* 49: 4

(2009), pp. 670 - 690.

162. List, Frederick. *The National System of Political Economy* [1885], New York, NY: Augustus Kelley, 1966.

163. Liu Guanglin, William. *The Chinese Market Economy, 1000 - 1500*, New York, NY: SUNY Press, 2015.

164. Liu, Qiao. *Corporate China 2.0: The Great Shake Up*, New York, NY: Palgrave Macmillan, 2016.

165. Liu, Xin. *The Otherness of Self: A Genealogy of the Self in Contemporary China*, Ann Arbor, MI: The University of Michigan Press. 2002.

166. Loewe, Michael. "The Former Han Dynasty," in John K. Fairbank and Denis Twitchett, eds., *The Cambridge History of China Vol. 1: The Chin and Han Empires, 221 BC - AD. 220*, Cambridge and New York, NY: Cambridge University Press, 1986, pp. 103 - 122.

167. Low, Linda, Heng, Toh Mun, Wong, Soon Teck, Yam, Tan Kong and Hughes, Helen. *Challenge and Response: Thirty Years of the Economic Development Board*, Singapore: Times Academic Press, 1993.

168. Locke, John. *Two Treaties of Government*, Cambridge: Cambridge University Press, 1960.

169. Lou, Jiwei. "The Reform of Intergovernmental Fiscal Relations in China: Lesson Learnt," in The World Bank, *Public Finance in China: Reform and Growth for a Harmonious Society*, Washington, DC: The World Bank, 2009.

170. Lou, Jiwei, and Wang, Shulin. *Public Finance in China: Reform and Growth for a Harmonious Society*, Washington, DC: The World Bank, 2008.

171. Lü, Xiaobo. "Minor Public Economy," in Lu Xiaobo and Elizabeth Perry, eds., *Danwei: The Changing Chinese Workplace in Historical and Comparative Perspective*, New York, NY: M. E. Sharpe, 1999, pp. 21 - 40.

172. Lufrano, Richard John. *Honorable Merchants: Commerce and Confucian Self-Cultivation in Late Imperial China*, Honolulu, HI: University of Hawai'i Press, 1997.

173. Macfarquar, Roderick, *The Origins of the Cultural Revolution*, Vol. 3 (1961 - 1966), New York, NY: Columbia University Press, 1999.

174. MacPherson, C. B. *The Political Theory of Possessive Individualism: From Hobbes to Locke*, Oxford: Clarendon Press, 1962.

175. Maddison, Angus. *The World Economy: A Millennial Perspective*, Paris: OECD, 2001. Marcus, Alfred. *Innovation in Sustainability*, Cambridge: Cambridge University Press, 2015.

176. Marx, Karl. "The Communist Manifesto," in Robert C. Tucker, ed., *The Marx-Engels Reader*, New York, NY: W. W. Norton, 1972, pp. 469–500.

177. Mason, Edward S., Kim, Mahn Je, Perkins, Dwight H., Kim, Kwang Suk and Cole, David. *The Economic and Social Modernization of the Republic of Korea*, Cambridge, MA: Harvard University Press, 1980.

178. Mckeown, Adam. *China Migration Networks and Cultural Change: Peru, Chicago, and Hawaii, 1900–1936*, Chicago, IL: University of Chicago Press, 2001.

179. Meisner, Maurice. "Despotism of Concepts: Wittfogel and Marx on China," *The China Quarterly* 16 (1963), pp. 99–111.

180. Miller, H. Lynman, "The Late Imperial Chinese State," in David Shambaugh, ed., *The Modern Chinese State*, New York, NY: Cambridge University Press, 2001, pp. 15–41.

181. Minzner, Carl. *Social Instability in China: Causes, Consequences, and Implications*, Washington, DC, Center for Strategic and International Studies, 2016.

182. Mitchell, Timothy. *Rule of Experts*, Berkeley, CA: University of California Press, 2002.

183. Moore, Malcolm. "The Rise of Wang Jianlin, China's Richest Man," *Daily Telegraph*, September 21, 2013.

184. Morris, Ian. *Why the West Rules –For Now: The Patterns of History, and What They Reveal about the Future*, London: Profile Books, 2011.

185. Mote, Frederic W. *Imperial China, 900–1800*, Cambridge, MA: Harvard University Press, 1999.

186. Mulvenon, James C. *Soldiers of Fortune: The Rise and Fall of the Chinese Military-Business Complex, 1978–1998*, Armonk, NY: M. E. Sharpe, 2001.

187. Nagakane, Katsuji, "Manchukou and Economic Development," in Peter Duus, Ramon H. Meyers, and Mark R. Peattle, eds., *The Japanese Informal Empire in China* (Princeton, NJ: Princeton University Press, 1989), pp. 133–164.

188. Nagle, D. Brendan. *The Household as the Foundation of Aristotle's*

Polis, New York, NY: Cambridge University Press, 2006.

189. Naughton, Barry. *Growing Out of the Plan: Chinese Economic Reform, 1978 – 1993*, New York, NY: Cambridge University Press, 1995.

190. "Cities in the Chinese Economic System: Changing Roles and Conditions for Autonomy," in Deborah Davis et al. eds., *Urban Space in Contemporary China: The Potential for Autonomy and Community*, Washington, DC: Woodrow Wilson Center Press and Cambridge University Press, 1995, pp. 61 – 89.

191. *The Chinese Economy: Transition and Growth*, Cambridge, MA: MIT Press, 2007.

192. Nee, Victor and Opper, Sonja. *Capitalism from Below: Markets and Institutional Change in China*, Cambridge, MA: Harvard University Press, 2012.

193. Nishijima, Sadao. *Chugoku Keizaiji Kankyu* (Study on Economic History of China), Tokyo: Tokyo University Press, 1982.

194. "The Economic and Social History of Former Han," in Denis Twichett and Michael Loewe, eds., *The Cambridge History of China*, Vol. 1, Cambridge and New York, NY: Cambridge University Press, 1986.

195. Oi, Jean C. *Rural China Takes Off*, Berkeley, CA: University of California Press, 1999.

196. "Fiscal Reform and the Economic Foundations of Local Corporatism in China," *World Politics* 45: 1 (1992), pp. 99 – 126.

197. O'Sullivan, Arthur, and Sheffrin, Steven M. *Economics: Principles in Action*, Upper Saddle River, NJ: Pearson Prentice Hall, 2003.

198. Owen, Bruce M. "Anti-Trust in China: The Problem of Incentive Incompatibility," *SIER Paper* No. 340, Stanford Institute of Economic Research, 2009.

199. Patrick, Hugh. "The Future of the Japanese Economy: Output and Labor Productivity," *Journal of Japanese Studies* 3: 2 (Summer 1977), pp. 419 – 439.

200. Peck, J. "Economic Geographies in Space," *Economic Geography* 81: 2 (2005), pp. 129 – 175.

201. Pei, Minxin. *China's Trapped Transition: The Limits of Developmental Autocracy*, Cambridge, MA: Harvard University Press, 2009.

202. Pepper, Suzanne. *Civil War in China: The Political Struggle, 1945 – 1949*, Berkeley, CA: University of California Press, 1978.

203. Pereira, Alexius A. *State Collaboration and Development Strategies: The Case of the China Singapore Suzhou Industrial Park, 1992 – 2002*, London: Routledge, 2003.

204. Perkins, Dwight H. *Market Controls and Planning in Communist China*, Cambridge, MA: Harvard University Press, 1966.

205. *East Asian Development: Foundations and Strategies*, Cambridge, MA: Harvard University Press, 2013.

206. Perry, Emily, and Florian Weltewitz. "Wealth Management Products in China," *Bulletin of the Reserve Bank of Australia*, June 2015, pp. 64 – 65.

207. Piketty, Thomas, and Goldhamer, Arthur (trans.). *Capitalism in the Twenty-First Century*, Cambridge, MA: Harvard University Press, 2014.

208. Pilling, David. "Round Two in America's Battle for Asian influence," *The Financial Times*, April 1, 2015.

209. Pines, Yuri. *Everlasting Empire: The Political Culture of Ancient China and its Imperial Legacy*, Princeton, NJ and Oxford: Princeton University Press, 2012.

210. Polanyi, Karl. *The Great Transformation: The Political and Economic Origins of Our Time*, Boston, MA: Beacon Press, 1944.

211. Pomeranz, Kenneth. *The Great Divergence: China, Europe, and the Making of the Modern World Economy*, Princeton, NJ: Princeton University Press, 2000.

212. Pomfret, John. "Beijing Tries to Push beyond Made in China to Find Name-Brand Innovation," *Washington Post*, May 25, 2010.

213. Qian, Yingyi. "How Reform Worked in China," *William Davidson Institute Working Paper* No. 473, June 2002.

214. Ren, Xuefei. *Urban China*, London: Wiley & Sons, 2013.

215. Rogers, Mike, and Ruppersberger, Dutch. *Investigative Report on National Security Issues Posed by Chinese Telecommunication Companies Huawei and ZTE*, a report by Chairman Mike Rogers and Ranking Member C. A. Dutch Ruppersberger of the Permanent Select Committee on Intelligence, Washington, DC, October 2012.

216. Rickett, Allyn. *Guanzi: Political, Economic and Philosophical Essays from Early China*, Princeton, NJ: Princeton University Press, 1985.

217. Rowe, William T. *China's Last Empire: The Great Qing*, Cambridge,

MA: Harvard University Press, 2007.

218. Saich, Tony. *The Origin of the First United Front in China*, Leiden: Brill Academic Press. 1997.

219. Sanderson, Henry and Forsythe, Michael. *China's Superbank: Debt, Oil and Influence – How China Development Bank Is Rewriting Rules of Finance*, Singapore: John Wiley & Sons, 2012.

220. Sasagawa, Yuji and Okumura, Satoshi. *Tougo no Chugoku Shakai, Chunichi senso shita no sodoin to nozo* (Chinese Society Led by the Guns: Total Mobilization and Countryside during the Sino-Japanese War), Tokyo: Iwanami Books, 2007.

221. Saw, Swee Hock and Ge Yun. "Enhancing Education Collaborations between China and Singapore," in Saw Swee Hock and John Wong, eds., *Advancing Sino-Singapore Relations*, Singapore: Institute of Southeast Asian Studies, 2014.

222. Schram, Stuart R., ed. *The Scope of State Power in China*, Hong Kong: The Chinese University of Hong Kong Press, 1985.

223. Schran, Peter. *Guerrilla Economy: The Development of Shangxi-Gansu-Ningxia Region*, New York, NY: SUNY Press, 1976.

224. Schumpeter, Joseph. *History of Economic Analysis*, London: George Allen & Unwin Ltd., 1954.

225. Smith, Adam, and Edwin Cannan (eds.). *An Inquiry into the Nature and Causes of the Wealth of Nations*, Chicago, IL: Chicago University Press, 2009.

226. Shao, Qin. *Culturing Modernity: The Nantong Model, 1890 – 1930*, Palo Alto, CA: Stanford University Press, 2003.

227. *Shanghai Gone: Domicile and Defiance in a Chinese Megacity*, Lanham, MD: Rowman & Littlefield, 2014.

228. Shapiro, Judith. *Mao's War Against Nature: Politics and Environment in Revolutionary China*, Cambridge and New York, NY: Cambridge University Press, 2001.

229. Shi, Lin. "Research on the Efficiency of China's Anti-Trust Laws," *Asian Social Sciences*, 5 (2009), pp. 97 – 100.

230. Shi, Yaojiang, Zhang Linxiu, Ma Yue, Yi Hongmei, Liu Chengfang, Natalie Johnson, James Chu, Prashant Loyalka, and Scott Rozelle. "Dropping

Out of Rural China's Secondary Schools: A Mixed-Methods Analysis," *The China Quarterly* 224 (December 2015), pp. 1048–1069.

231. Shih, Victor and Zhang, Qi. "Who Receives Subsidies? A Look at the County Level in Two Time Periods," in Vivienne Shue and Christine Wong, *Paying for Progress in China: Public Finance, Human Welfare and Changing Patterns of Inequality*, London: Routledge, 2007, pp. 145–165.

232. Shirk, Susan. *The Political Logic of Economic Reform in China*, Berkeley, CA: University of California Press, 1993.

233. Shiroyama, Tomoko. *China During the Great Depression: Market, State and World Economy*, Cambridge, MA: Harvard University Press, 2008.

234. Skinner, William G. "Marketing and Social Structure in Rural China," *Journal of Asian Studies* 24 (1964), pp. 1–64.

235. *Marketing in Rural China*, Ann Arbor, MI: Association for Asian Studies, 1964.

236. Skinner, William G. ed., *The City in Late Imperial China: Studies in Chinese Society*, Stanford, CA: Stanford University Press, 1977.

237. Skinner, William G. *Marketing and Social Structure in Rural China*, Ann Arbor, MI: Association for Asian Studies, 2001.

238. Smith, Paul Jakov. "Shen Tsung's Reign and the New Policies of Wang An-Shih," in Denis Twitchett and Paul Jakov Smith, eds., *The Cambridge History of China*, Vol. 5, Cambridge and New York, NY: Cambridge University Press, 2009, pp. 347–483.

239. Song, Zheng, Kjetil Storesletten, and Fabrizio Zilibotti. "Growing like China," *American Economic Review* 101: 1 (2011), pp. 196–233.

240. So, Sherman, and J. Christopher Westland. *Red Wired: China's Internet Revolution*, London and Singapore: Marshall Cavendish, 2010.

241. Spiegel, Henry William, ed. *The Growth of Economic Thoughts*, Durham, NC: Duke University Press, 1991.

242. Steinfeld, Edward S. *Forging Reform in China: The Fate of the State-Owned Enterprises*, New York, NY: Cambridge University Press, 1998.

243. Sun Lijian and Zhang Shengxing. "An Externally Dependent Economy and Real Estate Bubbles," in Ross Garnaut and Ligang Song, eds., *China: Linking Markets for Growth*, Canberra: Asia Pacific Press, 2007, pp. 344–368.

244. Sun, Zen E-zu. "Sericulture and Silk Textile Production in Ch'ing

China," in William E. Willmott, ed., *Economic Organization in Chinese Society*, Stanford, CA: Stanford University Press, 1972, pp. 84 – 85.

245. Swedberg, Richard. *Max Weber and the Idea of Economic Sociology*, Princeton, NJ: Princeton Unversity Press, 1989.

246. "Markets as Social Structures," in Neil Smelser and Richard Swedberg, eds., *The Handbook of Economic Sociology*, Princeton, NJ: Princeton University Press, 1994, pp. 235 – 254.

247. Tackett, Nicolas. *The Destruction of Medieval Chinese Aristocracy*, Cambridge, MA: Harvard University Asian Center, 2016 (reprint).

248. Ter Haar, B. J. *The White Lotus Teaching in Chinese Religious History*, Leiden: Brill, 1991.

249. Tilly, Charles. *Coercion, Capital and European State: AD 990 – 1992*, Cambridge, MA: Blackwell, 1990.

250. Tong, Yanqi and Lei, Shaohua. *Social Protest in Contemporary China, 2003 – 2010: Transitional Pains and Regime Legitimacy*, London and New York, NY: Routledge, 2014.

251. Torbert, Preston. *The Ching's Imperial Household Department: A Study of Its Organization and Principal Functions, 1662 – 1792*, Cambridge, MA: Harvard University Press, 1977.

252. Toby, Hoff. *The Rise of Early Modern Science: Islam, China and the West*, Cambridge and New York, NY: Cambridge University Press, 2003.

253. Trescott, Paul B. *Jingjixue: The History of Introduction of Economic Ideas to Modern China*, Hong Kong: The Chinese University Press, 2007.

254. Tsai, Chung-min. "The Reform Paradox and Regulatory Dilemma in China's Electricity Industry," *Asian Survey* 51: 3 (2011), pp. 520 – 539.

255. Tsai, Kelle. *Capitalism without Democracy: The Private Sector in Contemporary China*, Ithaca, NY: Cornell University Press, 2007.

256. The Unirule Institute of Economics. *The Nature, Performance and Reform of the State-Owned Enterprises*, Beijing, March 2011.

257. Van Cleve, George William. "The Anti-Federalist's Toughest Challenge: Paper Money, National Debt, and the Ratification of the Constitution," *Journal of the Early Republic* 34: 4 (2014), pp. 529 – 560.

258. Van Slyke, Lyman. "The Chinese Communist Movement During the

Sino-Japanese War 1937 – 1945," in John K. Fairbank, ed., *The Cambridge History of China*, Vol. 12, Cambridge: Cambridge University Press, 1983, pp. 609 – 722.

259. Vogel, Ezra F. *The Four Little Dragons: The Spread of Industrialization in East Asia*, Cambridge, MA: Harvard University Press, 1991.

260. *Deng Xiaoping and the Transformation of Modern China*, Cambridge, MA: Harvard University Press, 2013.

261. Von Glahn, Richard. *Fountains of Fortune: Money and Monetary Thoughts in China, 1000 – 1500*, Berkeley and Los Angeles, CA: University of California Press, 1998.

262. Vu, Minh Khuong. *The Dynamics of Economic Growth: Policy Insights from Comparative Analyses in Asia*. Cheltenham: Edward Elgar, 2013.

263. Wade, Robert. *Governing the Market: Economic Theory and the Role of Government in East Asian Industrialization*, 2nd edn., Princeton, NJ: Princeton University Press, 2004.

264. Walder, Andrew. *Communist Neo-Traditionalism: Work and Authority in Chinese Industry*, Berkeley, CA: University of California Press, 1988.

265. Waldron, Arthur. *From War to Nationalism: China's Turning Point, 1924 – 1925*, 2nd edn., Cambridge: Cambridge University Press, 2002.

266. Wallerstein, Immanuel, *The Modern World-System I: Capitalist Agriculture and the Origins of the European World-Economy in the Sixteenth Century*, New York, NY: Academic Press, 1974.

267. *The Modern World System II: Mercantilism and the Consolidation of the European World-Economy, 1600 – 1750*, New York, NY: Academic Press, 1980.

268. *The Modern World-System III*, San Diego, CA: Academic Press, 1989.

269. Wang, Fei-ling. *Organizing through Division and Exclusion: China's Hukou System*, Stanford, CA: Stanford University Press, 2005.

270. Wang, Gungwu. *Renewal: The Chinese State and the New Global History*, Hong Kong: The Chinese University of Hong Kong Press, 2013.

271. Wang, Mengkui. *China in the Wake of Asia's Financial Crisis*, London and New York, NY: Routledge, 2009.

272. Wang, Xiaolu. *Grey Income and Income Inequality in China*, Beijing: National Economic Research Institute of China Reform Foundation, 2010.

273. Wang, Yanling. "Cheap Labor and China's Export Capacity," in Kelvin Zhang Honglin, ed., *China as a World Factory* (London: Routledge, 2006), pp. 69–81.

274. Warner, Malcolm. "On Keynes and China: Keynesianism 'with Chinese Characteristics'," *Cambridge Judge Business School Working Paper* No. 2/2014, University of Cambridge, 2014.

275. Weber, Max, Gerth, H. H. and Mills, C. Wright (trans. and ed.). *From Max Weber: Essays in Sociology*, New York, NY: Oxford University Press, 1958.

276. Wedeman, Andrew H. *From Mao to Market: Rent Seeking, Local Protectionism, and Marketization in China*, New York, NY: Cambridge University Press, 2003.

277. White, Gordon, "Developmental States and Socialist Industrialization in the Third World," *Journal of Development Studies* 21: 1 (1984), pp. 97–120.

278. White, Gordon, and Wade, Robert. "Developmental States and Markets in East Asia," in Gordon White, ed., *Developmental States in East Asia*, London: The Macmillan Press, 1988, pp. 1–29.

279. Whyte, Martin, ed. *One Country, Two Societies: Rural–Urban Inequality in Contemporary China*, Cambridge, MA: Harvard University Press, 2010.

280. Wildau, Gabriel and Clover, Charles. "AIIB Launch Signals China's New Ambitions," *Financial Times*, June 29, 2015.

281. Willmott, W. E, ed. *Economic Organization in Chinese Society*, Stanford, CA: Stanford University Press, 1972, pp. 9–46.

282. Wittfogel, Karl August. *Oriental Despotism: A Comparative Study of Total Power*, New Haven, CT: Yale University Press, 1957.

283. Woetzel, Jonathan R. "Reassessing China's State-Owned Enterprises," *The McKinsey Quarterly*, July 2008.

284. Wong, Bin Roy. *China Transformed: Historical Change and the Limits of European Experience*, Ithaca, NY: Cornell University Press, 1997.

285. Wong, Christine and Bird, Richard. "China's Fiscal System: A Work in Progress," in Loren Brandt, Thomas Rawski, and John Sutton, eds., *China's*

Great Economic Transformation, New York, NY: Cambridge University Press, 2008, pp. 429 - 466.

286. Wong, John. *Land Reform in the People's Republic of China: Institutional Transformation in Agriculture*, New York, NY: Praeger Publishers, 1973.

287. *The Political Economy of Deng's Nanxun: Breakthrough in China's Reform and Development*, Singapore and London: World Scientific, 2014.

288. Wong, John, Rong, Ma, and Mu, Yang, eds. *China's Rural Entrepreneurs: Ten Case Studies*, Singapore: Times Academic Press, 1995.

289. Wong, Chack Kie. "The Evolving East Asian Welfare Regimes: The Case of China," in Zhao Litao, ed., *China's Social Development and Policy*, London and New York, NY: Routledge, 2013, pp. 207 - 220.

290. Woo, Wing Thye. "Improving the Performance of Enterprises in Transition Economies," in Wing Thye Woo, Stephen Parker, and Jeffrey Sachs, eds., *Economies in Transition: Comparing Asia and Eastern Europe*, Cambridge, MA: The MIT Press, 1997, pp. 299 - 324.

291. World Bank. *World Development Report 1981*, Oxford: Oxford University Press, 1981.

292. Wright, Teresa. *Accepting Authoritarianism: State - Society Relations in Reform Era China*, Stanford, CA: Stanford University Press, 2010.

293. Wu, Guoguang. *Globalization Against Democracy: A Political Economy of Capitalism after Its Global Triumph*, New York, NY: Cambridge University Press, 2017.

294. Wu, Jinglian. *Understanding and Interpreting Chinese Economic Reform*, Mason, OH: Thomson, 2005.

295. Wu, Xun. "An Introduction to China's Local Government Debt," *MIT Golub Center for Finance and Policy Working Papers*, October 2015.

296. Wu, Yiqing. *The Cultural Revolution at the Margins: Chinese Socialism in Crisis*, Cambridge, MA: Harvard University Press, 2014.

297. Xu, Yi-chong. *Sinews of Power: Politics of the State Grid Corporation of China*, Corby: Oxford University Press, 2017.

298. Xu, Dixin and Wu Chengming, eds., Li Zhengde, Liang Miaoru, and Li Siping (trans.), and Curwen, C. A. (annotator). *Chinese Capitalism, 1522 - 1840*, London: Macmillan Press Ltd, 2000.

299. Yang, Dali. *Remaking the Chinese Leviathan：Market Transition and the Politics of Governance in China*, Stanford, CA：Stanford University Press, 2004.

300. Yang, Lijun. *Bungaku daigakumei to chugoku no chakai kozo：komeigen no bunpai to kyodanteki boryoku koi* (Social Structure and the Cultural Revolution in China：The Distribution of Citizenship and Collective Violence), Tokyo：Ochanomizu Shobo, 2003.

301. Yang, Lien-sheng. "Economic Justification for Spending—An Uncommon Idea in Traditional China," *Harvard Journal of Asiatic Studies* 20 (1957), pp. 36 – 52.

302. *Money and Credit in Ancient China*, Cambridge, MA：Harvard University Press, 1962.

303. Ye, Min. *Diasporas and Foreign Direct Investment in China and India*, New York, NY：Cambridge University Press, 2014.

304. Young, Arthur. *China's Wartime Finance and Inflation*, 1937 – 1945, Cambridge, MA：Harvard University Press, 1965.

305. You, Ji. *China's Enterprise Reform：Changing State/Society Relations after Mao*, New York, NY：Routledge, 1998.

306. Zanasi, Margherita. *Saving the Nation，Economic Modernity in Republican China*, Chicago, IL：University of Chicago Press, 2010.

307. Zarrow, Peter. *China in War and Revolution：1895 – 1949*, London：Routledge, 2006.

308. Zelin, Madeleine, *The Magistrate's Tael：Rationalizing Fiscal Reform in Qing China*, Berkeley, CA：University of California Press, 1992.

309. "A Critique of Property Rights in Prewar China," in Madeleine Zelin, Jonathan K. Ocko, and Robert Gardella, eds., *Contract and Property in Early Modern China*, Stanford, CA：Stanford University Press, 2004, pp. 1 – 33.

310. *The Merchant of Zigong：Industrial Entrepreneurship in Early Modern China*, New York, NY：Columbia University Press, 2006.

311. Zeng, Jin. *State-Led Privatization in China：The Politics of Economic Reform*, London：Routledge, 2013.

312. Zhang, Wenxian, and Ilan, Alon. *Biographical Dictionary of New Chinese Entrepreneurs and Business Leaders*, Cheltenham：Edward Elgar Publishing, 2009.

313. Zhang Xiaoling. *Transformation in Political Communication in China*, London: Routledge, 2010.

314. Zhao, Dingxin. *The Power of Tiananmen*, Chicago, IL: The University of Chicago Press, 2001.

315. *Confucian-Legalist State: A New Theory of Chinese History*, New York, NY: Oxford University Press, 2015.

316. Zhao, Jing. "Fu Guo Xue and the 'Economics' of Ancient China," in Cheng Li, Terry Peach, and Wang Fang, eds., *The History of Ancient Chinese Economic Thought*, London and New York, NY: Routledge, 2014.

317. Zheng, Jin. *State-Led Privatization in China: The Politics of Economic Reform*, London: Routledge, 2013.

318. Zheng, Yongnian. *Discovering Chinese Nationalism in China: Modernization, Identity, and International Relations*, Cambridge and New York, NY: Cambridge University Press, 1999.

319. "Ideological Decline, the Rise of an Interest-Based Social Order, and the Demise of Communism in China," in John Wong and Zheng Yongnian, eds., *The Nanxun Legacy and Chian's Development in the Post-Deng Era*, London and Singapore: World Scientific and Singapore University Press, 2001, pp. 173 – 195.

320. *Globalization and State Transformation in China*, New York, NY: Cambridge University Press, 2004.

321. *Will China Become Democratic? Elite, Class and Regime Transition*, Singapore: Eastern Universities Press, 2004.

322. *De Facto Federalism in China: Reforms and Dynamics of Central – Local Relations*, Singapore and London: World Scientific, 2007.

323. *Technological Empowerment: The Internet, State, and Society in China*, Stanford, CA: Stanford University Press, 2008.

324. "Society Must Be Defended: Reform, Openness and Social Policy in China," *Journal of Contemporary China* 19: 67 (2010), pp. 799 – 818.

325. *The Chinese Communist Party as Organizational Emperor: Culture, Reproduction and Transformation*, London and New York, NY: Routledge, 2010.

326. Zheng, Yongnian and Huang, Yanjie. "Political Dynamics of China's Social Policy Reform," in Zhao Litao, ed., *China's Social Development and Policy*, London and New York, NY: Routledge, 2013, pp. 161 – 185.

327. Zheng, Zhenman and Michael Szonyi (trans). *Family Lineage Organization and Social Change in Ming and Qing Fujian*, Honolulu, HI: University of Hawai'i Press, 2001.

328. Zhou, Wei. "The Changing Face of Rural Enterprises," *China Perspectives* 50 (2006), pp. 1 - 18.

329. Zhou, Xueguang, *State and Life Chance in China: Redistribution and Stratification, 1949 - 1994*, Cambridge and New York, NY: Cambridge University Press, 1999.

330. Zhu, Jiannan. "The Shadow of Skyscrapers: Real Estate Corruption in China," *Journal of Contemporary China* 21 (2012), pp. 243 - 261.

331. Zhu, Ying. "On Late Qing Economic Laws and Regulations," in Douglas R. Reynolds, ed., *China, 1895 - 1912 State Sponsored Reforms and China's Late-Qing Revolution: Selected Essays from Zhongguo Jindai Shi (Modern Chinese History, 1840 -1919)*, New York, NY: M. E. Sharpe, 1995, pp. 87 - 126.

中文文献：

1. 蔡灵跃、刘守谦、陈明衡：《温州民间资本的发展与引导研究》，载《浙江金融》2005 年第 1 期，第 26—28 页。

2. 曹树基：《中国移民史》（第 5 卷），福州：福建人民出版社，1997 年。

3. 陈宝荣：《中国个体经济》，上海：上海社会科学院出版社，1990 年。

4. 陈家喜：《改革时期中国民营企业家的政治影响》，重庆：重庆出版社，2007 年。

5. 陈云：《陈云文集》（第二卷），北京：中央文献出版社，2005 年。

6. 陈真编：《中国近代工业史资料》（第四辑），上海：生活·读书·新知三联书店，1961 年。

7. 邓小平：《邓小平文选》（第三卷），北京：中央文献出版社，1993 年。

8. 董志凯：《解放战争时期的土地改革》，北京：北京大学出版社，1987 年。

9. 樊婷：《国家电网垄断扩张》，载《财经国家周刊》2010 年第 3 期，第 11—15 页。

10. 高龙：《"煤老板"龚爱爱的黑金王国》，载《南方都市报》2013 年 3 月 6 日。

11. 高王凌：《中国农民反行为研究（1950—1980）》，香港：香港中文大学出版社，2013 年。

12. 公盟法律研究中心：《藏区3.14事件社会、经济成因调查报告》（内部流通），2010年9月。

13. 郭长海：《中国钱局》，台北：财大出版社，2016年。

14. 国家统计局、国家工商总局：《2013年全国市场主体发展报告》，北京：国家工商总局，2014年。

15. 贺宝利：《房姐隐形商业帝国浮现》，载《法治周末》2013年1月30日。

16. 何艳玲等主编：《中国城市政府公共服务能力评估报告（2013年）》，北京：社会科学文献出版社，2013年。

17. 何增科：《中国转型期腐败和反腐败问题研究》（上篇），载《经济社会体制比较》2003年第1期，第19—29页。

18. 侯家驹：《中国财金制度史论》，台北：联经出版事业公司，1989年。

19. 侯旭东：《北朝村民的生活世界：朝廷、州县与村里》，北京：商务印书馆，2005年。

20. 胡其瑞：《近代广州商人与政治（1905—1926）》，硕士论文，台北：台湾政治大学，2003年。

21. 胡铁球：《明清歇家研究》，上海：上海古籍出版社，2015年。

22. 黄鉴晖：《山西票号史》，太原：山西经济出版社，1992年。

23. 黄玖立、李坤望：《出口开放、地区市场规模和经济增长》，载《经济研究》2006年第6期，第27—38页。

24. 黄孟复编：《中国民营经济发展报告（2005—2006）》，北京：社会科学文献出版社，2006年。

25. 黄启臣、庞新平：《明清广东商人》，广州：广东经济出版社，2001年。

26. 黄仁宇：《资本主义与二十一世纪》，北京：三联书店，2001年。

27. 金观涛、刘青峰：《兴盛与危机：论中国社会超稳定结构》，香港：香港中文大学出版社，1992年。

28. 金观涛、刘青峰：《观念史研究：中国现代重要政治术语的形成》，北京：法律出版社，2009年。

29. 李光涛：《明季流寇始末》，台北："中央"研究院历史语言研究所，1965年。

30. 李华瑞：《王安石变法研究史》，北京：人民出版社，2004年。

31. 李漠：《今日大邱庄》，载《小康》2007年第9期，第52—59页。

32. 李鹏：《央企入粤潮涌》，载《财经国家周刊》2011年第7期，第15—17页。

33. 李炜光：《中国财政史述论稿》，北京：中国财政经济出版社，2000年。

34. 林超超：《苏联经济核算制与中国计划经济》，载《史林》2016年第1期，第171—172页。

35. 林蕴晖：《向社会主义过渡：中国经济与社会的转型（1953—1955）》，"中华人民共和国史"系列（第二卷），香港：香港中文大学出版社，2009年。

36. 林蕴晖：《乌托邦运动：从大跃进到大饥荒（1958—1961）》，"中华人民共和国史"系列（第四卷），香港：香港中文大学出版社，2008年。

37. 刘伟、蔡志洲：《走下神坛的GDP：从经济增长到可持续发展》，北京：中信出版社，2006年。

38. 刘泽华、汪茂和、王兰仲：《专制权力与中国社会》，长春：吉林文史出版社，1988年。

39. 刘志英：《汪伪政府粮政述评》，载《抗日战争研究》1999年第1期，第135—153页。

40. 马敏、朱英等：《中国经济通史》（第九卷），长沙：湖南人民出版社，2003年。

41. ［日］内藤湖南著、夏应元译：《中国史通论》，北京：社会科学文献出版社，2004年。

42. 农业部乡镇企业局编：《中国乡镇企业统计资料：1978—2002》，北京：中国农业出版社，2003年。

43. 欧阳淞、高永中主编：《改革开放口述史》，北京：中国人民大学出版社，2014年。

44. 彭信威：《中国货币史》，上海：上海人民出版社，2007年。

45. 彭泽益编：《中国近代手工业史资料》（第四卷），北京：中华书局，1962年。

46. 漆侠：《王安石变法》，上海：上海人民出版社，1979年。

47. 钱昌照：《两年半创办重工业之经过及感想》，载《新经济》（半月刊）1939年第2卷，第29—31页。

48. 邱健：《年广久与"傻子瓜子"的两次沉浮》，载《炎黄春秋》2000年第4期，第43—48页。

49. 任放：《明清长江中游市镇经济研究》，武汉：武汉大学出版社，2003年。

50. 任重、周云波：《垄断对我国行业收入差距的影响到底有多大？》，载《经济理论与经济管理》2009年第4期，第25—30页。

51. 沈大明：《〈大清律例〉与清代的社会控制》，上海：上海人民出版社，2007年。

52. 盛世豪、郑燕伟：《"浙江现象"：产业集群与区域经济发展》，北京：清华大学出版社，2004 年。

53. 史晋川、金祥荣等：《制度变迁与经济发展：温州模式研究（修订版）》，杭州：浙江大学出版社，2002 年。

54. 史云、李丹慧：《难以继续的"继续革命"：从批林到批邓（1972—1976）》，"中华人民共和国史"系列（第八卷），香港：香港中文大学出版社，2008 年。

55. 孙中山：《孙中山全集》（第二卷），北京：中华书局，1982 年。

56. 唐力行：《商人与中国近世社会》，台北：台湾商务印书馆，1997 年。

57. 唐滔默：《抗日战争时期陕甘宁边区的财政》，载财政部财政科学研究所编：《革命根据地的财政经济》，北京：中国财政经济出版社，1985 年。

58. 天津高和股权投资基金管理有限公司：《中国民间资本投资调研报告——陕北篇》。

59. 王赫：《游走在红线上的无锡城投》，载《证券市场周刊》2012 年 6 月 16 日。

60. 王宏英、堀井伸浩主编：《中国的能源市场·价格制度改革——山西省试点改革的案例分析》，*Joint Research Program Series* No. 146，Institute of Developing Economics，Japan External Trade Organization，2008.

61. 王家范：《中国历史通论》，台北：五南图书出版公司，2002 年。

62. 王奎：《清末商部研究》，北京：人民出版社，2008 年。

63. 王炼利：《中国房地产之厄》，香港：天行健出版社，2011 年。

64. 王强：《国网帝国》，载《商务周刊》2010 年第 5 期，第 31—37 页。

65. 王钦敏编：《中国民营经济发展报告（2012—2013）》，北京：社会科学文献出版社，2013 年。

66. 王学泰：《游民文化与中国社会》，北京：同心出版社，2007 年。

67. 王毅：《中国皇权制度研究（上下）》，北京：北京大学出版社，2007 年。

68. 希望编：《"温州模式"的历史命运》，北京：经济科学出版社，2005 年。

69. 徐复观：《周官成立之时代及其思想性格》，台北：台湾学生书局，1980 年。

70. 杨俊峰：《我国城市土地所有制的演进和由来》，载《南方周末》2007 年 6 月 13 日。

71. 杨志勇、杨之刚：《中国财政制度改革 30 年》，上海：上海人民出版社，2008 年。

72. 俞雷：《追寻商业中国》，北京：中信出版社，2009 年。

73. 余鑫炎：《中国商业史》，北京：中国商业出版社，1987 年。

74. 张海鹏、王廷元：《徽商研究》，合肥：安徽人民出版社，1995 年。

75. 张佳：《新天下之化：明初礼俗改革研究》，上海：复旦大学出版社，2014年。

76. 张军：《"双轨制"经济学：1978—1992》，上海：上海三联书店、上海人民出版社，1997年。

77. 张瑛：《曾成杰：生前死后》，载《瞭望东方周刊》2013年7月22日。

78. 张正明、孙丽萍、白雷主编：《中国晋商研究》，北京：人民出版社，2006年。

79. 赵冈：《中国城市发展史论集》，北京：新星出版社，2006年。

80. 赵世瑜：《卫所军户制度与明代中国社会——社会史的视角》，载《清华大学学报（哲学社会科学版）》2015年第3期，第114—127页。

81. 赵紫阳：《改革历程》，香港：新世纪出版社，2009年。

82. 郑永年：《中国模式：经验与挑战》（全新修订版），北京：中信出版社，2015年。

83. 郑永年：《朱镕基新政：中国改革的新模式》，新加坡：八方文化企业公司，1999年。

84. 中国经济改革研究基金会：《中国改革与发展报告》，北京：中国经济出版社，2002年。

85. 中国人民银行山西省分行、山西财经学院《山西票号史料》编写组编：《山西票号史料》，太原：山西经济出版社，1990年。

86. 中华人民共和国国家统计局：《中国统计年鉴2002》，北京：中国统计出版社，2002年。

87. 中华人民共和国国家统计局：《中国统计年鉴2012》，北京：中国统计出版社，2012年。

88. 中华人民共和国国家统计局：《中国统计年鉴2013》，北京：中国统计出版社，2013年。

89. 中华人民共和国国土资源部：《中国全国土地和自然资源报告（2011）》，北京：国土资源部，2012年1月。

90. 中国社会科学院：《中国贸易发展报告（2012）》，第17页。在线版本见 http://www.iwep.org.cn/upload/2013/03/d20130307160336894.pdf。

91. 周伯棣：《中国财政史》，上海：上海人民出版社，1981年。

92. 周育民：《晚清财政与社会变迁》，上海：上海人民出版社，2000年。

93. 周志初：《晚清财政经济研究》，济南：齐鲁书社，2002年。

94. 朱建华主编：《东北解放区财政经济史稿》，哈尔滨：黑龙江人民出版社，1987年。

索 引

Alibaba，阿里巴巴 317-319，333-334，336，419，451
All Under Heaven，天下 82，84，86，111
All-China Federation of Industry and Commerce，中华全国工商业联合会（全国工商联）295，329，429
Anhui，安徽 120，122，184，207，252，258-259，261，301，362，400，447，466
Anti-Trust Law，反垄断法 416
Asia Infrastructure Investment Bank，亚洲基础设施投资银行（亚投行）446
Asian Financial Crisis，亚洲金融危机 23，65
asymmetrical equilibrium，不对称均衡 19，24，111
Australia，澳大利亚 4，214，325，373，451，455，459
autarchy，自给自足 236-237

Baidu，百度 316-318，371，419
Bank of China，中国银行 125，210，223，287，293，339，345
Bastid, Marienne，巴斯蒂·玛丽安娜 86
Beijing，北京 6，11，13，122，134，140，147，156，160，173，176，191，197-199，201-202，204-207，210-211，215，219，221，224-225，230-231，240，245，253，257-258，260-262，266，271，273，278，284，292，302，306-307，310，312，320，331，341-342，356，360，364-366，368，372，391-392，397，401，405-406，410，412，429，444，447-450，453-466
Beijing-Tianjin region，京津地区 198
Belt and Road Initiative，"一带一路"倡议 445
Bo Xilai，薄熙来 359
Board of Revenue，户部 87，173
Board of Rite，礼部 112
Book of Songs，《诗经》136
Book of Zhou Rituals，《周礼》154
Bramall, Chris，布拉莫尔·克里斯 11
Braudel, Fernand，布罗代尔·费尔南 45，48
Britain，大不列颠（英国）10，203，453
British Empire，大不列颠帝国（大英帝国）194，196
brokerage，捐客 177，212
business ventures，商业活动 244
Business Watch Magazine，《商务观察》杂志 395
BYD，比亚迪 314-315，318，327

Californian School, 加州学派 10, 134
Callon, Michel, 米歇尔·卡龙 42, 76, 448
centralization, 集权 81, 86, 153, 166-169, 173, 210, 237-238, 340, 345-346, 353, 359, 370
central-local relations, 中央—地方关系 166, 168, 273, 311, 350
centrally managed SOEs, 央企 254, 296, 336, 352, 378-379, 383, 386, 392-394, 397, 400-404, 406-407, 409-410, 414-416, 418-421
central-provincial tax contract, 中央—省的税收大包干 345
Chao Kang, 赵冈 175-176
Chaofangtuan, 炒房团 310
Chen Liangyu, 陈良宇 321
Chen Yun, 陈云 224, 231, 235, 255, 449
chengxiang jiaoliu, 城乡交流 225
Chiang Kai-shek, 蒋介石 209, 211
China Merchants Steamship Company, 轮船招商局 197
China Overseas Engineering Company, 中国海外工程公司 413
China Petrol, 中国石油天然气集团有限公司（中石油）363, 394
China Railway Group, 中铁集团 413
Chinalco, 中铝集团 4
Chinese Communist Party, 中国共产党 xi, 7, 17, 80, 193, 301, 307, 332, 402, 404, 419-421, 427, 454, 467
Chinese Medieval Age, 中国的中世纪 156
Chinese People's Political Consultative Conference, 中国人民政治协商会议 256, 329
Chinese-ness, 中国性 119

Chongqing, 重庆 217, 273, 335, 359-364, 367, 369, 376-377, 400, 449
Church, 教堂 33, 81
Civil Service Examination, 科举考试 109, 147-148, 163, 182, 203
civil society, 公民社会 37, 57, 82, 114, 429, 435, 445-446
Civil War, 内战 157, 204, 219-223, 228, 244, 342, 459
class struggles, 阶级斗争 54, 213
CNPC, 中国石油天然气集团有限公司（中石油）405, 410-412
coal, 煤炭 10, 145, 165, 285, 288, 310, 333, 362, 364-369, 397
Coase, Ronald, 科斯·罗纳德 59
Cold War, 冷战 114, 191-192, 214, 227, 232, 243, 245, 303, 342, 444, 449
collective incidents, 群体性事件 433
collectivization, 集体化 233, 283, 381-382
command economy, 命令经济 67, 140, 215, 223, 243, 380
commanding heights, 制高点 21, 290
commercial capitalism, 商业资本主义 85, 310
commercial revolution, 商业革命 9, 162
commercial rivalry (*shangzhan*), 商战 201
commercialization, 商业化 8-9, 73, 152, 154, 158, 163, 169, 269, 288
commodification, 商品化 73
Common Good, 公共产品 33
commune and brigade enterprises, 社队企业 236, 251, 300-301
communism, 共产主义 8, 12, 65, 115, 231, 270, 438
Communist Revolution, 共产主义革命 282

Communist Youth League，共青团 429
comprador，买办 170
Confucian，儒家的 2，19，33 – 34，65，82，84，88 – 91，93 – 94，96 – 105，107，109 – 112，115，120，142 – 144，150，154 – 157，159 – 160，162 – 163，165，175，183，197，199，201，203，231，236，300，381，425，455，457，466
Confucian school，儒家学派 91，93，96 – 97，101，108
Confucius，孔子 84 – 85，93，96，158
Conghang，公行 172
cooptation，拉拢 121，148，274，296，300，323，329 – 331，333 – 334，337 – 338
copper coins，铜币 152
corporate lineage，企业族系 163
corruption，腐败 20，68，149，159，167，170，220，268 – 269，304，321，332 – 333，339，375，404，408，410，421
CPPCC，全国政协 256，329 – 330，336，405
crony capitalism，裙带资本主义 31，65，221，438
Cultural Revolution，文化大革命 193，228 – 229，234 – 236，238，240，244，258，263，300，339，431，450，458，465
currency，货币 4，48，92，101，103，124 – 125，154，178 – 179，203 – 208，210 – 211，213，218，220，223，225，243，245，292 – 293，341，347

Da Xue，《大学》93
dahu，大户 145
Dalian，大连 358
danwei，单位 230
Daqiu Village，大邱庄 258，263，265，456
decentralization，放权 20，57，65，81，232 – 233，237，253，268，282，301，340，344 – 346
defense industry，国防工业 198，214
deflation，通货紧缩 57，210
demobilization，去动员化 231，244，249
democracy，民主 15，68，207，290，337，426，437 – 438
demographic revolution，人口革命 195
Deng Xiaoping，邓小平 7，20，228，231，234 – 235，237 – 239，241，244，251，259，261，271，291，303，397，450，461，463
Dengist，邓小平主义 240，245，252
development zones，开发区 291，364
developmental state，发展型国家 62，65，68 – 70，299，312，314，324，332，398，426，442
Dickinson, Bruce，狄忠蒲 438，449
Discourses on Salt and Iron，《盐铁论》88，93，95 – 97，99，103，116，153，453
distortions，扭曲 42，63，127，166，432
domination，主导 19，24 – 26，31，39，71，80，86，102，111，116 – 120，126 – 127，133，135，139，143 – 145，148，150 – 151，157，164，168，186，190，206，222，272，292，297，300，312，318，328，333 – 334，337，343，379 – 380，385，387，431，440
Dual-Track System，双轨制 267 – 268，466
Dutch East Indian Companies，荷兰东印度公司 172
dynastic cycle，朝代周期 83，133，151，

165，434

East Asia，东亚 xi，13，24，29，31，62，64 – 65，67 – 71，75，78，81，172，219，255，281，290，292，342，356，398，401，403，425 – 426，431，439，441 – 442，452，459，463，465
economic freedom，经济自由 49，437
economic growth，经济增长 4 – 5，7，16，20，55，57，60，67，69，134，234，241 – 242，254，270，273 – 274，279，292，297 – 298，314，325，331 – 332，343，352，354，356，362 – 363，369，383，388，395，400，417，426，433，438 – 439，444 – 445
economic rectification，经济整顿 241
economic statism，经济国家主义 19，111，113，120，134，150，152 – 153，192，206，212
economics，经济学 85，88 – 89
neoclassical economics，新古典主义经济学 33，111，227
education，教育 21，30，33，62，104，109，168，183，201，235，239，275 – 276，279，281，356，377，403，409，432
efficiency，效率 5，21，39，42，59，85，111，141，159 – 160，170，198，230，254，256，285 – 286，288，294，301，304，346，352，380，388，406，408，433
emperorship，皇权 19，25，133，142，145，187，385 – 386
Empire Wu of Han，汉武帝 89
Empress Dowager Cixi，慈禧太后 199 – 201 environmental degradation，环境恶化 434，440
equality，平等 xii，20 – 21，93 – 94，96，105，109，151，157，160，229，238，268，276，359 – 360，397，410，421，434，437，444，460 – 461，464
equalize distribution，均输 95
Eurasian continent，欧亚大陆 86，446
Europe，欧洲 1，5，7 – 9，12，21，29，34，37，47 – 48，50，52，54，57，73，81 – 82，85 – 86，119，122，131，134，148，164，172，176，187 – 188，191 – 192，194，207，243，270，292，302，315，325，339，413，425，431，441 – 442，445，455，460，462 – 465
export-oriented，出口导向型 289，294，411，442

fabi，法币 211，213，218，220，341
Fairbank, John，费正清 9，83，84
family planning，家庭计划 429
family plot，家庭自留地 380 – 384，386，406
fangquan rangli，放权让利 388
Fanya，泛亚 371 – 372
fascism，法西斯主义 30
fiat money，法定货币 192，342
financialization，金融化 26，340，352
fiscal agents，财政代理人 10，112，137 – 139，141，143 – 146，149，151，159，162，166，170，172，175
fiscal state，财政国家 34，133，188，255，340 Foochow Shipbuilding Enterprise，福州船政局 197
Fool's Melon Seeds，傻子瓜子 261
Foreign direct investment，外国直接投资 291，442，454，466
foreign reserve，外汇储备 294，339，347，351
foreign trade，对外贸易（外贸）125，172，179，199，251，347

Fortune 500,《财富》500强企业 xiv, 393, 442
Four classes, 四个阶层 94
Four Modernizations, 四个现代化 239
Foxconn, 富士康 280
France, 法国 34, 48, 245
Friedman, Milton, 弗里德曼·米尔顿 64, 437

Gaoping Group, 高平集团 396
Gallagher, Mary, 高敏 438
GDP, 国内生产总值 15, 232, 239, 242, 244, 269, 273, 295, 311-312, 335, 352-355, 358, 364, 369, 374, 394, 443-444, 457
GDPism, GDP主义 273
geming, 革命 83, 207, 231, 237, 461
General Theory of Employment, Interest, and Money,《就业、利息和货币通论》55
Geopolitics, 地缘政治 12, 25, 110, 190-192, 194, 243, 455
Germany, 德国 55, 75, 208
Gernet, Jacque, 谢和耐 81, 83
Ghost City, 鬼城 365
Gini index, 基尼系数 431
global capitalism, 全球资本主义 73, 132, 192, 196, 210, 227, 289, 438, 441, 445
Global Financial Crisis, 全球金融危机 xii, 5, 23, 57, 255, 296, 325-327, 363, 370, 376, 394-396, 400, 418, 428, 440, 443-444, 455
globalization, 全球化 54, 69-70, 249, 272, 291-293, 295, 314, 427-428
Gong Aiai, 龚爱爱 367-368, 452
granary system, 粮仓制度 138, 141, 179
grassroots fiscal organizations, 基层财政组织 166

grassroots markets, 基层市场 112, 155, 176, 250-251, 295, 425
Great Depression, 大萧条 55, 57, 63, 210, 212, 461
Great Leap Forward, 大跃进 222, 228, 232, 243, 300, 341, 343, 377, 457
gray income, 灰色收入 409
guanban, 官办 198-199, 202
guandu shangban, 官督商办 170, 197-200, 202
Guangdong, 广东 70, 120, 173, 192, 207-208, 213, 290, 292, 374, 400-401, 415, 454, 456
Guangzhou, 广州 xiv, 173, 208-209, 284, 358, 453
guanshang, 官商 170
Guanzi, 管子 92, 143, 169, 460
guild, 公会 49, 125, 177

Half Monthly Talk,《半月谈》369
Han dynasty, 汉朝 88, 91, 103, 107, 178
Hangzhou, 杭州 309-310, 358, 434, 461
harmonious society, 和谐社会 356, 369
harmony, 和谐 84, 93, 439
Hayek, Friedrich, 哈耶克·弗里德里希 57, 437
Heilbroner, Robert, 海尔布罗纳·罗伯特 48
Heilongjiang, 黑龙江 228, 468
Henan, 河南 369, 400
hereditary households, 世袭家族 148
hierarchy, 等级制 25, 48, 80, 112, 123, 133, 166, 229-230, 267, 271, 280-281, 288, 297, 311, 333, 351, 358, 420, 439
homo economicus, 理性经济人 36

Hong Kong，香港 xiv，1，8，13，31，63－64，69，75，81,83，131，133，184，208，228，231－232，284，289－290，292，303－304，311，313，317，320，377－378，383，400，420，424，426，449，451，455－457，460－463，467

household economy，家庭经济 133，151，163，187，225,300

household enterprises，家庭企业 240，259，266，302

household entrepreneur，个体户 261－262

household registration system，户口制度 180，234，245,276－277，301，429

household responsibility system，家庭联产承包责任制 234，263，267，284，301，383

Hu Angang，胡鞍钢 254，352

Hu Jintao，胡锦涛 320，356，366

Hua Guofeng，华国锋 252，327

Huaihai Campaign，淮海战役 220－221

Huan Kuan，桓宽 88－89

Huang Yasheng，黄亚生 15，18，269

Huang, Ray，黄仁宇 152，160－161，167

Huawei，华为 268，313，316，318，460

Huishang，徽商 120，122，466

human rights，人权 446

hydraulic empire，水利帝国 114

imperial agents，皇室代理人 25，133，146，148，162，168

imperial Chinese state，帝制中国国家 10－11，131，133，135,186

imperial factories，皇家工厂 118，138，164，174，198，385

imperial household，皇室家族 134，137，140，145，148,173

Imperial Household Department，内务府 138，164，170，174，385，462

imperialism，帝国主义 190

income inequality，收入不平等 xii，270，362，410，414，431，437，440，444

India，印度 xii，3，15，64，114，196，278，291，431，435，443，446，454，466

Indonesia，印度尼西亚 64

industrial revolution，工业革命 9

industrialization，工业化 9－10，20，49，61，63，69，131，157，163，190，196，214，216，226，241，243,256，275，290，292，342，345，354，363，365,374，377，427，442

inflation，通货膨胀 xii，56，155，160，178，216，218－223，269－270，346，376，395，448，454，466

infrastructure，基础设施 xii，5，21，39，41，47，57，62，73,99，108，114，116，137，141，149，153，165,186，203，214，216，227，238，240，256，282，285－286，304，311，314，316，318，341，345，354－356，360，377，386，400，413，436，444,446

Institutional Economics，制度主义经济学 58

interest groups，利益集团 151，426

intermediary，中介 122，172，224，251，283，325，346

IPO，上市 317，319，334

Italy，意大利 55

Japan，日本 6，29，31，64－65，67，69，75－76，87，119,134，164，168－169，171，187－188，190，192－196，199－201，203，211－213，

215 – 219，223，229，233，239，243，290，292，311，339，342，365，401，426，431，437，439，446，448 – 449，453，455，457 – 460，462 – 463，467

Jiang Zemin，江泽民 271，274，417

jianghu，江湖 260，429

Jiangnan region，江南地区 162

Jiangxi，江西 161，201，400

Jin Empire，晋朝 156

jingji，经济 2，13 – 14，85，87，122，136 – 137，177，198，202，211，222，224 – 225，228，240，243，257，268 – 269，273，292，302，306 – 307，309，342，398，415，434，449，454，456 – 457，460 – 461，464 – 466，468

jingshi jimin，经世济民 85

joint-stock company，股份制公司 307

Johnson, Chalmers，约翰逊·查默斯 65，426

junshu，均输 95

Keynes, John，凯恩斯·约翰 55

Keynesianism，凯恩斯主义 30，53，55，57 – 58，62，464

KMT，国民党 192 – 193，205，207 – 213，215 – 223，231，233，341

Kong Xiangxi，孔祥熙 210

Korean War，朝鲜战争 223 – 225

Kunming，昆明 371 – 372

labor market，劳动力市场 230，278 – 279，281 – 282，289，295，432

laissez-faire，自由放任 34 – 35，42，90，100，133，135，151，153，432

land reform，土地改革 156，213，221 – 222，283，381

land tax，土地税 97，138，152，158，164

land transfer，土地出让 284，319，353

late imperial state，晚期帝制国家 132，159，162，168，171 – 172，179 – 182，187 – 188，199

lay-off，下岗 306

Least Developed Countries，最不发达国家 69

Legalism，法家 110

Legalist school，法家学派 88，91 – 97，99 – 101，104，108，111

Legalists，法家人士 34，84，88 – 89，91 – 95，97 – 98，100 – 106，109 – 110，112，143

legitimacy，合法性 204，236，252，273，303，360

Lenovo，268，313，316，318 – 319，457

LGFV，联想 353，362 – 363，376

Li Changchun，李长春 405

Li Hongzhang，李鸿章 197，199

Li Ruihuan，李瑞环 264

Liang Qichao，梁启超 93，159

Liao Zhongkai，廖仲恺 208

liberalism，自由主义 30，36，40 – 41，52，58，61 – 62，73，77，79，452

lijin，厘金 197，202

Limited Liability Company，有限责任公司 307

Lin Biao，林彪 231，235 – 236，461

lineage，族系 144，163，179

literati-bureaucrats，文官 138，141，149，157 – 158，160，168，183

little dragons，（四）小龙 31，67，426

Liu Chuanzhi，柳传志 268，313

Liu Kunyi，刘坤一 201

Liu Shaoqi，刘少奇 231，234 – 235，450

local corporatism，地方的企业化 345

Macao，澳门 172，192

Machiavellian idea of power, 马基雅维利式的权力观 83
Machinery Bureau, 江南机器制造总局 197
macro-region, 宏观区域 123, 176
Malaysia, 马来西亚 64, 413
Manchu Heavy Industrial Company, 满洲重工业开发株式会社 212
Manchukou, 伪满洲国 212, 458
Manchuria, 满洲 195, 206, 212, 214 - 215, 221
Mandate of Heaven, 天命 82 - 84, 131, 144, 161, 165, 204, 454
Mao Zedong, 毛泽东 20, 114, 120, 188, 229 - 230, 289, 431, 457
Mao - Khrushchev conflict, 毛泽东与赫鲁晓夫的冲突 231
market economy, 市场经济 2 - 4, 6 - 7, 14 - 16, 20 - 22, 26, 30, 37, 39 - 40, 42, 45 - 46, 50, 61, 134, 158 - 159, 175, 193, 227, 245, 250, 253 - 254, 270, 272 - 273, 275, 278 - 279, 297 - 298, 300, 304, 309, 328, 336, 338, 352, 387, 402, 421, 427, 432, 436 - 437, 439, 454
Market Economy Status, 市场经济地位 3 - 6
market fundamentalists, 市场原教旨主义 419
market in state, 制内市场 xi - xii, xiv, 19, 23 - 24, 31 - 32, 126 - 127, 131, 188 - 189, 194, 250, 334 - 335, 345, 351, 387, 421, 425
Market Networks, 市场网络 122
marketization, 市场化 7, 25, 227, 244 - 245, 250 - 251, 253 - 258, 261 - 262, 265 - 267, 269, 271 - 272, 275 - 277, 279 - 284, 286 - 288, 290 - 292, 294, 297 - 298, 301, 307,

334, 347, 400, 402, 419 - 420, 427 - 428, 431 - 432, 440, 443, 446
Marx, Karl, 马克思, 卡尔 8, 37, 39, 73, 114, 435
Marxism, 马克思主义 11, 30, 39 - 40
material interest, 物质利益 109
material standard, 物资本位 218, 223, 225, 342 - 343
McKinsey, 麦肯锡 4
Mencius, 孟子 94, 97, 100, 116, 381
mercantilist, 重商主义者 34, 51, 81, 172
Metzger, Thomas, 墨子刻 117
middle class, 中产阶级 368, 440, 444
middle ground, 中间地带 26, 116, 250, 256, 274, 294, 297 - 298, 305, 332, 336 - 338, 340, 352, 371, 375, 419, 430
migrant labors, 流动劳动力 272, 277, 441
Ming, 明(朝) 10, 114, 118, 134, 138, 142 - 143, 149, 151 - 152, 155, 160 - 162, 165 - 168, 170 - 173, 176 - 178, 181, 183 - 184, 186, 195, 198, 287, 290, 323, 341, 447 - 448, 452 - 454, 456 - 457, 460, 466 - 467
Ming dynasty, 明朝 10, 114, 137, 142, 167, 171, 174, 181
Ming Empire, 大明帝国 160
Ming Taizu, 明太祖 160, 168, 178, 181
mining, 采矿业 67, 90, 94, 102, 113, 120, 174, 191, 198, 230, 333, 365, 367, 390, 397, 421
Ministry of Agriculture, Industry and Commerce, 农工商部 201
Ministry of Commerce, 商务部 201 - 202, 260, 262, 342, 351, 413, 464

Ministry of Finance，财政部 86，201 - 202，205，287，
296，339，343，345，349，354，410
Ministry of Petroleum，石油部 412
Minsheng，民生 207，356，360
MIS framework，制内市场框架 126，132
MIS system，制内市场体制 25 - 26，190，245，250，338，425 - 426，428，431，434 - 435，439，441 - 442，444 - 446
MITI，（日本）通商产业省 66，426，455
mixed economy，混合经济 xiii，56，58，80，298，428
mobility，流动 143 - 144，161，181，430
mobilization，动员 20，90，95，145，155，192，194，204，210，212，216 - 217，219，221 - 223，226 - 233，236，239 - 241，243 - 245，249，252，280，282，288，324，327，334，337，341，343，345，369，374，376，380，427，431，444，446
mobilization state，动员型国家 20，241，245 - 246
modernization，现代化 9，159，198，203，207，209，226 - 227，232，239，251，437，442
Moist School，墨家学派 92
Monetization，货币化 341，356，374
Mongolia，蒙古 195，364 - 365，397
moral economy，道德经济 161，223
multinational companies，跨国公司 418，441

Nanjing，南京 204 - 206，211，220，243，310，358
national defense，国防 19，113
National Development Bank of China，国家开发银行 359，362
national economy，国民经济 4，11，46，113，126，187，210 - 211，215，219，223，241，253，266，274，282，290，385
National People's Congress，全国人民代表大会 256，330，401，405
National Planning Commission，国家计划委员会 228
national salt market，全国盐业市场 112
nationalism，民族主义 201，207
nationalization，国有化 286
natural disaster，自然灾害 141，165，177，182
NDRC，国家发展和改革委员会 411，414，416
Needham, Joseph，李约瑟 9
neo-classical economics，新古典主义经济学 62，64 - 65，73
neoliberalism，新自由主义 444
netizens，网民 322，334，367 - 368
New Deal，新政 57
New Structural Economics，新结构主义经济学 69 - 70，456
New York Stock Exchange（NYSE），纽约证券交易所 317，325，333
New York Times，《纽约时报》319，321，323，331，366，444，447，451
nexus of power，权力纽带 151
NGOs，非政府组织 430
Nixon, Richard，尼克松·理查德 238
Nian Guangjiu，年广久 252，258，260，263，279，294，460
Ningbo，宁波 121，124 - 125，257，358
Nolan, Peter，诺兰·彼得 xiii，11
nomenclature，干部任命制度 402 - 403
North Dynasty，北朝 134
North, Douglass，诺斯·道格拉斯 39
NPC，全国人民代表大会 276，330
nuclear war，核战争 232

Oikonomia，家庭经济 85，219，342
Old-Text School，古旧的儒家学派经典 154
oligarch，寡头 420
One Whip Law，一条鞭法 178
Opium War，鸦片战争 192，196
opportunism，机会主义 59，288
Ordos，鄂尔多斯 364-367，369，377
organizational dependency，组织依附 139，144，147，150，158-159，161，170，179，186-187
organized dependency，组织化依附 146-147，164
Oriental Despotism，东方专制主义 8，114，436，464
Oriental Weekly，《瞭望东方周刊》368
Otto Bismarck，奥托·俾斯麦 55
overseas Chinese，海外华人 291

P2P（Peer-to-Peer），点对点网络借款 370
Pacific War，太平洋战争 218，289
Pakistan，巴基斯坦 242
paper money system，纸币体系 160，341
party chief，党支部书记 264
Party Congress，党代会 233，252，261，303，328，330，336，360，389，404
party-state，党领导下的国家 xi，256，421
Pax Americana，美国治下的和平 249
PBOC，中国人民银行 339-340，345-347，350
Pearl River，珠江 191，198，277
peg，挂钩 223，347
People's Daily，《人民日报》233，239，252，312，318，325，411
People's Liberation Army，人民解放军 225，313
People's Republic of China，中华人民共和国 193，226，289，341，343，382，464
physiocrat，重农主义者 34
Piaohao，票号 120-122，124-125，180
Piketty, Thomas，皮凯蒂·托马斯 23
Pingyao，平遥 121
pingzhun，平准 96
planned economy，计划经济 3，14，20-22，26，30，134，162，214，227，231，235，243，249，252，259，267，269，271，281，340，343，427
Poland，波兰 232，413
Polanyi, Karl，波兰尼·卡尔 36，37，45，432
poll tax，人头税 137-138
Pomeranz, Kenneth，彭慕兰 7，10，122，134，191
Ponzi scheme，庞氏骗局 322，373
Portuguese，葡萄牙人 172
powerful households，权贵家庭 144
price reform，价格改革 366
Prince of Gong，恭亲王（奕䜣）199
princeling，太子党 319，359，362
private entrepreneurs，私营企业家 xiii，16，199，209，223，254，256，262，273，277，280，283，285，298-300，305，308，314，328，330-335，337-338，362，370，390，429，438
private property，私有财产 8，60，66，437
private-public partnership，公私伙伴关系 192，308，419
privatization，私有化 5，15，57，73，205，271，285，304，307，323，380，390，420，438
proletariat revolution，无产阶级革命 209
property rights，产权 4，59-61，68，73，175，285，323，384，388，427

索 引 / 493

proto-Daoist Huang-Lao School，原始的道家黄老学派 92
proto-industrial production，原始工业生产 163
public debts，公共债务 192
public housing，公共住房 21，356－357，360
public works，公共工作 38－39，165，169
put-out system，产出体系 163

Qianlong，乾隆 159，166，195－196
Qianzhuang，钱庄 124，180
Qin Empire，秦王朝 79
Qin Shihuang，秦始皇 166
Qing，清（朝）10，25，86－87，117－118，133，137－138，141，147，150－151，159，162，164，166－167，170，172，174，176－178，180，182，187－188，190－196，198－207，212，236，243，245，256，262，266，268，300，311，358，405，429，448－449，453，455，460－461，464，466－467
Qing dynasty，清朝 117，147，174
Qing Empire，清王朝 148

real estate，房地产 xii，269，281，284，293，305，310，319－321，323，335－336，353，356，358，361，365，367，369，373，375，396，401，414－415，434
Receiving Bureau，委府（仓库）99
Reciprocity，互惠 47
reconstruction，重构 57，73，231，243－245，257，271，431
redistribution，再分配 22，46，136，139，163，167，235，344，356，397
reform and opening，改革开放 193，364，427
Ren Zhengfei，任正非 268，313
Renminbi，人民币 223，341
Revolutionary Base Area，革命根据地 219，462
Ricardo, David，李嘉图·大卫 35，56
Rishengchang Piaohao，日升昌票号 121
Roman Empire，罗马帝国 48－49，191
Rome，落马 72
rule by virtue，以德治国 83
rule of law，法治 299，323，416，425
Russia，俄罗斯 3，6，194，207，244，420－421，431，443，447，453，456
rustication，乡村化 176
salt gabelle，盐税 202，207
salt monopoly，盐业垄断 113，117，138，152，160，171，187
Sang Hongyang，桑弘羊 98
Sansi，三司 173
Sany Heavy Industry，三一重工 328
SASAC，国资委 325，363，385，392－395，399，402，411，414－416，419
Saudi Arabia，沙特阿拉伯 413
Schumpeter, Joseph，熊彼特·约瑟夫 33，44，132
Science and Civilization in China，《中国的科学和文明》9
Seeking Truth，《求是》杂志 366，369
self-regulating market，自我调节型市场 34，37，45，50，52，432－433
self-reliance，自力更生 218，230，235，301
service tax，服务税 140，158，165
Shang Dynasty，商朝 82
Shang Yang，商鞅 104，169
Shan-Gan-Ning border region，陕甘宁边区 219
Shanghai，上海 4，124－125，138，141，159，161－162，167，195，198，203－

205，210，217，220－221，224，226，243，259，261，268，284，302，310，315，320，334，343－344，355，358，361，405，408，423，444，449－450，453，459－461，465－467

Shanxi merchant，晋商 170，180

Shanxi，山西 121，366

Shaofu，少傅 173

share-holding，股份制 86，282，305，398

shehui，社会 13，133，136，141，147，161，167，204，228，275，428－429，434，436，454，456－457，461－462，464－467

Shenmu，神木 343，366，368－369，376

Shenyang，沈阳 358

Shenzhen，深圳 261，280，314－315，327，358

Shenzhen Special Region，深圳特区 314

Sichuan，四川 112，123，176，222

Sierra Leone，塞拉利昂 242

silver standard，银本位 152，205，210，341

silver yuan，银圆 205－206，210－211，213

Sina Weibo，新浪微博 318

Singapore，新加坡 xi，xiii，31，63－64，69，75，219，228，266，271，274，291，303，311－313，317，328，342，346－347，357，362，389，403，407，426，448－449，452，456－457，459－460，462，464，467

Sino-Japanese War，抗日战争 211，214－215

Sinopec，中石化 319，363，394，405，408，410－412

Sino-Soviet alliance，中苏同盟 231

SIP model，苏州工业园区模式 312

Skinner, William，施坚雅 112，123，164

small and medium enterprises，中小企业 290

Smith, Adam，亚当·斯密 35－38，43，48－49，55，114，175，191，439，447

social Darwinism，社会达尔文主义 188

socialism，社会主义 18，20，22，72，126，143，207，223，230，242，260，264，283，433，439

socialist market economy，社会主义市场经济 250，252－253，303，342

Society of Perfect Liberty，"完全自由社会"43，49

SOE，国有企业 xii，4－5，7，21，26，30，71，217，254－255，267，271－274，277－283，285－286，288，294，296－297，299，304－307，313，316，318，323－324，328，335，340，343－344，348，350，352，359，362－363，375－376，378－380，385，388－389，392－404，406，408－421，425，428，430－431，442－443，452，456

Son of Heaven，天子 136

Song dynasty，宋朝 114，173，176，179

Song Ziwen，宋子文 209，211

South Korea，韩国 29，31，63，66－67，70，290，292，303，401，426，431，439，455

Southeast Asia，东南亚 xiii，68，290，292，312，446，460

Southern Grid，南方电网 315，415

Southern Tour，南巡 260－261，271，303

Soviet Union，苏联 193，207－208，211，214－215，228，236，238，242－243，270，303，341

Sovietization，苏联化 235

Spain，西班牙 55

stability，稳定 55，62，66，100，125，137，149，154，166，178，185，188，217，220，222，256，265，278，287，295，306，322－323，327，337，341，363，373，398，433，439，458

Stalin，斯大林 231，234，243，289

Standing Committee of the Political Bureau，政治局常委会 264

State Administration of Industry and Commerce，国家工商总局 333

State Assets，国有资产 351，385，408

State Assets Supervision and Administration Commission. See SASAC 国有资产监督管理委员会（参见：国资委）

state assets，国有资产 306

state capacity，国家能力 117，139，255，352

state control，国家控制 20，34，88－89，97，104，107，119，134－135，139，143，151，154，157，166，170，209，211，213，224，228，234，241，245，250，257，259，286，293，305，341－342，376，400，426，428－430

State Grid，国家电网 319，394－396，411，415，422，451，464－465

state ideology，国家意识形态 109

state monopoly，国家垄断 224

state ownership，国家所有制 7，21，117－118，192，207，245，283，318，378

state sector，国有部门 xi－xii，5，15，26，41，115－116，119，138，241，250，253，262，267，270－272，277－279，281，295－296，299，301－302，306，316，366，375，379－380，383，385－388，390－391，397－398，401，407－408，417，431

state-building，国家构建 11，25，34，61，90，147，153，159，169，188，190－193，196，199－200，211－212，227，243，245，249，256，280，425，434

statecraft，治国方略 33，81，90，92，109，194

state-in-market，场内国家 388

stock market，股票市场 72，125，203，287－288，351

Sun Yat-sen，孙中山 188，207，360，462

Suntech Power，无锡尚德太阳能电力有限公司 324－326

superpower，太阳能 214，235

surtax，附加税 141

Suzhou，苏州 118，298－299，310－311，324，459

Suzhou Industrial Park，苏州工业园区 311，459

Suzhou model，苏州模式 299，311－312，324

Taiping Rebellion，太平天国起义 197

Taiwan，台湾 31，63－64，66－67，70，75，154，195，214，291－292，303，309，378，400，426，439，449，455，465

Tang dynasty，唐朝 169，178，191

Tang-Song transition，唐宋变革 157

Tanzania，坦桑尼亚 242

tariff，关税 52，272，347

tax base，税基 133－134，139，157，165，171，204，217，273，343－344，346，348，350，371

tax grain，税粮 156，162

tax-sharing reform，分税制改革 273，319，353

Tencent，腾讯 419

The Communist Manifesto，《共产党宣言》73，458

The Great Divergence，《大分流》7，10，122，134，191，460

The Great Transformation,《大转型》37, 46, 50, 52,432 - 433, 460

The Plan for National Agricultural Development,《1956 年到 1967 年全国农业发展纲要(修正草案)》233

The Wealth of Nations,《国富论》38, 175, 439

The World Development Report,《世界发展报告》242

theory of *Qing-Zhong*,"轻重论"169

Three Frontiers Movement,"三线建设"运动 235

Three Peoples,"三民主义"思想 360

Three Represents,"三个代表"重要思想 274, 417

Tiananmen Square,天安门广场 243, 270

Tianjin,天津 197 - 198, 205, 263 - 264, 284, 343,405

Tibetans,藏族 434

To Get Rich is Glorious,致富光荣 241

Tokugawa,德川(时代) 168

total war,全面战争 90, 188, 193, 213, 226 - 227, 245

trade surplus,贸易顺差 172, 292, 294

trade war,贸易战 445

Tsai, Kellee,蔡欣怡 438

TVE,乡镇企业 236, 254, 264 - 266, 290, 302, 306 - 307, 311, 345, 378, 448

Ultra-High Voltage (UHV) transmission system,超高压输电系统 396

unemployment,失业 53, 55 - 57, 99, 296

United States,美国 3 - 6, 29, 75, 103, 193 - 194, 210, 215, 219, 238 - 239, 242 - 244, 289, 292, 313, 355, 425 - 427, 440 - 442,444, 446

urbanization,城市化 20, 157, 176, 194, 215, 235, 241, 265, 275 - 276, 284, 299, 320, 354, 374

Uyghurs,维族 363, 434

value-added tax,增值税 273 - 274, 296, 348, 374, 399

varieties of capitalism,资本主义多样性 24, 29, 75, 442

viceroy,总督 199 - 201

Vietnam,越南 3, 6, 238 - 239

wan yuanhu,万元户 262

Wanda Group,万达集团 268, 321

Wang Anshi,王安石 113, 120, 140, 151 - 152, 156 - 159, 161, 173, 179, 188, 206, 456, 460

Wang Jianlin,王健林 268, 321 - 323, 451, 458

Wang Jingwei,汪精卫 209, 211, 216, 457

Wang Mang,王莽 113, 120, 137, 140, 151 - 155, 157,159, 178, 188, 381

Wang Qishan,王岐山 405

Wang Shaoguang,王绍光 254, 352

war economy,战时经济 214, 228, 235

Warring States,战国 91 - 92, 115, 175

water management,水资源管理 233, 361

wealth management products,理财产品 373

Weber, Max,韦伯,马克斯 8, 37, 39, 73, 114, 435

welfare state,福利国家 21, 52, 430

Wen Jiabao,温家宝 320, 350, 414, 439 - 440

Wenzhou,温州 287, 290, 299, 308 - 310, 312, 333,448, 461, 465

Wenzhou model,温州模式 299, 308 -

309，312
Will, Pierre Etienne，魏丕信 115
Wittfogel, Karl，魏特夫，卡尔 8，114，435
Wong, Bin，王国斌 450
Words of Warning in Times of Prosperity，《盛世危言》200
WTO，世界贸易组织 3，6，291，307，347，400，442
Wu Bangguo，吴邦国 405
Wu Jinglian，吴敬琏 439
Wuhan，武汉 177，358，405，423，460
Wuhu，芜湖 258 - 261，362
Wuxi Suntech，无锡尚德 324，326 - 327

Xi Jinping，习近平 279，421，454
Xi'an，西安 201，315，358
Xia Dynasty，夏朝 82
xiahai，下海 279
Xiamen，厦门 358
Xiejia，歇家 162
Xinjiang，新疆 195，363，381
Xiongnu，匈奴 89 - 90，153，169，190
xitong，系统 230
Xiyuecheng Dye Company，西裕成颜料庄 121
Xue Muqiao，薛暮桥 218
Xuji Group，许继集团 396
Yan Fu，严复 93，188
Yang Lien-sheng，杨联陞 92
yanglian，养廉银 167
Yangtze Delta，长江三角洲 163，215 - 216，277
Yangzhou，扬州 179
Yellow River，黄河 364

Yeltsin，叶利钦 420
Yongzheng，雍正 151，166
Yu Zuomin，禹作敏 263 - 264，279，294
Yuan dynasty，元朝 171，181
Yuan Shikai，袁世凯 204，206 - 207
Yunnan，云南 371 - 372

Zeng Chengjie，曾成杰 322，338，466
Zeng Guofan，曾国藩 197
zero-sum，零和博弈 80，115，143，148
Zelin, Madeleine，曾小萍 61，167，206
Zhang Gaoli，张高丽 405
Zhang Juzheng，张居正 151，166
Zhang Zhidong，张之洞 201
Zhang Zuolin，张作霖 206
Zhao Ziyang，赵紫阳 289，467
Zhejiang，浙江 70，205，287，290，302，309 - 310，331，333，400，409，434，448，461
Zheng Guanying，郑观应 200
Zheng He，郑和 171
Zhou dynasty，周朝 136
Zhou Enlai，周恩来 231，235
Zhou Yongkang，周永康 404，421
Zhou Zhengyi，周正毅 320，323，338
Zhu Rongji，朱镕基 188，237，253，271，304，346，348 - 349，389，398，428，467
Zhu Yuanzhang，朱元璋 114，120，137，152，160 - 161，188
zhuada fangxiao，抓大放小 304，328，389，391
ZTE，中兴通讯 268，313，316，318 - 319，460

译后记

中国读者对郑永年教授的熟识，大多通过其在新加坡《联合早报》每周撰写的专栏和各类媒体采访。2020年8月24日下午，郑永年教授参加了由习近平总书记主持召开的经济社会领域专家座谈会，不少媒体报道认为，这得益于郑永年教授自身"媒体友好型"的性格，并指出他"一直是中国主流媒体热衷采访的学者"。确实，这些专栏文章及访谈以其对中国政治、经济、社会和国际关系入木三分的分析与通俗易懂的文风，广受中国读者的好评。大多数人不知道的是，写专栏只是郑永年教授的业余爱好，以学术著作系统地表达他对中国问题的深入思考，才是他的"主业"。事实上，从他富有逻辑、分析透彻、浅白好读的专栏文章中，普通读者不难感受到郑永年教授深厚、扎实的学术和理论功底。郑教授曾长期生活在海外，他的著作大多数以英文面世，非学术圈专业人士较少接触。现在呈现在读者面前的这部著作，结构逻辑严谨、论证充分，就是一部充满学理思维和理论素养的专著。

《制内市场：中国国家主导型政治经济学》是郑永年教授和黄彦杰博士共同撰写的一部解释中国政治经济体制的著作，原文以英文撰写，以期向西方世界解释中国国家主导型的政治经济学，回应西方针对中国提出的所谓"国家资本主义"的不科学概念。正如郑永年教授指出的："当下的中美贸易战，尽管表面上看是贸易冲突，但实际上是中西方两种政治经济学模式之间的冲突。由于这两种政治经济学模式是中西方文明长期演化的产物，它们都具有各自文明的内在合理性和可持续性。不管两者间怎样竞争、冲突，也无法改变对方，各自都会按照自己的逻辑发展下去。"① 从更广义上来说，"中国学者需要反思西方中心的话语，找到中国自己的真命题，并努力实现中国现象的概念化和理论化"②。

浙江人民出版社决定将其译成中文，希望其中的观察能够对中国社会认识自身提供一个新的视角，引导国家与市场之间的关系朝着更加积极和良性的互动方向演进。译者现对此书的大致内容，以及郑永年教授的学术思路和特点做一个简要的梳理，希望有助于读者加深对此书的理解。

一、制内市场：探索中国的政治经济学模式

熟悉郑永年教授学术思想的读者大多知道，观察行为者的"互动"构成了其学术分析和时评分析的基本方法，此前的《中国的"行为联邦制"：中央—地方关系的变革与动力》和《技术赋权：中国的互联网、国家与社会》两本书，分别围绕中央与地方、国家与社会的"互动"来展开论述，进而构建了一种基于政治学的分析。同样，《制内市场》一书站在国家—市场关系的互动视角上来思考中国的政治经济体制。两位作者在本书中要回答的核心问题是：中国的政治经济体制究竟为何？围绕此核心主题，全书从理论、历史、当代机制三大部分展开论述，并提出了"三层市场结构"和"制内市场"的概念。美国天普大学（Temple University）政治学系副教授薛洛琳（Roselyn Hsueh）认为，两位作者提出的三层结构尽管与当前中国政治经济学研究中的比较分析范式有所不同，但对盛行的中国政治经济辩论做出了"重要而卓越的贡献"。美国欧柏林学院（Oberlin College）政治和东亚研究詹姆斯·门罗讲席教授白瑞琪（Marc J. Blecher）认为，"《制内市场》是一部雄心

---

① 郑永年：《国家与发展：探索中国政治经济学模式》，载《文化纵横》2019年第1期。
② 同上。

勃勃的权威作品，它试图将中国政治经济体制展现得淋漓尽致"。无论如何，这本书会成为想了解和研究中国政治经济体制的读者绕不过去的一部重要著作。正如白瑞琪教授所指出的，在西方，中国经济一直被视为"实践上可行，但理论上不可行"，这本著作通过把中国经济置于中国自身数千年历史和西方经济史中来构建中国政治经济理论，将有助于西方学者厘清这种"实践"和"理论"之间的"困惑"。

两位作者在导论部分就提出了"中国的政治经济体制究竟为何"这一核心问题，同时指出了这个核心问题的重要性。两位作者认为，正是中西之间对中国政治经济体制认识上的巨大分歧，造成了双方之间各种形式的困惑和冲突。厘清中国政治经济体制的本质，不仅有助于澄清西方对中国的看法和误解，而且有助于西方对中国的认识和决策。本书因此既有理论上的意义，又有政策上的意义，这也是两位作者写作此书的重要动机。他们认为，中国的政治经济体制可以简单地定义为"两个市场"的概念：有国家干预的市场和没有国家干预的市场。它们的思想源头可以追溯到中国皇权制度形成初期的儒家和法家学派，且代表了中国政治经济体制的两种理想类型。在大多数时期，市场和国家这两个主体处于大致均衡的状态，但国家对于市场的主导才是常态，即"不对称均衡"，这种不对称均衡的政治经济体制结构可以概念化为"制内市场"（market in state，MIS）。

全书主体的第一部分是理论部分，共两章。两位作者通过比较，以及回顾中国政治经济体制的历史实践，分别回答了中国的政治经济体制"不是什么"和"是什么"两个问题。在第一章中，两位作者将中国的政治经济体制与世界上其他经济体的政治经济体制进行比较，提出，按照马克斯·韦伯的"理想类型"来说，中国的体制是以"制内市场"为特征的，西方的政治经济体制以"场内国家"为特征，而东亚新兴工业经济体则是以市场与国家的相互渗透为特征的。在第二章中，两位作者回顾了中国政治经济体制的历史实践，提出中国政治经济体制的实践是中国长期以来历史、哲学和文化的产物。中国早期关于国家和经济之间关系的思想自形成以后，持续影响着经济思想家和政策制定者的思想，且这一经济哲学的核心始终没有改变。要治理这样一个幅员辽阔的国家，中国的政治经济体制必须足够务实，以反映和容纳对国家与经济的各种不同看法。为此，一个允许在不同经济领域发挥作用的"三层市场"结构就成为必然，即集市繁荣的社会基层市场、国家垄断和战略关切占主导地位的国家市场，以及介于两者之间的政府机构和私营企业相互作用的中间市场。两位作者进而提炼出"制内市场"的概念来概括中国政治经济体制的本质，其特点是市场等级制的存在和国家对市场的主导。但国家与市场之间的博弈并不总是零和博弈，而经常是双赢的博弈，在国家和市场的互动中，它们可以相互赋权。

第二部分是历史部分，由第三章和第四章构成。在此，两位作者通过探索中国政治经济的历史和当代形式，提出"制内市场"的研究路径。第三章主要关注的是中国在进入现代历史之前的政治经济实践，重点研究帝制中国财政体制的模式。他们认为，帝制国家通常遵循有规律的朝代周期，而其政治经济也周期性地从自由放任转向国家主义，帝制国家的经济因而在常态和非常态之间循环。两位作者还讨论了帝制国家的农业家庭、地方政府财政、全国市场、国际市场、内务府、自治的地方性市场、货币制度、社会控制，以及科举制度在再造帝制国家政治经济中的制度化作用，进而得出结论：中国的帝制国家既高于市场机制，又包含市场机制，市场在概念上是嵌入国家内部，而不是平行于甚或高于国家的，这也许是帝制政治经济给当代中国留下的最重要遗产。第四章考察了中国近代以来"制内市场"发生的转变。这一转变的原因是地缘政治因素和国内因素。现代中国政治经济体制在许多根本方面发生了转变，但并不意味着传统的"制内市场"体制与过去完全决裂，或是被一个全新的体制所取代。相反，这一体制得到了修正，以应对不断变化的地缘政治环境带来的重大挑战。无论在思想层面还是在实践层面，

"制内市场"体制不仅在现代国家构建的过程中存续下来,更重要的是,它被取代了帝制国家的民国政权和中华人民共和国政权所强化,成为中国的主导型政治经济体制。

第三部分是当代体制部分,由第五章到第八章构成。这部分关注的是当代中国"制内市场"体制的发展。主要内容有两个:第一,讨论三层市场体制如何发展起来,市场经济如何在各个层级的市场上运作;第二,探讨国家如何在接受和推动市场经济发展的同时,试图吸纳和控制市场力量。第五章探讨的是市场如何从毛泽东时代的体制中成长起来。两位作者尤其关注基层市场,他们审视了市场如何在开放政策下破土而出、开疆拓土,以及如何在后来的改革中走向封闭和转型。这一市场化进程造就了我们今天所熟知的当代中国政治经济的基本制度。第六章分析的是"中间地带"。两位作者认为,中间地带是国家和非国家行为者相互作用,以实现一系列达成共识的经济和政治目标的空间,这个空间可以让国家和非国家行为者之间不断地进行协商。这一章重点讨论了具有重要政治意义的私营企业家。第七章讨论的是财政和货币体制的改革及其限度,重点关注金融市场主要参与者之间的博弈。两位作者认为,地方政府本应是中央政府的代理人,但凭借自身的力量成为强大的企业行为者。当前以土地和自然资源为基础的地方发展模式及其显著的动员潜力,如果无限期延续下去,中国经济将面临很大危机。第八章分析的是国有资本,并重点关注央企。两位作者试图探寻国有企业(尤其是央企)改革背后的原因,对改革的成果进行评估,并在此基础上,对国有企业在国家对经济的整体主导中的作用得出相应的结论。两位作者认为,当代中国的国家延续了传统上对关键工业部门进行垄断的做法,但也对国有部门(特别是央企)进行了重大改革。与此同时,国有企业也从其历史形态中继承了国家经济力量的地位和作用,中国的国有企业并不会像西方的私营企业一样完全在市场体制下运作。

最后的总结章概述了本书有关"制内市场"的发现和核心观点。两位作者总结道,"制内市场"模式是一种在历史中演进的政治经济体制。在"制内市场"这种政治经济体制中,市场的基本逻辑在结构上服从于国家的政治逻辑。本章随后的重点回到了一个重要但不属于本书关注范畴的内容:保卫社会。两位作者认为,"制内市场"造成的负面后果主要由社会来承受。目前,在国家、市场和社会的三角关系中,社会方面的力量还太弱。如果社会得不到保护,政治混乱就会随之而来。两位作者总结道,中国的经济转型,乃至最终的社会转型和政治转型能否持续与实现,关键取决于"制内市场"体制对自身造成的社会危机的回应。保护社会不仅是一项经济任务,更重要的是,它还是一项政治任务。不仅如此,中国"制内市场"体制中的社会、市场和国家之间的国内再平衡还具有全球意义,这将是解决中国自身危机和中美之间全球性冲突的最好办法。

二、解释中国:寻找中国自身的命题

《制内市场》作为郑永年教授"解释中国三部曲"中的第二部,继续着他一直来的主要关切,即"解释中国"。在第一部曲中,他研究的是中国政治核心——中国共产党,讨论了中国共产党作为传统统治权力在当代转型和再造的问题,并解释了党是如何主导国家和社会的。当前,郑永年教授正在撰写第三部曲,这本著作或将成为其学术生涯的集大成者和收官之作。①

"解释中国"的问题意识发端于郑永年教授在普林斯顿求学期间,成熟于在哈佛大学做访问学者期间,并通过几十年的打磨而愈发敏锐和深邃。什么是"解释中国"呢?首先就是要知道中国发生了什么。任何对中国现象的深入分析,必须首先基于这一点,并从经验中提升出其内在的逻辑和规律,将其概念化和理论化。其次是不能简单地用西方的经

---

① 第三部曲的书名暂定为 Civilization and Politics: An Inquiry into the Chinese Body Politic(《文明与政治:中国政治体研究》)。

验来比对中国,更不能轻易套用从西方经验中得出的理论和逻辑来解释中国发生的现象。在学术史上得享大名的著作,都首先是当时最好、最为深入的"时评",它们无一不是在对当时当地的经验进行总结的基础上所做的提炼。按照郑永年教授的说法:"马克思的'阶级论'、亚当·斯密的'看不见的手',都是通过考察当时西方社会,把社会现实概念化、抽象化的结果。"① 同样,"解释中国"并不意味着要抛弃西方的经典著述。相反,应当分析西方的经典著述是如何通过观察西方社会的实践从而得出令人信服的观察结果的。简言之,就是要注重理论和逻辑提炼与产生的过程,而非仅仅重视其结果。对于一些普适性的观察,如果在对中国经验进行观察后,发现可用于解释中国的,那也可以大胆采用。②

近些年,郑永年教授将"解释中国"的方法论进一步概括为"寻找中国命题",因为命题决定了思维方式,也决定了能够寻求到的答案。如果连命题都找错了,那要寻求解决中国问题的方案,无异于缘木求鱼。正如他在接受英国《金融时报》中文网采访时所言:"中国很多学者在做的是假知识,用中国的素材来论证西方的命题,而我们自己的命题还没找到,都是假命题。社会科学领域大部分发表的内容,都是西方的命题加上'来自中国的证据'(evidence from China),没有自己的知识体系。"③ 他把这种现象称为"知识的虚假化",是"假新闻"在知识界的翻版。"例如,在使用方法论方面,很多学者往往成为西方工具的奴隶……这样生产出来的知识表面上因为方法论而很精致,但实际上是

---

① 郑永年:《知识分子的使命是解释中国而不是改造中国》,原载《南风窗》2011 年 7 月 6 日,转引自郑永年:《通往大国之路:中国的知识重建和文明复兴》,北京:东方出版社,2012 年,第 185 页。
② 有关"解释中国"的缘起和主要内涵,译者曾经在《技术赋权》中做过说明,此处不再赘述。参见郑永年著、邱道隆译:《技术赋权:中国的互联网、国家与社会》,北京:东方出版社,2014 年,第 9—12 页。
③ 郑永年:《中国未来 30 年的任务》,http://www.ftchinese.com/story/001065137?archive。

假性的。"① 在译者看来，这种寻找中国命题的努力有两重意义。

第一，通过总结中国自身的经验材料，并将其概念化和理论化，得出"中国是什么"的结论，进而更好地用这些概念和理论来解释自身，构建中国自己的学术话语，以此回应西方的质疑。具体到本书，就是通过中国自身政治经济在古代、近代和现代的实践，抽象出其中关于国家与市场之间互动的规律性概念，向西方世界解释"中国的政治经济体制是什么"的问题。从根本上说，这是一种基于中国实践经验的学术话语权的构建。

长久以来，在回应西方的质疑和指责的时候，我们往往被它们的逻辑套着走，缺少自己的话语权。例如，西方在指责中国的政治经济体制是"国家资本主义"的时候，带有明显的政治色彩，其目的是将其与西方的"自由市场经济"对立起来，认为这将威胁到西方的根本政治经济制度，并对世界形成所谓的"危险的示范效应"。面对这种不科学、不理性的指责，中国方面往往做的是否认并驳斥西方提出的概念，认为这是对中国特色社会主义市场经济体制的抹黑和攻击，但很难提出一套基于自身实践的概念，并以西方人能够听得懂的方式进行回应。即便有相关的回应，大多数也是在西方的逻辑体系和概念体系里绕圈，很难突破西方在话语权上的优势。换句话说，这种话语权的游戏规则还是西方人制定的，如果不能够换一个游戏场、重塑一套游戏规则，中国缺失解释自身的话语权的状况还会持续下去。

为此，本书一改"自由市场经济"与"国家资本主义"两种体制对立的模式，将西方的政治经济体制广义上归纳为"场内国家"，而将中国的政治经济体制概念化为"制内市场"，并充分运用社会科学的论证逻辑，将这一过程清晰地展现，并最终把结果推导出来。在将中国的政治经济体制的解释"脱离"出西方的解释框架后，就能够更加清醒地认

---

① 郑永年：《愚昧的根源》，http://www.ipp.org.cn/index.php/home/blog/single/id/266.html?from
=groupmessage。

识到中国政治经济体制的优势与问题、发展与趋势。作者认为,"中国怎么变也不会变成西方那样的市场经济。中国还会继续是上述三层资本、三层市场结构,互相协调着往前发展。较之西方体制,这一结构有它自身的优劣……中国经济的效率和创新能力主要在底层的自由企业和中间层。中国的三层结构经济体的优势在于能够预防大的经济危机、能够建设大规模的基础设施、能够大规模有效扶贫等。西方资本主义,正如马克思分析的那样,不可避免地会爆发周期性的经济危机……中国过去40年基本上没有经济危机,这跟这个政治经济体制的调控能力有关系。"[1]

第二,通过总结中国自身发展中遇到的实际困难和各行为者之间的利益关系,寻找到中国改革的"真问题",制定有针对性的改革政策。换句话说,只有"命题"找对了,才能正确地解答"命题"。探讨中国政治经济体制的结构,能让我们更好地认识到中国政治经济体制的结构性问题。

中国经济的"结构性改革"议题是中国经济学界长期以来讨论的热门话题,与此同时,美国在中美贸易战中也对中国提出了所谓的"结构性改革"的不合理要求。那么,什么是中国真正需要的"结构性改革"?这就首先需要搞清楚中国的经济结构是什么,这样的结构又存在什么样的问题。在分析了中国三层资本、三层市场结构中的国家—市场的互动关系后,郑永年教授认为,必须清楚地认识到国有企业和民营企业之间的结构应当是怎么样的,这是中国经济结构中的核心问题。无论是美国(和西方)所要求的中国经济结构性改革,还是中国努力推行的结构性改革,民营企业都是重中之重。

郑永年教授还指出,结构性问题首先是国有企业与民营企业的空间分布问题。当前,三层资本中,国有资本占的空间太大,未来的经济改

---

[1] 郑永年:《国家与发展:探索中国政治经济学模式》。

革中，国企要让渡更多空间给民营企业。[①] 郑永年教授分析道，除了少数省份两者的分布比较合理外，在大多数省份里，国有企业占据的空间仍然过大。那些分布比较合理的省份，往往呈现出"国强民也强"的局面。多数省份（尤其是东北）的国有企业仍然占据了过多、过大的空间，民营资本没有足够的空间，既难以进入，更难以生存；结果国有资本什么都做，什么都做不好，导致"国弱民弱"。如果这些省份的国有企业不能让渡更多的空间给民营企业，这种"双弱"的局面会一直持续下去。

其次是国有资本去哪里的问题，这个问题更加重要。当前国有企业"管资本"思路的核心在于，不管国有资本去哪里，只要资本在增值就可以了。在这个思路的指引下，今天的国有企业犹如美国华尔街的风投资本，哪里有利可图就去哪里，造成与民争利的情况。这几年国有企业改革反而造成国进民退，就是因为这个原因。最后会导致两种结果，要么就是国有资产流失，要么就是国有企业吞并民营企业。

再次是政府如何在经济结构中保持竞争中性的问题。如果同一个领域既有国有企业又有民营企业的话，竞争中立就永远实现不了。郑永年教授认为，有些领域就应以国有企业为主导，有些领域就应以民营企业为主导。但是以国有企业为主导的这些领域，要让多个国有企业参与进来，开展竞争，国有企业之间并非不可以竞争。民营企业占主导地位的领域，也要让多个民营企业参与竞争。因此，在市场竞争问题上，不仅要讨论国有企业的反垄断，还要讨论民营企业的反垄断。一旦垄断产生，就会阻碍开放经济体的形成。

最后是为中小企业服务的金融机构的问题。郑永年教授分析指出，中国大型国有银行的服务对象天经地义是大型国有企业，它们没有任何动机为中小型企业服务。如果通过行政或政治方式迫使它们服务中小型

[①] 以下部分主要内容参见郑永年：《中国民营企业需要什么样的结构改革？》，http://www.aisixiang.com/data/119694.html。此外，还结合了郑永年教授的一些采访、演讲和专栏文章内容。

企业,既不符合经济规律,也不可持续。在很多年里,这些银行在服务中小型企业方面只是象征性的。因此,中小型企业的发展需要金融系统的结构性改革,即设立大量意在服务中小型企业的中小型银行(无论是国有还是民营)。

三、保卫社会:中国体制可持续发展的保障

《制内市场》是一部分析中国国家—市场之间关系的著作,这种分析的最终目的落脚在"保卫社会"上。可以说,对"制内市场"的分析和概念化,正是为"保卫社会"提供一个理论基础。在历次危机中,无论是自然的还是人为的,社会都是一个很容易被权力和市场牺牲的弱势角色。这就是为什么本书在最后的总结章里花了大量篇幅来探讨社会在"制内市场"中的角色,以及它与"制内市场"的关系,并再次重申了郑永年教授长期以来对"保卫社会"的呼吁。

"保卫社会"是郑永年教授学术研究的价值底色,他一直都是社会改革坚定的支持者和拥护者,在其出版的中文著作中,聚焦社会保护、社会改革议题的就有4本。[1] 其中,以《保卫社会》为名的著作是"郑永年看中国"系列丛书中唯一修订再版的书,既可见作者对其的重视,也可见市场对此书的接纳。"保卫社会"这一借用自福柯的概念[2],也在郑永年教授的各类著作中呈现出了更多中国情怀。他认为,最弱的社会,一旦失去了生存权,就会暴力化,因为在人类历史上,暴力永远是社会自我保护的重要手段。[3] 而"保卫社会",进行以社会改革为主的整体性改革,既是为还债,也是为未来中国的经济增长和政治改革奠定

---

[1] 参见 Yongnian Zheng, "Society Must Be Defended: Reform, Openness and Social Policy in China," *Journal of Contemporary China* 19: 67 (2010), pp. 799–818;郑永年:《保卫社会》、《保卫社会》(全新修订版),杭州:浙江人民出版社,2011年、2016年;郑永年:《重建中国社会》《中国改革三步走》,北京:东方出版社,2016年、2012年。

[2] [法] 米歇尔·福柯著、钱翰译:《必须保卫社会》,上海:上海人民出版社,2018年。

[3] 郑永年:《保卫社会》,封页。

制度基础。①

郑永年教授有关"保卫社会"的主要观点可以概括成以下几类。第一，中国的改革是先经济改革，进而社会改革，最后才能走向政治改革。这种改革"三步走"的策略，并非一个价值判断，而是对中国改革的客观逻辑的基本观察，而且从国际经验看，也是"最优实践"。② 只有通过社会改革解决经济改革带来的负面后果，经济改革的成果才能巩固下来，并进一步为未来经济的增长奠定新的制度基础。同样，以社会改革促生庞大的支持政府的中产阶级，才能有政治改革的社会稳定前提。③ 第二，以"GDP主义"为代表的新自由主义经济发展理念正在摧毁中国社会秩序的基础，由于社会在面对市场和资本的强势冲击下缺乏保护，由此产生的负面效应正在进一步拉大社会不同区域、不同阶层之间的贫富分化，导致社会道德基础丧失，消费社会难以形成，社会戾气滋长，社会暴力因素增加，财富和知识不断外逃。④ 第三，保卫社会就是要在国家、市场与社会之间的三角关系中做大做强社会，使之能够平衡另外两者的力量。政府要向社会分权，在建设"大社会"和"强社会"的同时，也建设一个"好社会"。⑤ 为此，中国必须建设和健全坚实的社会政策来保卫社会。

此外，郑永年教授最近有关社会保护的观点认为，除了优化社会政策外，中国社会改革最应该关注三个群体，即知识分子、年轻人、中产阶级。知识分子作为社会中的高知人群，应当立足于当下的中国社会实践，为中国的社会改革提供发展方案；年轻人是任何一个社会发展的动力源泉之所在，没有年轻人的努力奋斗和不断创新，中国的社会改革不可能有长足的动力；中产阶级是维持一个社会稳定的最重要的结构性因

---

① 郑永年：《保卫社会》（全新修订版），封页。
② 郑永年：《中国改革三步走》，第7页。
③ 郑永年：《保卫社会》（全新修订版），第34—36页。
④ 郑永年：《重建中国社会》，第7—37页。
⑤ 郑永年：《保卫社会》（全新修订版），第335页。

素，中产阶级的规模和状态直接决定了社会的稳定状态。然而，在当下的中国，这三大群体的现状都令人担忧。因此，在中国的社会改革中，如何改变知识分子的现状、匡正定位，形成中国自己的知识体系和话语；如何为年轻人创造机会，发动年轻人的力量为中国的发展提供动力；如何让中产阶级获得更强的安全感，扩大中产阶级的规模，使得中国社会改革的基础更加稳固：这些问题并非这三大群体能够自己内部解决的，而需要政府的重视和投入。社会改革和社会制度的建设已经刻不容缓，中国如果要取得进一步的发展，必须改革，也必然要通过改革来重建社会。①

四、致谢

2018年10月本书的英文版正式出版后，我就和郑永年教授讨论翻译成中文的计划。事后得知，作为郑教授多本著作的出版方，浙江人民出版社很早就开始关注此书，并早于其他出版社与剑桥大学出版社取得了联系，最终购得此书的中文版权。2019年5月1日晚，在郑永年教授隔空牵线下，我与时任浙江人民出版社副总编王利波女士在浙江大学附近见面，进行了几小时愉快的交谈，这也是我第一次与浙江人民出版社合作。

自2019年5月底正式签订翻译合同以来，本书的翻译前前后后持续了近一年时间。在此过程中，译者得到了郑永年教授和黄彦杰博士的全力支持与帮助，黄彦杰博士对全部译稿进行了逐字逐句精心校对，并与我一同对一些资料进行了查证。郑永年教授在百忙之中通读了所有译稿，并做了进一步修改和校订。在此，衷心感谢两位作者对译者的大力支持。此外，要特别感谢浙江人民出版社总编辑王利波和编辑吴玲霞、汪芳，她们身上体现出来的出版人的社会责任感和创新精神令人动容。她们对此书的翻译工作从一开始就给予了全面的关心，嘱托译者一切以

---

① 郑永年：《多事之春，中国政策的最高议程应是什么？》，载《文化纵横》2019年第6期。

翻译的质量为优先考虑，对于译者的拖稿给予了充分的理解和宽容。王利波总编作为本书最忠实的第一读者，仔细审读了全书；吴玲霞和汪芳编辑对全书前后的翻译用语进行了统一，并以其专业、细致、严谨的眼光，指出了英文原书和翻译过程中出现的错漏，并使译文更加通顺晓畅。可以说，没有以上所有人的努力，这本书将无法顺利面世。

相比郑永年教授的时评文章，《制内市场》是一本学术性和专业性比较强的书。在翻译过程中，译者尽量在有碍读者理解或是觉得需要添加背景知识的地方增加了许多译者注，争取向读者呈现一个更加完整的框架和历史背景，以方便读者更好地理解本书的内容。书中引用的参考文献如果已经有中文版的，译者也尝试借鉴和参考现成的译著。此外，原著中存在少许笔误和英文原书编辑中出现的失误，在翻译的过程中，受郑永年教授委托，译者和黄彦杰博士一道，查证资料，在中文版里尽可能做了校订。由于译者水平有限，本书的翻译难免还存在着一些不足甚至错误，希望能够得到广大读者的指正。

最后，希望所有对中国的政治经济体制，尤其是中国国家与市场关系感兴趣的读者，都可以从这本书中获得启发。

邱道隆
2020 年 9 月 4 日